Ragonesi, Menti, Tschui, Zurfluh ▌ Minergie-P

Das Haus der 2000-Watt-Gesellschaft

Schriftenreihe Technik ▌ Faktor Verlag

Ragonesi, Marco; Urs-Peter Menti; Adrian Tschui; Benno Zurfluh:
Minergie-P. Das Haus der 2000-Watt-Gesellschaft.
3., überarbeitete und erweiterte Auflage
Faktor Verlag, Zürich, 2010
ISBN: 978-3-905711-08-0

Impressum
Einleitung: Armin Binz, Roland Stulz
Kapitel 1: Urs-Peter Menti
Kapitel 2: Adrian Tschui
Kapitel 3: Marco Ragonesi
Kapitel 4: Benno Zurfluh, Mitarbeit: Adrian Tschui
Kapitel 5: Adrian Tschui
Kapitel 6: Jutta Glanzmann, Othmar Humm, Paul Knüsel, Marion
Schild, Christine Sidler
Layout: Christine Sidler
Druck: Fuldaer Verlagsanstalt
Bezug: Faktor Verlag, 8005 Zürich, info@faktor.ch, www.faktor.ch

Inhalt

«Kein Sonntagsspaziergang»

Fragen an Armin Binz, den Leiter der Minergie Agentur Bau zum
Baustandard Minergie-P und dessen Umfeld.

Über 300 Minergie-P-Gebäude sind zertifiziert, der Stein kommt ins Rollen.
Unbedingt. Mich erinnert die Geschichte der letzten zwei Jahre sehr an die Anfänge von Minergie. Nach einer ähnlichen Latenzphase sind wir jetzt im steilen Take-off. Ich erwarte, dass Minergie-P weiterhin einen Steigflug erlebt, exponentiell wachsen wird.

Wie muss ich mir die Situation bei Neubauten in zehn Jahren vorstellen – Minergie als Standardbauweise, während Minergie-P die heutige Stellung von Minergie einnimmt?
Über diesen Zeitraum betrachtet kann man wohl annehmen, dass Minergie auslaufen und Minergie-P zum Basisstandard werden wird. Vor allem vor dem Hintergrund der eindrücklichen Verschärfung der gesetzlichen Anforderungen mit den neuen energietechnischen Bestimmungen der Kantone steigt auch die Nachfrage nach Minergie-P, dem Standard, der weiterhin sehr deutlich über den gesetzlichen Anforderungen liegt. Allerdings entsprechen die bis heute realisierten Minergie-P-Bauten noch immer bloss einem Anteil am Bauvolumen unter der Promillegrenze. Da kann der Zuwachs noch lange exponentiell sein, bis Minergie-P nur in den Prozentbereich vorstösst. Bei Minergie sind wir jetzt bei rund 15 % Marktanteil, wird der Graubereich dazugezählt, ist der Anteil deutlich höher.

Ein Graubereich?
Diejenigen, die Minergie bauen ohne eine Zertifizierung vornehmen zu lassen, die sind im Graubereich. Werden diese «minergieartigen» Gebäude mitgezählt, tendiert der Anteil gegen 25 % der Neubauten. Kurzfristig wird Minergie-P nicht in diesen Bereich vorstossen. Aber über 10 Jahre betrachtet…

Welche Aufgaben übernimmt Minergie-P in den kommenden Jahren?
Es ist wichtig, dass Minergie ein Standard für Pioniere, besonders engagierte Fachleute und Bauherrschaften hat. Jede Entwicklung braucht ihre Innovatoren und frühen Anwender. Es macht wenig Sinn, ein solches Produkt zu «degradieren», zu einem Produkt für «jedermann» zu machen.

Gibt es auch einen Graubereich, der leicht unter Minergie-P liegt? Eine Art Minergie-P-light?
Ja. Ich kann mir vorstellen, dass bei Minergie-P die Dunkelziffer recht hoch ist. Dass viele Gebäude deutlich über den Minergie-Standard hinausgehen, ohne Minergie-P ganz zu erreichen. Das ist auch ein Ziel. Minergie-P soll ein Technologietreiber sein.

Welche politischen und ökonomischen Voraussetzungen sind nötig, dass der Stein weiterrollt?
Pilot- und Demonstrationsprojekte wie Minergie-P sind prädestiniert, im Rahmen einer politischen Strategie, als energiepoli-

Der Architekt Prof. Armin Binz ist Leiter des Instituts für Energie am Bau der Fachhochschule Nordwestschweiz und der Minergie Agentur Bau.

tisches Produkt gefördert zu werden. Das Risiko, dass ein Mitnahmeeffekt erzeugt wird, ist bei Pilot- und Demonstrationsanlagen nicht kleiner als bei Subventionen von normalen Energiesparmassnahmen. Der Auslöseeffekt bei der Subventionierung von Minergie-P ist ein mehrfacher: Energiespareffekte werden erzeugt, energieeffizientes

> «Im Planungsprozess werden dutzende, hunderte Entscheide gefällt. Die meisten sind kostenwirksam.»

Bauen bleibt in den Medien und daher im Gespräch und es entstehen Vorbildbauten. Aber Minergie-P-Projekte sind unter den gegenwärtigen Umständen nicht wirtschaftlich, wenn man nicht die Nebennutzen der besseren Bauqualität und des höheren Komforts mit in die Rechnung einbezieht.

Wie lässt sich diese Minergie-P-Philosophie auf sanierungsbedürftige Altbauten übertragen?

Der Standard Minergie-P ist primär für Neubauten entwickelt worden. Es gibt aber eine spannende Pionierfront im Sanierungsbereich. Das hat dazu geführt, dass Minergie bewusst einen Minergie-P-Sanierungsstandard definiert hat. Er setzt den gleichen Grenzwert für die Energiekennzahl Wärme, lockert aber einige Bestimmungen, die bei Sanierungen als extrem hohe Hürden wirken und gerade bei Modernisierungen gar nicht gross von Bedeutung sind. Da wird hart gerungen und es gibt schon ein paar tolle Resultate, spannende Geschichten, bisher ohne grosse Marktrelevanz.

In der Schweiz ist Perfektionismus und hohe Qualität gefragt. Qualitätssicherung beginnt beim Bestellen und endet beim Nutzerverhalten – was darf nicht schief laufen?

Die Planung und Realisierung eines Minergie-P-Hauses ist kein Sonntagsspaziergang. Das stellt an den Planungsprozess, an alle Beteiligte erhöhte Anforderungen: Fachkompetenz und Teamarbeit. Die Bauaufgabe gelingt, wenn die Beteiligten gut kommuni-

zieren, möglichst von Beginn weg. Technische Herausforderungen, wie der Umgang mit Wärmebrücken oder Komfortlüftungen sind nicht Minergie-P spezifisch. Im Gegenteil: Wer sich mit solchen Pionierbauten auseinander setzt, kennt die klassischen Risiken von Pionier-Technologien. Schade ist, dass sich oft nur die negativen Aspekte von neuen Lösungsansätzen herumsprechen.

Ein Problem scheint, dass die meisten Planer zum ersten Mal an einem Minergie-P-Projekt arbeiten.

Das ist ein grosses Problem. Die mangelnde Fachkompetenz oder Erfahrung kann durch ein grösseres Mass an Teamfähigkeit kompensiert werden. Dazu müssen die richtigen Leute eingebunden, von aussen geholt werden. Es braucht diese Fachkompetenz! Nach Fertigstellung des ersten Minergie-P-Projekts steht man auf der Lernkurve an einem anderen Ort als bei einem harmloseren Standard.

Ist es gefährlich, sich während der Projektierung stufenweise an Minergie-P heranzuarbeiten?

Gefährlich nicht, aber teuer. Wenn Minergie-P nicht von Beginn weg im Visier ist, holt man sich die nötigen Kompetenzen tendenziell zu spät. Der Standard scheitert häufig daran, dass die Kosten zu stark anwachsen, weil die kostentreibenden Elemente nicht von Beginn weg im Fokus der Planer sind. Der Zusatz «P» sollte nicht mehr als 15 % Gebäude-Mehrkosten verursachen.

Welches sind die kostentreibenden Fehlentscheidungen im Bauprozess?

Das ist nicht ganz einfach zu beantworten. Im Planungsprozess werden dutzende, hunderte Entscheide gefällt. Die meisten sind kostenwirksam. Das am meisten konstituierende Element eines Minergie-P-Gebäudes ist die extrem wärmegedämmte Gebäudehülle, die damit ganz klar komplizierter und teurer wird.

Somit ist der tiefe Formfaktor ein übergeordnetes Qualitätskriterium?
Je mehr Knicke und Ecken diese Hülle hat, desto teurer wird das Haus. Eine komplizierte Grundform der Hülle macht das Gebäude teuer, trotz aller Cleverness bei der Konstruktion. Da muss am Ende zum Beispiel ein Dachterrassengeländer befestigt werden. Wegen den 30 cm Wärmedämmung steht es einen halben Meter vor der Tragwand.

> «Gute Architekten fürchten sich nicht vor einschränkenden oder mitbestimmenden Faktoren.»

Das hat eine auskragende Tragvorrichtung und unerwartete Kosten zur Folge, Kosten deren Ursprung in zusätzlichen «Knicken» und Ecken liegt. Je einfacher die Gebäudeform, desto billiger das Haus. Das gilt natürlich für jeden Baustandard. Komplizierte Formen sind Kosten treibend, ist die Hülle aber das entscheidende Element, potenzieren sich die Kosten. Der Zwang, Wärmebrücken unbedingt zu vermeiden, ist sehr gross und kann sehr kostentreibend sein. Verglaste Partien der Gebäudehülle sind an sich teure Elemente. Bei einem Minergie-P-Gebäude ist die Verglasung hochsensitiv, da passiert energetisch enorm viel. Was den Wärmeverlust angeht, sind die besten Gläser den Wand- oder Dachelementen energetisch aber immer unterlegen. Deshalb muss auch der passivsolare Gewinn optimiert werden. Damit wird die Verglasung zu einem sehr dynamischen Element, das aus den besten Produkten bestehen muss. In der Regel sind dies dreischeibige Wärmeschutzverglasungen, die bekanntlich nicht billig sind.

Das Gleiche gilt für die Rahmen.
Ja. Von der Passivhaus-Bewegung kommt der Gedanke, dass spezielle Passivhausfenster sinnvoll sind. Fenster, bei denen die Verglasungen und die Rahmen einen U-Wert unter 0,8 W/m²K haben. Als diese Idee zum ersten Mal aufgetaucht ist, dachte ich nicht, dass es jemals Rahmen unter 0,8 W/m²K geben wird. Heute sind auf dem Markt über vierzig entsprechende Profile erhältlich, das

ist verblüffend. In der Schweiz besteht allerdings eine starke Tendenz, bei Fenstern nicht die wärmetechnische Qualität des Rahmens zu verbessern, sondern den Rahmenanteil so stark wie möglich zu verringern.

Der Glasanteil der Gebäudehülle verursacht grosse Transmissionswärmeverluste und gewinnt gleichzeitig viel Wärme. Gibt es einen goldenen Verteilschlüssel?
Das ist eine schwierige Frage. Es gibt eine Tendenz zu immer grösseren Anteilen von Glas in der Gebäudehülle. Was bei den Dienstleistungsbauten angefangen hat, greift jetzt auch im Wohnungsbau um sich. Es gibt Glasanteile, mit denen ein Minergie-P-Haus nicht möglich ist. Minergie-P für vollverglaste Bauten ist nach meiner Einschätzung nicht realisierbar. Je grösser der Glasanteil, desto wichtiger ist, dass der U-Wert sehr tief gehalten wird. Man muss die besten Gläser wählen. Zum Glück ist die Entwicklung in diesem Bereich noch nicht abgeschlossen, ständig kommen verbesserte Verglasungen auf den Markt.

Wie hoch ist die Limite?
Das lässt sich nicht absolut beziffern. Man kann nicht sagen, dass ab 50 % oder 60 % Glasanteil der Fassade Minergie-P nicht mehr realisierbar ist. Der Anteil hängt von der Gesamtgrösse des Objekts, von der Kompaktheit ab. Die Relation «Glasanteil der Fassade» zu «Energiebezugsfläche» ist massgebend, der Formfaktor. Je grösser der Glasanteil, desto stärker ist das Gebäude vom Benutzerverhalten abhängig. Wenn ich ein perfekt gedämmtes Gebäude mit kleinem Glasanteil baue, dann ist das relativ bedienungsfreundlich – «narrensicher». Bei einem grossen Glasanteil kann viel schief laufen. Da können im Winter zum Beispiel die Beschattungen zu oft unten sein. Der «kleine» Bedienfehler verringert den solaren Wärmegewinn und bringt die Energiebilanz ins Ungleichgewicht. In einzelnen Fällen hat sich das als Problem erwiesen. Die Gebäude mussten trotz korrekter Auslegung stärker als erwartet beheizt werden.

Wer, ganz unbedarft, an Passivhäuser denkt, stellt sich meist massivste Aussenwände vor. Das entspricht kaum der gebauten Realität.

Nein. Meine Prognose ist, dass im Bereich der Gebäudehülle künftig viel mehr von integrierten Systemen ausgegangen wird. Man spricht heute von der Wand, die der Maurer oder der Zimmermann macht, vom Fenster als Werk des Fensterbauers, dann werden die einzelnen Teile zusammengefügt. Die Tendenz läuft aber dahin, dass die Gebäudehülle als Haut begriffen wird. Beim Stichwort Haut denke ich an ein integriertes Konzept, das in einer dynamischen Umgebung funktionieren muss. Diese Haut muss in einer bedienungsfreundlichen bis narrensicheren Art auf die Umgebung eingehen.

Die vereinzelten Gewerke werden beim Holzrahmenbau in der Werkhalle vorfabriziert und zu Wandelementen zusammengeführt. Ist die Gebäudehaut der Zukunft aus Holz?

Auch! Der Holzbau ist in der Schweiz eine sehr innovative Branche. Eine Branche mit spannenden Ansätzen. Aus der «Holzecke» kommt auch der Ansatz, die Fenster so in der Wand zu integrieren, dass der Rahmen aufgelöst wird. Der Holzbau ist auch bei der Integration der Gebäudetechnik in die vorgefertigten Wandelemente richtungsweisend. Wir müssten eine Wand nach den Bedürfnissen analysieren und entwickeln nicht nach den Arbeitsgattungen, die auf dem Bau tätig sind. Was noch fehlt, ist die Simulation der Haut im Tages- und Jahresgang.

Kann sich aus neuen Anforderungen eine neue Formensprache entwickeln?

Es braucht keine neue Formensprache. Gute Architekten fürchten sich nicht vor einschränkenden oder mitbestimmenden Faktoren. Jeder Ort gibt seine Restriktionen vor. Das beginnt bei der Baugesetzgebung, der Umgebung, der Topografie, den Nachbarbauten. Alles Einflüsse, die architektonisch berücksichtigt und verarbeitet werden müssen. Minergie-P ist ein Aspekt, er kann zu einer architektonischen Steigerung führen. Wir können heute auf realisierte Projekte verweisen, die grosse Plastizität aufweisen. Das Eichgut in Winterthur hat zum Beispiel eine sehr spannende, eigenwillige Fassade.

Fragen: Othmar Humm und Marion Schild, Foto: Gian Vaitl. █

Die Siedlung Eichgut in Winterthur (ZH-007-P).

Minergie-P-Eco in der 2000-Watt-Gesellschaft

Roland Stulz, der Geschäftsführer von Novatlantis, zur Rolle von
Minergie-P in der 2000-Watt-Gesellschaft.

Welche Rolle spielt der Faktor «Bauen» in der 2000-Watt-Gesellschaft?
Minergie-P und vor allem Minergie-P-Eco lässt sich im Gebäudebereich weitgehend mit 2000 Watt gleichsetzen, der Energieverbrauch im Haus entspricht den Anforderungen von Minergie-P. Wie die kontinuierliche Leistung von 2000 Watt pro Person (oder eben die 17 500 Kilowattstunden pro Jahr) erreicht werden, ist sekundär. Steht das schönste Minergie-P-Haus, mit 200 Standby-Geräten und drei Autos im Grünen, dann reicht das jedoch nicht aus. Die 2000-Watt-Gesellschaft beinhaltet neben dem Bauen noch die Mobilität, also zum Beispiel die Erreichbarkeit durch öffentliche Transportmittel, Auswirkungen auf die Gesellschaft und die Finanzierbarkeit der Massnahmen. Es geht nicht nur um technische Baulösungen und es gilt für alle Bauaufgaben, nicht nur den Wohnungsbau.

> «Minergie-P lässt sich im Gebäudebereich weitgehend mit 2000 Watt gleichsetzen.»

Wie muss ich mir das konkret vorstellen?
Beim 2000-Watt-Spital Triemli heisst es zum Beispiel, dass nicht nur bauliche Lösungen wichtig sind. Auch die Geräte und deren Betrieb, sowie das Ressourcen-Management müssen berücksichtigt werden. Wir demonstrieren das in der Pilotregion Basel. Es ist ein politischer Entscheid, den Basel gefällt hat. In der Stadt Zürich ist die 2000-Watt-Gesellschaft als Ziel in der Gemeindeverfassung verankert. In Genf arbeitet ein lokaler Verein an der Umsetzung der 2000-Watt-Gesellschaft. Natürlich wollen wir die Idee, die Vision auch ausserhalb der Schweiz lancieren. Zu diesem Zweck gibt es das Projekt «Sustainable Campus». Das internationale Netzwerk zielt darauf ab, weltweit Leuchttürme für nachhaltige Campi umzusetzen. An einer Partneruniversität in Boston ist zum Beispiel alles viel grösser. Dadurch kann weltweit, insbesondere in Schwellenländern, viel Wirkung erzielt werden.

Angenommen es sind nur noch Minergie-P-Neubauten erlaubt: Reicht das für die 2000-Watt-Gesellschaft?
Nein. Allein schon bei den bestehenden Bauten ist die Sanierungslast ein zu grosser Brocken. Sowohl kosten- als auch nutzenmässig sind Minergie-P-Sanierungen schwierig umsetzbar. Für kostengünstige Lösungen braucht es noch Forschung und Entwicklung. Ich denke da an die Dämmung denkmalgeschützter Bauten oder Bauten, bei denen die Dämmung nicht von aussen möglich ist. Bei den Fenstern gibt es gute Ansätze wie elektrochrome oder fotochrome Gläser mit integriertem Sonnenschutz.

Minergie-P-Eco ist nicht gerade billig. Können Sie sich solche Herangehensweisen zum Beispiel im sozialen Wohnungsbau vorstellen?
Im sozialen Wohnungsbau ist das noch ein Problem, speziell bei Sanierungen. Wir haben das klassische Nachhaltigkeitsdilemma zwischen den Wünschen «Energie sparen» und «kostengünstiges Wohnen möglich machen».

Ist die 2000-Watt-Gesellschaft massentauglich?
Die Massentauglichkeit ist kurzfristig schwierig, mittelfristig möglich und langfristig ein Muss! In Basel, Winterthur und Zürich haben private Investoren beispiel-

hafte Bauten zur 2000-Watt-Gesellschaft realisiert. Er nimmt seine kurzfristige Rendite etwas zurück und hat dafür mittelfristig mehr Nutzen. Das Haus ist von besserer Qualität und die Betriebskosten sind wesentlich tiefer. Vor allem die Energiekosten von Vergleichsbauten sind zwei- bis dreimal höher.

An welche Voraussetzungen ist die Massentauglichkeit geknüpft?
Ganz einfach: Die Ressourcen müssen knapper, also teurer werden. Eine Voraussetzung ist auch, dass die CO_2-Problematik eine höhere Priorität bekommt.

Die 2000-Watt-Gesellschaft und Komfort müssen sich nicht ausschliessen?
Das deckt sich sogar sehr gut. Bei Minergie gehen Komfort und Energieeffizienz Hand in Hand, das gilt allgemein für das «Bauen». Ein guter Sonnenschutz, die Komfortlüftung und eine gute Wärmedämmung ergeben ein gutes Raumklima, ohne Durchzug oder kalte Wände. Im Sommer lässt sich das Haus sogar energieeffizient kühlen. Wer im Bereich Mobilität unter Komfort acht interkontinentale Flüge pro Jahr versteht, empfindet die 2000-Watt-Gesellschaft vermutlich als Einbusse. Aber ehrlich: Welcher Vielflieger betrachtet das Fliegen noch als Komfort? Eine spannende Herausforderung ergibt sich auch für die Autohersteller: Sie müssen den gleichen Spassfaktor bei halb so viel Blech anbieten. Im öffentlichen Verkehr ist das gelungen. Jede neue Generation von S-Bahn-Wagen ist besser als die vorhergehende. Eine enorme Komfortsteigerung – die neuen Komponenten sind dabei leichter und effizienter.

Die Effizienzsteigerungen werden zum grossen Teil durch zusätzliche Leistungen aufgehoben.
Ja, und da gibt es Grenzen. Um Suffizienz, das heisst die selektive Nutzung von Dienstleistungen, können wir uns nicht mogeln. Jeder Einzelne muss sich überlegen, ob er noch mehr braucht und was Lebensqualität

Der Architekt Roland Stulz ist Geschäftsführer von Novatlantis, der Trägerschaft der 2000-Watt-Vision.

für ihn bedeutet. Die Antwort wird für die verschiedenen Kulturen, Regionen und auch die sozialen Schichten sehr unterschiedlich ausfallen. Der Mittelstand, der obere Mittelstand kann ruhig noch etwas suffizienter werden, mit den Ansprüchen herunterkommen. Die Zufriedenheit schmälert das nicht. Auch im Gesundheitswesen muss die Gesellschaft entscheiden, welchen Preis sie zu zahlen bereit ist. Als kleiner Junge war für mich schon der Gedanke an eine einzige Amerikareise der grosse Zukunftstraum. Damals konnte ich mir nicht vorstellen, jemals so insuffizient zu leben, wie ich dies heute tue.

Fragen: Othmar Humm und Marion Schild, Foto: Gian Vaitl. ▪

Kapitel 1

Das Gesamtsystem Haus

1.1　Ein Weg zum Ziel

Unsere heutige Zeit wird stark beeinflusst von Diskussionen um Klimaerwärmung, das Kyoto-Protokoll oder die Endlichkeit von Ölreserven. Gesteigerte Energieeffizenz und der Einsatz erneuerbarer Energien sind notwendige Konsequenzen dieser Tatsachen und Inhalt konkreter Problemlösungsstrategien. Noch konkreter wird es, wenn man nach Minergie-P baut: Dieser Gebäudestandard ist Symbol für einen schonungsvollen Umgang mit den Energieressourcen und für eine hohe Effizienz beim Energieeinsatz. Damit müssen aber wegen des Energiesparens keine Abstriche an Komfort oder Funktionalität in Kauf genommen werden – im Gegenteil. Novatlantis als Trägerschaft der 2000-Watt-Gesellschaft gibt das Effizienzsteigerungspotenzial im Gebäudebereich gegenüber heute mit 80 % an. Dies heisst nichts anderes, als dass wir in Zukunft mit 20 % des aktuellen Energieaufwandes genauso gut leben könnten wie heute. Minergie-P-Gebäude realisieren dieses Potenzial dank einer guten Gebäudehülle, effizienter Haustechnik und erneuerbaren Energien. Sie sind somit in der Lage, im Gebäudebereich die Ziele der 2000-Watt-Gesellschaft schon jetzt zu erfüllen. Dies ist wichtig, da ein heute gebautes Gebäude wohl 50 bis 80 Jahre bestehen wird. Werden Neubauten nicht nach diesen Anforderungen erstellt, werden sie auch in 40 Jahren kaum oder nur mit grossem Aufwand diesem Stand entsprechen können. Zugegeben: Gegenwärtig ist die Wirtschaftlichkeit beim Bauen nach Minergie-P noch erklärungsbedurftig, weil bei Bauentscheiden zu oft die reinen Investitionskosten im Vordergrund stehen und kaum eine Betrachtung über den Lebenszyklus stattfindet. Durch den Anstieg der Energiepreise wird bei der Wirtschaftlichkeitsrechnung die Lebenszykluskostenbetrachtung aber auch im Bauen zunehmend an Bedeutung gewinnen.

Im Jahr 2002 wurde, basierend auf Minergie und in Anlehnung an die von Wolfgang Feist in Deutschland vorangetriebene Passivhausidee, der anspruchsvolle Minergie-P-Standard eingeführt. Im Jahre 2003 konnte das erste Haus nach diesem neuen Standard zertifiziert werden (Abbildung 1.1). Ziel war es, den Pionieren in der Schweizer Bauszene die Möglichkeit zu bieten, Gebäude im Passivhausstandard zu bauen und diese über ein auf den Schweizer Normen basierendes Zertifizierungsverfahren mit einem geschützten Label auszuzeichnen. Hinter Minergie-P steht der Verein Minergie, ein sowohl von der öffentlichen Hand (Bund, Kantone) als auch von der Bauwirtschaft und Privaten getragener Verein.

Nach zögerlichem Start und Aktivitäten vor allem im Bereich der Einfamilienhäuser entwickelte sich Minergie-P ab 2006 stark: Vermehrt wurden grössere Objekte zertifiziert (Mehrfamilienhäuser, Bürobauten) und sowohl die Anzahl als auch die Fläche der zertifizierten Objekte nahmen stark zu. Sieben Jahre nach Einführung sind Anfang 2010 über 500 Objekte mit einer Energiebezugsfläche von über 350 000 m^2 nach Minergie-P zertifiziert. Daneben sind aber auch zahlreiche Objekte realisiert worden, welche die Anforderungen von Minergie-P fast erreichen oder diese zwar erreichen, aber bei denen keine Zertifizierung durchgeführt wurde.

Urs-Peter Menti

www.novatlantis.ch

In den ersten sieben Jahren von Minergie-P hat sich gezeigt:

▌ Der Standard ist anspruchsvoll und fördert die Innovation.

▌ Die Anforderungen können mit bewährten Komponenten erreicht werden, setzen aber eine optimale Planung voraus.

▌ Die Nachfrage im Markt ist stark zunehmend – bei Planenden und bei Investoren. Minergie-P wird in Zukunft eine grosse Verbreitung erfahren, denn sowohl die politischen als auch die gesellschaftlichen und die wirtschaftlichen Randbedingungen sind äusserst günstig. Mit den deutlich verschärften Anforderungen der Kantone (Mustervorschriften 2008, MuKEn) kommen die gesetzlichen Anforderungen immer näher zu Minergie. Dadurch wird Minergie-P zur Option des besseren Bauens für all jene, die einen Schritt weiter gehen wollen.

Umfeld

Das Programm Novatlantis des ETH-Bereichs ist Träger des energiepolitischen Modells der 2000-Watt-Gesellschaft. Die durchschnittlich von jedem Erdenbewohner bezogene Leistung entspricht heute 2000 Watt (=17 520 kWh pro Jahr). Die Unterschiede zwischen einem Nordamerikaner (12 000 Watt), einem Schweizer (5000 Watt) und einem Afrikaner (500 Watt) sind aber immens. Die Vision der weltweiten 2000-Watt-Gesellschaft ermöglicht einen Ausgleich zwischen Industrie- und Entwicklungsländern, fordert eine Reduktion des Energieverbrauchs jedes Schweizers um den Faktor 2,5 und ist somit Basis für einen guten Lebensstandard der gesamten Erdbevölkerung. Werden zudem maximal 500 Watt dieser 2000 Watt fossil erzeugt, ist die 2000-Watt-Gesellschaft nachhaltig. Die Vision der 2000-Watt-Gesellschaft umfasst die Gesamtenergiebilanz, also neben den Gebäuden z. B. auch die industrielle Produktion und die Mobilität respektive den Transport.

Zu Verwirrungen geführt hat die anfangs 2008 vom Energy Science Center der ETH Zürich präsentierte Energiestrategie der «1-Tonne-CO_2-Gesellschaft». Diese stellt die Klimafrage und damit die Reduktion der CO_2-Emissionen ins Zentrum während die

Abbildung 1.1: Das erste zertifizierte Minergie-P-Gebäude (AG-001-P, Dintikon).

Strategie der 2000-Watt-Gesellschaft primär den Energieverbrauch senken will, die CO_2-Reduktion aber als wichtige Zielgrösse mitführt. Die Ziele und die Massnahmen beider Strategien überschneiden sich aber in weiten Bereichen und Minergie-P leistet für beide Ansätze einen wichtigen Beitrag.

Mit dem SIA-Effizienzpfad Energie [1] beschreibt der Schweizerische Ingenieur- und Architektenverein einen Weg zur Erreichung der Ziele der 2000-Watt-Gesellschaft. Der Effizienzpfad gibt dem Baubereich für die nächsten 20 bis 30 Jahre Referenzgrössen vor, ist Grundlage für konkrete (politische) Massnahmen und bringt mit dem Einbezug der grauen Energie und der gebäudeinduzierten Mobilität eine zusätzliche Dimension in die Energiediskussion.

Der Effizienzpfad definiert einen Zielwert A (entspricht heute schon dem Ziel der 2000-Watt-Gesellschaft) und einen Zielwert B (Bauten auf diesem Niveau lassen sich in einer Erneuerungsphase so nachrüsten, dass sie dann dem Zielwert A und somit der 2000-Watt-Gesellschaft entsprechen). Wie die Werte in Tabelle 1.1 zeigen, beanspru-

chen die Gebäude (Wohnen, Büro, Schulen) beim Zielwert A mit 950 Watt knapp die Hälfte der zur Verfügung stehenden 2000 Watt pro Person.

Die Berechnungsgrundlagen und Systemgrenzen beim SIA-Effizienzpfad Energie stimmen nicht in allen Details mit denen von Minergie-P überein (z. B. unterschiedliche Gewichtungen der Energieträger). Trotzdem kann festgehalten werden, dass Minergie-P für den Bereich des Gebäudes (ohne graue Energie und induzierte Mobilität) im Zielbereich des Effizienzpfades liegt und somit eine konkrete Antwort auf die Forderungen der 2000-Watt-Gesellschaft im Baubereich ist (siehe Tabelle 1.2).

Neben diesen Modellen und Strategien hat Minergie-P eine hohe Affinität zum Passivhaus, welches vor allem in Deutschland und Österreich, immer mehr aber auch in anderen Ländern stark verbreitet ist. Minergie-P basiert auf den Grundsätzen des Passivhauses, die Berechnungen und der Nachweis basieren aber auf den Schweizer Normen. Zudem bietet Minergie-P die Möglichkeit, das Gebäude mit einem geschützten Label

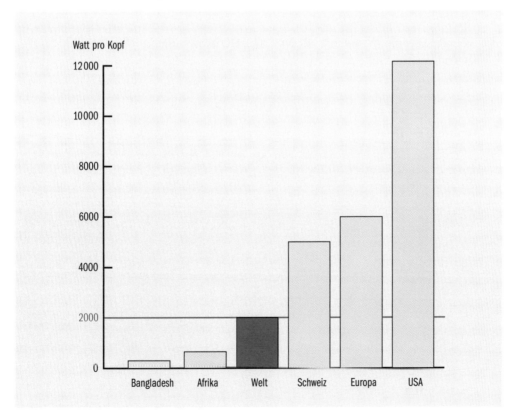

Abbildung 1.2: Durchschnittlich heute pro Kopf bezogene Leistung. (Novatlantis)

auszuzeichnen, ein Aspekt, der beim Passivhaus nicht im Vordergrund steht. Die technischen Unterschiede zwischen einem Passivhaus und einem Minergie-P-Haus sind jedoch gering. So ist es grundsätzlich auch möglich, ein zertifiziertes Passivhaus mit relativ wenig Aufwand nach Minergie-P zu zertifizieren (Auskünfte erteilt die Zertifizierungsstelle Minergie-P).

Und die Zukunft?

Wie geht es weiter mit Minergie-P? Die von einzelnen politischen Kräften geforderte umgehende Einführung von Minergie-P als gesetzlicher Standard ist vermutlich Wunschdenken, nicht zuletzt, weil es heute noch an genügend ausgebildeten Fachleuten für die Umsetzung fehlt. Die Verschärfung der gesetzlichen Vorgaben im Zusammenhang mit der 2008 revidierten MuKEn (Mustervorschriften der Kantone) und der Umsetzung seit 2009 in den Kantonen wird die Nachfrage nach Minergie-P aber zusätzlich ankurbeln. Mit Ausnahme von Hallenbädern sind nunmehr alle Gebäudekategorien nach Minergie-P zertifizierbar. Aus energiepolitischer Sicht müssen die Gebäudemodernisierungen enorm gefördert werden, da hier gegenüber dem Neubau das deutlich grössere Potenzial vorhanden ist. Die 2008 eingeführten Erleichterungen für Modernisierungen nach Minergie-P (weniger strenge Primäranforderung, höherer Grenzwert bei der Luftdichtigkeit) kommen diesen Absichten etwas entgegen, auch wenn die Anforderung bei der Energiekennzahl nach wie vor gleich streng ist wie beim Neubau.

Wirkungen von Energiestandards

Bringen Energiestandards wirklich das, was sie versprechen? Können sie die Erreichung der hohen Ziele gewährleisten? Eine Studie im Auftrag des Bundesamts für Energie [2] liefert Antworten: Es werden Primärenergiebedarf aber auch CO_2-Emissionen sowie die Umweltbelastung für Erstellung, Betrieb, Modernisierung und Rückbau einzelner Gebäude untersucht – und anschliessend auf den Gebäudepark Schweiz hochgerechnet. Die untersuchten Standards sind: Norm SIA 380/1:2001, Modul 2 der MuKEn (2000), Minergie und Minergie-P. (Anmerkung: Der «Höchstanteil an nicht erneuerbaren Energien» der Musterverordnung der Kantone (MuKEn 2008, früher Modul 2 genannt) verlangt, dass Neubauten so gebaut und ausgerüstet werden müssen, dass höchstens 80 % des zulässigen Energiebedarfs für Heizung und Warmwasser mit nicht erneuerbaren Energien gedeckt werden.) Die Studie bestätigt die Erwartung: Die Reduktion des Endenergiebedarfs verläuft nicht proportional zum Standard, denn verbesserte Bauweisen bedingen einen erhöhten Aufwand an grauer Energie (z. B. für Wärmedämmung oder Anlagen zur Lufterneuerung inkl. Wärmerückgewinnung). Entgegen oft anders lautenden Behauptungen wird aber bestätigt, dass strengere Standards, über die Lebensdauer betrachtet, Energie sparen – trotz höherem Aufwand an grauer Energie. Je nach eingesetztem Haustechniksystem ist Minergie-P (trotz den oben aufgelisteten Einschränkungen) immer noch um Faktor 2 bis 3 besser als Minergie und um Faktor

Tabelle 1.1 (links): Zielwerte Primärenergiebedarf für verschiedene Nutzungen in kWh/m^2 a bzw. Watt/Person (gültig für Neubauten und Umbauten).

Tabelle 1.2 (rechts): Zielwert A für die Nutzung Wohnen; Neubau und Umbau in kWh/m^2 a. (Quelle: Effizienzpfad SIA)

	Zielwert A		Zielwert B	
	kWh/ m^2 a	Watt/ Person	kWh/ m^2 a	Watt/ Person
Wohnen	122	840	153	1050
Büro	133	75	167	95
Schulen	97	35	122	40
Total	**352**	**950**	**442**	**1185**

	Primärenergie (Effizienzpfad)		Gewichtete Energiekennzahl (Minergie-P)
	Verbrauch Neubau in kWh/m^2 a	Verbrauch Umbau in kWh/m^2 a	Bedarf Neubau und Umbau in kWh/m^2 a
Baumaterial	28	17	
Raumklima	19	30	30 kWh/m^2 a
Warmwasser	11	11	
Licht und Apparate	36	36	
Mobilität	28	28	
Total	Zielwert A Wohnen 122 kWh/m^2 a (= 840 Watt/Person bei 60m^2/Person)		

4 oder mehr besser als ein nach den gesetzlichen Anforderungen gebautes Gebäude (Vergleich auf Stufe Endenergie). Im Modernisierungsfall ist der Anteil der grauen Energie verglichen mit dem Neubau klein. Das heisst, hier ist die Wirkung von strengen Standards besonders gross.

Beim Vergleich des Treibhauspotenzials sind die Unterschiede der einzelnen Standards weniger signifikant: Der Rohbau hat hier einen grossen Anteil an den Gesamtemissionen – und dieser Anteil ist in absoluten Zahlen bei allen Standards in etwa ähnlich. Es ist deshalb richtig, in Zukunft neben der weiteren Bedarfsreduktion im Betrieb möglichst auch die graue Energie zu reduzieren und den Einsatz ökologischer Materialien zu fördern. Eine Antwort dazu ist Minergie-P-Eco.

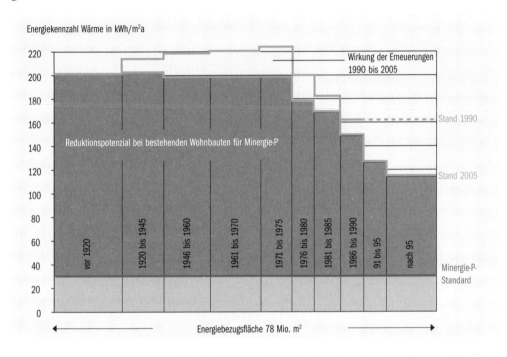

Abbildung 1.3: Energiebedarf des Gebäudebestandes und das entsprechende Optimierungspotenzial, beispielhaft für den Kanton Zürich. (Quelle: AWEL)

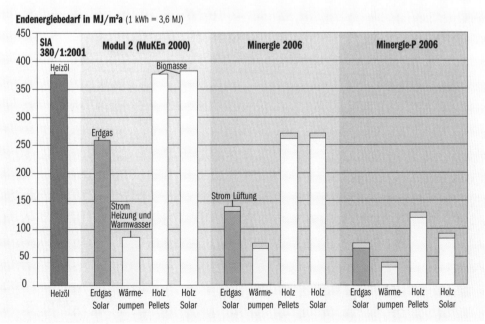

Abbildung 1.4: Endenergiebedarf eines neuen Einfamilienhauses für vier Standards und fünf Systeme zur Wärmeerzeugung in MJ pro m² und Jahr. (Die Energieträger sind nicht gewichtet.) Die Holzheizungen beim Standard Modul 2 (MuKEn 2000) verbrauchen aufgrund der Vorgaben (SIA-Grenzwert bei erneuerbaren Energiequellen, 80 % des SIA-Grenzwertes bei nicht erneuerbaren Energiequellen) mehr Endenergie als die Varianten mit fossilen Heizungen. (Quelle: [2])

1.2 Anforderungen

Der Nachweis über die Erfüllung der einzelnen Anforderungen erfolgt für den Zertifizierungsantrag rechnerisch (Primäranforderung, Energiekennzahl, Wärmeleistungsbedarf), mittels Deklaration (Einsatz energieeffizienter Geräte, sommerlicher Wärmeschutz) bzw. messtechnisch am realen Objekt (Luftdichtigkeit). Tabelle 1.3 definiert die seit Januar 2009 gültigen Anforderungen. Die jeweils aktuellen Anforderungen können unter www.minergie.ch abgerufen werden.

Heizwärmebedarf nach der aktuell gültigen Norm SIA 380/1

Der Heizwärmebedarf nach SIA 380/1, auch als Primäranforderung bezeichnet, ist oft die grösste Hürde bei der Konzipierung eines Minergie-P-Gebäudes. Unabhängig von der gewählten Haustechnik-Lösung werden hier die Anforderungen an die Gebäudehülle (Verluste und Gewinne) definiert. Die Primäranforderung für Neubauten entspricht 60 % des Grenzwertes der Norm SIA 380/1, jene für Modernisierungen 80 %, ebenfalls des Neubaugrenzwertes SIA 380/1. Minerige-P entspricht beim Neubau dem Zielwert der Norm SIA 380/1.

Gewichtete Energiekennzahl

Die gewichtete Energiekennzahl beinhaltet den Energiebedarf für Heizen, Warmwasser, Lüftung und Hilfsbetriebe sowie allenfalls Kühlung. Die verwendeten Energieträger werden mit minergiespezifischen Gewichtungsfaktoren bewertet und die Effizienz der Haustechnik fliesst über die Nutzungsgrade ein.

Luftdichtigkeit der Gebäudehülle $n_{50,st}$

Minergie-P-Gebäude müssen aus energetischen Gründen aber auch zur Gewährleistung eines guten Komforts eine hohe Luftdichtigkeit der Gebäudehülle aufweisen (gemessen über jede einzelne Nutzungseinheit, bei Wohngebäuden also über jede einzelne Wohnung). Dieser Nachweis ist mit einem Luftdichtigkeitstest (Blower-door-Test) zu erbringen.

Haushaltgeräte mit Effizienzklasse A beziehungsweise A+

Es sind beste Voraussetzungen für einen tiefen Haushaltstromverbrauch zu schaffen. Dies bedingt einerseits energieeffiziente Leuchten und Lampen, andererseits den ausschliesslichen Einsatz von Haushaltgeräten (Kochherd, Backofen, Waschmaschine, Tumbler etc.) der Effizienzklasse A. Bei Kühlgeräten (Kühlschrank, Tiefkühlgerät) ist der Einsatz von Geräten der Effizienzklasse A+ vorgeschrieben. Auf der von Herstellern unabhängigen Webseite www.topten.ch sind energetisch gute Geräte aufgelistet.

Spezifischer Wärmeleistungsbedarf

Bei Gebäuden mit einer Luftheizung ist ein spezifischer Wärmeleistungsbedarf von maximal 10 W/m² zulässig. Wird mit einer Luftheizung geheizt, dann entspricht dies der maximal über die Luft zuführbaren Leistung, ohne dass der Luftwechsel über dem hygienisch notwendigen Wert liegt (gilt für die Nutzung Wohnen). Eine Erhöhung des Luftwechsels über diesen Wert ist energetisch unsinnig und kann zu Komfortprob-

Abbildung 1.5: Anforderungen an den Heizwärmebedarf für Neu- und Umbauten. Referenzwert (100 %) ist der Grenzwert SIA 380/1: 2009 für Neubauten. An den Heizwärmebedarf von Minergie-Umbauten wird keine Anforderung gestellt.

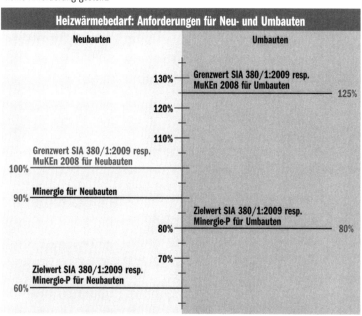

Heizwärmebedarf: Anforderungen für Neu- und Umbauten

Neubauten · Umbauten

- 130 % — Grenzwert SIA 380/1:2009 resp. MuKEn 2008 für Umbauten — 125 %
- 120 %
- 110 %
- 100 % — Grenzwert SIA 380/1:2009 resp. MuKEn 2008 für Neubauten
- 90 % — Minergie für Neubauten
- 80 % — Zielwert SIA 380/1:2009 resp. Minergie-P für Umbauten — 80 %
- 70 %
- 60 % — Zielwert SIA 380/1:2009 resp. Minergie-P für Neubauten

Gebäudekategorie nach SIA		I	II	III	IV	V	VI	VII	VIII	IX	X	XI	XII
Anforderungen für Neubauten		Wohnen MFH	Wohnen EFH	Verwaltung	Schulen	Verkauf	Restaurants	Versammlungslokale	Spitäler	Industrie	Lager	Sportbauten	Hallenbäder
Kontrollierte Aussenluftzufuhr	ja/nein	j	j	j	j	j	j	j	j	j	j	j	
Primäranforderung Gebäudehülle	% von $Q_{h,li}$	60	60	60	60	60	60	60	60	60	60	60	
	kWh/m²	15	15	15	15	15	15	15	15	15	15	15	
Endenergie: Grenzwert Minergie-P	kWh/m²	30	30	25	25	25	40	40	45	15 ⑤	15 ⑤	20	nach Minergie-P nicht zertifizierbar
Spezifischer Wärmeleistungsbedarf (bei Luftheizung)	W/m²	10	10	10	10	10	10	10	10	10	10	10	
Energieeffiziente elektrische Geräte	ja/nein	j	j	j	j	j	j	j	j	j	j	j	
Luftdichtigkeit ($n_{50,st}$-Wert)	h⁻¹	0,6	0,6	0,6	0,6	0,6	0,6	0,6	0,6	0,6	0,6	0,6	
Zusatzanforderungen													
Beleuchtung gemäss Norm SIA 380/4, erfüllen von Minergie-P-Grenzwert	ja/nein	n	n	j	j	j	j	j	j	j	j	j	
Grenzwert Lüftung/Klima gemäss Norm SIA 380/4	ja/nein	n	n	j ①	j ①	j ①	j ①	j ①	j ①	j ①	j ①	j ①	
Thermischer Komfort im Sommer	ja/nein	j	j	j	j	j	j	j	j	j	j	j	
Weitere spezifische Zusatzanforderungen (analog zu Minergie)		②	②	②	②	② ④	② ③ ④	②	② ④	② ④	② ④	② ③	

① Beim Einsatz von Lüftungen und Klimaanlagen, welche als Prozessenergie betrachtet werden, ist eine Objektbetrachtung gemäss der 380/4 Lüftung/Klima erforderlich.

② Minergie-P-Bauten mit integriertem Hallenbad sind nicht möglich.

③ 20 % des Warmwasserbedarfs muss über erneuerbare Energien gedeckt werden, dafür wird der Wärmebedarf Warmwasser nicht in die gewichtete Endenergie eingerechnet.

④ Abwärmenutzung von gewerblicher Kälte muss immer nachgewiesen werden.

⑤ In begründeten Fällen und bei Nachweis von Best-practice-Gebäudetechnik kann von diesen Anforderungen abgewichen werden.

Sämtliche Berechnungsvariablen sind gemäss Norm SIA 380/1: 2009 einzusetzen.

lemen führen. Bei Gebäuden ohne Luftheizung entfällt diese Anforderung.

Sommerlicher Wärmeschutz

Bei Minergie-P bestehen die gleichen Anforderungen an den sommerlichen Wärmeschutz wie bei Minergie und es gilt auch das gleiche Nachweisverfahren. Aufgrund der noch besser gedämmten Gebäudehülle als bei Minergie und den tendenziell grösseren Glasflächen (zur passiven Solarnutzung) sowie der geringeren Speichermasse (beim Holzbau) sind Minergie-P-Gebäude betreffend des sommerlichen Wärmeschutzes (Überhitzung im Sommer) eher anspruchsvoller als Minergie-Bauten.

Zusatzanforderungen

Neben diesen sechs Hauptanforderungen bestehen noch nutzungsspezifische Zusatzanforderungen, wie z. B. für die Beleuchtung. (Siehe www.minergie.ch respektive www.toplicht.ch. Auf dieser Website sind nach Minergie zertifizierte Leuchten aufgelistet.) All diese reglementarischen Anforderungen an den Minergie-P-Standard ergeben Konsequenzen für die Umsetzung, gerade auch im Vergleich zu den Minergie-Gebäuden (siehe Abbildung 1.6).

Neben dem erforderlichen Einsatz von erneuerbaren Energien ist dies vor allem die besser gedämmte Gebäudehülle und sehr gute Fenster mit 3-fach-Verglasungen.

Tabelle 1.3: Anforderungen für **Neubauten** nach Minergie-P. Die aktuellen Anforderungen sind auf www.minergie.ch aufgelistet.

Gebäudekategorie nach SIA		I	II	III	IV	V	VI	VII	VIII	IX	X	XI	XII
Anforderungen für Bauten vor 2000 (Modernisierungen)		Wohnen MFH	Wohnen EFH	Verwaltung	Schulen	Verkauf	Restaurants	Versammlungslokale	Spitäler	Industrie	Lager	Sportbauten	Hallenbäder
Kontrollierte Aussenluftzufuhr	ja/nein	j	j	j	j	j	j	j	j	j	j	j	
Primäranforderung Gebäudehülle	% von $Q_{h,li}$	80	80	80	80	80	80	80	80	80	80	80	
	kWh/m²	15	15	15	15	15	15	15	15	15	15	15	
Endenergie: Grenzwert Minergie-P	kWh/m²	30	30	25	25	25	40	40	45	15 ⑤	15 ⑤	20	nach Minergie-P nicht zertifizierbar
Spezifischer Wärmeleistungsbedarf (bei Luftheizung)	W/m²	10	10	10	10	10	10	10	10	10	10	10	
Energieeffiziente elektrische Geräte	ja/nein	j	j	j	j	j	j	j	j	j	j	j	
Luftdichtigkeit ($n_{50,st}$-Wert)	h⁻¹	1,5	1,5	1,5	1,5	1,5	1,5	1,5	1,5	1,5	1,5	1,5	
Zusatzanforderungen													
Beleuchtung gemäss Norm SIA 380/4, erfüllen von Minergie-P-Grenzwert	ja/nein	n	n	j	j	j	j	j	j	j	j	j	
Grenzwert Lüftung/Klima gemäss Norm SIA 380/4	ja/nein	n	n	j ①	j ①	j ①	j ①	j ①	j ①	j ①	j ①	j ①	
Thermischer Komfort im Sommer	ja/nein	j	j	j	j	j	j	j	j	j	j	j	
Weitere spezifische Zusatzanforderungen (analog zu Minergie)		②	②	②	②	② ④	② ③ ④	②	② ④	② ④	② ④	② ③	

① Beim Einsatz von Lüftungen und Klimaanlagen, welche als Prozessenergie betrachtet werden, ist eine Objektbetrachtung gemäss der 380/4 Lüftung/Klima erforderlich.

② Minergie-P-Bauten mit integriertem Hallenbad sind nicht möglich.

③ 20 % des Warmwasserbedarfs muss über erneuerbare Energien gedeckt werden, dafür wird der Wärmebedarf Warmwasser nicht in die gewichtete Endenergie eingerechnet.

④ Abwärmenutzung von gewerblicher Kälte muss immer nachgewiesen werden.

⑤ In begründeten Fällen und bei Nachweis von Best-practice-Gebäudetechnik kann von diesen Anforderungen abgewichen werden.

Sämtliche Berechnungsvariablen sind gemäss Norm SIA 380/1: 2009 einzusetzen.

Tabelle 1.4: Anforderungen für **Modernisierungen** nach Minergie-P. Die aktuellen Anforderungen sind auf www.minergie.ch aufgelistet.

Zur Beachtung: Die Anforderung an den Heizwärmebedarf von modernisierten Bauten nach Minergie-P bezieht sich auf den Grenzwert der Norm SIA 380/1 für Neubauten.

Wichtiger Hinweis: Die Energiekennzahlen und der Heizwärmebedarf sind Ergebnisse von Berechnungen, welche auf dem Rechenmodell der SIA-Norm 380/1 aufbauen. Dieses Rechenmodell bildet die Realität so genau wie möglich ab, eine 100 %-ige, allgemeingültige Übereinstimmung kann aber nie erreicht werden. Vor allem das Verhalten der Nutzer kann zu grösseren Abweichungen zwischen Rechenwert und effektivem Verbrauch führen. Aber auch die Gewichtung der Energieträger (z.B. Strom mit Faktor 2) bewirkt zwangsläufig eine Differenz zwischen den gerechneten und gemessenen Zahlen. Dazu kommt: Je tiefer der Energiebedarf ist, desto grösser können die relativen Abweichungen zwischen Rechnung und Messung sein. Somit ist bei Vergleichen zwischen Rechenwert und gemessenem Verbrauch immer Vorsicht angebracht.

Eigenschaften eines Minergie-P-Hauses

Ein Minergie-P-Haus erfüllt alle Voraussetzungen, um einen tiefen Energieverbrauch zu erzielen. Es ist aber Kernpunkt der Philosophie von Minergie, dass dies gegenüber konventionellen Gebäuden nicht mit einem reduzierten, sondern mit einem gleichwertigen, ja gar erhöhten Komfort realisiert werden muss. Die vorgeschriebene Komfortlüftung sorgt für eine gute Raumluftqualität und die inneren Oberflächen

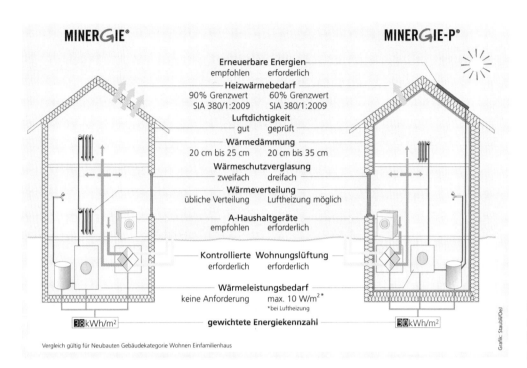

MINERGIE® **MINERGIE-P®**

	Minergie	Minergie-P
Erneuerbare Energien	empfohlen	erforderlich
Heizwärmebedarf	90% Grenzwert SIA 380/1:2009	60% Grenzwert SIA 380/1:2009
Luftdichtigkeit	gut	geprüft
Wärmedämmung	20 cm bis 25 cm	20 cm bis 35 cm
Wärmeschutzverglasung	zweifach	dreifach
Wärmeverteilung	übliche Verteilung	Luftheizung möglich
A-Haushaltgeräte	empfohlen	erforderlich
Kontrollierte Wohnungslüftung	erforderlich	erforderlich
Wärmeleistungsbedarf	keine Anforderung	max. 10 W/m² *bei Luftheizung
gewichtete Energiekennzahl	38 kWh/m²	30 kWh/m²

Vergleich gültig für Neubauten Gebäudekategorie Wohnen Einfamilienhaus

Grafik: Staubli/Oel

Abbildung 1.6: Unterschiede Minergie und Minergie-P am Beispiel eines Einfamilienhauses.

der Aussenwände sind aufgrund der gut gedämmten Gebäudehülle auch im Winter nie kalt (die Oberflächentemperaturen liegen immer nahe bei der Raumlufttemperatur). Gleichzeitig wird das Risiko von Bauschäden verringert, z. B. durch die bewusste Verminderung von Wärmebrücken. Dies sind Eigenschaften, welche einerseits dem Eigentümer und andererseits dem Nutzer direkt zu gute kommen.

Die Typologie des Gebäudes hat einen grossen Einfluss auf die Realisierbarkeit von Minergie-P. Es gilt: Je einfacher die Form, desto tiefer der Energiebedarf. Aber ein Minergie-P-Gebäude muss deshalb nicht uniform aussehen. Wie genügend Beispiele zeigen, ist eine vielfältige, auch moderne Architektur möglich. Die Architektin oder der Architekt sind es gewohnt, Lösungen unter Berücksichtigung vieler Randbedingungen zu finden. Bei Minergie-P kommen nochmals ein paar Randbedingungen dazu – Form und Funktionalität müssen mit energetischen Gesichtspunkten in Einklang gebracht werden.

Neben der kompakten Form fallen Minergie-P-Gebäude durch grosse Fensterflächen nach Süden (Erzielung hoher Solargewinne) und hohe Dämmstärken (Verminderung der

Transmissionswärmeverluste) auf. Dies sind Massnahmen, um die Primäranforderung – also einen tiefen Heizwärmebedarf – erfüllen zu können. Bei einem so tiefen Heizwärmebedarf werden der Warmwasserbedarf und auch der Elektrizitätsbedarf für Ventilatoren, Pumpen und Geräte immer bedeutender. Beim Warmwasser lässt sich der Bedarf kaum reduzieren: er ist weitestgehend benutzerabhängig. Man kann aber durch den Einsatz von erneuerbarer Energie (z. B. thermische Solarkollektoren) den Bedarf an gewichteter Endenergie minimieren. Der Elektrizitätsbedarf wird durch die Verwendung von Geräten der Energieeffizienzklasse A bzw. A+ bei der «weissen Ware» (Küchen- und Kühlgeräte) minimiert. Werden auch bei der Beleuchtung und z. B. bei den Bürogeräten energieeffiziente Lösungen realisiert, kann ein tiefer Gesamtenergieverbrauch erzielt werden. Wichtig im Planungsprozess ist, dass das Gesamtsystem im Mittelpunkt steht und die Relevanz der einzelnen Komponenten dem Planungsteam stets bewusst ist.

Erneuerung?

Standort, Gebäudeausrichtung, Typologie und die Grösse der südorientierten Fenster haben einen grossen Einfluss auf die Machbarkeit von Minergie-P. Im Erneuerungsfall kann man diese Faktoren aber nicht oder kaum beeinflussen. Somit stellt sich die Frage: Kann man überhaupt nach Minergie-P modernisieren? Sind die bei Erneuerungen oftmals nötigen Kompromisse nicht ein zu grosses Hindernis für Minergie-P?

Bis Ende 2007 waren die Anforderungen für Neubau und Modernisierung identisch. In dieser Zeit wurde keine einzige Minergie-P-Modernisierung zertifiziert. Es gibt aus dieser Zeit jedoch einige Objekte, welche einzig bei der Luftdichtigkeit die geforderten Werte nicht erreichen, alle anderen Anforderungen aber erfüllen.

Seit 2008 gelten für Modernisierungen leicht gelockerte Anforderungen: Die Primäranforderung an die Gebäudehülle ist etwas entschärft. Damit wird der Tatsache Rechnung getragen, dass bestehende Wärmebrücken oftmals nicht im Nachhinein verbessert werden können. Ebenfalls gelockert wurde die Anforderung an die Luftdichtigkeit der Gebäudehülle, denn bei erneuerten Objekten kann und wird nicht die gleiche Luftdichtigkeit erwartet wie bei Neubauten. Die Anforderungen sind aber über alles gesehen immer noch sehr streng, zumal – um auch im Modernisierungsfall zur 2000-Watt-Gesellschaft kompatibel zu sein – bei der Energiekennzahl keine Ände-

rung gegenüber dem Neubau gemacht wird (Details: www.minergie.ch).

Mit diesen Anpassungen wurde der energiepolitischen Bedeutung der Modernisierung Rechnung getragen, ohne den Standard unnötig aufzuweichen und zu verwässern. Bei jeder umfassenden Erneuerung ist aber – nicht zuletzt aufgrund der dabei immer wieder nötigen Kompromisse – die Frage berechtigt, ob ein Ersatzneubau nicht «günstiger» wäre, auch wenn dadurch die graue Energie wieder an Bedeutung gewinnt.

Wo sind aber die grossen Herausforderungen, wenn bei einer Erneuerung der Minergie-P-Standard angestrebt wird? Neben den eingangs erwähnten, meist nicht mehr veränderbaren Punkten wie z. B. dem Formfaktor, sind es vor allem die Luftdichtigkeit (speziell bei Holzbauten) und die Wärmebrücken (im Sockelbereich, gegen unbeheizten Keller, bei auskragenden Betonplatten etc.) sowie die Abgrenzung der thermischen Gebäudehülle zwischen Erd- und Untergeschoss. Die Anforderungen an den Wärmeleistungsbedarf, den Heizwärmebedarf und die Energiekennzahl lassen sich meist erfüllen. Am einfachsten ist dies erfahrungsgemäss bei massiven, kompakten Mehrfamilienhäusern. Über eine Holzfeuerung oder eine Wärmepumpe lassen sich erneuerbare Energieträger nutzen.

Abbildung 1.7: Minergie-P-Gebäude in Schwellbrunn (AR-001-P).

1.3 Lösungsstrategien

Welche Faktoren führen dazu, ob ein Gebäude ein Minergie-P-Gebäude werden
kann oder nicht? Mit welchen Entscheiden
werden diese Faktoren beeinflusst?

Standort und Orientierung

Wichtiger Punkt ist der Gebäude- bzw. Klimastandort: Eine starke Beschattung durch
den Horizont oder Nachbargebäude führen
zu erschwerten Randbedingungen, auch
wenn dieser Punkt oft nicht so entscheidend
ist, wie man vielleicht meint: So wurde im
von hohen Bergen umgebenen Zermatt bereits ein Minergie-P-Gebäude realisiert (VS-
001-P). Standorte in den Bergen haben zwar
den Nachteil, dass die tieferen Aussenlufttemperaturen zu einem erhöhten Heizbedarf
führen – Modellrechnungen zeigen aber,
dass dieser durch die erhöhten Strahlungsge-
winne infolge geringerem Nebelaufkommens
im Winter oft kompensiert wird.

Wenn die ruhige Seite respektive die privi-
legierte Aussicht im Norden eines Gebäudes
liegt, stellt sich unweigerlich die Frage, ob
die vorteilhafte Südorientierung der grossen
Fenster überhaupt möglich ist. Typisch dafür ist das Haus am Südufer eines Sees: Die
Aussicht orientiert sich nach Norden, der
Energiegewinn kommt von Süden. Hier
sind rechtzeitig Lösungen zu prüfen, die

Abbildung 1.8 und 1.9:
Gebäude mit unterschied-
lichem Formfaktor: Nord-
deutsche Landesbank Han-
nover (oben), Büro- und
Gewerbehaus Bion St. Gal-
len (SG-001-P; unten).

Abbildung 1.10: Anfor-
derungen an den Heizwär-
mebedarf für Mehrfamilienhäuser. Der Grenzwert $Q_{h,li}$
ist primär abhängig von der
Gebäudehüllzahl $A_{th/AE}$ und
von der Gebäudekategorie.
Je nach Standort und der
damit zu verwendenden Klimastation wird die Anfor-
derung an den Grenzwert
gemäss SIA 380/1 klima-
korrigiert. Für den Standort
Luzern beispielsweise sind
die SIA-Grenzwerte für Neubauten um 10 % tiefer als
die Grenzwerte in der Abbildung. Und für das gleiche
Gebäude in Davos lägen
sie um 39 % höher.

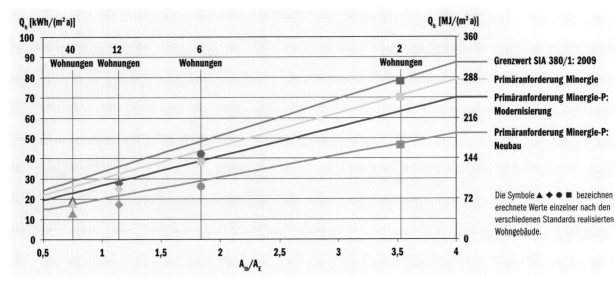

Grenzwert SIA 380/1: 2009

Primäranforderung Minergie

Primäranforderung Minergie-P:
Modernisierung

Primäranforderung Minergie-P:
Neubau

Die Symbole ▲ ◆ ● ■ bezeichnen
erechnete Werte einzelner nach den
verschiedenen Standards realisierten
Wohngebäude.

Abbildung 1.11: Fenster für Minergie-P-Bauten. (1a-hunkeler)

dieser Tatsache Rechnung tragen: Vielleicht drängt sich in einer solchen Situation eher eine Strategie der energetischen Verlustminimierung auf, während an anderen Standorten die Strategie der Gewinnmaximierung Erfolg versprechender ist.

Kompaktheit und thermische Gebäudehülle

Einen grundsätzlich entscheidenden Einfluss auf den Energiebedarf hat die Gebäudeform bzw. der Formfaktor, welcher durch die Gebäudehüllzahl nach SIA 380/1 quantifiziert wird (Verhältnis von thermisch exponierter Gebäudeoberfläche zu Energiebezugsfläche; A_{th}/A_E). Während ein Einfamilienhaus typischerweise einen Formfaktor von 2 und höher hat, kann dieser bei kompakten, grossen Mehrfamilienhäusern unter 1 liegen. Das heisst: Je grösser und kompakter ein Gebäude ist, desto tiefer ist sein spezifischer Heizwärmebedarf – bei identischer thermischer Qualität der Gebäudehülle (Abbildung 1.10). Entsprechend ist die Primäranforderung vom Formfaktor abhängig. Dies gilt nicht für den Minergie-P-Grenzwert, weshalb kompakte Gebäude besser abschneiden.

Grundsätzlich soll möglichst das ganze Haus in die thermische Gebäudehülle einbezogen werden, um so einen möglichst tiefen Formfaktor zu erzielen. Zudem: Je einfacher die

thermische Gebäudehülle gezogen werden kann, desto weniger entstehen Schnittstellen und Anschlüsse, sprich Wärmebrücken. Am besten wird auch die Haustechnikzentrale innerhalb der thermischen Gebäudehülle platziert, um so die Verluste der Wärmeerzeugung und Wärmeverteilung zur Raumheizung nutzen zu können.

Dämmung der Gebäudehülle

Neben dem Formfaktor und der thermischen Gebäudehülle kommt vor allem der Wärmedämmung eine grosse Bedeutung zu. Aus finanziellen Gründen (aber auch aus gestalterischen) werden die horizontalen Flächen meist stärker gedämmt als die vertikalen. Dies, weil Anschlüsse an Fenster und Türen, an Dachrändern und am Sockel bei geringerer Dämmung der Wände sowohl günstiger als auch einfacher zu gestalten sind. Eine gut gedämmte Gebäudehülle ist und bleibt das A und O eines energieeffizienten Gebäudes!

Fenster

Nächster wichtiger Punkt sind die Fenster: Sie sollen einerseits die Transmissionsverluste tief halten und anderseits die solaren Gewinne maximieren. Diese beiden Anforderungen zeigen, dass die Energiebilanz des Gebäudes vor allem beim Fenster optimiert werden kann.

Armin Binz, Leiter des Instituts Energie am Bau, Fachhochschule Nordwestschweiz, Muttenz

«In der Schweiz haben wir heute beim Gebäudebestand eine Abbruchrate von 1,5 Promillen. Das ergäbe eine Lebensdauer von 650 Jahren, was natürlich irreal ist. Aber selbst wenn sich die Abbruchrate auf 3 Promille verdoppelte – was eine gigantische Veränderung wäre – bliebe die Erneuerung das dominierende Vorgehen. Allein aus solchen Überlegungen lässt sich ein ansehnliches Potenzial für Minergie-P-Erneuerungen ableiten. Bei einer Erneuerung sollte die Bauherrschaft deshalb ernsthaft darüber nachdenken, ob sie mit solchen Schwachstellen die nächsten 50 Jahre leben oder gleich eine vernünftige Lösung finden will. Eine Minergie-P-Erneuerung wirft letztlich die Frage auf, ob das Haus überhaupt genügend Potenzial für eine zukunftsfähige Erneuerung hat oder ob eventuell auch über einen Ersatzbau nachgedacht werden sollte.»

Das optimale Fenster hat einen tiefen U-Wert, einen hohen g-Wert, wenig Rahmenanteil und einen aussenliegenden, variablen Sonnenschutz. Je mehr thermisch aktivierbare Speichermasse vorhanden ist, desto besser können die solaren Gewinne zwischengespeichert und zu einem späteren Zeitpunkt genutzt, d. h. an den Raum abgegeben werden.

Wärmebrücken

Sind Gebäudeform (Formfaktor), Wärmedämmung und Fenster festgelegt, gilt es den Wärmebrücken die nötige Aufmerksamkeit zu schenken, denn sie sind oft das Zünglein an der Waage, wenn es um die Erreichung der vorgegebenen Grenzwerte geht. Aufgrund der guten Hülle können die Wärmebrücken ohne spezielle Beachtung schnell einmal 30 % oder mehr der Wärmeverluste ausmachen. Mit einer alle Details berücksichtigenden Planung können – oder besser: sollten – die Wärmebrücken aber auf 10 % (oder weniger) der Wärmeverluste reduziert werden. Denn in vielen Fällen ist es nicht möglich, vorhandene Wärmebrücken durch eine noch bessere Dämmung der Hülle zu kompensieren.

Luftdichtigkeit

Im Zusammenhang mit der Gebäudehülle darf die Luftdichtigkeit nicht vergessen werden. Die Basis für eine hohe Luftdichtigkeit wird bereits in der Planung gelegt. In der Ausführung muss dann bewusst und sauber auf dieses Ziel hingearbeitet werden. Die Ausführenden vor Ort sind betreffend Luftdichtigkeit zu sensibilisieren und eine gute Qualitätskontrolle schützt vor unliebsamen Überraschungen.

Sonnenschutz und Speichermasse

Mit den immer grösser werdenden Glasanteilen in der Gebäudehülle (schon länger im Verwaltungsbau – nun auch immer mehr im Wohnbau) gewinnt das Thema des sommerlichen Wärmeschutzes an Bedeutung. Sind hohe solare Gewinne im Winter meist erwünscht, können diese im Sommer zu einer unbehaglichen Überhitzung des Gebäudes führen. Dieses Phänomen ist zwar nicht nur Minergie-P-typisch, muss aber in diesem Zusammenhang speziell beachtet werden. Die Einhaltung der von den entsprechenden Normen SIA 180 und SIA 382/1 vorgegebenen baulichen Massnahmen – insbesondere ein aussen liegender, wirksamer und möglichst automatisch bewegter Sonnenschutz – sind Pflicht. Entsprechend ist der sommerliche Wärmeschutz des Gebäudes im Zertifizierungsverfahren nachzuweisen (analog zu Minergie). Er ist Voraussetzung für ein in allen Aspekten behagliches Gebäude. Minergie-P-Gebäude dürfen gekühlt werden, die

«Gehen wir einmal davon aus, dass die 2000-Watt-Gesellschaft eine brauchbare Vision für eine fernere Zukunft ist. Um bei den Bauten in diese Richtung voranzukommen, müssen wir primär bei den Erneuerungen ansetzen. Neubauten haben wir mit den bestehenden Standards und mit gesetzlichen Vorschriften recht gut im Griff. Hingegen wartet das grosse Potenzial bestehender Bauten noch weit gehend darauf, ausgeschöpft zu werden. Und hierfür genügt eine bescheidene Renovation eben nicht. Jede Erneuerung nach nachhaltigen Kriterien stellt die Bauherrschaft automatisch vor die Frage, ob das Gebäude genügend Potenzial hat oder besser abgebrochen wird. Nun gibt es aber städtebauliche Situationen, in denen Abbruch nicht in Frage kommt. Besonders hier sehe ich ein ansehnliches Potenzial für Minergie-P-Erneuerungen.»

Mark Zimmermann, Empa, Dübendorf

dafür nötige Energie muss aber in die gewichtete Energiekennzahl einberechnet werden. Eine Raumkühlung soll aber erst dann ins Auge gefasst werden, wenn sämtliche baulichen Massnahmen realisiert sind und trotzdem noch mit hohen Raumtemperaturen gerechnet werden muss. Gerade im Wohnbereich ist aber ein Kühlbedarf meist Zeichen einer schlechten Planung.

Gebäudetechnik

Beim Gebäudetechnikkonzept (Wärmeversorgung, Lüftung) bestehen im Grunde genommen viele Freiheiten – dies zeigen auch die bisher realisierten Gebäude. In einem integralen Planungsansatz ist das Gebäudetechnikkonzept auf das Gebäude abzustimmen.

Bei den Wärmeabgabesystemen dominieren in den bisher realisierten Minergie-P-Gebäuden die Luftheizung und die Bodenheizung mit je gegen 35 % Anteil. Entgegen der weit

verbreiteten Auffassung ist die Luftheizung weder bei Minergie-P noch beim Passivhaus obligatorisch, auch wenn sie stark mit der Passivhaus-Philosophie verbunden ist. In der Schweiz ist man aus verschiedenen Gründen gegenüber der Luftheizung allerdings etwas skeptischer als in Deutschland oder Österreich [3].

Bei der Wärmeerzeugung spielt die Wahl des Energieträgers eine entscheidende Rolle. Er geht über die Gewichtungsfaktoren direkt in die Berechnung der Energiekennzahl ein und ist somit wichtiger Faktor bei der Erfüllung des Minergie-P-Grenzwertes. So erstaunt es denn nicht, dass bei den bisher realisierten Objekten die Wärmepumpe (über 50 % Anteil) und Holzfeuerung (rund 30 %) dominieren. Dank dem Gewichtungsfaktor von 0,7 bei Holz bzw. von 2,0 beim Strom (womit bei einer Jahresarbeitszahl der Wärmepumpe von grösser als 2,0 auch wieder ein Gesamtwert von unter 1,0 entsteht), erhält man mit diesen Systemen quasi einen Bonus.

Energieeffiziente Haushaltgeräte

Um neben einem tiefen Verbrauch bei der thermischen Energie auch einen tiefen Elektrizitätsverbrauch zu gewährleisten, wird für die fest installierten Haushaltgeräte die Energieeffizienzklasse A bzw. A+ gefordert. Hier besteht im Markt eine zunehmende Auswahl an Produkten, welche diese Anforderungen erfüllen (www.topten.ch).

Energieeffiziente Beleuchtung

Während im Wohnbereich betreffend Beleuchtung nur Empfehlungen, aber keine Anforderungen abgegeben werden, wird in allen anderen Nutzungen die Einhaltung des Minergie-Grenzwerts nach der Norm SIA 380/4 gefordert. Gerade bei grösseren Objekten lohnt es sich, für das Beleuchtungskonzept einen spezialisierten Lichtplaner zu beauftragen, um eine den Anforderungen gerecht werdende Lösung zu gewährleisten. Einfacher ist es allerdings, zertifizierte Minergie-Leuchten auszuwählen. Die Webseite www.toplicht.ch listet Minergie-Leuchten auf.

Minergie-P: Wichtige Punkte

▮ Günstiges Oberflächen-Volumen-Verhältnis, kompakte Form

▮ Gut besonnter Standort

▮ Keine oder geringe Verschattung durch Nachbargebäude und durch Balkone

▮ Maximale Gewinne aus Solarstrahlung (grosse Glasflächen nach Süden) und optimierte Nutzung der Gewinne (speicherwirksame Gebäudemasse)

▮ Aussenliegender, flexibler Sonnenschutz (sommerlicher Wärmeschutz)

▮ Horizontale Flächen (Böden und Decken): U-Wert um 0,10 W/m² K

▮ Vertikale Flächen (Wände): U-Wert um 0,15 W/m² K

▮ Fenster-U-Wert unter 1,0 W/m² K, besser um 0,8 W/m² K (3-fach-Verglasung)

▮ Minimierte Wärmebrücken

▮ Luftdichte Gebäudehülle

▮ Lüftungsanlage mit Wärmerückgewinnung

▮ Einsatz von erneuerbaren Energien

Zusammenfassend kann gesagt werden: Es gibt immer noch viele Freiheitsgrade bei der Realisierung eines Minergie-P-Gebäudes, auch wenn bestimmte Randbedingungen zu beachten sind. Grundsätzlich gilt – und wird durch die Erfahrung bestätigt – je einfacher ein Konzept oder ein System ist, desto besser eignet es sich für Minergie-P und garantiert einen reibungslosen Betrieb mit zufriedenen Benutzern.

1.4 Minergie-P-Kompass

Der Minergie-P-Kompass gibt für eine frühe Projektphase erste Anhaltspunkte, ob ein Objekt die Voraussetzungen für Minergie-P erfüllen kann oder nicht. Diese Aussagen sind zwar plakativ, helfen aber, in der Kon- zeptphase grobe Planungsfehler zu vermeiden. Die Hinweise gelten primär für Wohnbauten, sinngemäss aber auch für andere Nutzungen.

↗ Zum Erreichen von Minergie-P optimal

Ausrichtung

Die Hauptausrichtung der (grossen) Fenster ist Süden, Südwest oder Südost. (Unter Berücksichtigung des sommerlichen Wärmeschutzes: bauliche Massnahmen gemäss Norm SIA 382/1; automatisierter Sonnenschutz). ↗

Die grossen Fensterflächen sind nach Norden ausgerichtet. ↘

Verschattung

Balkone neben den Fensterfronten oder maximal 1 m tief. Horizont auf 10° bis 15° gegen Süden frei. ↗

Balkone vor den grossen Fensterflächen im Süden. Umgebende Häuser oder Horizont höher als 20°. ↘

Thermische Gebäudehülle

Ganzes Gebäude innerhalb der thermischen Gebäudehülle. ↗

Räume ausserhalb der thermischen Gebäudehülle verhindern eine kompakte Form und führen zu Wärmebrücken. ↘

Sommerlicher Wärmeschutz

Fensteranteil unter 50 % gegen Süden. Wärmespeicherfähigkeit durch mindestens zwei massive Bauteile (Boden, Wand oder Decke) gegeben. Aussenliegende Verschattung (fest wie z. B. ein Balkon) oder automatische Steuerung des Sonnenschutzes. ↗

Fensteranteil über 70 % gegen Süden. Geringe Masse (ein oder kein massives Bauteil). Dachfenster über 0,5 m² pro Raum. ↘

↘ Kann zu Problemen führen

Kompaktheit

Das Gebäude ist kompakt. Einschnitte und auskragende Gebäudeelemente in der thermischen Gebäudehülle sind nicht oder nur vereinzelt vorhanden. ↗

Verschiedene Einschnitte oder Auskragungen erhöhen das A_{th}/A_E-Verhältnis und führen zu Wärmebrücken. ↘

Fenster

Fenster mit U-Wert (Rahmen, Glasverbund und Glas) unter 0,9 W/m². Glas-U-Wert (nach EN-Norm gemessen!) gleich oder unter 0,6 W/m² K. ↗

Fenster U-Wert über 1,0 W/m² K. ↘

Wärmebrücken

Fensterrahmen sind bestmöglich überdämmt. Balkone wie auch Dachränder sind thermisch getrennt. ↗

Thermische Trennungen aus statischen Gründen nicht möglich. Fensterrahmen nicht überdämmt. ↘

Opake Fassade

Baukonstruktionen mit U-Werten um 0,12 W/m² K. ↗

Baukonstruktionen mit U-Werten über 0,15 W/m² K. ↘

Gebäudetechnik

Verwendung von erneuerbaren Energien (Holz, Sonne) oder Erdwärme. ↗

Wärmepumpe mit schlechter Arbeitszahl, Wassererwärmung mit Elektro-Wassererwärmer, fossile Brennstoffe ohne Ergänzung mit erneuerbaren Energien, Kühlbedarf. ↘

Tabelle 1.5: Prädispositionen für Minergie-P.

1.5 Planungs- und Bauprozess

Ein erfolgreiches Minergie-P-Projekt bedingt eine von Anfang an konsequente, interdisziplinäre Planung. Wird erst im Verlauf der Planung entschieden, das Objekt nach den Anforderungen von Minergie-P zu bauen, so ist das zwar möglich, aber fast immer mit hohen Mehrkosten verbunden. Ein stufenweises Herantasten ist teuer und das Scheitern des Projektes aus Kostengründen vorprogrammiert. Deshalb ist es lohnenswert, ganz am Anfang ein Bekenntnis aller Beteiligten betreffend des angestrebten Zieles «Minergie-P» einzuholen und Fachleute wie Bauphysiker oder Haustechnikplaner frühzeitig ins Projekt zu involvieren. Dank eines interdisziplinären und integralen Ansatzes, verbunden mit einer guten Kommunikation zwischen Architekt, Planungsteam und Bauherr gelingt es, das Gebäude als Gesamtsystem zu planen und von Anfang an auf das Ziel Minergie-P hin zu optimieren. Der Planungsaufwand ist bei einem Minergie-P-Gebäude im Allgemeinen grösser als bei einem konventionellen Gebäude, da konzeptionelle Überlegungen einen Schwerpunkt bilden. Um diesen Mehraufwand minim zu halten, kann der Beizug erfahrener Planer empfohlen werden. Fehlende Erfahrung kann durch eine gute Aus- oder Weiterbildung, sprich Fachkompetenz, wettgemacht werden. So hoch wie die Ansprüche an die Planung sind, so hoch sind sie an die Ausführung. Gerade der Faktor Luftdichtigkeit wird auch auf der Baustelle «entschieden». Eine regelmässige Kontrolle ist hier wichtig, damit die geforderte Qualität bei der Ausführung erzielt werden kann.

1.6 Kosten

«Minergie-P kostet mehr.» So sind die Mehrkosten vermutlich auch das häufigste Argument, um nicht nach Minergie-P zu bauen. Aber Minergie-P kostet mehr als was? Kostenvergleiche basieren oft auf unklaren Grundlagen und unpräzisen Systemabgrenzungen. Zudem werden meist nur die Investitionskosten, kaum aber die Lebenszykluskosten miteinander verglichen. Es ist eine Tatsache, dass betreffend der Kostensituation noch wenig gesicherte Informationen vorliegen. Entsprechende Erhebungen sind komplex: Mit was soll verglichen werden? Mit einem konventionellen Neubau, der gerade noch die gesetzlichen Anforderungen zu erfüllen vermag? Mit einem Minergie-Gebäude welches heute bereits Stand der Technik ist? Zählen die Kosten für die geforderte Komfortlüftung zu den Mehrkosten oder ist das Standard? Marco Ragonesi sagt es plakativ: «Es gibt keine Mehrkosten, weil es nichts anderes als Minergie-P-Häuser mehr geben darf.»

Was kann festgehalten werden?

Bei den Investitionen entstehen Mehrkosten. Ein Teil davon ist auf die bessere Dämmung der Gebäudehülle zurückzuführen. Zudem führen die grossen Dämmstärken zu aufwändigeren Anschlussdetails und das Vermeiden von Wärmebrücken kann da und dort zu teureren, weil auch ungewohnten Detail-Lösungen führen. Weil die Verglasung ein sehr entscheidendes Element ist (Verlustminimierung versus Gewinnmaximierung; 3-fach-Verglasung), soll hier nicht gespart werden. Bei der Gebäudetechnik führt vor allem die Komfortlüftung zu Mehrinvestitionen. Weitere Mehrkosten können für eine Solaranlage oder ein Lufterdregister entstehen. Zusätzlich zu den Mehrkosten bei Gebäude und Anlagen wird die

Planung etwas aufwändiger. Bei den Investitionskosten haben Minergie-P-Gebäude aber auch einen Vorteil: Sie müssen in der Regel sehr kompakt gebaut sein. Eine kompakte Gebäudeform führt unweigerlich zu tieferen flächen- und volumenspezifischen Kosten. Dies gilt selbstverständlich für jeden Baustandard, aber nicht bei allen Baustandards wird so konsequent kompakt gebaut wie bei Minergie-P.

Gemäss Reglement dürfen die Mehrkosten eines Minergie-P-Gebäudes gegenüber einem «vergleichbaren, konventionellen Gebäude» maximal 15 % betragen. Aufgrund der bisherigen Erfahrungen liegen die Mehrkosten selten bei 15 %, meistens dafür im Bereich von 5 % bis 8 %. Es gibt aber auch diverse Objekte die nachgewiesenermassen lediglich Mehrkosten von unter 5 % verursachten. Durch Fördergelder und günstigere Hypothekarzinsen von den Banken lässt sich ein wesentlicher Teil dieser Mehrkosten wieder kompensieren. Vereinzelt wird für Minergie-P-Bauten auch ein Ausnützungsbonus gewährt. Auf jeden Fall lohnt sich eine Kosten-Nutzen-Rechnung.

Auch wenn bei einer reinen Investitionsbetrachtung immer noch ein Mehraufwand resultiert, lohnt sich das Bauen nach Minergie-P. Dies beweisen vermehrt grosse Generalunternehmer und professionelle Investoren, welche auf Minergie-P setzen. Zunehmend werden Bauentscheide aufgrund einer Kostenrechnung über die Lebensdauer gefällt (Lebenszykluskosten): Minergie-P heisst nämlich auch bessere Werterhaltung, höhere Vermietbarkeit und tiefere Betriebskosten. Es treten weniger Bauschäden auf, die Energiekosten sind markant tiefer – und vor allem sind sie kaum von der Entwicklung der Energiepreise, im speziellen der Erdöl- oder Gaspreise, inkl. entsprechender Abgaben für CO_2-Emissionen, abhängig. Könnte man auch noch die gesteigerte Behaglichkeit eines Minergie-P-Gebäudes in Franken ausdrücken, so sind die Mehrkosten mehr als kompensiert.

Fazit: Die Investitionen sind höher, der Betrieb wird günstiger, die Behaglichkeit besser und die Werterhaltung längerfristig gesichert. Über alles betrachtet resultiert mindestens eine ausgeglichene, eher aber eine positive Bilanz. Die zunehmende Verbreitung des energieeffizienten Bauens führt zu ausgereiften Standardlösungen und somit zu tieferen Kosten. Die Innovationsschleife «Standardlösung – Innovation – Kostensenkung» beginnt unweigerlich zu drehen.

Musterrechung Mehr- und Minderkosten am Beispiel eines Einfamilienhauses nach Minergie-P	
Investitionskosten (Mehrkosten Minergie-P gegenüber konventionellem Bau)	
Gebäudehülle	+ 12 000 Fr.
Fenster	+ 8000 Fr.
Komfortlüftung	+ 12 000 Fr.
Planung, Zertifizierung	+ 8000 Fr.
Total Mehrkosten	+ 40 000 Fr.
Betriebskosten (Minderkosten Minergie-P gegenüber konventionellem Bau)	
Energiekosten	− 1100 Fr.
Kaminreinigung	− 300 Fr.
Total Minderkosten	− 1400 Fr.
(Zum Vergleich: Betriebskosten Minergie-P: 300 Fr. pro Jahr)	
Kostendifferenz über 20 Jahre (statisch gerechnet, ohne Energiepreisveränderung und zukünftige Umweltabgaben)	
Erstellung (Investition)	+ 40 000 Fr.
Betrieb	− 28 000 Fr.
Total Mehrkosten	**+ 12 000 Fr.**
(Durch Fördergelder und günstigere Hypotheken lassen sich diese Mehrkosten weitgehend kompensieren.)	

Tabelle 1.6: Kostenübersicht für ein Minergie-P-Objekt.

1.7 Ökologie

Oft hört man, die mit Minergie-P erzielten Energieeinsparungen rechtfertigen den Mehraufwand an Material (graue Energie) nicht. Oder eine Solaranlage erzeuge über ihre Lebensdauer weniger Energie als für ihre Herstellung nötig war. Diese Aussagen entbehren jedoch jeder Grundlage, wie verschiedene Untersuchungen zeigen.

Eine Studie des Bundesamtes für Energie von 2006 beurteilt verschiedene Energie-Standards nach ihrer Umweltrelevanz [2]. Die Berechnungen in dieser Studie basieren zwar auf Anforderungen, die heute teilweise nicht mehr gültig sind – sinngemäss stimmen die Erkenntnisse aber auch heute noch. Werden bei einem Gebäude keine Anforderungen an die Herstellung und Wahl der Baumaterialien gestellt, resultiert für einen Minergie-P-Neubau gegenüber dem konventionellen Standard eine Reduktion betreffend des Treibhauspotenzials (GWP) von nahezu 70 % bis 80 % (Abbildung 1.12). Die Reduktionen sind deshalb nicht noch grösser, weil der Rohbau eine nicht zu vernachlässigende Umweltrelevanz aufweist. Weil im Modernisierungsfall der Rohbau

bereits besteht und nicht in die Bewertung miteinbezogen werden muss, ist hier die relative Reduktion grösser als im Neubau. Die Umweltrelevanz des Rohbaus wird mit abnehmendem Betriebsenergiebedarf erheblicher als sie es sonst schon ist – und macht bei Minergie-P gut und gerne 50 % aus. Deshalb muss in Zukunft verstärkt auf ökologische Materialien inkl. Energieaufwand für deren Herstellung geachtet werden.

Nicht zuletzt deshalb wurde die Möglichkeit geschaffen, ein Minergie- oder Minergie-P-Gebäude zusätzlich nach «Eco» zertifizieren zu können. Während Minergie-P die Themen Komfort und Energieeffizienz abdeckt, garantiert ein Minergie-P-Eco-Zertifikat zusätzlich gesundheitliche und bauökologische Qualitäten.

Abbildung 1.12: Treibhauspotenzial (GWP) eines neuen Einfamilienhauses für vier Standards und fünf Systeme der Wärmeerzeugung in % der Referenzvariante (Gebäude nach SIA 380/1:2001 und Ölkessel). Der Anteil für den Rohbau ist erheblich (Studie mit Stand 2006).

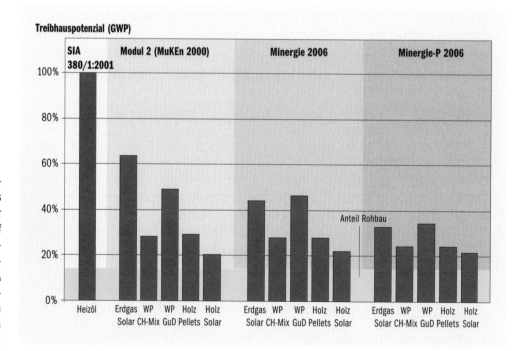

1.8 Die Rolle des Nutzers

Am Anfang jedes Produktes stehen die Pioniere – so war und ist es auch bei Minergie-P. Die ersten Minergie-P-Bauten wurden von Leuten gebaut und bewohnt, welche einen starken Bezug zum Thema energieeffizientes Bauen haben – sei es aus technischer oder gesellschaftlicher Sicht. Diese Personen zeigen meist auch im Alltag ein bewusstes Verhalten, das den Ansprüchen von Minergie-P gerecht wird.

Zunehmend werden Minergie-P-Objekte für Nutzungen ausserhalb des Wohnbereichs realisiert. Oder es werden Minergie-P-Gebäude gebaut, die nicht auf eine speziell auf Energie- und Umweltthemen sensibilisierte Klientel ausgerichtet sind. Je stärker Minergie-P zum Massenprodukt wird, desto weniger kann bei den Nutzenden ein bewusstes Verhalten vorausgesetzt werden.

Aber ist dieses bewusste Verhalten überhaupt nötig? Ja und Nein. Ja, weil nur so die tiefen Energieverbrauchswerte erzielt werden können, die der Standard vorgibt und die das Gebäude an und für sich ermöglicht. Nein, weil ein Minergie-P-Gebäude auch ohne bewusstes Nutzerverhalten einen markant tieferen Energieverbrauch bei höherem Komfort garantiert. Es ist aber eine Tatsache, dass bei suboptimalem oder gar kontraproduktivem Benutzerverhalten bei einem Minergie-P-Gebäude die Hebelwirkung auf den Energieverbrauch stärker ist als bei einem konventionellen Gebäude – jedoch auf deutlich tieferem Niveau.

Somit ist es sicher von Vorteil, wenn die Nutzerschaft ein Bewusstsein für die Eigenschaften ihres Gebäudes und ihre Einflussmöglichkeiten hat. Ist die Bauherrschaft gleichzeitig Nutzer, ist dieses Bewusstsein meist vorhanden. Bei Mietobjekten oder fremd genutzten Objekten (z. B. Schulbauten) muss dieses Bewusstsein durch spezifische Information erst geschaffen werden.

Was man darf... und was man nicht soll

Auch in einem Minergie-P-Haus darf und kann man die Fenster öffnen. Nur ist es dank der Komfortlüftung für eine gute Raumluftqualität nicht nötig und während der Heizperiode aus energetischer Sicht nicht sinnvoll. Wird bei der Komfortlüftung die in der Abluft steckende Wärme auf die Zuluft übertragen, entstehen bei der Fensterlüftung wegen dieser fehlenden Wärmerückgewinnung vor allem bei tiefen Aussentemperaturen hohe Energieverluste. Bei einem Minergie-P-Haus sollte auf den Einsatz von Kippfenstern möglichst verzichtet werden. Die Stosslüftung ist durch normales Öffnen möglich, für die kontinuierliche Aussenluftzufuhr sorgt die Komfortlüftung.

Ein weiteres Thema ist der sommerliche Wärmeschutz zur Vermeidung von hohen Raumlufttemperaturen im Sommer. Diese hängen zwar nicht direkt mit dem Energiestandard zusammen, sondern vor allem mit der Bauweise (thermisch aktivierbare Speichermasse), dem Glasanteil, der Beschattung und dem Benutzerverhalten. Weil Minergie-P-Häuser tendenziell grosse Glasflächen gegen Süden aufweisen, ist neben den technischen Massnahmen für den sommerlichen Wärmeschutz (Beschattungseinrichtungen) auch ein bewusstes Benutzerverhalten von hohem Wert. Eine optimale Bedienung des Sonnenschutzes ist wichtig. Will sich der Nutzer dieser Aufgabe entledigen, empfiehlt sich ein automatisierter Sonnenschutz. Zudem kann der Nutzer durch eine gezielte Nachtauskühlung im Sommer (Öffnen der Fenster) wie in jedem anderen Gebäude die Tagestemperaturen weiter reduzieren.

Nach Norm werden die Heizsysteme aller Wohn- und Bürobauten auf eine Raumlufttemperatur von 20 °C ausgelegt (teilweise leicht höhere respektive tiefere Temperaturen bei anderen Nutzungen). In Realität weisen die meisten Räume eine 1 bis 3 Kelvin höhere Raumlufttemperatur auf, was sich dann wieder in einem entsprechend höheren Energieverbrauch zeigt (1 Kelvin höhere Raumlufttemperatur entspricht rund 10 % mehr Energieverbrauch). Da die Oberflächentemperaturen in einem Minergie-P-Haus wegen der guten Dämmung nahe bei der Raumlufttemperatur liegen, kann die Raumlufttemperatur eher etwas tiefer gehalten werden, um die gleiche Behaglichkeit wie in einem konventionellen Haus mit tendenziell tieferen Oberflächentemperaturen zu erzielen.

Vor allem bei massiver Bauweise ist es während der kühlen Jahreszeit von grossem Nutzen, wenn die passiv gewonnene Solarenergie in der Bauteilmasse gespeichert wird. Dies ist nur möglich, wenn im Tagesgang ein Überschwingen der Raumlufttemperatur im Bereich von 3 bis 5 Kelvin zugelassen werden kann. Im Idealfall wird dieses temperaturdynamische Verhalten des Gebäudes durch die Steuerung des Sonnenschutzes optimiert.

Aufgrund des tiefen Heizleistungsbedarfs fehlen in einem Minergie-P-Haus warme Flächen, es sei denn, das Haus wird mit einem Kachelofen oder ähnlichem beheizt. Gerade bei der Kombination Fussbodenheizung in einem Steinboden wird die Oberfläche auch an Tagen mit tiefen Aussenlufttemperaturen nie fühlbar warm. Geht man in Socken oder barfuss auf dem Boden, sind kalte Füsse vorprogrammiert. Dieses Phänomen tritt aber bei allen Neubauten auf, die mindestens die gesetzlichen Anforderungen an einen tiefen Heizwärmebedarf erfüllen. Es ist bei Gebäuden mit besonders tiefem Heizleistungsbedarf aber sicher noch deutlicher spürbar.

Der Heizleistungsbedarf in einem Minergie-P-Gebäude ist tief, entsprechend wird auch die Heizung dimensioniert. Dies gilt vor allem für Luftheizungen, bei denen enge Leistungsgrenzen beachtet werden müssen, und viel weniger bei konventionellen Bodenheizungen, sowie kaum bei Holzheizungen. Wird nun ein Raum durch ein offen stehendes Fenster oder offene Keller- oder Aussentüren stark ausgekühlt, kann dieser aufgrund der beschränkten Heizleistung nicht in kurzer Zeit wieder auf die gewünschte Raumlufttemperatur aufgeheizt werden. Senkt sich während einer längeren Abwesenheit der Nutzer die Raumtemperatur ab, dauert es bei einem Minergie-P-Haus aufgrund der beschränkten Heizleistung tendenziell länger als bei einem konventionellen Bau bis die üblichen Raumtemperaturen wieder erreicht sind. Dank der guten Bauweise sinken die Temperaturen im Minergie-P-Haus aber auch weniger schnell ab!

Quellen

[1] Dokumentation D 0216: SIA Effizienzpfad Energie; Schweizerischer Ingenieur- und Architektenverein SIA; Zürich 2006

[2] Umweltwirkungen von Energiestandards, Perspektiven für den Gebäudepark Schweiz. Schlussbericht, Dezember 2006. Im Auftrag des Bundesamts für Energie, Forschungsprogramm Energiewirtschaftliche Grundlagen

[3] Minergie-P- und Passivhaus: Luftheizung und andere Wärmeverteilsysteme, Studie der HTA Luzern, Horw 2006; siehe www.minergie.ch

Kapitel 2

Berechnungsverfahren und Zertifizierung

2.1 Nutzen und Anforderungen einer Zertifizierung

Mit der erfolgreichen Zertifizierung erhält das Gebäude das geschützte Label Minergie-P. Damit wird bestätigt, dass das Gebäude alle Anforderungen des Standards erfüllt, insbesondere einen tiefen rechnerischen Energiebedarf aufweist und über eine hohe Behaglichkeit sowie eine gute Qualität der Innenraumluft verfügen wird. Damit verbunden ist eine überdurchschnittlich hohe Werterhaltung des Hauses, was dem Objekt eine bessere Vermietbarkeit oder Veräusserung ermöglicht. Das Label Minergie-P kann im Zusammenhang mit dem zertifizierten Objekt in der Kommunikation genutzt werden und es eröffnet den Zugang zu Fördergeldern einzelner Kantone oder Gemeinden und zu vergünstigten Hypotheken bei ausgewählten Banken.

Die bei der Zertifizierungsstelle eingereichten Unterlagen werden vor allem betreffend den Energieberechnungen, den Baukonstruktionen und dem Haustechnikkonzept überprüft. Durch den Antragsteller ist mittels Luftdichtigkeitsprüfung die geforderte Luftdichtigkeit der Gebäudehülle nachzuweisen – diese Messung bildet im Allgemeinen den Abschluss des Zertifizierungsverfahrens.

In mindestens 10 % der zertifizierten Objekte führt die Zertifizierungsstelle während der Bauphase oder nach Fertigstellung eine Stichprobenkontrolle durch, um zu überprüfen, ob das Objekt den Unterlagen entsprechend ausgeführt wurde.

Die Erfahrung zeigt: Sind die Grundvoraussetzungen wie Standort und Gebäudeausrichtung erfüllt, kommt es nur in den seltensten Fällen vor, dass ein konsequent auf das Ziel Minergie-P geplantes Objekt nicht zertifiziert werden kann. Nur in Einzelfällen kann es vorkommen, dass aufgrund irgendwelcher ungelöster Details eine Zertifizierung nicht möglich ist. Dann gilt: «Ein Minergie-P-Haus ist ein gutes Haus, aber nicht jedes gute Haus ist zwingend ein Minergie-P-Haus.»

Anforderungen

Ein Objekt kann dann zertifiziert werden, wenn alle Anforderungen gemäss Kapitel 1.2 (aktuelle Werte unter www.minergie.ch) erfüllt sind.

Adrian Tschui

Tabelle 2.1: Anforderungen ans Minergie-P-Haus (Mehrfamilienhaus, Neubau). $Q_{h, li}$: Grenzwert Heizwärmebedarf für Neubauten der Norm SIA 380/1.

	Anforderung (Neubau)	Nachweis mittels
Heizwärmebedarf (Primäranforderung Gebäudehülle)	60 % von $Q_{h,li}$	SIA-380/1-Berechnungsprogramm
Gewichtete Energiekennzahl Wärme (Minergie-P-Grenzwert)	30 kWh/m²a (Beispiel Wohnbau)	Nachweisformular Minergie-P und Haustechnikschema
Spezifischer Wärmeleistungsbedarf	10 W/m² (nur bei Luftheizung)	Hilfsberechnung oder SIA-380/1-Berechnungsprogramm
Energieeffiziente Haushaltgeräte	Haushaltgeräte mit Effizienzklasse A bzw. A+	Selbstdeklaration durch Antragsteller
Sommerlicher Wärmeschutz	Variante 1: Globalbeurteilung von Standardfällen / Variante 2: Nachweis gemäss Norm SIA 382/1 / Variante. 3: Berechnung mit SIA-Tool Klimatisierung	Nachweisformular Minergie-P (evtl. mit ergänzenden Nachweisen)
Luftdichtigkeit	$n_{50, st} \leq 0,6\ h^{-1}$	Messung durch spezialisierte Messfirma
Kontrollierte Aussenluftzufuhr	Eines der Minergie-Standard-Lüftungssysteme	Haustechnikschema

Grundsätzlich müssen die Anforderungen der MuKEn 2008 auch für Minergie-P eingehalten werden, unabhängig davon, ob ein Kanton die MuKEn 2008 bereits eingeführt hat oder nicht.

Die Zertifizierung nach Minergie-P ist für Gebäude bzw. Teile eines Gebäudes möglich, wenn diese mindestens eine der beiden folgenden Anforderungen erfüllen:

∎ Das Zertifizierungsobjekt ist ein freistehendes Gebäude (kann aus verschiedenen Nutzungen bestehen).

∎ Es handelt sich um einen eigenständigen und klar getrennten Gebäudeteil mit eigener Dach- und Bodenfläche (gegen unbeheizt oder Erdreich), z. B. Reihenhäuser, Anbauten, städtische Zeilenhäuser, etc. Die zu zertifizierende Einheit sollte jeweils eine eigene Hausnummer haben. Spezialfälle oder unklare Gebäudesituationen sollen schon bei Planungsbeginn mit der Zertifizierungsstelle Minergie-P geklärt werden.

2.2 Ablauf der Zertifizierung

2.2.1 In vier Schritten zum Label

Schritt 1

Das Projekt wird bereits in der Entwurfs- und Konzeptphase im interdisziplinären Team entwickelt. Zum Team gehören typischerweise: Bauherrschaft, Architekt, Bauphysiker, Haustechnikplaner (Heizung, Lüftung, Elektro), allenfalls ergänzt mit Bauingenieur, Lichtplaner, etc. Im Zentrum steht dabei die Klärung, ob die für eine Minergie-P-Zertifizierung kritischen Faktoren erfüllbar sind (siehe Kapitel 1.3, Kapitel 1.4 und Kapitel 3.1):

∎ Gebäudeform (Kompaktheit) und Ausrichtung der Hauptfassaden festlegen

∎ Thermische Gebäudehülle und Luftdichtigkeitsebene um das ganze Haus ziehen

∎ Definition der opaken Bauteile (Aufbau, Konstruktion; Einfluss Erdreich beachten)

∎ Wärmebrücken identifizieren und Optimierungsmassnahmen in die Wege leiten

∎ Fenster und Fensterrahmen definieren (zentraler Punkt im Minergie-P-Konzept!)

∎ Fixe Beschattungen möglichst vermeiden

∎ Gebäudetechniksystem auf Objekt und Umgebung abstimmen

∎ Optimierung des Gesamtsystems (z. B. Synergien zwischen Wärmeerzeugung Heizung und Warmwasseraufbereitung prüfen)

Rechtzeitig abgeklärt werden müssen auch die gesetzlichen und finanziellen Randbedingungen:

∎ Fördergelder respektive Ausnutzungsboni (Kanton, Gemeinde)

∎ Bankhypotheken zu bevorzugten Konditionen

Die Projektdaten (Gebäudegeometrie, Kennwerte Gebäudehülle, Gebäudetechnik, etc.) werden in die Berechnungsinstrumente (Norm SIA 380/1 [1], Minergie-P-Nachweisformular [2]) eingegeben. Ergänzend dazu können verschiedene Hilfsinstrumente zur Berechnung der b-Werte, der U-Werte, der Wärmebrücken, der Jahresarbeitszahlen bei Wärmepumpen, etc. verwendet werden. Meist werden die Anforderungen von Minergie-P beim ersten Entwurf noch nicht erfüllt. Im anschliessenden Optimierungsprozess wird das Projekt überarbeitet und optimiert, bis sämtliche Anforderungen erfüllt sind. Auch diese Arbeiten sollen interdisziplinär im Team erfolgen. Abschliessend wird das Antragsdossier nach Vorgabe der Checkliste (siehe www.minergie.ch → Dokumente & Tools → Minergie-P) zusammengestellt. Es umfasst folgende Unterlagen:

∎ Antragsformular (unterschrieben von Antragsteller, Bauherrschaft und Fachplanern)

∎ Berechnung nach Norm SIA 380/1 inkl. Unterschrift der Verfasser von Nachweis und Wärmedämmprojekt

▌ U-Wert-Berechnung der opaken Bauteile inkl. Deklaration der vorgesehenen Wärmedämmstoffe

▌ Ermittlung der Wärmebrücken gemäss Wärmebrückenkatalog [3] oder mit einem Wärmebrückenberechnungsprogramm. Das Programm liefert die genaueren, d. h. auch tieferen Werte (die Werte im Wärmebrückenkatalog sind tendenziell auf der «sicheren», d. h. für den Antragssteller «ungünstigen» Seite).

▌ U-Wert-Berechnung der Fenster mit Berücksichtigung von Rahmen, Glasrandverbund und Glas (Kennwerte Glas nach EN 673)

▌ Situationsplan (Verschattungen, Horizont)

▌ Gebäudepläne: Grundriss mit thermischer Gebäudehülle und ausgezogener Energiebezugsfläche, Fassaden mit nachvollziehbaren Bauteil- und Flächenzuordnungen (diese müssen mit der Berechnung nach Norm SIA 380/1 korrespondieren) und eindeutige Bezeichnung der verschiedenen Fenster.

▌ Konstruktionsdetails

▌ Datenblätter: Lüftung, Heizung, Wassererwärmung, Fensterrahmen, Glastyp, Dämmungen

▌ Haustechnikschema (Heizung mit den eingesetzten Komponenten und Lüftung mit Luftmengen und Leitungsführung, z. B. im Zusammenhang mit dem Erdregister, etc.)

Schritt 2

Der Antrag wird bei der Energiefachstelle des Standortkantons eingereicht, die das Dossier an die Zertifizierungsstelle Minergie-P weiterleitet.

Hinweis: In einigen Kantonen und Gemeinden ersetzt der Minergie-P-Antrag den behördlichen Energienachweis und erspart den Planenden einen zusätzlichen Berechnungsgang.

Die Zertifizierungsstelle Minergie-P prüft die eingereichten Unterlagen (Vollständigkeit, Korrektheit der Berechnungen, Funktionalität der gewählten Lösungen, etc.) und stellt bei Erfüllung der Anforderungen ein provisorisches Zertifikat inkl. Zertifizierungsnummer aus. Ab diesem Moment darf das Objekt als Minergie-P-Objekt bezeichnet werden.

Schritt 3

Das Gebäude wird realisiert und in dieser Phase bekommt die Qualitätssicherung der Ausführung einen hohen Stellenwert. Es muss darauf geachtet werden, dass das Objekt auch tatsächlich der Planung entspricht (Materialien, Komponenten); vor allem kommt aber der Ausführungsqualität im Zusammenhang mit der geforderten Luftdichtigkeit und der Vermeidung von Wärmebrücken grosse Bedeutung zu.

Dabei sind folgende Punkte zu beachten:

▌ Information und Sensibilisierung der Handwerker betreffend Minergie-P – vor allem betreffend Luftdichtheit der Gebäudehülle

▌ Überprüfung der eingesetzten (Dämm-) Materialien und der Dämmstärken

▌ Überprüfen der Luftdichtigkeit an den Stössen und Fugen (sämtliche Bauteile begutachten)

▌ Allenfalls notwendige Ausführungsänderungen auf ihre energetische Relevanz prüfen und wenn energierelevant der Zertifizierungsstelle melden.

Schritt 4

Die Hülle der einzelnen Nutzungseinheiten (z. B. Wohnungen) wird mit einer Luftdichtigkeitsmessung auf ihre Dichtheit geprüft.

Abbildung 2.1: Die Zertifizierung in vier Schritten.

Das Verfahren, die Gebäudepräparation und auch der richtige Zeitpunkt für die Messung sind in der «Richtlinie für Luftdurchlässigkeitsmessungen bei Minergie-P- und Minergie-Bauten» [4] ausführlich beschrieben. Die Erfüllung der hohen Anforderung an die Luftdichtigkeit ist Bestätigung für eine hohe Ausführungsqualität der Gebäudehülle. Nach erfolgreichem Luftdichtigkeitstest und nach Abschluss des Baus werden das Messprotokoll und die Baubestätigung der Zertifizierungsstelle Minergie-P zugestellt. Mit ihrer Unterschrift auf der Baubestätigung versichern Antragssteller, Bauherrschaft sowie die ausführenden Unternehmer (für Gebäudehülle, Lüftung und Heizung), dass sämtliche Vorgaben von Minergie-P dem Zertifizierungsantrag entsprechend umgesetzt wurden. Damit kann das Gebäude definitiv zertifiziert werden und der Zertifizierungsprozess ist abgeschlossen.

Stichprobenkontrolle

Mindestens 10 % der zertifizierten Objekte werden in der Ausführungsphase oder nach Abschluss der Arbeiten einer Stichprobenkontrolle unterzogen. Werden im Rahmen dieser Kontrolle Unstimmigkeiten zum Antrag festgestellt, ist der Antrag entsprechend zu korrigieren und neu einzureichen oder die Unstimmigkeiten sind am Objekt zu korrigieren. Ansonsten wird das Zertifikat entzogen und es wird allenfalls eine Konventionalstrafe festgelegt (siehe Minergie-P-Reglement).

Nutzerinformation

Nutzer und Betreiber des Gebäudes sind betreffend der Eigenheiten und speziellen Komponenten eines Minergie-P-Gebäudes zu informieren, z. B. mit der Broschüre «Jetzt wohnen Sie in einem Minergie-Haus» [5]. Verschiedene Studien für Neubauten aller Standards zeigen, dass der reale Energieverbrauch zwischen 50 % und 400 % des berechneten Energiebedarfs betragen kann. Oft liegen die Gründe für diese Unterschiede im Verhalten der Nutzer.

2.2.2 Nachweis Sommerlicher Wärmeschutz

Ein ausreichender sommerlicher Wärmeschutz wird bei Minergie-P gleichermassen gefordert wie bei Minergie. Die Basis dazu bildet die Norm SIA 382/1. Im folgenden Abschnitt wird das Thema behandelt, soweit es für den Minergie-P-Nachweis erforderlich ist.

Die Norm SIA 382/1 «Lüftungs- und Klimaanlagen – Allgemeine Grundlagen und Anforderungen» [6] definiert bauliche Anforderungen für Gebäude mit Lüftungs- und Klimaanlagen. Diese Anforderungen sind unabhängig von einer Minergie-P-Zertifizierung einzuhalten (vgl. dazu auch das Kapitel 5 – Sommerlicher Wärmeschutz).

Im Minergie-P-Nachweis wird anhand von einzelnen Kriterien überprüft, ob die bauliche respektive betriebliche Anforderungen betreffend des sommerlichen Wärmeschutzes eingehalten sind. Diese Beurteilung in Form einer Selbstdeklaration durch den Antragssteller erfolgt für die kritischen Räume im Registerblatt «Sommer» des Nachweisformulars. Dabei stehen drei Varianten zur Auswahl, wobei mindestens eine Variante erfüllt sein muss.

Variante 1: Globalbeurteilung von Standardfällen

Für Standardlösungen werden Anforderungen definiert, bei denen eine Kühlung zur Einhaltung des thermischen Komforts im Sommer nicht erforderlich ist. Es wird vorausgesetzt dass gleichzeitig die folgenden Bedingungen eingehalten werden (Abbildung 2.2):

▮ Keine Oblichter oder Dachflächenfenster. Als Ausnahme sind in Wohnbauten kleine Dachflächenfenster respektive Oblichter bis zu einer Glasfläche von 0,5 m² pro Raum zugelassen, z. B. typisch für Korridore oder Bad/WC.

▮ Aussen liegender, beweglicher Sonnenschutz mit Rollläden oder Rafflamellenstoren (g-Wert max. 0,1).

▮ Möglichkeit zur Nachtauskühlung über öffenbare Fenster.

▌ Interne Wärmelasten nicht höher als die Standardwerte im Merkblatt SIA 2024 [10].

In einer Zone (z. B. Wohnung) können unterschiedliche Situationen vorkommen. Die Variante 1 ist nur dann erfüllt, wenn für alle Räume die Anforderungen gemäss Abbildung 2.2 erfüllt sind. Bei jedem der im Nachweis beschriebenen Fälle A bis D in Abbildung 2.3 muss im Nachweistool deklariert werden, ob er in der Zone/Nutzung
▌ nicht vorkommt (die Beschreibung trifft nicht vollständig zu) → n.a.;
▌ vorkommt (die Beschreibung trifft vollständig zu) und die Bedingung ist erfüllt → Ja;
▌ vorkommt (die Beschreibung trifft vollständig zu) und die Bedingung ist nicht erfüllt → Nein.

Die Standardfälle sind aus einer Parameterstudie [7] abgeleitet, welche an einem Einfamilienhaus und an einem Mehrfamilienhaus durchgeführt wurde. Weiter sind Erfahrungen berücksichtigt, die in der Studie «Sommerlicher Wärmeschutz bei Wohngebäuden in Holzbauweise» [8] gesammelt wurden.

Variante 2: Nachweis gemäss SIA 382/1

Mit einem Hilfstool von Minergie können Situationen überprüft werden, die nicht den Standardfällen von Variante 1 entsprechen. Dabei müssen die Anforderungen gemäss Norm SIA 382/1 an den Sonnenschutz, die Wärmespeicherfähigkeit, die internen Lasten sowie die Möglichkeit zur Fensterlüftung erfüllt sein. Beim Erfüllen aller Kriterien ist der sommerliche Wärmeschutz ohne mechanische Kühlung gewährleistet.

Variante 3: SIA-Tool Klimatisierung

Aus Sicht von Minergie ist eine Kühlung in allen Gebäudekategorien ohne Bedarfsnachweis möglich. Massgebend sind hier aber die kantonalen Energievorschriften, welche an eine Kühlung gewisse Voraussetzungen knüpfen. Bei Minergie-P wird eine Kühlung verlangt, wenn hohe sommerliche Raumlufttemperaturen zu erwarten sind. Der Energiebedarf für Kühlung und Befeuchtung ist dann für alle gekühlten Räume mit dem SIA-Tool Klimatisierung zu berechnen und im Antrag zu berücksichtigen (inkl. Energiebedarf für Luftförderung).
Diese Berechung mit dem SIA-Tool Klimatisierung ist also immer dann durchzuführen, wenn Variante 1 oder 2 nicht erfüllt werden. Diese Berechnung muss mindestens

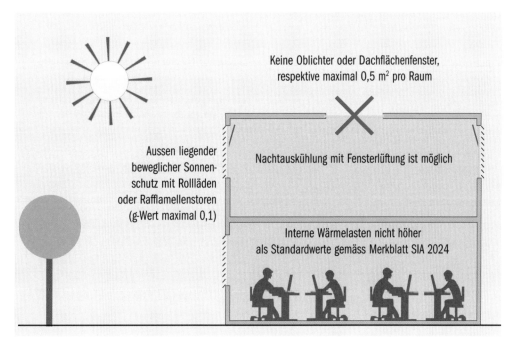

Keine Oblichter oder Dachflächenfenster, respektive maximal 0,5 m² pro Raum

Aussen liegender beweglicher Sonnenschutz mit Rollläden oder Rafflamellenstoren (g-Wert maximal 0,1)

Nachtauskühlung mit Fensterlüftung ist möglich

Interne Wärmelasten nicht höher als Standardwerte gemäss Merkblatt SIA 2024

Abbildung 2.2: Anforderungen für alle Standardfälle von Variante 1.

für kritische Räume (z. B. Eckräume, Räume mit hohem Glasanteil und/oder Oblichtern etc.) durchgeführt werden.

Das Tool berechnet mittels einer vereinfachten dynamischen Simulation neben den jeweiligen Raumlufttemperaturen auch den thermischen und elektrischen Leistungs- und Energiebedarf für Raumkühlung, Raumheizung, Luftförderung, Luftkühlung, Lufterwärmung sowie Luftbe- und Luftentfeuchtung. Zudem wird der Energiebedarf von elektrischen Geräten (Betriebseinrichtungen) und Beleuchtung berücksichtigt, welche als interne Wärmequellen das thermische Verhalten der Räume entscheidend beeinflussen.

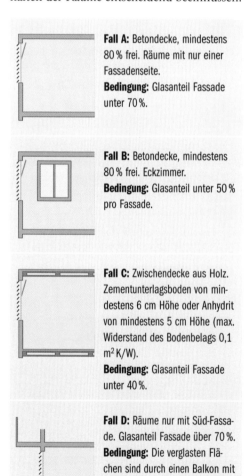

Fall A: Betondecke, mindestens 80 % frei. Räume mit nur einer Fassadenseite.
Bedingung: Glasanteil Fassade unter 70 %.

Fall B: Betondecke, mindestens 80 % frei. Eckzimmer.
Bedingung: Glasanteil unter 50 % pro Fassade.

Fall C: Zwischendecke aus Holz. Zementunterlagsboden von mindestens 6 cm Höhe oder Anhydrit von mindestens 5 cm Höhe (max. Widerstand des Bodenbelags 0,1 m² K/W).
Bedingung: Glasanteil Fassade unter 40 %.

Fall D: Räume nur mit Süd-Fassade. Glasanteil Fassade über 70 %.
Bedingung: Die verglasten Flächen sind durch einen Balkon mit mindestens 1 m Tiefe verschattet. Betondecke, Zementunterlagsboden von mindestens 6 cm Höhe oder Anhydrit von mindestens 5 cm Höhe (max. Widerstand des Bodenbelags 0,1 m2 K/W); wenn nicht, n. a. wählen.

Abbildung 2.3: Beispiel der Standardfälle für Wohnbauten.

Wohnbauten mit freier Kühlung

In Ein- und Mehrfamilienhäusern wird teilweise die Bodenheizung oder ein thermoaktives Bauteilsystem (Tabs) zur Kühlung eingesetzt. Die Kühlenergie stammt direkt aus den (ohnehin für die Heizwärmegewinnung installierten) Erdsonden oder aus dem Grundwasser. Zum Kühlen müssen dabei lediglich die Umwälzpumpen der Erdsonde und der Wärmeverteilung betrieben werden. Sofern die baulichen Anforderungen gemäss Norm SIA 382/1 an den sommerlichen Wärmeschutz eingehalten sind, entfällt die Deklaration nach den Varianten 1, 2 oder 3 und es muss bei einer solchen Lösung keine Berechnung mit dem SIA-Tool Klimatisierung durchgeführt werden. Es genügt eine Abschätzung des Energiebedarfs für die Umwälzpumpen via Laufzeit (typischerweise 400 Volllaststunden) und die Berücksichtigung dieses Energiebedarfs bei der Berechnung der gewichteten Energiekennzahl. Erst wenn ein Verdichter (Klimagerät, umkehrbare Wärmepumpe) zur Kühlung eingesetzt wird, muss eine Berechnung mit dem SIA-Tool Klimatisierung durchgeführt werden.

Das SIA-Tool Klimatisierung kann auf www.energycodes.ch gegen eine Gebühr heruntergeladen werden.

Weitere Angaben zum Thema sommerlicher Wärmeschutz finden sich im Kapitel 5. Detaillierte Informationen zum Nachweis des sommerlichen Wärmeschutzes sind in der Wegleitung und der Anwendungshilfe von Minergie zu finden (www.minergie.ch → Dokumente & Tools → Minergie-P).

2.2.3 Luftdichtigkeitsmessung

Eine dichte Gebäudehülle reduziert das Risiko von bauphysikalischen, energetischen oder komfortrelevanten Problemen. Die Sicherstellung der notwendigen Frischluftzufuhr für die Bewohner ist Aufgabe der Komfortlüftung und hat nichts mit der Luftdurchlässigkeit der Gebäudehülle zu tun.

Für Luftdichtigkeitsmessungen bei Minergie-P-Gebäuden gilt das Messverfahren B nach EN 13829. D. h. alle beabsichtigten vorhandenen Öffnungen und Durchlässe werden geschlossen und abgedichtet. Eine detaillierte Checkliste mit den zu schliessenden Öffnungen befindet sich in Anhang D der «Richtlinie für Luftdurchlässigkeitsmessungen bei Minergie-P- und Minergie-Bauten». Ziel des Verfahrens B ist es, nur diejenigen Leckstellen zu ermitteln, die der Gebäudehülle zugeordnet werden.

Die vorgezogene Messung

Eine Luftdichtigkeitsmessung kann auch vor der Bauvollendung durchgeführt werden. Für eine sogenannte «vorgezogene Messung» müssen aber alle für die Dichtung relevanten Arbeiten an der Gebäudehülle bzw. der Dichtung der Messzone abgeschlossen sein. Erfüllt das Ergebnis den Grenzwert, so wird das Resultat für die Zertifizierung anerkannt und es muss keine weitere Abnahmemessung nach Bauvollendung durchgeführt werden. Im Messbericht ist der Bauzustand bei der vorgezogenen Messung zu protokollieren, die provisorischen Abdichtungen sind detailliert zu beschreiben. Eine vorgezogene Messung ist in der Bauphase meist sinnvoll und von den Unternehmern erwünscht, da allfällige Leckstellen ohne grossen Aufwand noch nachgebessert werden können.

Bestimmung der Messzone

Für Minergie-P steht die Dichtigkeit der gebauten Hülle für den einzelnen Bewohner im Zentrum (d. h. es sind aus Komfortgründen auch keine Leckagen zwischen einzelnen Wohneinheiten zulässig). Somit ist bei Mehrfamilienhäusern, Reihenhäusern etc. jede Wohneinheit als eine eigene Messzone zu betrachten und auch separat zu messen. Das gleiche «Zonen-Prinzip» wie bei den Mehrfamilienhäusern kann jedoch nicht auf einzelne Räume in einer Wohnung übertragen werden. Interne Wände und Decken müssen nicht luftdicht sein! Es sind keine Grenzwerte für Einzelräume (innerhalb einer Messzone) vorgegeben.

Abbildung 2.4 (oben): Eine undichte Gebäudehülle kann verschiedene Probleme verursachen. Es wird deshalb nach den heutigen Regeln der Baukunst eine möglichst dichte Gebäudehülle gefordert. Je dichter die Gebäudehülle, desto kleiner ist die Gefahr, dass sich bauphysikalische, energetische oder komfortrelevante Probleme ergeben. Die Sicherstellung der notwendigen Aussenluftzufuhr erfolgt im Minergie-P-Bau über die Lufterneuerung und hat nichts mit der Luftdurchlässigkeit der Gebäudehülle zu tun. (Quelle: Richtlinie)

Abbildung 2.5 (unten): In Mehrfamilienhäusern muss jede Wohnung gegenüber den andern Wohnungen luftdicht sein. Folge: Jede Wohnung bildet eine Messzone und muss separat beurteilt werden. (Quelle: Richtlinie)

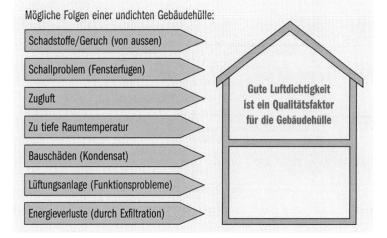

Mögliche Folgen einer undichten Gebäudehülle:

- Schadstoffe/Geruch (von aussen)
- Schallproblem (Fensterfugen)
- Zugluft
- Zu tiefe Raumtemperatur
- Bauschäden (Kondensat)
- Lüftungsanlage (Funktionsprobleme)
- Energieverluste (durch Exfiltration)

Gute Luftdichtigkeit ist ein Qualitätsfaktor für die Gebäudehülle

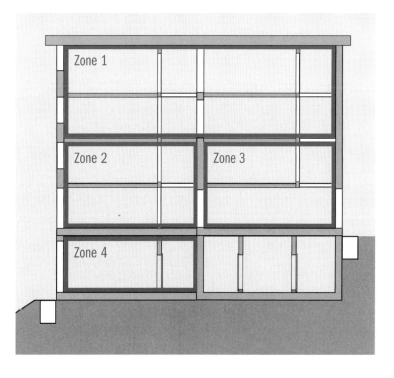

Zone 1

Zone 2

Zone 3

Zone 4

Abbildung 2.6 (oben):
Messung der Luftdichtig-
keit einer Wohnung in ei-
nem Mehrfamilienhaus. Die
Fenster der Nachbarzonen
– auch die des Treppen-
hauses – sind während der
Messung zu öffnen.
(Quelle: QC Expert AG)

Abbildung 2.7 (unten):
Messung der Luftdichtigkeit
im Einfamilienhaus. In den
Räumen ausserhalb der
Messzone sind die Fens-
ter zu öffnen. Grün: Grenze
des Wärmedämm- und Luft-
dichtigkeitsperimeters. (Anmerkung: Messgrenze ist
immer der Luftdichtigkeits-
perimeter. Dieser kann
vom Wärmedämmperime-

ter abweichen: Temperierte
Räume beispielsweise gel-
ten als nicht beheizt und
können ausserhalb des
Wärmedämmperimeters,
aber innerhalb des Luft-
dichtigkeitsperimeters liegen. Der genaue Verlauf
(z. B. im Keller) muss im
Zweifelsfall vom Planer angegeben werden.)
(Quelle: QC Expert AG)

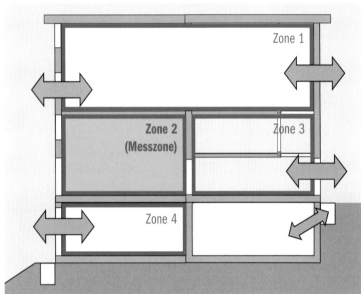

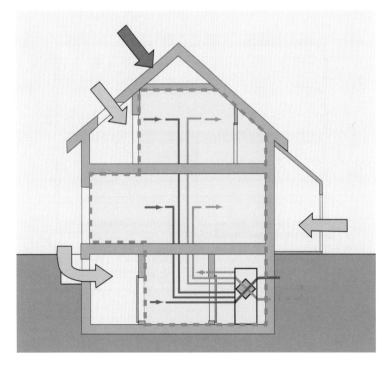

Bei Überbauungen mit vielen Wohnungen
kann davon ausgegangen werden, dass die
Bauqualität bei identischen Bauteilen verschiedener Wohnungen ähnlich ist. Damit
kann die zur Qualitätsprüfung nötige Anzahl Luftdurchlässigkeitsmessungen eingeschränkt werden. Wie viele Wohnungen bei
Minergie-P gemessen werden müssen, regelt
die Anwendungshilfe Minergie-P. Grundsätzlich sind aber alle von der Vorgabe [4]
abweichenden Luftdichtigkeits-Messkon-
zepte vorgängig mit der jeweiligen Zertifizierungsstelle abzusprechen.

Gebäudepräparation – Zustand der Nach-barzonen

Damit die Zone geprüft werden kann, sind
für die Messung in allen Nachbarzonen
und in den Pufferräumen ausserhalb des
Luftdichtigkeitsperimeters die Fenster, Lüftungsflügel, etc. zu öffnen. Dies gilt auch
für den unbeheizten Keller, Wintergarten,
Garage, etc. Die effektiven Zustände während der Messung sind im Prüfprotokoll zu
beschreiben.

Standardisierung der Messwerte: $n_{50, st}$ als Bewertungsgrösse

Der heute viel verwendete n_{50}-Wert (mit
Volumenbezug) taugt zur Bewertung einer
Gebäudehülle (mit Flächenbezug) nur begrenzt: Je grösser ein Gebäude ist, desto
einfacher wird es, einen tiefen n_{50}-Wert zu
erreichen – oder umgekehrt: bei gleicher
Qualität der Gebäudehülle ist der n_{50}-Wert
bei einem grossen Gebäude besser (tiefer) als
bei einem kleinen Gebäude. Deshalb wird in
der Richtlinie mit dem $n_{50, st}$-Wert ein stan-
dardisierter Wert geschaffen, welcher proportional zum flächenbezogenen q_{50}-Wert
ist. (Multiplikation des q_{50}-Wertes mit dem

q_{50} und $n_{50, st}$
Die Differenzierung zwischen den beiden Werten q_{50}
und $n_{50, st}$ hat rein verfahrenstechnische Gründe. Hinsichtlich der Bewertung der Dichtigkeit eines Gebäudes
unterscheiden sich die beiden Werte nicht. Denn sie beziehen sich beide auf die Hüllfläche (und nicht auf das
Volumen) eines Hauses.

standardisierten Formfaktor von 0,8.) Dieser Formfaktor entspricht einem durchschnittlichen Schweizer Einfamilienhaus und war Basis bei der Festlegung der Anforderung für Minergie-P.

Wie Tabelle 2.3 zeigt, haben unterschiedlich grosse Gebäude ganz unterschiedliche n_{50}-Werte, während der $n_{50,\,st}$-Wert, welcher die Qualität der Gebäudehülle beschreibt, bei allen Varianten identisch ist.

Dokumentation der Ergebnisse

In der Richtlinie wird definiert, in welcher Form die Ergebnisse der Luftdichtigkeitsprüfung zu dokumentieren sind und wie mit Messunsicherheiten bzw. Messfehlern umzugehen ist. Für Minergie-P-Bauten gilt die Anforderung, dass der $n_{50,\,st}$-Wert unter 0,6/h respektive 1,5/h liegen muss. Wie Erfahrungen aus der Zertifizierungspraxis zeigen, kann dieser Wert in fast allen Fällen erreicht werden, wenn in der Planung und vor allem in der Ausführung konsequent auf dieses Ziel hingearbeitet wird.

Weiterführende Infos: Richtlinie für Luftdurchlässigkeitsmessungen bei Minergie-P- und Minergie-Bauten, 2010, unter www.minergie.ch. Die Richtlinie [4] wurde im Auftrag von Minergie von Christoph Tanner, QC-Expert AG in Dübendorf, erarbeitet.

Anwendungshilfe Minergie-P, 2007, unter www.minergie.ch

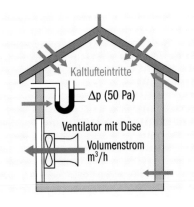

	q_{50} [m³/h · m²]	$n_{50,\,st}$ [1/h]
Minergie-P (Neubau und Passivhaus)	≤ 0,75	≤ 0,6
Minergie-P (Modernisierung)	≤ 1,9	≤ 1,5
Minergie	≤ 1,25	≤ 1,0

Hinweis: Die Werte für Minergie-P sind zwingend einzuhaltende Anforderungen, bei Minergie handelt es sich um Empfehlungen.

Abbildung 2.8 (oben): Temporär in den Türrahmen eingebauter Ventilator zur Bestimmung der Luftdichtheit der Gebäudehülle (Blower-door-Test). (Richtlinie)

Abbildung 2.9 (links): Blower-door-Test, schematisch. (Richtlinie)

Tabelle 2.2 (links): Luftdichtigkeit der Gebäudehülle: Grenzwerte

Tabelle 2.3 (unten): Vergleich von n_{50}- und q_{50}-Wert von drei Bauten mit unterschiedlichem Formfaktor.

	Einfamilienhaus	**Turnhalle**	**Stockwerkeigentum im Mehrfamilienhaus**
Innere Oberfläche A_E	481 m²	1587 m²	366 m²
Inneres Volumen V_T	600 m³	4000 m³	300 m³
Formfaktor A_E / V_T	0,8	0,4	1,22
Leckagestrom $\dot{V}_{50}$	361 m³/h	1190 m³/h	275 m³/h
Luftdichtigkeit n_{50}	361/600 = 0,60/h	1190/4000 = 0,30/h	275/300 = 0,92/h
Luftdichtigkeit q_{50}	361/481 = 0,75 m³/h · m²	1190/1587 = 0,75 m³/h · m²	275/366 = 0,75 m³/h · m²
Luftdichtigkeit $n_{50,\,st}$ = q_{50} · 0,8	0,60/h	0,60/h	0,60/h
Vergleich von n_{50} und $n_{50,\,st}$	Hier stimmen n_{50} und $n_{50,\,st}$ überein.	Bei diesem Haus ist n_{50} gegenüber $n_{50,\,st}$ tiefer (grosses Volumen).	Bei diesem Haus ist n_{50} gegenüber $n_{50,\,st}$ höher (kleines Volumen).

Fazit: q_{50} ist in allen Beispielen gleich gross, weil die Luftdichtigkeit der Bauhülle gleich ist. Gleiches gilt für den $n_{50,\,st}$-Wert.

2.3 Berechnungsverfahren Minergie-P

2.3.1 Zwei Berechnungsgänge

Das Berechnungsverfahren nach Minergie-P wurde in starker Anlehnung an das Berechnungsverfahren von Minergie und Bezug nehmend auf die in der Schweiz gültigen SIA-Normen entwickelt. Wesentliches Element ist dabei die Wärmebedarfsberechnung gemäss der Norm SIA 380/1 [1].

Die Berechnung des Heizwärmebedarfs nach der Norm SIA 380/1 wird zweimal durchgeführt: einmal mit Standard-Eingabedaten und einmal mit projektspezifischen Eingabedaten. Beim ersten Durchgang werden die Standardnutzungswerte nach der Norm SIA 380/1 verwendet.

Aus dem ersten Berechnungsdurchgang resultiert der Heizwärmebedarf, welcher mit der «Primäranforderung Gebäudehülle» verglichen wird. Damit wird die thermische Qualität der Gebäudehülle bewertet (Abbildung 2.10). Der zweite Durchgang dient der Beurteilung des Energiebedarfs auf Stufe gewichtete Endenergie (d. h. inkl. der Gebäudetechnik und der eingesetzten Energieträger). Für die objektspezifische Berechnung

wird – im Gegensatz zum ersten Durchgang – der thermisch effektiv wirksame Aussenluftvolumenstrom (gemäss dem Minergie-P-Nachweis) eingesetzt (Abbildung 2.11). Diese beiden Berechnungsgänge werden von den meisten auf dem Markt erhältlichen Berechnungsprogrammen parallel berechnet. Der Heizwärmebedarf aus dem zweiten Berechnungsdurchgang wird anschliessend mit der Raumhöhenkorrektur korrigiert, mit dem Nutzungsgrad η für die Wärmeerzeugung (Ölbrenner, Holzfeuerung etc.) und dem Gewichtungsfaktor g für den entsprechenden Energieträger (Elektrizität, Gas, Holz etc.) bewertet. Analog wird auch der Energiebedarf für Wassererwärmung, Lüftungsanlage und Hilfsbetriebe mit Gewichtungsfaktoren quantifiziert. Die Summe dieser gewichteten Endenergien wird dann dem Minergie-P-Grenzwert gegenübergestellt.

Die von Minergie vorgegebenen Nutzungsgrade und Gewichtungsfaktoren haben einen grossen Einfluss auf die Frage, ob ein Gebäude die Anforderung erfüllt oder nicht. Entsprechend heftig werden diese Faktoren in der Fachwelt diskutiert. Die Gewichtung ist eine Mischung aus wissenschaftlich begründeten Primärenergiefaktoren und energiepolitisch motivierten Faktoren. Die vorgegebenen Nutzungsgrade im Berechnungsprogramm von Minergie entsprechen dem aktuellen Stand der Technik. Kann vom Antragsteller ein besserer Nutzungsgrad glaubhaft nachgewiesen werden, lässt sich für die Zertifizierung der bessere Wert einsetzen.

Abbildung 2.10: Berechnung des Heizwärmebedarfs und Vergleich mit der Primäranforderung an die Gebäudehülle.

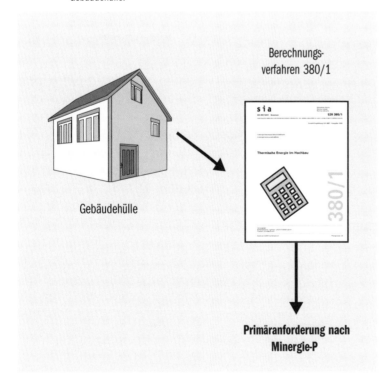

Gebäudehülle

Berechnungsverfahren 380/1

Primäranforderung nach Minergie-P

Neue Primäranforderung ab 2009

Die Primäranforderung wurde per 1. Januar 2009 mit der Angleichung an die Zielwerte der Norm SIA 380/1:2009 (= 60 % von $Q_{h,li}$) leicht gelockert. Diese Lockerung bezieht sich aber nur auf die Anforderung an die Gebäudehülle, nicht auf die Anforderung betreffend Energiekennzahl, welche unverändert bleibt. Durch die Lockerung ist es aber möglich, eine leicht schlechtere Gebäudehülle durch eine entsprechend bessere Gebäudetechnik zu kompensieren. Die Bedeutung der Gebäudetechnik nimmt damit etwas zu und das Planungsteam bekommt einen etwas grösseren Freiraum bei der Wahl der entsprechenden Lösungsstrategie (siehe auch Kapitel 2.3.3).

Spezifischer Wärmeleistungsbedarf bei einer Luftheizung

Wird ein Gebäude teilweise oder ganz über die mechanische Lüftungsanlage beheizt, darf der spezifische Wärmeleistungsbedarf nicht mehr als 10 W/m² betragen. Mit dieser Vorgabe wird sichergestellt, dass der Luftwechsel nicht zu Heizzwecken über den hygienisch notwendigen Luftwechsel angehoben wird (bei einer Zulufttemperatur von 45 °C und einem 0,4-fachen Luftwechsel können über die Lüftung dem Raum ca. 10 W/m² K Heizleistung zugeführt werden). Wichtig: Bei Minergie-P werden bei der Berechnung des Wärmeleistungsbedarfs die solaren Gewinne und ein Teil der internen Wärmegewinne berücksichtigt. Der so berechnete Wert darf somit nicht zur normgerechten Dimensionierung der Wärmeabgabe und der Wärmeerzeugung verwendet werden.

Hinweis: Kombinationen von weiteren Wärmeabgabesystemen mit der Luftheizung zur Deckung einer Heizlast von über 10 W/m² sind möglich, müssen aber im Vorfeld mit der Zertifizierungsstelle abgesprochen werden.

2.3.2 Ergänzende Anforderungen für Nichtwohngebäude

Beleuchtung

Bei allen Nicht-Wohnnutzungen bestehen für Minergie-P Anforderungen an die Beleuchtung. Diese sind identisch mit den Anforderungen bei Minergie. Grundlage für den Nachweis bildet dabei die Norm SIA 380/4 und die Berechnung mit dem SIA-Tool «Beleuchtung». Der Projektwert muss den Grenzwert von Minergie-P unterschreiten. Dieser liegt um 25 % der Differenz von Grenz- und Zielwert über dem Zielwert.

Folgende Lösungsansätze ermöglichen die Erfüllung der Anforderung:
▮ Helle Raumgestaltung
▮ Leuchtmittel der EU-Effizienzklasse A
▮ Leuchten mit elektronischen Vorschaltgeräten
▮ Optimale Leuchtenreflektoren mit hohem Anteil an direktem Licht
▮ Tageslichtsteuerung (in Räumen mit Tageslicht)
▮ Präsenzmelder (in Räumen ohne Tageslicht)

Um den Minergie-P-Standard zu erfüllen, müssen nicht zwingend in allen Räumen beste Leuchten und Lichtsteuerungen eingesetzt werden. Die Abweichung vom Zielwert SIA 380/4 ermöglicht den punktuellen Verzicht auf Lichtsteuerungen z. B. in kleinen Lagerräumen, in Direktionsbüros oder in Empfangshallen. Der Nachweis erfolgt mit dem SIA-Tool «Beleuchtung», welches unter www.energycodes.ch verfügbar ist.

Minergie-P grenzt durch die Anforderungen die Freiheit in der Gestaltung einer Beleuchtung geringfügig ein. Lösungen, bei denen Leuchten in Fugen oder hinter Abdeckungen montiert sind oder Anlagen mit vielen verschiedenen Lichtquellen sind innerhalb der Limiten kaum möglich. Auch erreichen Leuchten mit Glüh- oder Halogenglühlam-

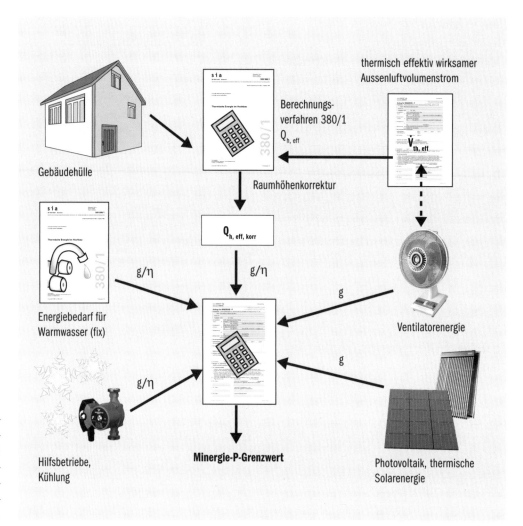

Abbildung 2.11: Berechnung der gewichteten Energiekennzahl Wärme und Vergleich mit dem Minergie-P-Grenzwert (Nutzungsgrad η und Gewichtungsfaktor g).

pen die Anforderungen nicht. Lichtkonzepte in der erwähnten Art lassen sich realisieren (und im Nachweis kompensieren), wenn sie in ihrem Anteil begrenzt sind und die übrigen Beleuchtungsanlagen von hoher energetischer Qualität sind.

Lüftung/Klima

Beim Einsatz von Lüftungen und Klimaanlagen, welche als Prozessenergie betrachtet werden, ist eine Objektbetrachtung gemäss der SIA 380/4 (Lüftung/Klima) erforderlich. Der Nachweis erfolgt dabei mit dem Berechnungstool «Klimatisierung» des SIA.

Warmwasser bei Restaurants und Sportbauten

Mindestens 20 % des Energiebedarfes für Warmwasser müssen mit erneuerbaren Ener-

gien gedeckt werden. Die Energie, welche für die Warmwasserbereitstellung benötigt wird, wird nicht zur gewichteten Energiekennzahl $Q_{h,eff}$ addiert. Der Nachweis erfolgt mit fachtechnischen Berechnungen und Prinzipschemas.

Abwärmenutzung

Für alle Gebäudekategorien gilt: Anfallende Abwärme ist grundsätzlich zu nutzen. Eine Befreiung von der Abwärmenutzungspflicht ist möglich, wenn:

▌ die anfallende Abwärme nicht rationell nutzbar ist.

▌ die Betriebsperiode zu klein ist, um eine minimale Wirtschaftlichkeit sicherzustellen. Der genaue Nachweis und die für die Zertifizierung notwendigen Dokumente sind bei der Zertifizierungsstelle zu erfragen.

Gewerbliche Kälte

Für gewerbliche Kühlanlagen mit ganzjährigem Abwärmeanfall ist insbesondere bei den Kategorien Verkauf und Spitäler die Abwärmenutzung immer nachzuweisen. Bei der Kategorie Verkauf sind zudem die Detailanforderungen gemäss der Anwendungshilfe Minergie respektive Minergie-P zu erfüllen.

2.3.3 Einfluss der Wärmeerzeugung

Durch die leichte Lockerung der Primäranforderung per Anfang 2009 wird bei einem Gebäude, das gerade noch die Primäranforderung erfüllt, die Gebäudetechnik bzw. der Anteil erneuerbarer Energien zum entscheidenden Kriterium, ob auch der Minergie-P-Grenzwert erfüllbar ist. In Abbildung 2.12 sieht die beispielhafte Berechnung der gewichteten Energiekennzahl dann wie folgt aus:

▌ Hilfsenergie von 1,5 kWh/m² wird mit dem Gewichtungsfaktor von Strom 2,0 multipliziert.

▌ Ventilatorenergie der Lufterneuerungsanlage von 2,5 kWh/m² wird ebenfalls mit dem Gewichtungsfaktor 2,0 multipliziert.

▌ Wärmebedarf des Warmwassers wird mit dem Gewichtungsfaktor 2,0 multiplizert und durch die Jahresarbeitszahl der Wärmepumpe für Warmwasser 2,7 dividiert.

▌ Heizwärmebedarf (variiert in Abhängigkeit der Grenzwerte im Verhältnis A_{th}/A_E) wird mit dem Gewichtungsfaktor 2,0 multipliziert und durch die Jahresarbeitszahl der Wärmepumpe für Heizwärme 3,1 dividiert. In Abbildung 2.12 gut ersichtlich ist die Tatsache, dass beim Ausreizen der Primäranforderung nur mit einer äusserst kompakten Bauweise und grossem Gebäudevolumen kein wesentlicher Anteil an erneuerbaren Energien nötig ist.

Konnte früher bei der Entwicklung eines Minergie-P-Objektes vorerst nur auf die Primäranforderung und somit auf die Gebäudehülle geachtet werden (weil bei erfüllter Primäranforderung der Minergie-P-Grenzwert fast nicht mehr verfehlt werden konnte), gilt es mit den aktuellen Anforderung von Anfang an, ein Gesamtkonzept unter Berücksichtigung aller Anforderungen zu entwickeln.

Fazit: Mit rein fossiler Wärmeerzeugung kann der Minergie-P-Grenzwert kaum erreicht werden, der Einsatz erneuerbarer Energien ist fast immer zwingend. Der Minergie-P-Grenzwert ist mit einer Luft-Wasser-Wärmepumpe mit schlechten Jahresarbeitszahlen (Aussenluft monovalent; nach Minergie bei 2,3) kaum mehr zu erreichen (es sei denn das Gebäude ist äusserst kompakt und sehr gut gedämmt). Mit Wärmepumpen (Sole oder Grundwasser) oder mit dem Einsatz erneuerbarer Energien (Holz kombiniert mit Sonne) kann der Minergie-P-Grenzwert meist erreicht werden. Weitere Beispiele zum Einfluss der Wärmeerzeugung werden in Kapitel 4.1 diskutiert.

Tabelle 2.4: Nutzungsgrad η nach Minergie (Stand Januar 2010).

Tabelle 2.5: Gewichtungsfaktor g nach Minergie (Stand Januar 2010).

System	Nutzungsgrad η respektive JAZ der Wärmeerzeugung	
	Heizung	Warmwasser
Ölfeuerung, mit oder ohne Wärmeverbund	0,85	0,85
Ölfeuerung kondensierend	0,91	0,88
Gasfeuerung, mit oder ohne Wärmeverbund	0,85	0,85
Gasfeuerung kondensierend	0,95	0,92
Holzfeuerung, mit oder ohne Wärmeverbund	0,75	0,75
Pelletsfeuerung	0,85	0,85
Elektrische Direktheizung	1,00	–
Elektro-Wassererwärmer	–	0,90
JAZ von Wärmepumpen $T_{VL} \leq 45\,°C$ Aussenluft monovalent	2,30	2,30
Erdsonden	3,10	2,70
Grundwasser, indirekt	2,70	2,70
Solaranlage (Heizung + WW)	0	0
Photovoltaik	−1	−1

Energieträger oder Energiequelle	Gewichtungsfaktor g
Sonne, Umweltwärme, Geothermie	0
Biomasse (Holz, Biogas, Klärgas)	0,7
Abwärme (inkl. Fernwärme aus KVA, ARA, Industrie)	0,6
Fossile Energieträger (Öl, Gas)	1,0
Elektrizität	2,0

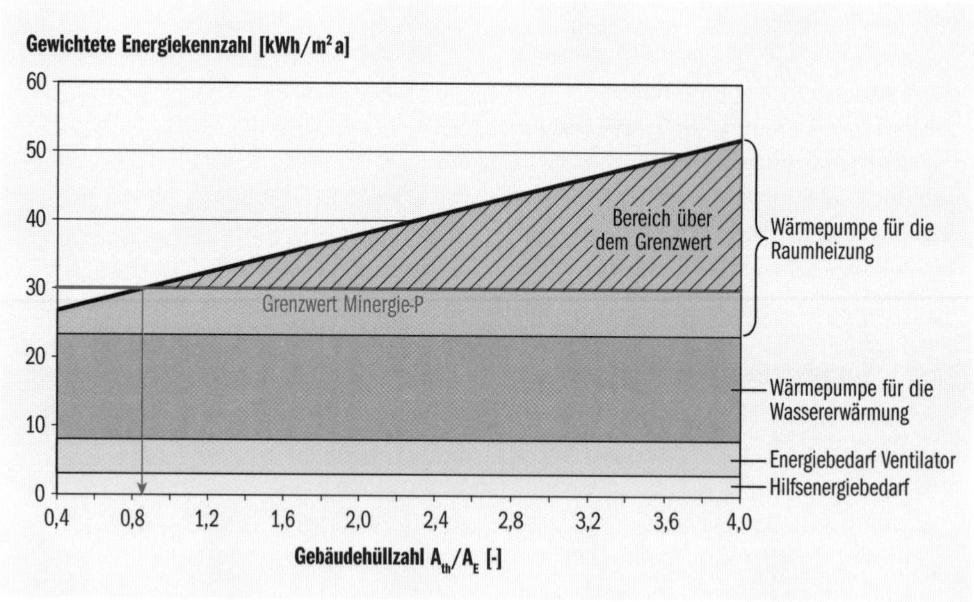

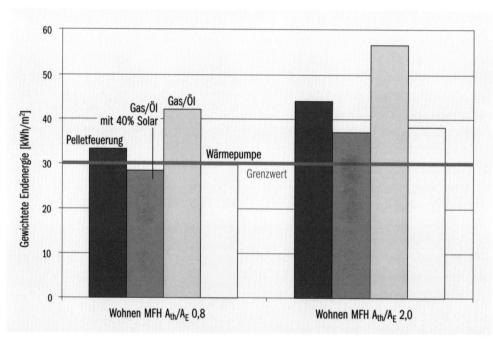

Abbildung 2.12: Die gewichtete Energiekennzahl Wärme (gewichtete Endenergie) setzt sich aus den Bedarfszahlen für Hilfsenergie, Lüftung, Warmwasser und effektiver Heizwärme zusammen. Im Beispiel wird die Wärme für Raumheizung und Wassererwärmung durch eine Wärmepumpe erzeugt.

Abbildung 2.13: Gewichtete Energiekennzahl (Endenergie) für ein Mehrfamilienhaus mit den Wärmeerzeugern Pelletfeuerung, Gas- oder Ölkessel, Gas- oder Ölkessel mit Unterstützung einer Solaranlage sowie Erdsondenwärmepumpe bei einem Verhältnis der thermischen Aussenhülle zur Energiebezugsfläche (A_{th}/A_e) von 0,8 und 2,0.

Tabelle 2.6: Eingesetzter Deckungsanteil, Nutzungsgrade und Gewichtungen für die in Abbildung 2.13 dargestellten Berechnungsergebnisse.

Wärmeerzeugung	Deckungsanteil	JAZ (η)	Gewichtung
Pelletsfeuerung	Heizung: 100 % Warmwasser: 100 %	0,85 0,85	0,7 0,7
Gas- oder Ölkessel	Heizung: 100 % Warmwasser: 100 %	0,90 0,90	1 1
Gas- oder Ölkessel	Heizung: 60 % Warmwasser: 60 %	0,90 0,90	1 1
Solaranlage: 40 % des Wärmebedarfs	Heizung: 40 % Warmwasser: 40 %	– –	– –
Wärmepumpe (Erdsonde)	Heizung: 100 % Warmwasser: 100 %	3,1 2,7	2 2

2.4   Hilfsmittel

Tabelle 2.7 zeigt die für einen Minergie-P-
Antrag dienlichen Hilfsmittel und Berech-
nungstools. Die Links zu den entsprechenden Instrumenten finden sich auch unter
www.faktor.ch oder www.minergie.ch.

Name	Beschreibung	Web	Bereich
Berechnungsprogramm für Nachweis nach Norm SIA 380/1	Liste der aktuell zertifizierten Planungswerkzeuge und Vollzugshilfen	www.energie.zh.ch www.endk.ch	Fachinfo, Vorschriften → SIA 380/1 «Thermische Energie im Hochbau»
Minergie-P-Nachweisformular	Berechnungsformular für den Minergie-P-Nachweis	www.minergie.ch	Dokumente & Tools → Minergie-P
Register und Checkliste Eingangskontrolle Minerige-P	Checkliste in Form eines 12er Ordnerregister (für Antragseinreichung)	www.minergie.ch	Dokumente & Tools → Minergie-P
Nachweis Lüftung/Klima	Berechnung des thermisch effektiv wirksamen Luftvolumenstroms für grosse Lüftungsanlagen	www.minergie.ch	Dokumente & Tools → Minergie-P
JAZ	Jahresarbeitszahl von Wärmepumpen	www.minergie.ch	Dokumente & Tools → Minergie-P
Fensterberechnung	Berechnung des Fenster-U-Wertes (Rahmen, Glas und Glasrandverbund)	www.energie.tg.ch www.enerhaus.ch www.endk.ch	Download
b-Wert	Liste der b-Werte für Bauteile gegen Erdreich	www.energie.tg.ch	Download
Lambda-Werte	Excel-Datenbank mit Kennwerten für Baustoffe aus SIA 381/1, SIA 381.101, SIA 279, SIA 2001	www.sia.ch/d/download.cfm	
Horizont	Ermittlung des Umgebungshorizonts	re.jrc.ec.europa.eu/pvgis	Europa → nach Eingabe des Standorts bei den Ausgabeoptionen «Show graphs» und «Show horizon» anwählen und berechnen lassen
SIA 382/1 Wärmekapazität	Berechnungstool für die Bestimmung der Wärmekapazität. Der Wert dient für den Nachweis gemäss Norm SIA 382/1.	www.energycodes.ch	Download
SIA 380/4 Klimatisierung	Berechnungstool Klimatisierung, Energienachweis für Klimaanlagen	www.energycodes.ch	Download
SIA 380/4 Beleuchtung	Berechnungstool mit Minergie-Nachweis	www.energycodes.ch	Download

Tabelle 2.7: Hilfsmittel für
den Nachweis Minergie-P.

Quellen

[1] Norm SIA 380/1 «Thermische Energie im Hochbau», Ausgabe 2009; EDV-Tools zur 380/1 sind auf dem Markt erhältlich.

[2] Minergie-P-Nachweisformular (www. minergie.ch → Dokumente & Tools → Minergie-P)

[3] Gregor Notter, Urs-Peter Menti und Marco Ragonesi: Wärmebrückenkatalog für Minergie-P-Bauten, Schlussbericht Bundesamt für Energie BFE (www.minergie.ch → Dokumente & Tools → Minergie-P)

[4] Richtlinie für Luftdurchlässigkeitsmessungen bei Minergie-P und Minergie-Bauten (2007), Dübendorf: QC Experts (siehe www. minergie.ch)

[5] «Jetzt wohnen Sie in einem Minergie-Haus» (www.minergie.ch → Publikationen & Kiosk → Publikationen → Minergie)

[6] Norm SIA 382/1 «Lüftungs- und Klimaanlagen – Allgemeine Grundlagen und Anforderungen», Ausgabe 2002, SIA

[7] Ménard, M.: Sommerlicher Wärmeschutz bei Minergie-Gebäuden. Kriterien für die Auswahl kritischer Gebäude. Lemon Consult GmbH, Zürich 2007

[8] Ménard, M.; Nutt, M.; Keller, P.: Sommerlicher Wärmeschutz bei Wohngebäuden in Holzbauweise. Messungen in acht Minergie-Einfamilienhäusern. Schlussbericht (Entwurf) zum BFE-Projekt 102675, Lemon Consult, Zürich 2008

[9] Norm SIA 380/4 «Elektrische Energie im Hochbau», Ausgabe 2006, SIA

[10] Merkblatt SIA 2024; Standard-Nutzungsbedingungen für die Energie- und Gebäudetechnik; Ausgabe 2006, SIA

Kapitel 3

Gebäudehülle

3.1 Konzeptionelle Überlegungen

Der Schritt von Minergie-Bauten – die eigentlich bereits die übliche Bauweise sind – zu Minergie-P-Bauten ruft primär nach einer energetischen Optimierung der Gebäudehülle. Wichtigste beeinflussbare Elemente sind:

▌ Transmissionswärmeverluste durch die Bauteile der Gebäudehülle
▌ Transmissionswärmeverluste bei Bauteilübergängen (Wärmebrücken)
▌ Energiegewinne durch Sonneneinstrahlung

Alle anderen Faktoren sind entweder kaum beeinflussbar oder von untergeordneter Bedeutung. Damit der Minergie-P-Standard erreicht werden kann, sind bereits in einer sehr frühen Projektphase (Vorprojekt) auf grundsätzliche Überlegungen klare Antworten zu geben.

3.1.1 Energiebezugsfläche

Ein zentraler Punkt des Minergie-P-Konzeptes bezieht sich auf die Abgrenzung des Dämmperimeters, insbesondere die Differenzierung nach ungedämmten respektive unbeheizten und beheizten Räumen. Dazu zählt die Frage: Was ist die Energiebezugsfläche (A_E)? Die Energiebezugsfläche entspricht der Summe aller Geschossflächen, für deren Nutzung ein Beheizen oder Klimatisieren notwendig ist. Je grösser die Fläche der beheizten und als Energiebezugsfläche anrechenbaren Räume innerhalb eines Gebäudes wird, desto grosser die Wahrscheinlichkeit, dass der Minergie-P-Standard erreicht werden kann. In den Hauptgeschossen sind

diese Abgrenzungen kaum je ein Problem, sämtliche Räume gehören in der Regel zur Energiebezugsfläche. Anders sieht die Situation in Untergeschossen aus:

▌ Wenn das offene Treppenhaus keine zur Energiebezugsfläche gehörenden UG-Räume erschliesst, resultiert eine grosse Gebäudehüllfläche mit entsprechenden Transmissionswärmeverlusten, ohne dass die Energiebezugsfläche wesentlich grösser wird (Abbildung 3.1).
▌ Wasch- und Trockenräume werden öfters als eigentliche Arbeitsräume genutzt (Hauswirtschaftsräume) und sind deshalb auch aus Gründen des baulichen Feuchteschutzes in den Wärmedämmperimeter mit einzubeziehen und sollten auch als Energiebezugsfläche berücksichtigt werden können.
▌ Hobby- und Bastelräume werden mehrheitlich beheizt und sind damit als Energiebezugsfläche auch innerhalb des Dämmperimeters anzuordnen.
▌ Kellerräume gehören bei einer ersten Betrachtung sicherlich nicht zur Energiebezugsfläche, weil sie zur Gewährleistung der vorgesehenen Nutzung nicht beheizt werden müssen. An Kellerräume werden aber vermehrt höhere Anforderungen gestellt. Sie werden oft als Lager- und Archivräume genutzt, die trocken sein sollen und auch ein guter Weinkeller wird auf etwa 18 °C konditioniert. Solche Räume könnten deshalb auch als «beheizte Zonen» betrachtet werden. Sie verlangen mindestens einen minimalen baulichen Wärmeschutz; oft ist es sinnvoll, sie innerhalb des eigentlichen Minergie-P-Dämmperimeters anzuordnen.

Marco Ragonesi

▊ Es stellt sich somit nochmals die Frage nach der Energiebezugsfläche: Dürfen Kellerräume als Energiebezugsfläche berücksichtigt werden?

Grundsätzlich ist in SIA 416/1 geregelt, welche Flächen zur Energiebezugsfläche gehören; Kellerräume und Waschküchen werden z. B. als Energiebezugsfläche explizit ausgeschlossen; Trockenräume werden in SIA 416/1 nicht erwähnt, Lagerräume und Archive gehören jedoch als Hauptnutzflächen zur Energiebezugsfläche. Wenn also «Kellerräume» in Plänen als Lagerräume oder Archive bezeichnet werden und eine solche Nutzung beim betreffenden Objekt plausibel ist (im Heizungs- und Lüftungskonzept berücksichtigt), wird sich die Zertifizierungsstelle Minergie-P kaum dagegen wehren, wenn diese auch als Energiebezugsfläche mitberücksichtigt werden.

▊ Technikräume (Heizung etc.) bleiben auch ohne spezielle Energiezufuhr warm, wenn sie sich innerhalb des Dämmperimeters befinden; als Energiebezugsfläche sind sie aber nicht anrechenbar. Es macht aber auch kaum Sinn, diese durch wärmedämmende Bauteile von der beheizten Zone zu entkoppeln.

Die Erfahrungen hinsichtlich Planung und Zertifizierung von Minergie-P-Bauten zeigt klar, dass es oft die Abgrenzungsfragen in Untergeschossen sind, die darüber entscheiden, ob und mit welchem Aufwand der Minergie-P-Standard erreicht werden kann. Bei den beiden Untergeschoss-Konzepten für ein Mehrfamilienhaus, das von der Orientierung her nicht optimal ist, hat erst der Ausbau des Untergeschosses die Möglichkeit geboten, den Minergie-P-Standard zu erreichen (Abbildungen 3.1 und 3.2).

3.1.2 Thermische Gebäudehülle

Aus der Fragestellung «beheizt» bzw. «nicht beheizt» resultiert die für den Minergie-P-Nachweis relevante thermische Gebäudehülle mit in etwa folgenden Anforderungen:

▊ Der primäre Wärmedämmperimeter umfasst diejenigen Bauteile, welche das beheizte

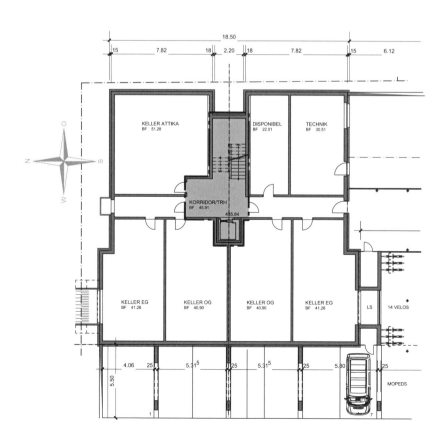

Abbildung 3.1: Mehrfamilienhaus (MFH) mit nicht ausgebautem Untergeschoss (Kellerräume).

▊ Energiebezugsfläche innerhalb des Dämmperimeters (Erschliessung)

☐ keine Energiebezugsfläche, ausserhalb des Dämmperimeters

Volumen gegen Aussenklima, nicht beheizte Räume und gegen das Erdreich abgrenzen. Mit ihren Flächen, U-Werten und b-Faktoren (Reduktionsfaktor für Wärmeverluste gegen unbeheizte Räume und gegen Erdreich) sind sie relevant für die Berechnung des Heizwärmebedarfs gemäss Norm SIA 380/1. Erfahrungsgemäss muss bei diesen Bauteilen U · b etwa 0,1 W/m² K bis 0,15 W/m² K betragen. Gegen unbeheizte Räume sind somit U-Werte um 0,2 W/m² K denkbar. Bei Bauteilen gegen das Erdreich richtet sich der erforderliche U-Wert ohne Berücksichtigung der Wärmedämmwirkung des Erdreichs nach den geometrischen Randbedingungen wie Tiefe des Bauteils innerhalb des Erdreichs, Fläche und Umfang des Bodens über dem Erdreich bzw. der Wärmeverlust in das Erdreich wird gemäss SN EN 13370 berücksichtigt.

▌ Bei der Definition des Wärmedämmperimeters ist darauf zu achten, dass die Verlustflächen möglichst klein und die Energiebezugsflächen möglichst gross werden. Dies wird teilweise durch baugesetzliche Bestimmungen verhindert (Abbildung 3.3): Das Treppenhaus darf nicht als warmes Treppenhaus konzipiert werden; statt einer Verlustfläche von etwa 7,1 m² pro Geschoss resultiert eine genau 8-mal so grosse Bauteilfläche mit zwei Wohnungsabschlusstüren, die zu eher hohen Energieverlusten führen.

▌ Je nach Art der unbeheizten Räume ist ein sekundärer Wärmedämmperimeter als baulicher Wärme- und Feuchteschutz zu diskutieren (z. B. bei Wasch- und Trockenräumen etc.), auch wenn sich diese Räume nicht innerhalb des eigentlichen Dämmperimeters befinden und für den Nachweis gemäss Norm SIA 380/1 keine Relevanz haben. Auch bei bestehenden Gebäuden, die nachträglich wärmetechnisch-energetisch so weit verbessert werden sollen, damit sie den Minergie-P-Standard erreichen, sind konzeptionelle Überlegungen hinsichtlich der Gesichtspunkte beheizt/nicht beheizt, Energiebezugsfläche ja oder nein und Wärmedämmperimeter entscheidend.

▌ Durch den Ausbau von Untergeschossen kann z. B. nicht nur die Energiebezugsflä-

U: Wärmedurchgangskoeffizient

b: Reduktionsfaktor zur Berechnung der Wärmeverluste gegen unbeheizte Räume respektive gegen das Erdreich (Norm SIA 380/1).

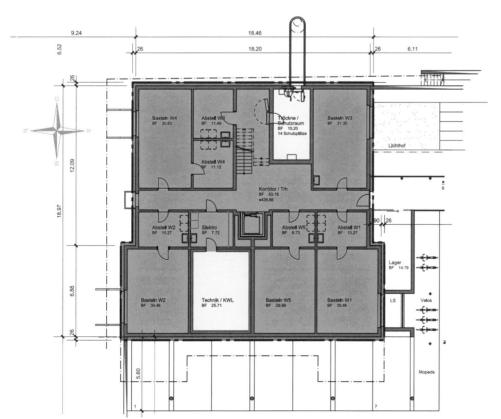

Abbildung 3.2: MFH mit ausgebautem Untergeschoss (Bastel- und Abstellräume).

▨ innerhalb Dämmperimeter, zählt zu Energiebezugsfläche

☐ innerhalb Dämmperimeter, zählt nicht zu Energiebezugsfläche

che vergrössert werden. Es ist allenfalls auch möglich, die im Sockelbereich auftretenden Wärmebrücken erheblich zu reduzieren, in dem auch die Aussenwände im Untergeschoss wärmegedämmt werden. Diese Lösung wird aber wohl durch die Bodenkonstruktion über Erdreich in Frage gestellt, welche nun Teil der thermischen Gebäudehülle wird, jedoch wärmetechnisch kaum optimal verbessert werden kann.

▮ Durch den Ausbau von Dachgeschossräumen oder gar eine Nachverdichtung durch das Aufbauen von zusätzlichen Geschossen wird das Gebäude kompakter und die neuen Volumen können ohne Einschränkungen mittels «Neubau-Bauteilen» wärmegedämmt werden.

3.1.3 Gebäudehülle und Konstruktionsstruktur

(siehe auch Abschnitte 3.2, 3.3 und 3.4)

Bei Gebäuden, die den geltenden Energiegesetzen oder dem Minergie-Standard entsprechen müssen, kann davon ausgegangen werden, dass die Anforderungen an opake Bauteile mit U-Werten im Bereich von 0,2 W/m² K mit mehr oder weniger allen Konstruktionssystemen erreicht werden können. Weil der Schritt von U-Wert 0,2 W/m² K zu 0,1 W/m² K ein grosser ist und mehr oder weniger zu einer doppelt so dicken Wärmedämmschicht führt, ergeben sich insbesondere bei Aussenwänden spezielle konstruktive Fragestellungen:

▮ Verfügbare Wärmedämmstoffe: bis zu welcher Dicke sind diese Stoffe einlagig verfügbar, deklarierte Wärmeleitfähigkeit λ_D.

▮ Befestigung der Wärmedämmschicht und allfälliger Fassadenunterkonstruktionen sowie deren Wärmebrückenverluste.

▮ Dimensionen von Schrauben, Verankerungen, Mauerwerksgelenkanker, etc.

Diese Fragen sind bereits in einer sehr frühen Projektphase zu beantworten, denn für Minergie-P-Bauten werden dadurch allenfalls einige Aussenwandsysteme nicht zur Verfügung stehen, wie z. B. Zweischalenmauerwerke und hinterlüftete Fassadenbekleidungen mit herkömmlichen Unterkonstruktionen.

Abbildung 3.3: Beispiel für ein Mehrfamilienhausprojekt, bei dem die baugesetzlichen Randbedingungen verhindern, dass die Erschliessung innerhalb des Wärmedämmperimeters realisiert werden kann. Resultat: 8-mal grössere Verlustfläche.

☐ ausserhalb Dämmperimeter, zählt nicht zu Energiebezugsfläche

Die Wahl des Konstruktionskonzeptes hat auch entscheidenden Einfluss auf die Wärmebrücken bei Bauteilübergängen. Insbesondere der Wechsel der Wärmedämmebene im Kontext von tragenden Bauteilen kann zu erheblichen Wärmebrückenverlusten und zu grossem konstruktivem Aufwand führen. Dies verdeutlichen folgende Beispiele:

Übergang von Bodenplatte zu Aussenwand:
Eine Wärmedämmschicht unter der Bodenplatte kann lückenlos und wärmebrückenfrei mit der Perimeterdämmung der Aussenwand zusammengeführt werden. Stahlbetonbauteile, welche die Wärmedämmschichten über der Bodenplatte durchdringen führen in der Regel zu hohen Wärmebrückenverlusten.

Beim Sockel stossen oft drei unterschiedliche Bauteile aufeinander:

▌ Aussenwand über dem Terrain

▌ Aussenwand im UG, gegen Erdreich und Aussenklima, je nach Terrainverlauf

▌ Decke zwischen Erdgeschoss (EG) und Untergeschoss (UG)

Je nachdem, ob das EG und das UG oder nur das EG beheizt sind und je nach Konstruktionssystemen für die drei im Sockeldetail zu fügenden Bauteile, ergeben sich sehr differente Lösungen mit teilweise erheblichen Unterschieden betreffend die Wärmebrückenverluste.

Beim Einbau der Fenster wirkt sich neben der eigentlichen Fensterkonstruktion (Rahmenmaterialien) auch die Lage des Fensters in Bezug zur Schichtung der Aussenwand aus:

▌ Im Idealfall befindet sich das Fenster in der Wärmedämmebene, die Wärmebrückenverluste für den Fenstereinbau werden so am kleinsten.

▌ Wird das Fenster innen- oder aussenbündig angeschlagen, werden die Wärmebrückenverluste bzw. der totale Wärmeverlust in der Regel grösser.

▌ Die Lage des Fensters wirkt sich auch auf den Energiegewinn durch Sonneneinstrahlung aus: Je tiefer die Leibung, desto grosser werden die Verschattungen durch «Seitenblende» und «Überhang».

3.1.4 Wärmetechnische Verbesserung bestehender Bauten

Bei wärmetechnischen Massnahmen an bestehenden Gebäuden beeinflussen die vorhandenen Konstruktionen die Möglichkeiten wesentlich, aus einer oft nicht oder ungenügend wärmegedämmten Gebäudehülle eine hochwärmegedämmte zu erstellen, welche letztendlich den Minergie-P-Standard erreichen soll. Erfahrungen mit Verbandmauerwerken (U-Wert um $1{,}0 \, \text{W/m}^2\,\text{K}$) und innen wärmegedämmten Aussenwänden (z. B. dünne Wärmedämmschicht und Vormauerung, U-Werte um $0{,}7 \, \text{W/m}^2\,\text{K}$) zeigen deutlich, dass in der Regel nur mit einer neuen, aussen liegenden Wärmedämmebene das Ziel (U-Wert um $0{,}1 \, \text{W/m}^2\,\text{K}$) erreicht werden kann. Innenwärmedämmungen führen bei Deckenauflagern u. ä. zu derart hohen Wärmebrückenverlusten, dass der effektive Wärmeschutz auch bei guten Einzelbauteil-U-Werten ungenügend bleibt. Vom Konzept her wird somit einem bestehenden Gebäude eine neue hochwärmegedämmte Gebäudehülle, inklusive Fenster «übergestülpt».

3.1.5 Luftdichtigkeit

Minergie-P-Bauten stellen auch sehr hohe Anforderungen an die Luftdichtigkeit der Gebäudehülle.

▌ Bei massiver Baukonstruktion, mit verputzten Mauerwerken und Stahlbetonbauteilen kann die erforderliche Luftdichtigkeit bereits durch das luftdichte Anschliessen von Fenstern und Türen (die selber auch luftdicht sind!) und die Gewährleistung der Luftdichtigkeit bei Durchdringungen von Installationen erreicht werden.

▌ Grössere Anstrengungen sind dann erforderlich, wenn die Bauteile an sich nicht luftdicht sind, wie dies z. B. bei Holzbausystemen der Fall ist. Konzeptionelle Überlegungen sollen dazu führen, dass die luftdichte Schicht weitgehend lückenlos, ohne Durchdringungen, verlegt werden kann. Entweder sind es die warmseitigen Beplankungen (Gipsfaserplatten, OSB-Platten, etc.), die luftdicht sind und durch das Abkleben der Plattenstösse eine luftdichte Schicht ergeben. Oder es werden separate Dampfbremsen und Luftdichtigkeitsschichten eingebaut, die an angrenzende und durchdringende Bauteile luftdicht angeschlossen werden.

Auch bei Gebäudesanierungen im Minergie-P-Standard sind relativ hohe Anforderungen an die Luftdichtigkeit einzuhalten, was unter Umständen schwierig sein kann.

3.1.6 Verschattung durch Balkone und Vordächer

Minergie-P-Bauten sind ohne passivsolare Gewinne kaum realisierbar. Selbst bei der diesbezüglich nicht optimalen Siedlung Werdwies, mit Verschattung durch Horizont (Nachbargebäude, städtische Lage) und Überhang (Balkone), wird etwa 50 % des gesamten Energieverlustes (Transmission und Lufterneuerung) durch nutzbare solare Wärmegewinne abgedeckt (siehe «Der Schritt zu Minergie-P», Seite 244). Wenn die Sonneneinstrahlung durch den Horizont, den Überhang (Balkone, Vordächer) und Seitenblenden (Gebäudeversatz, Loggien) erheblich vermindert wird, kann dies durch Reduktion der Verluste (Transmission) kaum oder nur mit sehr hohem Aufwand kompensiert werden. Minergie-P-Gebäude werden dann auch erheblich teurer, weshalb bereits im Vorprojekt auf folgende Punkte geachtet werden soll:

▪ Gebäude gegen Süden ausrichten, mit tolerierbaren Abweichungen gegen Südwest oder Südost.

▪ Grosse Fensterflächen gegen Süden und kleine Fensterflächen gegen Norden orientieren. Fenster mit kleinem Rahmen- und hohem Glasanteil und Verglasungen mit maximal hohem Gesamtenergiedurchlassgrad (g-Wert um 50 %) evaluieren.

▪ Möglichst keine fixe Verschattung bei südorientierten Fensterflächen, Balkone vor opake Bauteile stellen (Abbildung 3.4 und 3.5).

Eine Alternative zum verschattenden Balkon oder der Loggia, mit erheblich verschatteten Fenstern und grosser Gebäudehüllfläche, kann die Loggia innerhalb der thermischen Gebäudehülle sein (Abbildung 3.6). Auch wenn sie als Energiebezugsfläche nicht anrechenbar ist, stellt das eine gute Lösung dar:

▪ Die unverschattete Fensterfläche ermöglicht einen hohen Energiegewinn durch Sonneneinstrahlung.

▪ Die Gebäudehüllfläche wird klein und Wärmebrücken über die «Balkonplatte» können vermieden werden.

▪ Auf eine aufwändige und teure Flachdachausbildung kann evtl. verzichtet werden.

Der Nutzen und die Funktionstüchtigkeit dieser Loggia-Lösung werden aber durch den Nutzer wesentlich mitbeeinflusst:

▪ In der Heizperiode und bei Niederschlägen müssen die äusseren Fenster geschlossen bleiben.

▪ Durch das Öffnen der inneren Fenster können Energiegewinne durch Sonneneinstrahlung den effektiv genutzen Räumen zugeführt werden. Damit die eingestrahlte Sonnenenergie aber auch tatsächlich genutzt werden kann, soll das Gebäude eine möglichst grosse Speichermasse aufweisen und die Benutzer sollen die Sonnenenergienutzung nicht unnötig behindern.

▪ Variable Verschattung (Sonnenschutz) während der Heizperiode möglichst nicht einsetzen.

▪ Übertemperatur gegenüber der behaglichen Wunschtemperatur in Kauf nehmen (z. B. 22 °C + 4 °C = 26 °C).

▪ Wärmespeicher wie Bodenbelag und Unterlagsboden nicht durch Teppiche abdecken.

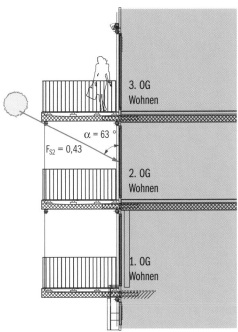

Abbildung 3.4 und 3.5: Durch die Balkone werden die gegen Süden orientierten Fenster erheblich verschattet. Über die Heizperiode betrachtet führt die Fensterfront hinter den Balkonen zu einem bilanzierten Energieverlust von 33 kWh/m². Ohne verschattende Balkone resultiert ein Energiegewinn von 19 kWh/m². Die Differenz von 52 kWh/m² Energiebezugsfläche entspricht dem Heizwert von etwa 5 Litern Heizöl.

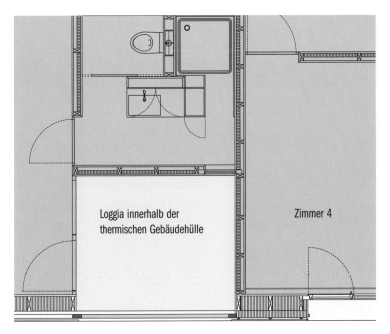

Abbildung 3.6: Die Loggia innerhalb der thermischen Gebäudehülle ermöglicht einen maximalen Energiegewinn durch Sonneneinstrahlung über die unverschatteten Fenster. Die Gebäudehüllfläche wird dadurch minimiert und Wärmebrücken können weitgehend vermieden werden.

3.2 Opake Bauteile von Minergie-P-Bauten

Opake Bauteile wie Aussenwände und Dächer für Minergie-P-Bauten müssen mit U-Werten im Bereich von 0,1 W/m²K einen sehr guten Wärmeschutz bieten. Kompromisslos werden Dächer und Böden wärmegedämmt (U-Wert ≤ 0,1 W/m²K), weil sie Räume abgrenzen, die ohnehin unterprivilegiert sind. Sie verlieren nicht nur über Aussenwände und Fenster Energie sondern auch über das Dach respektive über den Boden. Bei mehrgeschossigen Bauten macht es Sinn, den Wärmeschutz der Aussenwände so zu optimieren, dass die Minergie-P-Anforderungen gerade eingehalten werden können; je nach Anzahl der Geschosse bzw. Kompaktheit des Gebäudes sind allenfalls U-

Werte im Bereich von 0,12 W/m²K bis 0,2 W/m²K denkbar.

3.2.1 Korrekte Beurteilung der Wärmeflüsse

Bedeutung der Wärmedämmstoffe

Den für Minergie-P-Bauteile hohen Wärmedurchgangswiderstand von bis etwa 10 m²K/W muss primär die Wärmedämmschicht erbringen. Andere Bauteilschichten wie tragende und bekleidende Materialien sowie die Wärmeübergangswiderstände haben, abgesehen von Massivholzquerschnitten (z.B. Mehrschichtplatten o.ä.), nur einen un-

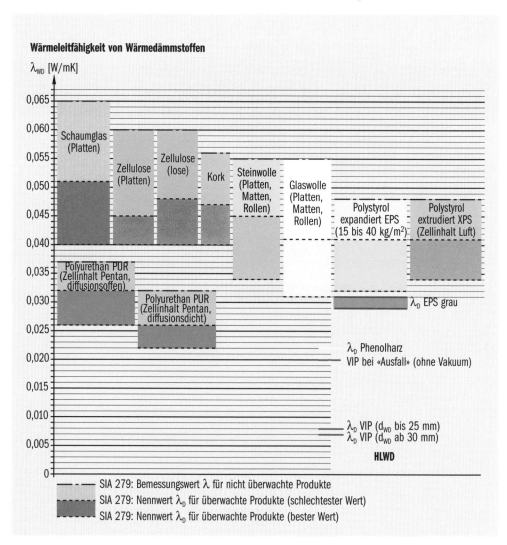

Abbildung 3.7: Betreffend die Wärmedämmstoffe sind die Kennwerte aus Norm SIA 279 bzw. aus SIA Merkblatt 2001 zu berücksichtigen; für Minergie-P sind überwachte Produkte zu verwenden. Hochleistungswärmedämmstoffe (HLWD) eignen sich besonders gut für Minergie-P-Bauteile.

bedeutenden Einfluss. Für die Wärmedämmschicht ist von Vorteil, überwachte Produkte einzusetzen, um mit einer deklarierten Wärmeleitfähigkeiten (λ_D-Wert) gemäss Norm SIA 279 bzw. SIA Merkblatt 2001 (Abbildung 3.7) rechnen zu können. Bei nicht überwachten Produkten führen die einzusetzenden Wärmeleitfähigkeiten zu extrem dicken Schichtaufbauten (vgl. Abbildung 3.8). Neben der Wärmedämmschicht und deren Wärmeleitfähigkeit wirken sich auch konstruktive Einflüsse (z. B. Holzquerschnitte, Befestigungselemente u. ä.) und die Orientierung des Bauteils (z. B. gegen Erdreich) auf das Wärmedämmvermögen von opaken Bauteilen aus.

Wärmeflüsse beim Holzbau: U-Werte von inhomogenen Holzbaukonstruktionen

Die meisten Holzbaukonstruktionen sind als inhomogene Systeme, mit Wärmedämmschichten zwischen der Holztragkonstruktion, konzipiert. Der die Wärmedämmschicht durchdringende Holzquerschnitt bildet dabei eine Wärmebrücke (Inhomogenität), die es bei der Beurteilung der Wärmeflüsse zu berücksichtigen gilt. Die korrekte Ermittlung der U-Werte stellt bei inhomogenen Holzbauten höhere Anforderungen als bei homogenen Konstruktionen; dies insbesondere dann, wenn ein Bauteil in mehreren Ebenen inhomogen aufgebaut ist, so z. B. bei kreuzweisem Lattenrost und Wärmedämmstoffen dazwischen. Neben dem Näherungsverfahren mit oberem und unterem Grenzwert (SIA 180 bzw. SN EN ISO

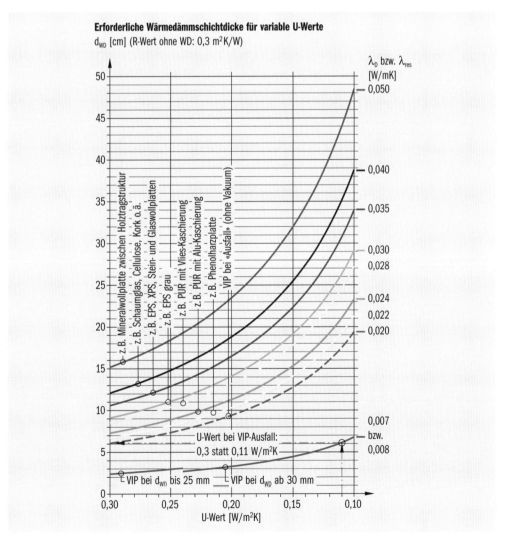

Abbildung 3.8: Die Wärmeleitfähigkeit des Wärmedämmstoffes bzw. die resultierende Wärmeleitfähigkeit bei Inhomogenitäten (Holz/Wärmedämmstoff) wirkt sich entscheidend auf die erforderliche Schichtdicke zum Erreichen eines bestimmten U-Wertes aus. Für U-Werte um 0,1 W/m²K differieren die Schichtdicken von etwa 7 cm VIP bis zu über 48 cm für Mineralwollplatten zwischen einer Holztragstruktur.

6946) und der U-Wert-Berechnung mittels Wärmebrückenberechnung, wird im folgenden ein komfortableres Verfahren gezeigt, das auf einer resultierenden Wärmeleitfähigkeit für die inhomogene(n) Schicht(en) Holz/Wärmedämmstoff beruht. Damit lassen sich auch die für einen angestrebten U-Wert erforderlichen Schichtdicken rechnerisch einfach und mit einer genügenden Genauigkeit optimieren.

Vergleich von drei U-Wert-Berechnungsvarianten

Das Beispiel in Abbildung 3.9 zeigt eine Steildachkonstruktion mit Wärmedämmschichten zwischen Holzquerschnitten in vier Ebenen. Insbesondere bei hochwärmegedämmten Gebäudehüllen für Minergie-P-Bauten sind solche Holzbaukonstruktionen

realistisch, um U-Werte im Bereich von 0,1 $W/m^2\,K$ zu erreichen. Die Norm SIA 180 (bzw. die SN EN ISO 6946) verweist betreffend die Berechnung des U-Wertes auf das Näherungsverfahren mit oberem und unterem Grenzwert (vgl. Abbildung 3.10). Die Praxis zeigt, dass viele Bauschaffende bereits bei der Definition der Systemgrenze für diese U-Wert-Berechnung (Aufteilung in Abschnitte und Scheiben) scheitern (oder eine solche gar nicht fachgerecht möglich ist) und deshalb auf eine einfache aber unzulässige Berechnung des mittleren U-Wertes ausweichen. Auch die Frage nach einer erforderlichen Schichtdicke für einen angestrebten U-Wert lässt sich mit diesem Verfahren nicht sehr komfortabel beantworten.

Als Alternative kommen für die U-Wert-Berechnung Wärmebrückenberechnun-

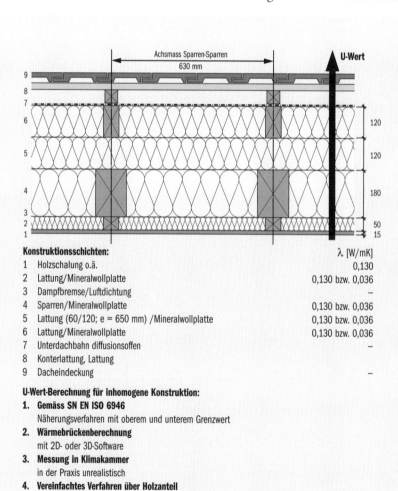

Konstruktionsschichten: | λ [W/mK]
1 Holzschalung o.ä. | 0,130
2 Lattung/Mineralwollplatte | 0,130 bzw. 0,036
3 Dampfbremse/Luftdichtung | –
4 Sparren/Mineralwollplatte | 0,130 bzw. 0,036
5 Lattung (60/120; e = 650 mm) /Mineralwollplatte | 0,130 bzw. 0,036
6 Lattung/Mineralwollplatte | 0,130 bzw. 0,036
7 Unterdachbahn diffusionsoffen | –
8 Konterlattung, Lattung
9 Dacheindeckung | –

U-Wert-Berechnung für inhomogene Konstruktion:
1. **Gemäss SN EN ISO 6946**
   Näherungsverfahren mit oberem und unterem Grenzwert
2. **Wärmebrückenberechnung**
   mit 2D- oder 3D-Software
3. **Messung in Klimakammer**
   in der Praxis unrealistisch
4. **Vereinfachtes Verfahren über Holzanteil**
   $\lambda_{res.}$ für inhomogene Schicht, abhängig vom Holzanteil

Abbildung 3.9: Mehrschichtig konstruiertes Steildach mit möglichen Varianten für die Bestimmung des U-Wertes.

gen oder ein Verfahren mit resultierenden Wärmeleitfähigkeiten in Abhängigkeit vom Holzanteilen in Frage (vgl. Abbildung 3.11). Selbst bei Wärmebrückenberechnungen mit 2D-Software muss für inhomogene Schichten, bei denen nicht durch den Wärmedämmstoff und das Holzwerk geschnitten wird (Schicht 5 in Abbildung 3.11), eine resultierende Wärmeleitfähigkeit berücksichtigt werden, um einen korrekten U-Wert zu bekommen. Es stellt sich also mit Recht die Frage, weshalb der U-Wert von inhomogenen Holzbaukonstruktionen nicht wie bei homogenen Baueilen gerechnet werden kann, in dem für alle inhomogenen Schichten «Holz/Wärmedämmstoff» resultierende Wärmeleitfähigkeiten eingesetzt werden. Der Vergleich des U-Wertes der Steildachkonstruktion zeigt, dass mit all den drei

Verfahren etwa derselbe U-Wert im Bereich von 0,091 bis 0,093 W/m²K ermittelt wird. Eine Messung des U-Wertes in der Klimakammer, wie in SIA 180 auch erwähnt, ist in der Praxis wohl eher unrealistisch.

Einflussfaktoren auf die resultierende Wärmeleitfähigkeit von inhomogenen Schichten

Für jede inhomogene Schicht «Holz/Wärmedämmstoff» gibt es eine resultierende Wärmeleitfähigkeit, die zwischen derjenigen des Wärmedämmstoffes (0 % Holzanteil, λ_D der Wärmedämmschicht) und derjenigen des Holzwerkstoffes (100 % Holzanteil, z. B. λ_{Holz} = 0,13 W/mK) liegt (vgl. Abbildung 3.12). Offensichtlich ist der Einfluss des Holzanteils und der Wärmeleitfähigkeit des Wärmedämmstoffes. Weniger klar

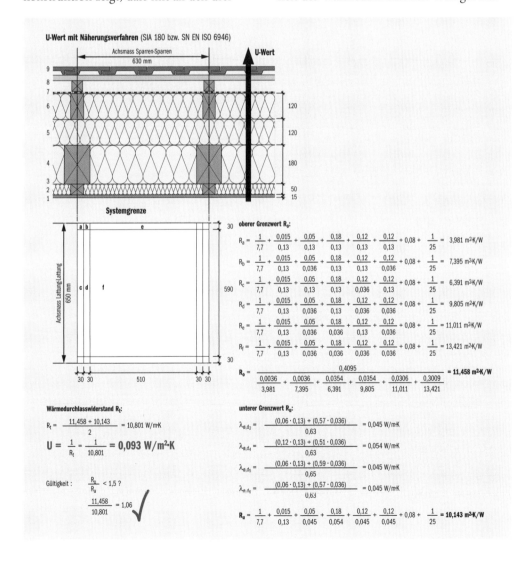

Abbildung 3.10: Das normkonforme Näherungsverfahren mit oberem und unterem Grenzwert (SIA 180 bzw. SN EN ISO 6946) ist aufwändig und lässt es nicht zu, einzelne Schichten komfortabel so zu optimieren, dass ein angestrebter U-Wert erreicht werden kann.

U-Wert aus Wärmebrückenberechnung (mit 2D-Software «Flixo»)

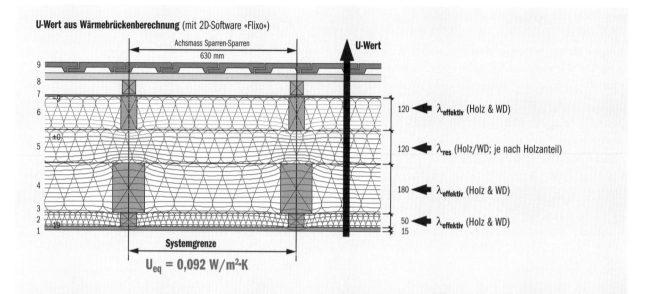

$$U_{eq} = 0,092 \ W/m^2 \cdot K$$

U-Wert mit vereinfachtem Verfahren über Holzanteil

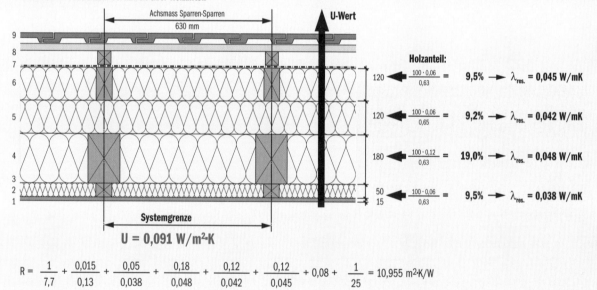

$$U = 0,091 \ W/m^2 \cdot K$$

$$R = \frac{1}{7,7} + \frac{0,015}{0,13} + \frac{0,05}{0,038} + \frac{0,18}{0,048} + \frac{0,12}{0,042} + \frac{0,12}{0,045} + 0,08 + \frac{1}{25} = 10,955 \ m^2 \cdot K/W$$

$$U = \frac{1}{R} = 0,091 \ W/m^2 \cdot K$$

Abbildung 3.11: Auch bei der Ermittlung des U-Wertes mittels Wärmebrückenberechnung ist für die Schicht 5 eine resultierende Wärmeleitfähigkeit als Ersatzwert für die inhomogene Schicht «Lattung/Mineralwollplatte» erforderlich, um einen korrekten U-Wert zu bestimmen. Mit der resultierenden Wärmeleitfähigkeit, in Abhängigkeit vom Holzanteil, kann somit auch der U-Wert von inhomogenen Konstruktionen einfach bestimmt werden, wie bei einer homogenen Konstruktion. Auch die Optimierung einer Schicht, um einen angestrebten U-Wert zu erreichen, ist mit dieser Methode einfach möglich.

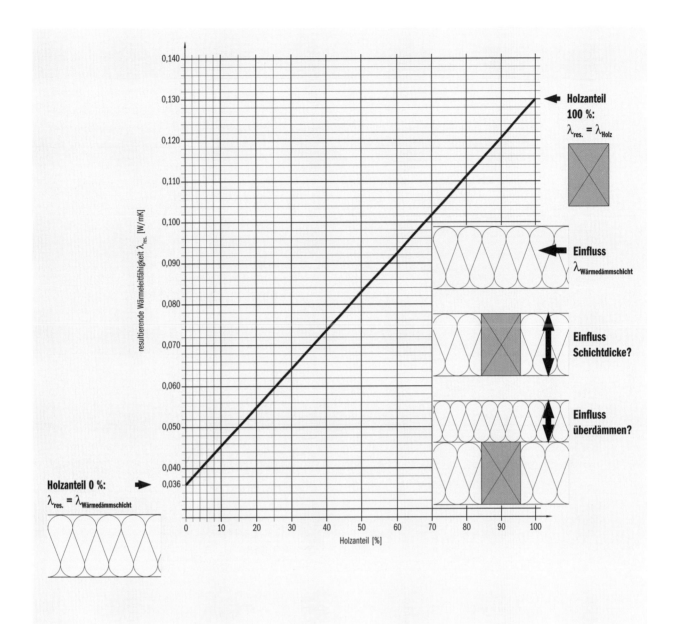

Abbildung 3.12: In Abhängigkeit vom Holzanteil resultieren unterschiedliche Wärmedämmeigenschaften der inhomogenen Schicht «Holz/Wärmedämmstoff». Je besser die Wärmeleitfähigkeit des Wärmedämmstoffes ist, desto gravierender wirken sich durchdringende Holzquerschnitte und somit der Holzanteil aus.

ist der Einfluss der Schichtdicke und einer Überdämmung bei mehrschichtigen Konstruktionen. Abbildung 3.13 zeigt die untersuchten Einflussfaktoren: Ob die inhomogene Schicht «Holz/Wärmedämmstoff» 12 cm oder 36 cm dick ist, spielt keine Rolle betreffend die resultierende Wärmeleitfähigkeit. Relevant ist aber eine Überdämmung bzw. ein mehrschichtiger Aufbau der Konstruktion. In den Abbildungen 3.15 bis 3.19 sind jeweils für verschiedene Wärmeleitfähigkeiten der Wärmedämmstoffe (λ_D von

0,03 bis 0,044 W/mK), bei λ_{Holz} von 0,13 W/mK, die resultierenden Wärmeleitfähigkeiten in Abhängigkeit des Holzanteils und der Überdämmung angegeben. Diese Kennwerte basieren auf der Rückrechnung der resultierenden Wärmeleitfähigkeit aus der Bestimmung des Wärmeflusses bei der inhomogenen Schicht mittels Wärmebrückenberechnung (Berechnung mit Flixo).

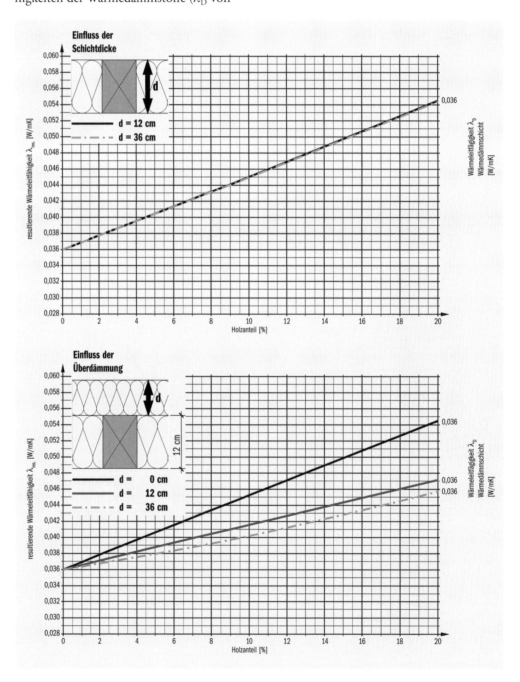

Abbildung 3.13: Die Dicke der inhomogenen Schicht hat keinen Einfluss auf die resultierende Wärmeleitfähigkeit. Durch eine Überdämmung der inhomogenen Schicht kann jedoch die resultierende Wärmeleitfähigkeit massgeblich verbessert werden.

U-Wert-Vergleich bei ein- oder zwei-schichtiger Aussenwand

Aus Abbildung 3.14 gehen die nach drei unterschiedlichen Methoden berechneten U-Werte für eine einschichtig und eine zwei-schichtig wärmegedämmte Aussenwand her-vor. Bei der einfachen Berechnung über die resultierende Wärmeleitfähigkeit hängt die Genauigkeit des ermittelten U-Wertes stark

von der Ablesegenauigkeit von $\lambda_{res.}$ aus den Diagrammen ab.

Bei der einschichtigen Aussenwand werden U-Werte zwischen 0,117 W/m² K (U_{eq} aus Wärmebrückenberechnung) und U = 0,119 W/m² K (mit dem vereinfachten Verfahren «$\lambda_{res.}$») ausgewiesen. Der U-Wert von 0,118 W/m² K gemäss SN EN ISO 6946 (mit obe-rem und unterem Grenzwert) liegt dazwi-

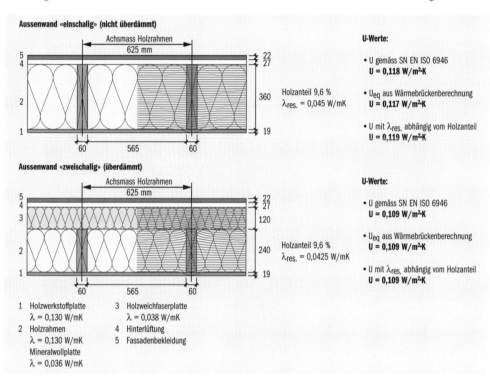

Aussenwand «einschalig» (nicht überdämmt)

Achsmass Holzrahmen
625 mm

5 4 | 22 27
2 | 360
1 | 19

60 | 565 | 60

Holzanteil 9,6 %
$\lambda_{res.}$ = 0,045 W/mK

U-Werte:

- U gemäss SN EN ISO 6946
  U = 0,118 W/m² K

- U_{eq} aus Wärmebrückenberechnung
  U = 0,117 W/m² K

- U mit $\lambda_{res.}$ abhängig vom Holzanteil
  U = 0,119 W/m² K

Aussenwand «zweischalig» (überdämmt)

Achsmass Holzrahmen
625 mm

5 4 3 | 22 27
 | 120
2 | 240
1 | 19

60 | 565 | 60

Holzanteil 9,6 %
$\lambda_{res.}$ = 0,0425 W/mK

U-Werte:

- U gemäss SN EN ISO 6946
  U = 0,109 W/m² K

- U_{eq} aus Wärmebrückenberechnung
  U = 0,109 W/m² K

- U mit $\lambda_{res.}$ abhängig vom Holzanteil
  U = 0,109 W/m² K

1 Holzwerkstoffplatte
λ = 0,130 W/mK
2 Holzrahmen
λ = 0,130 W/mK
Mineralwollplatte
λ = 0,036 W/mK

3 Holzweichfaserplatte
λ = 0,038 W/mK
4 Hinterlüftung
5 Fassadenbekleidung

Abbildung 3.14: Verglei-chende U-Wert-Berechnung bei ein- und zweischichti-ger Aussenwand. Die Un-terschiede der rechnerisch nach drei Merhoden ermit-telten U-Werte sind sehr ge-ring und legitimieren da-durch das vereinfachte Verfahren über die resultie-rende Wärmeleitfähigkeit $\lambda_{res.}$ in Abhängigkeit vom Holzanteil.

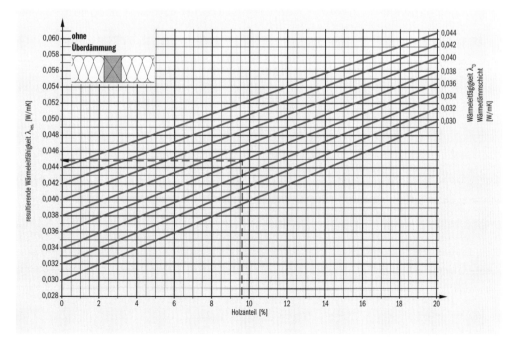

Abbildung 3.15: Resultie-rende Wärmeleitfähigkeit $\lambda_{res.}$ für die inhomogene Schicht «Holz/Wärme-dämmstoff», ohne Über-dämmung, in Abhängigkeit vom Holzanteil und von der Wärmeleitfähigkeit λ_D des Wärmedämmstoffes.

schen. Insgesamt sind die Abweichungen beim U-Wert der einschichtigen Aussenwand gering.

Bei der zweischichtigen Aussenwand wird bei den drei Berechnungsmethoden jeweils ein analoger U-Wert von 0,109 W/m² K ausgewiesen.

Zusammenfassung der Erkenntnisse

Die Methode zur U-Wert-Berechnung von inhomogenen Holzkonstruktionen über die resultierende Wärmeleitfähigkeit $\lambda_{res.}$ in Abhängigkeit vom Holzanteil, liefert im Vergleich mit anderen Berechnungsmethoden absolut vergleichbare und somit korrekte U-Werte. Mit dieser Methode lassen sich U-Werte auch bei mehrschichtigen Holzbaukonstruktionen so einfach berechnen wie bei homogenen Bauteilen. Zudem können

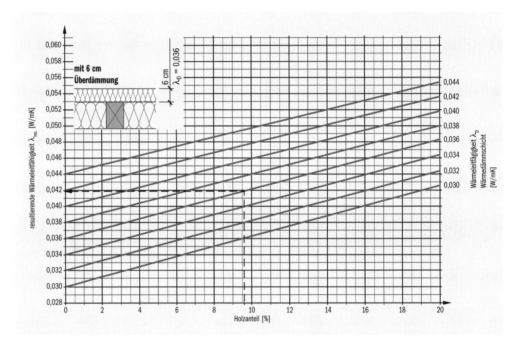

Abbildung 3.16: Resultierende Wärmeleitfähigkeit $\lambda_{res.}$ für die inhomogene Schicht «Holz/Wärmedämmstoff», bei 6 cm Überdämmung, in Abhängigkeit vom Holzanteil und von der Wärmeleitfähigkeit λ_D des Wärmedämmstoffes.

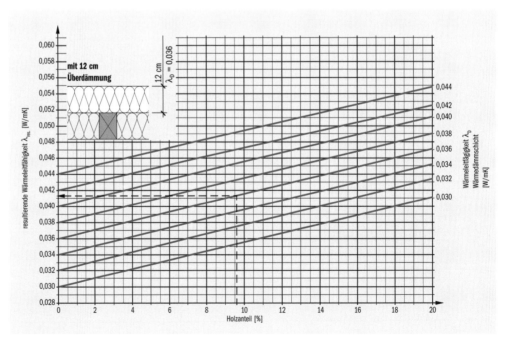

Abbildung 3.17: Resultierende Wärmeleitfähigkeit $\lambda_{res.}$ für die inhomogene Schicht «Holz/Wärmedämmstoff», bei 12 cm Überdämmung, in Abhängigkeit vom Holzanteil und von der Wärmeleitfähigkeit λ_D des Wärmedämmstoffes.

einzelne Schichten betreffend die erforderliche Schichtdicke, um einen angestrebten U-Wert zu erreichen, rechnerisch komfortabel optimiert werden. Selbst für die präzise Bestimmung des Wärmeflusses einer inhomogenen Holzbaukonstruktion, über eine Wärmebrückenberechnung, liefern diese Diagramme die korrekte resultierende Wärmeleitfähigkeit $\lambda_{res.}$ für inhomogene Schichten, die mittels 2D-Software nicht als inhomogen erfasst werden können.

Wärmebrückenverluste bei Befestigungselementen

Lokale Wärmebrücken in Form von Befestigungselementen, welche die Wärmedämmschicht durchdringen (z. B. Anker und Schienen bei hinterlüfteten Fassadenbekleidungen), führen zu punktförmigen (χ-Wert in W/K) oder linienförmigen (Ψ-Wert in W/mK) Wärmebrückenverlusten, die bei der Berechnung der Bauteil-U-Werte zu berücksichtigen sind. Diese Einflüsse können

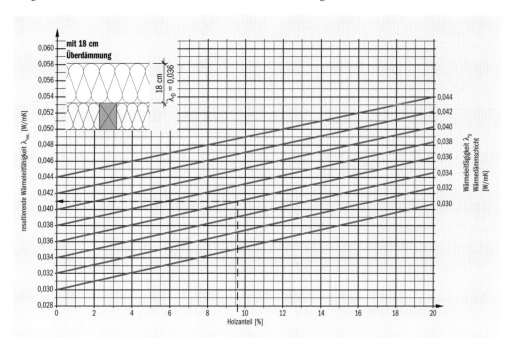

Abbildung 3.18: Resultierende Wärmeleitfähigkeit $\lambda_{res.}$ für die inhomogene Schicht «Holz/Wärmedämmstoff», bei 18 cm Überdämmung, in Abhängigkeit vom Holzanteil und von der Wärmeleitfähigkeit λ_D des Wärmedämmstoffes.

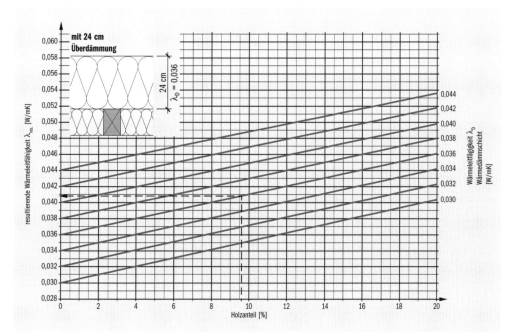

Abbildung 3.19: Resultierende Wärmeleitfähigkeit $\lambda_{res.}$ für die inhomogene Schicht «Holz/Wärmedämmstoff», bei 24 cm Überdämmung, in Abhängigkeit vom Holzanteil und von der Wärmeleitfähigkeit λ_D des Wärmedämmstoffes.

derart gross sein, dass es nicht möglich ist, U-Werte im Bereich von 0,1 W/m² K zu erreichen (Abbildung 3.20 und 3.21). Insbesondere bei Aussenwänden mit hinterlüfteten Bekleidungen sind spezielle Befestigungs-Systeme zu evaluieren, welche die Möglichkeit bieten, hochwärmedämmend zu konstruieren.

Für vier Befestigungssysteme bzw. Fassadenunterkonstruktionen haben wir die punkt- und linienförmigen Wärmebrückenverluste rechnerisch ermittelt, als Basis für die korrekte Bestimmung der U-Werte von Bauteilen mit solchen Befestigungselementen:

▌ Metall-Unterkonstruktion, thermisch entkoppelt in Unterkonstruktion befestigt (Abbildung 3.21). Selbst bei Verankerungsuntergründen mit grossem thermischem Widerstand (z. B. Verbandmauerwerk oder Massivholzwand), werden die Wärmebrückenverluste der Unterkonstruktion derart gross, dass es keine Möglichkeit gibt, mit diesem System Aussenwände für Minergie-P zu erstellen. Es müssten Wärmedämmschichten von 0,6 m bis 1,0 m aufgebracht werden, damit U-Werte von 0,1 W/m² K erreicht werden könnten.

▌ Unterkonstruktion mit Distanzschraube, durch einlagige Wärmedämmschicht hindurch, in Unterkonstruktion befestigt (Abbildung 3.22).

▌ Unterkonstruktion mit Distanzschraube, durch Wärmedämmschicht hindurch, in Unterkonstruktion befestigt und mit zwischen Lattenrost verlegten Wärmedämmschichten überdämmt (Abbildung 3.23).

▌ Unterkonstruktion mit Wärmedämmkonsole aus glasfaserverstärktem Kunststoff-Schwert, welches die Wärmedämmschicht durchdringt, und warm- bwz. kaltseitig angeordneten Befestigungselementen aus Aluminium (Abbildung 3.24).

Abbildung 3.20: U-Werte von Wärmedämmschichten mit (rot) und ohne (gelb) Wärmebrücken. Hochwärmegedämmte Konstruktionen können mit grossen lokalen Wärmebrücken nicht realisiert werden. (Aus EMPA Schlussbericht Nr. 158 740 über Wärmebrücken von hinterlüfteten Fassaden)

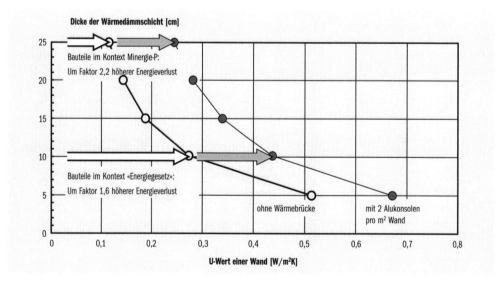

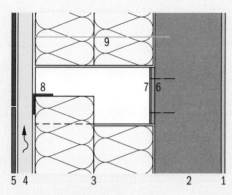

1 Innenputz
2 Tragwand/Verankerungsuntergrund variabel:
   – V.1 Stahlbeton 20 cm
   – V.2 Kalksandstein 15 cm
   – V.3 Backstein 18 cm
   – V.4 Verbandmauerwerk 30 cm
3 Mineralwollplatte mit λ = 0,036 W/mK
4 Holzlatte/Hinterülftung
5 Fassadenbekleidung
6 Thermische Trennung 10 mm
7 Aluminiumwinkel d = 5 mm, h = 80 mm
8 Aluminiumwinkel d = 2,3 mm x 50 mm x 50 mm
9 Mechanische Befestigung der Mineralwollplatte
   (Stahl verzinkt ø 4 mm)

Abbildung 3.21: Wärmebrückenverluste bei Metallunterkonstruktion, die thermisch entkoppelt in das Mauerwerk verankert wird (etwa 1,5 Winkel pro m² Aussenwand). Je kleiner der thermische Widerstand des Verankerungsuntergrundes, desto grösser wird der Wärmebrückenverlust; die Dicke der Wärmedämmschicht hat nur einen untergeordneten Einfluss.
Für die Berechnung der U-Werte können auch die Wärmebrückenverluste über die mechanische Befestigung der Wärmedämmschicht (etwa 4 Befestiger pro m² Aussenwand) relevant sein, falls diese nicht aufgeklebt wird. Der äussere Metallwinkel (8, etwa 0,75 m Winkel pro m² Aussenwand) hat aber keinen Einfluss auf den U-Wert der Aussenwand.
Die untersuchte Unterkonstruktion führt zu derart hohen Wärmebrückenverlusten, dass damit für Minergie-P keine Lösungen möglich sind.

Wärmebrückenverlust χ [W/K]

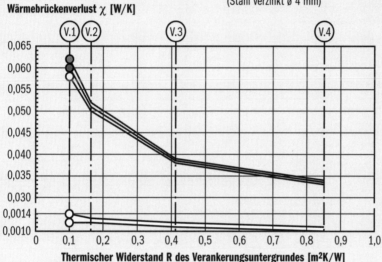

Thermischer Widerstand R des Verankerungsuntergrundes [m²K/W]

Stahlwinkel thermisch getrennt bei Mineralwollplatte:
300 mm ●
350 mm ●
400 mm ○

Mechanische Befestigung der Mineralwollplatte ○
Wärmebrückenverlust Ψ des äusseren Aluwinkels: 0,0007 bis 0,0002 W/mK

Abbildung 3.22: Wärmebrückenverluste bei Unterkonstruktion mit Distanzschraube, die durch eine einlagige Wärmedämmschicht hindurch in die Unterkonstruktion befestigt wird. Je kleiner der thermische Widerstand des Verankerungsuntergrundes und je besser (kleiner) die Wärmeleitfähigkeit des Wärmedämmstoffes, desto grösser wird der Wärmebrückenverlust. Je dicker die Wärmedämmschicht ist, desto kleiner wird der Wärmebrückenverlust. Die Anzahl der Schrauben richtet sich nach dem Gewicht der Fassadenbekleidung; üblich sind etwa 3 Stück pro m² Aussenwand.

Distanzschraube bei variabler Wärmedämmschichtdicke:
160 mm
240 mm
300 mm

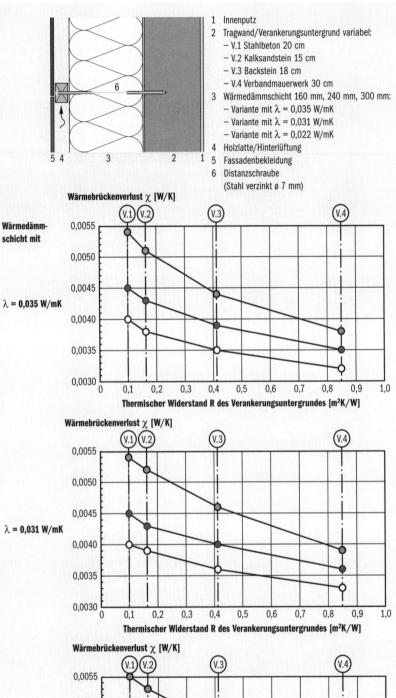

1 Innenputz
2 Tragwand/Verankerungsuntergrund variabel:
   – V.1 Stahlbeton 20 cm
   – V.2 Kalksandstein 15 cm
   – V.3 Backstein 18 cm
   – V.4 Verbandmauerwerk 30 cm
3 Wärmedämmschicht 160 mm, 240 mm, 300 mm:
   – Variante mit λ = 0,035 W/mK
   – Variante mit λ = 0,031 W/mK
   – Variante mit λ = 0,022 W/mK
4 Holzlatte/Hinterlüftung
5 Fassadenbekleidung
6 Distanzschraube
   (Stahl verzinkt ø 7 mm)

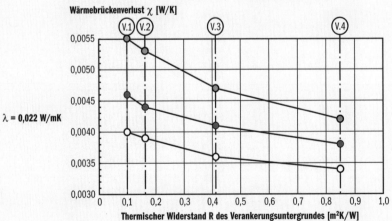

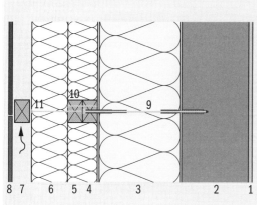

1   Innenputz
2   Tragwand/Verankerungsuntergrund variabel:
     − V.1 Stahlbeton 20 cm
     − V.2 Kalksandstein 15 cm
     − V.3 Backstein 18 cm
     − V.4 Verbandmauerwerk 30 cm
3   Wärmedämmschicht 220 mm, variabel:
     − Variante mit λ_3 = 0,035 W/mK
     − Variante mit λ_3 = 0,031 W/mK
4/5 Holzlatte 40 x 60 mm
     bzw. Mineralwollplatte 40 mm
6   Mineralwollplatte zwischen Holzlattung,
     Dicke variabel
7   Holzlatte/Hinterülftung
8   Fassadenbekleidung
9   Distanzschraube
     (Stahl verzinkt ø 7 mm)
10   Holzschraube (Stahl verzinkt ø 6 mm)
11   Holzschraube (Stahl verzinkt ø 6 mm)

Abbildung 3.23: Wärme-
brückenverluste bei Unterkonstruktion mit Distanz-
schraube, die durch eine
Holzlatte und eine variable
Wärmedämmschicht über-
dämmt ist. Je kleiner der
thermische Widerstand des
Verankerungsuntergrundes,
desto grösser wird der Wärmebrückenverlust und je
besser die Distanzschraube
überdämmt wird, desto
kleiner wird der Wärmebrückeneinfluss derselben. Die
Anzahl der Schrauben richtet sich nach dem Gewicht
der Fassadenbekleidung;
üblich sind etwa 3 Stück
pro m² Aussenwand.
Die Holzschrauben füh-
ren zu sehr kleinen Wär-
mebrückenverlusten im Be-
reich von 0,00004 W/K
(Schraube 10) bzw. von
0,0003 W/K (Schraube
11); sie haben bei der Berechnung der U-Werte keine
Relevanz (Einfluss deutlich
kleiner als 1 %).

Wärmebrückenverlust χ [W/K]

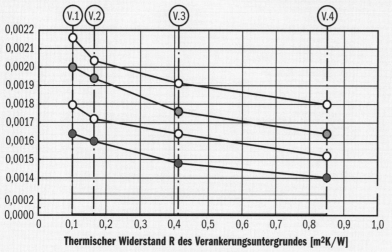

Thermischer Widerstand R des Verankerungsuntergrundes [m²K/W]

Distanzschraube bei λ_3 = 0,035 W/mK: $d_{var.(6)}$ =   80 mm   ◖
                                                $d_{var.(6)}$ =   120 mm ●

Distanzschraube bei λ_3 = 0,031 W/mK: $d_{var.(6)}$ =   80 mm   ◯
                                                $d_{var.(6)}$ =   120 mm ◯

Wärmebrückenverlust Holzschraube 10(Schichten 4 und 5)   ━━
Wärmebrückenverlust Holzschraube 11(Schichten 5 und 6)   ──

Abbildung 3.24: Wärme-
brückenverluste bei Unterkonstruktion mit Wärme-
dämmkonsole WDK. Die
Wärmedämmkonsole be-
steht aus einem Schwert
aus glasfaserverstärktem
Kunststoff, das die Wärmedämmschicht durchdringt.
Die hochwärmeleitenden
Befestigungsprofile aus Aluminium sind warm- bzw.
kaltseitig angeordnet und
durchdringen so die Wär-
medämmschicht nur mi-
nimal. Das Tragverhalten
dieser neuartigen Unterkonstruktion (System Phoenix
von Wagner Systeme AG,
Patent angemeldet) ist vergleichbar mit herkömmli-
chen Alu-Unterkonstruktio-
nen. Fast unabhängig vom
thermischen Widerstand
des Verankerungsuntergrundes resultiert ein sehr kleiner Wärmebrückenverlust.
Die Anzahl der Konsolen
richtet sich nach dem Ge-
wicht der Fassadenbeklei-
dung; üblich sind etwa 1,7
Stück pro m² Aussenwand.
Im für Minergie-P interes-
santen Bereich, mit Wärme-
dämmschichtdicken ab 20
cm, resultiert eine quasi
wärmebrückenfreie Befes-
tigung.

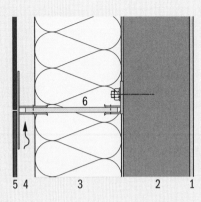

1 Innenputz
2 Tragwand/Verankerungsuntergrund variabel:
  – V.1 Stahlbeton 20 cm
  – V.2 Kalksandstein 15 cm
  – V.3 Backstein 18 cm
  – V.4 Verbandmauerwerk 30 cm
3 Wärmedämmschicht λ_D = 0,032 W/mK
  – d_{WD} = 100 mm, 200 mm, 300 mm, 400 mm
4 Tragprofil/Hinterlüftung
5 Fassadenbekleidung
6 Wärmedämmkonsole WDK

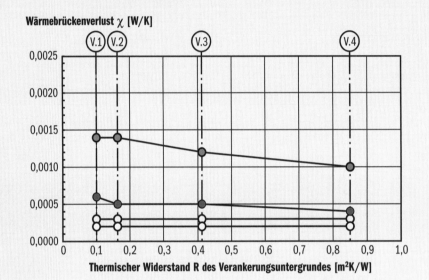

Wärmedämmkonsole WDK bei λ_D = 0,032 W/mK:

d_{WD} =	100 mm	●
d_{WD} =	200 mm	●
d_{WD} =	300 mm	○
d_{WD} =	400 mm	○

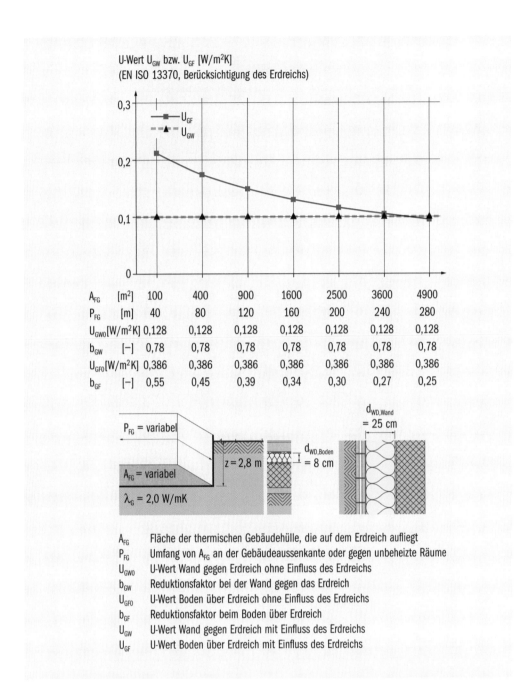

U-Wert U_{GW} bzw. U_{GF} [W/m²K]
(EN ISO 13370, Berücksichtigung des Erdreichs)

A_{FG}	[m²]	100	400	900	1600	2500	3600	4900
P_{FG}	[m]	40	80	120	160	200	240	280
U_{GWO}	[W/m²K]	0,128	0,128	0,128	0,128	0,128	0,128	0,128
b_{GW}	[−]	0,78	0,78	0,78	0,78	0,78	0,78	0,78
U_{GFO}	[W/m²K]	0,386	0,386	0,386	0,386	0,386	0,386	0,386
b_{GF}	[−]	0,55	0,45	0,39	0,34	0,30	0,27	0,25

A_{FG} Fläche der thermischen Gebäudehülle, die auf dem Erdreich aufliegt
P_{FG} Umfang von A_{FG} an der Gebäudeaussenkante oder gegen unbeheizte Räume
U_{GWO} U-Wert Wand gegen Erdreich ohne Einfluss des Erdreichs
b_{GW} Reduktionsfaktor bei der Wand gegen das Erdreich
U_{GFO} U-Wert Boden über Erdreich ohne Einfluss des Erdreichs
b_{GF} Reduktionsfaktor beim Boden über Erdreich
U_{GW} U-Wert Wand gegen Erdreich mit Einfluss des Erdreichs
U_{GF} U-Wert Boden über Erdreich mit Einfluss des Erdreichs

Abbildung 3.25: Bei Bauteilen im Erdreich ist nicht nur der Konstruktionsaufbau entscheidend. Auch die geometrischen Randbedingungen beeinflussen den Wärmeverlust wesentlich. Bei sehr grossen Bodenflächen kann allenfalls auf eine Wärmedämmschicht verzichtet werden. Bei der Berechnung der Transmissionswärmeverluste gemäss Norm SIA 380/1 wird der U-Wert ohne Einfluss des Erdreichs berechnet; dieses wird mit Reduktionsfaktoren b_{GW} bzw. b_{GF} berücksichtigt.

Wärmeflüsse bei Bauteilen gegen Erdreich

Bei Bauteilen im ungestörten Erdreich (ohne Grundwassereinfluss) wird der Transmissionswärmeverlust durch die dämmende Wirkung des Erdreiches vermindert (Abbildung 3.25). Der wärmedämmende Einfluss des Erdreichs wird gemäss EN ISO 13370 berücksichtigt, wobei folgende Tendenzen gelten:

▮ Je tiefer das Gebäude sich im Erdreich befindet (Höhe z), desto besser werden die U-Werte von Wand und Boden bei gleichbleibenden Konstruktionsaufbauten.

▮ Je grösser die Bodenfläche, desto besser wird der U-Wert des Bodens bei gleichbleibendem Konstruktionsaufbau. Bei sehr grossen Bodenflächen kann eventuell auf eine Wärmedämmschicht verzichtet werden oder es wird nur in den Randbereichen des Bodens wärmegedämmt.

Abbildung 3.26: Flachdach im Warmdachsystem, mit unterschiedlichen Wärme-dämmschichten, über Unterkonstruktionen aus Stahlbeton 0,25 m (Variante 1) oder Massivholz 0,2 m (Variante 2).

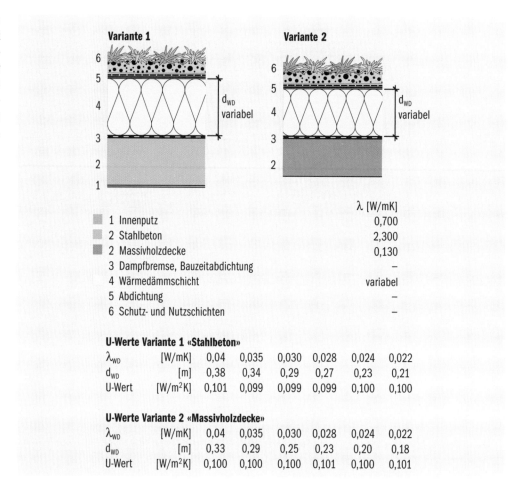

Abbildung 3.26: Flachdach im Warmdachsystem, mit unterschiedlichen Wärmedämmschichten, über Unterkonstruktionen aus Stahlbeton 0,25 m (Variante 1) oder Massivholz 0,2 m (Variante 2).

		λ [W/mK]
1	Innenputz	0,700
2	Stahlbeton	2,300
2	Massivholzdecke	0,130
3	Dampfbremse, Bauzeitabdichtung	–
4	Wärmedämmschicht	variabel
5	Abdichtung	–
6	Schutz- und Nutzschichten	–

U-Werte Variante 1 «Stahlbeton»

λ_{WD}	[W/mK]	0,04	0,035	0,030	0,028	0,024	0,022
d_{WD}	[m]	0,38	0,34	0,29	0,27	0,23	0,21
U-Wert	[W/m²K]	0,101	0,099	0,099	0,099	0,100	0,100

U-Werte Variante 2 «Massivholzdecke»

λ_{WD}	[W/mK]	0,04	0,035	0,030	0,028	0,024	0,022
d_{WD}	[m]	0,33	0,29	0,25	0,23	0,20	0,18
U-Wert	[W/m²K]	0,100	0,100	0,100	0,101	0,100	0,101

3.2.2 Flachdach

Flachdächer sind Dächer mit geringer oder ohne Neigung und fugenloser Abdichtung. Es gibt verschiedene Systeme zur konstruktiven Ausbildung von Flachdächern:

▌ Das Warmdach (Abbildung 3.26) ist das verbreitetste Konstruktionssystem. Auch das Verbunddach basiert auf der Systematik des Warmdachs. Es handelt sich beim Warmdach um eine einschalige, nicht durchlüftete Flachbedachung, bei der die Abdichtung über der wärmedämmenden Schicht liegt. Dieses Konstruktionssystem eignet sich sehr gut für hochwärmegedämmte Flachdächer, weil die Wärmedämmschicht ein- oder mehrlagig, ohne Inhomogenitäten verlegt werden kann. Das Warmdach kann über allen Unterkonstruktionen aufgebaut und es kann bekiest, begrünt (Intensiv- oder Extensivbegrünung), begehbar, befahrbar oder als Flachdach ohne Schutz- und Nutzschicht (Nacktdach) ausgeführt werden.

▌ Das unterlüftete Dach (Abbildung 3.27) ist prädestiniert für Flachdächer mit Holzbalkendecken. Die dampfdichte Abdichtung wird unterlüftet, wodurch das Dach in dampfdiffusionstechnischer Hinsicht unproblematisch ist. Die Wärmedämmschicht wird zwischen die Holzbalken verlegt, wodurch sich der Holzanteil massgebend auf die Effizienz des Systems auswirkt.

▌ Bei Umkehrdächern befindet sich die feuchteunempfindliche, einlagig zu verlegende Wärmedämmschicht aus extrudierten Polystyrolhartschaumplatten XPS über der Abdichtung. Das Umkehrdach eignet sich nicht für hochwärmegedämmte Flachdächer. Als Duodach (Wärmedämmschicht unterhalb und oberhalb der Abdichtung) oder als Plusdach (wärmetechnische Verbesserung von bestehenden Warmdächern) ist das Umkehrdachsystem jedoch auch bei Minergie-P-Bauten denkbar (Abbildung 3.28).

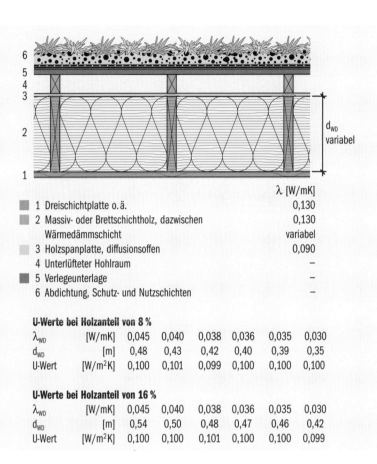

Abbildung 3.27: Flachdach mit unterschiedlichen Wärmedämmschichten zwischen der Holztragstruktur verlegt, mit unterlüfteter Flachdachabdichtung, bei unterschiedlichem Holzanteil.

		λ [W/mK]
1	Dreischichtplatte o.ä.	0,130
2	Massiv- oder Brettschichtholz, dazwischen Wärmedämmschicht	0,130 variabel
3	Holzspanplatte, diffusionsoffen	0,090
4	Unterlüfteter Hohlraum	–
5	Verlegeunterlage	–
6	Abdichtung, Schutz- und Nutzschichten	–

U-Werte bei Holzanteil von 8 %

λ_{WD}	[W/mK]	0,045	0,040	0,038	0,036	0,035	0,030
d_{WD}	[m]	0,48	0,43	0,42	0,40	0,39	0,35
U-Wert	[W/m²K]	0,100	0,101	0,099	0,100	0,100	0,100

U-Werte bei Holzanteil von 16 %

λ_{WD}	[W/mK]	0,045	0,040	0,038	0,036	0,035	0,030
d_{WD}	[m]	0,54	0,50	0,48	0,47	0,46	0,42
U-Wert	[W/m²K]	0,100	0,100	0,101	0,100	0,100	0,099

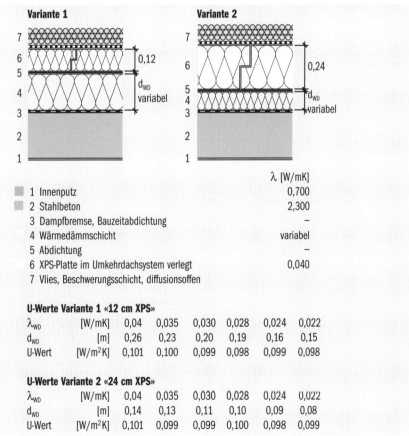

Abbildung 3.28: Flachdach im Duodachsystem, mit variabler Wärmedämmschicht unter der Abdichtung und extrudierter Polystrolhartschaumplatte XPS im Umkehrdachsystem verlegt. Die für die XPS-Platte höher eingesetzte Wärmeleitfähigkeit berücksichtigt den Wärmeabfluss durch das unter der Wärmedämmschicht abfliessendes Regenwasser.

		λ [W/mK]
1	Innenputz	0,700
2	Stahlbeton	2,300
3	Dampfbremse, Bauzeitabdichtung	–
4	Wärmedämmschicht	variabel
5	Abdichtung	–
6	XPS-Platte im Umkehrdachsystem verlegt	0,040
7	Vlies, Beschwerungsschicht, diffusionsoffen	

U-Werte Variante 1 «12 cm XPS»

λ_{WD}	[W/mK]	0,04	0,035	0,030	0,028	0,024	0,022
d_{WD}	[m]	0,26	0,23	0,20	0,19	0,16	0,15
U-Wert	[W/m²K]	0,101	0,100	0,099	0,098	0,099	0,098

U-Werte Variante 2 «24 cm XPS»

λ_{WD}	[W/mK]	0,04	0,035	0,030	0,028	0,024	0,022
d_{WD}	[m]	0,14	0,13	0,11	0,10	0,09	0,08
U-Wert	[W/m²K]	0,101	0,099	0,099	0,100	0,098	0,099

Abbildung 3.29: Steildach im System «Sparrenvolldämmung», mit unterschiedlichen Wärmedämmschichten zwischen der Holztragstruktur verlegt, bei unterschiedlichem Holzanteil.

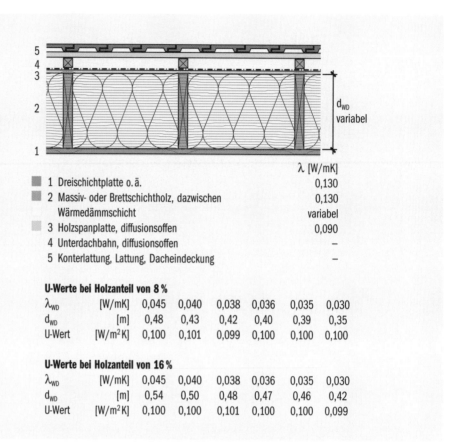

		λ [W/mK]
▪	1 Dreischichtplatte o. ä.	0,130
▪	2 Massiv- oder Brettschichtholz, dazwischen	0,130
	Wärmedämmschicht	variabel
▪	3 Holzspanplatte, diffusionsoffen	0,090
	4 Unterdachbahn, diffusionsoffen	–
	5 Konterlattung, Lattung, Dacheindeckung	–

U-Werte bei Holzanteil von 8 %

λ_{WD}	[W/mK]	0,045	0,040	0,038	0,036	0,035	0,030
d_{WD}	[m]	0,48	0,43	0,42	0,40	0,39	0,35
U-Wert	[W/m²K]	0,100	0,101	0,099	0,100	0,100	0,100

U-Werte bei Holzanteil von 16 %

λ_{WD}	[W/mK]	0,045	0,040	0,038	0,036	0,035	0,030
d_{WD}	[m]	0,54	0,50	0,48	0,47	0,46	0,42
U-Wert	[W/m²K]	0,100	0,100	0,101	0,100	0,100	0,099

Abbildung 3.30: Steildach mit Wärmedämmschicht zwischen der Holztragstruktur (d_{WD} = 0,24 m, λ_D = 0,036 W/mK, Holzanteil = 16 %) und mit variabler Wärmedämmschicht über den Sparren (homogen verlegt, ohne Holzeinlagen o. ä., durchdringende Distanzschrauben mit 3-mal 0,003 W/K berücksichtigt).

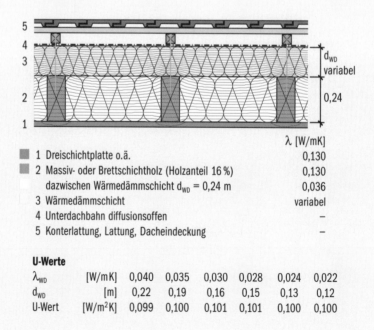

		λ [W/mK]
▪	1 Dreischichtplatte o. ä.	0,130
▪	2 Massiv- oder Brettschichtholz (Holzanteil 16 %)	0,130
	dazwischen Wärmedämmschicht d_{WD} = 0,24 m	0,036
	3 Wärmedämmschicht	variabel
	4 Unterdachbahn diffusionsoffen	–
	5 Konterlattung, Lattung, Dacheindeckung	–

U-Werte

λ_{WD}	[W/mK]	0,040	0,035	0,030	0,028	0,024	0,022
d_{WD}	[m]	0,22	0,19	0,16	0,15	0,13	0,12
U-Wert	[W/m²K]	0,099	0,100	0,101	0,101	0,100	0,100

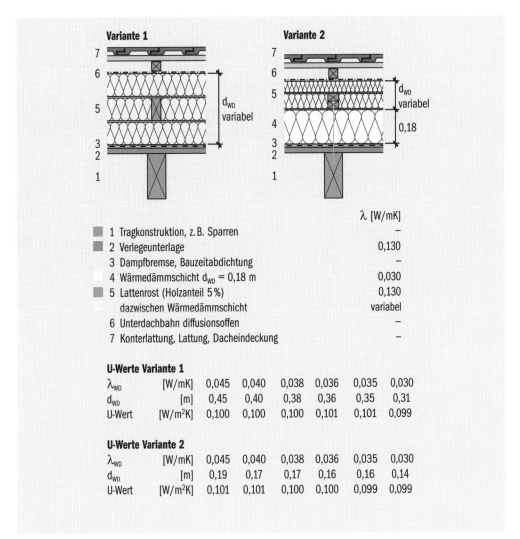

| **Variante 1** | | **Variante 2** | |

	λ [W/mK]
1 Tragkonstruktion, z. B. Sparren	–
2 Verlegeunterlage	0,130
3 Dampfbremse, Bauzeitabdichtung	–
4 Wärmedämmschicht d_{WD} = 0,18 m	0,030
5 Lattenrost (Holzanteil 5 %)	0,130
dazwischen Wärmedämmschicht	variabel
6 Unterdachbahn diffusionsoffen	–
7 Konterlattung, Lattung, Dacheindeckung	–

U-Werte Variante 1

λ_{WD}	[W/mK]	0,045	0,040	0,038	0,036	0,035	0,030
d_{WD}	[m]	0,45	0,40	0,38	0,36	0,35	0,31
U-Wert	[W/m²K]	0,100	0,100	0,100	0,101	0,101	0,099

U-Werte Variante 2

λ_{WD}	[W/mK]	0,045	0,040	0,038	0,036	0,035	0,030
d_{WD}	[m]	0,19	0,17	0,17	0,16	0,16	0,14
U-Wert	[W/m²K]	0,101	0,101	0,100	0,100	0,099	0,099

Abbildung 3.31: Steildach im «Warmdachsystem», mit variablen Wärmedämmschichten über der Holztragstruktur verlegt. Variante 1 mit Wärmedämmschichten zwischen kreuzweise verlegtem Lattenrost (Holzanteil = 5 %). Variante 2 mit einer 0,18 m dicken, homogen verlegten Wärmedämmschicht (durchdringende Distanzschrauben mit 3-mal 0,0015 W/K berücksichtigt) sowie variablen Wärmedämmschichten, zwischen kreuzweise verlegtem Lattenrost (Holzanteil = 5 %).

3.2.3 Steildach

Das Steildach ist ein Dach mit einer Neigung, die eine geschuppte Eindeckung zulässt. Steildächer können jedoch auch fugenlos abgedichtet und z. B. begrünt werden, wie das bei Flachdächern üblich ist. Für hochwärmedämmende Steildächer haben sich folgende Systeme bewährt:
▌ Sparrenvolldämmung (Abbildung 3.29), bei der die Wärmedämmschicht zwischen die Holztragstruktur (z. B. Sparren) verlegt wird und sich somit der Holzanteil auf die Effizienz auswirkt.
▌ Kombination aus «Sparrenvolldämmung» bzw. «Warmdach» mit Wärmedämmschicht zwischen und über der Holztragstruktur (Abbildung 3.30).
▌ Warmdachkonstruktion mit Wärmedämmschicht über der Holztragstruktur (Abbildung 3.31), wobei die Wärmedämmschicht teilweise «homogen» und teilweise zwischen Holzlatten (inhomogen) verlegt wird.

3.2.4 Decken

Unter Decken verstehen wir Bauteile über beheizten Räumen, mit der Aufgabe, den Wärmefluss von unten nach oben zu begrenzen. Decken dienen also unter anderem der thermischen Abgenzung gegenüber kälteren Räumen wie Dach- bzw. Estrichräume u. ä.
▌ Bei Massivbauten wird die Wärmedämmschicht in der Regel über der Betondecke verlegt und je nach Nutzung des unbeheizten Raumes mit oder ohne begehbare Schicht ausgeführt (Wärmedämmschichten und U-Werte sinngemäss wie für das Flachdach in Abbildung 3.26).

Abbildung 3.32: Boden-
konstruktion über Stahl-
betondecke, mit 0,02 m
dicker Trittschalldämm-
schicht und variabler Wärmedämmschicht. Anmer-
kung: U-Werte gültig bei
Flächenheizung (ohne inneren Wärmeübergang).

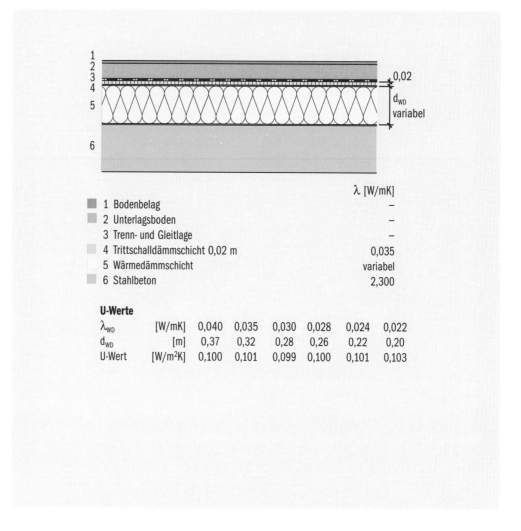

		λ [W/mK]
▪	1 Bodenbelag	–
▪	2 Unterlagsboden	–
	3 Trenn- und Gleitlage	–
▪	4 Trittschalldämmschicht 0,02 m	0,035
	5 Wärmedämmschicht	variabel
▪	6 Stahlbeton	2,300

U-Werte

λ_{WD}	[W/mK]	0,040	0,035	0,030	0,028	0,024	0,022
d_{WD}	[m]	0,37	0,32	0,28	0,26	0,22	0,20
U-Wert	[W/m²K]	0,100	0,101	0,099	0,100	0,101	0,103

∎ Bei Holzbauten wird die Wärmedämmschicht entweder über einer Massivholzdecke oder zwischen die Holztragstruktur
verlegt (Wärmedämmschichten und U-
Werte sinngemäss wie für das Flachdach in
Abbildung 3.26 bzw. 3.27).

3.2.5 Boden über Aussenklima und unbeheizten Räumen

Bodenkonstruktionen begrenzen den Wärmefluss von oben nach unten, sie grenzen
beheizte Räume gegen darunter sich befin-
dende, nicht beheizte Räume und gegen
Aussenklima ab. Bei Massivbauten wird die
Wärmedämmschicht über, unter oder über
und unter der Betondecke angeordnet, wobei sich die Anordnung der Wärmedämmschichten wesentlich auf die resultierenden
Wärmebrückenverluste beim Sockel und bei

durchdringenden Innenwänden auswirken
kann (siehe Abschnitt 3.4).
∎ Wenn die Wärme- und Trittschalldämmschicht nur über der Betondecke aufgebracht wird (Abbildung 3.32), durchdringen
Innen- und Aussenwände diese Dämmschichten, was ohne spezielle Massnahmen
zur thermischen Trennung (wärmedämmende, tragende Elemente) zu grossen Wärmebrückenverlusten führt.
∎ Dass die Wärmedämmschicht nur unten
angeordnet wird, ist unwahrscheinlich, weil
eine minimale Wärme- und Trittschalldämmschicht in der Regel erforderlich ist.
∎ Eine Aufteilung der Wärmedämmschicht
in einen Teil oben und den anderen Teil unten (Abbildung 3.33) macht insbesondere
dann am meisten Sinn, wenn dadurch die
Wärmebrückenwirkung bei Innen- und Aussenwänden reduziert werden kann. Oft ist

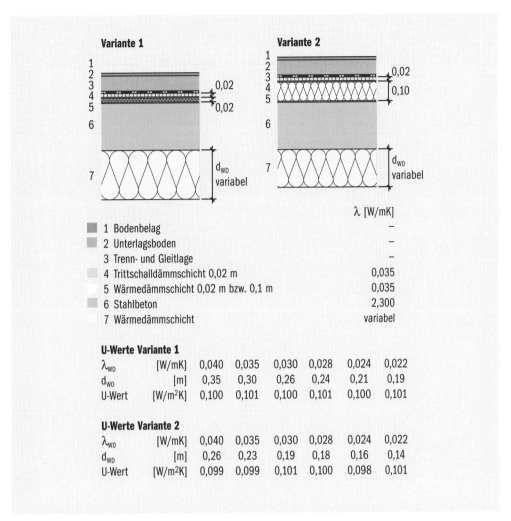

	λ [W/mK]
1 Bodenbelag	–
2 Unterlagsboden	–
3 Trenn- und Gleitlage	–
4 Trittschalldämmschicht 0,02 m	0,035
5 Wärmedämmschicht 0,02 m bzw. 0,1 m	0,035
6 Stahlbeton	2,300
7 Wärmedämmschicht	variabel

U-Werte Variante 1

λ_{WD}	[W/mK]	0,040	0,035	0,030	0,028	0,024	0,022
d_{WD}	[m]	0,35	0,30	0,26	0,24	0,21	0,19
U-Wert	[W/m²K]	0,100	0,101	0,100	0,101	0,100	0,101

U-Werte Variante 2

λ_{WD}	[W/mK]	0,040	0,035	0,030	0,028	0,024	0,022
d_{WD}	[m]	0,26	0,23	0,19	0,18	0,16	0,14
U-Wert	[W/m²K]	0,099	0,099	0,101	0,100	0,098	0,101

der Raster der Innenwände im Erdgeschoss enger als z. B. in einer darunter sich befindenden Autoeinstellhalle, wo eher Stützen gefragt sind. Bei solchen Situationen durchdringt z. B. eine Innenwand im Erdgeschoss nur die eine Wärmedämmschicht, während die Wärmedämmung unter der Betondecke den Wärmeabfluss über die Wand minimiert.

Bei Holzbauten wird die Decke über dem unbeheizten Untergeschoss teilweise analog wie bei Massivbauten ausgeführt, wobei die Wärmebrücken in der Regel dann am kleinsten werden, wenn die gesamte Wärmedämmschicht über der Stahlbetondecke verlegt wird (Anschluss an Aussen- und Innenwände in Holzbauweise). Für Bodenkonstruktionen in Holzbauweise kommen unter anderem folgende Systeme in Frage:

∎ Holzbalkendecke mit dazwischen verlegter Wärmedämmschicht und Bodenüberkonstruktion (Abbildung 3.34). Effizient ist, die Wärmedämmschicht zwischen den Holzbalken nur so dick zu wählen, wie es die minimal erforderliche statische Höhe vorgibt. Der Rest der Wärme- und Trittschalldämmschicht wird mit Vorteil über der Tragstruktur, in der Bodenüberkonstruktion verlegt, weil diese Schichten dann bedeutend bessere Wärmeleitfähigkeiten aufweisen können.

∎ Massivholzdecke (Abbildung 3.35), mit Wärmedämmschichten über, unter oder über und unter derselben. Im Unterschied zur Massivbauweise mit Betondecke ist die Wärmebrückenproblematik entschärft. Nur Wände im unbeheizten Raum (z. B. aus Stahlbeton oder Kalksandstein-Mauerwerk), welche eine unter der Decke aufgebrachte Wärmedämmschicht durchdringen, führen zu relevanten Wärmebrückenverlusten.

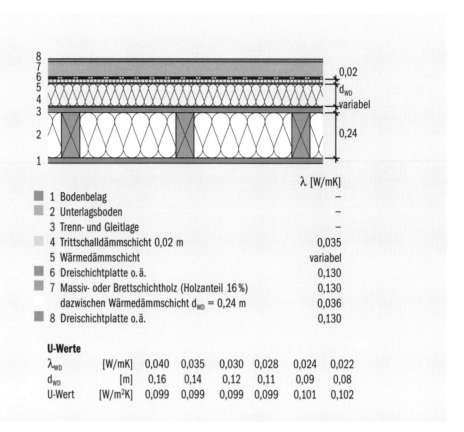

Abbildung 3.34: Bodenkonstruktion über Holzbalkendecke, mit 0,24 m dicker Wärmedämmschicht zwischen den Holzbalken verlegt. Die variable Wärmedämmschicht und die 0,02 m dicke Trittschalldämmschicht sind über der Holzbalkendecke verlegt. Anmerkung: U-Werte gültig bei Flächenheizung (ohne inneren Wärmeübergang).

		λ [W/mK]
1	Bodenbelag	–
2	Unterlagsboden	–
3	Trenn- und Gleitlage	–
4	Trittschalldämmschicht 0,02 m	0,035
5	Wärmedämmschicht	variabel
6	Dreischichtplatte o. ä.	0,130
7	Massiv- oder Brettschichtholz (Holzanteil 16 %)	0,130
	dazwischen Wärmedämmschicht d_{WD} = 0,24 m	0,036
8	Dreischichtplatte o. ä.	0,130

U-Werte

λ_{WD}	[W/mK]	0,040	0,035	0,030	0,028	0,024	0,022
d_{WD}	[m]	0,16	0,14	0,12	0,11	0,09	0,08
U-Wert	[W/m²K]	0,099	0,099	0,099	0,099	0,101	0,102

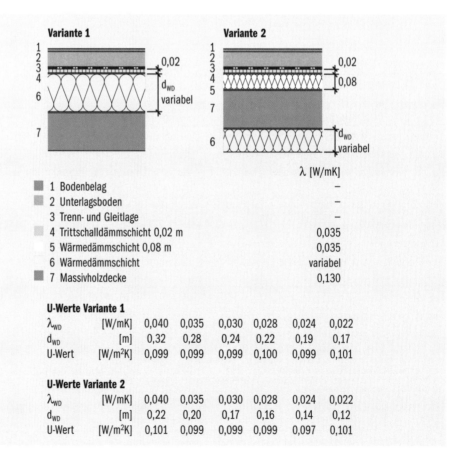

Abbildung 3.35: Bodenkonstruktion bei 20 cm dicker Massivholzdecke. Variante 1 mit 0,02 m dicker Trittschalldämmschicht und variabler Wärmedämmschicht über der Massivholzdecke. Variante 2 mit variabler Wärmedämmschicht unter der Massivholzdecke und fixen Wärme-/Trittschalldämmschchten über derselben. Anmerkung: U-Werte gültig bei Flächenheizung (ohne inneren Wärmeübergang)

		λ [W/mK]
1	Bodenbelag	–
2	Unterlagsboden	–
3	Trenn- und Gleitlage	–
4	Trittschalldämmschicht 0,02 m	0,035
5	Wärmedämmschicht 0,08 m	0,035
6	Wärmedämmschicht	variabel
7	Massivholzdecke	0,130

U-Werte Variante 1

λ_{WD}	[W/mK]	0,040	0,035	0,030	0,028	0,024	0,022
d_{WD}	[m]	0,32	0,28	0,24	0,22	0,19	0,17
U-Wert	[W/m²K]	0,099	0,099	0,099	0,100	0,099	0,101

U-Werte Variante 2

λ_{WD}	[W/mK]	0,040	0,035	0,030	0,028	0,024	0,022
d_{WD}	[m]	0,22	0,20	0,17	0,16	0,14	0,12
U-Wert	[W/m²K]	0,101	0,099	0,099	0,099	0,097	0,101

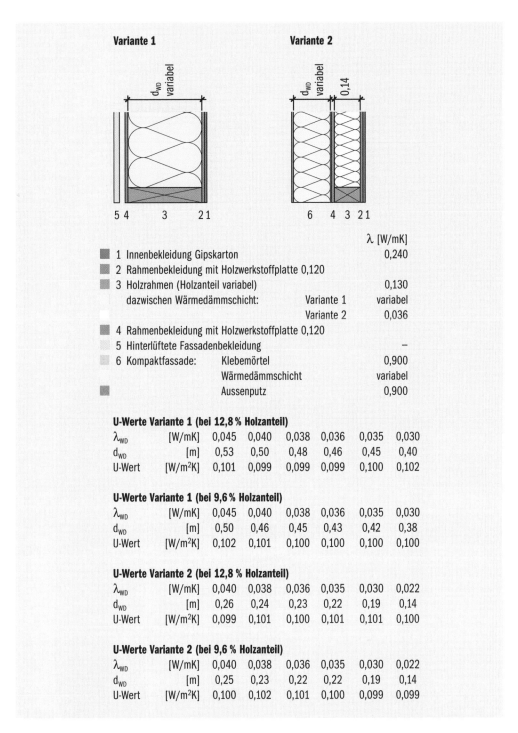

Abbildung 3.36: Aussenwand mit Holzrahmenkonstruktion in zwei Varianten, mit hinterlüfteter Fassadenbekleidung und mit verputzter Aussendämmung. Variante 1 mit variabler Wärmedämmschicht bei unterschiedlichem Holzanteil, für tragende (12,8 %) und nicht tragende Aussenwände (9,5 %, z. B. bei Aussenwandelementen von Massivbauten). Variante 2 ebenfalls bei den zwei unterschiedlichen Holzanteilen wie bei Variante 1, mit 0,14 m dicker Wärmedämmschicht zwischen den Holzrahmen und variabler, verputzter Aussendämmung.

		λ [W/mK]
1	Innenbekleidung Gipskarton	0,240
2	Rahmenbekleidung mit Holzwerkstoffplatte 0,120	
3	Holzrahmen (Holzanteil variabel)	0,130
	dazwischen Wärmedämmschicht: Variante 1	variabel
	Variante 2	0,036
4	Rahmenbekleidung mit Holzwerkstoffplatte 0,120	
5	Hinterlüftete Fassadenbekleidung	–
6	Kompaktfassade: Klebemörtel	0,900
	Wärmedämmschicht	variabel
	Aussenputz	0,900

U-Werte Variante 1 (bei 12,8 % Holzanteil)

λ_WD	[W/mK]	0,045	0,040	0,038	0,036	0,035	0,030
d_WD	[m]	0,53	0,50	0,48	0,46	0,45	0,40
U-Wert	[W/m²K]	0,101	0,099	0,099	0,099	0,100	0,102

U-Werte Variante 1 (bei 9,6 % Holzanteil)

λ_WD	[W/mK]	0,045	0,040	0,038	0,036	0,035	0,030
d_WD	[m]	0,50	0,46	0,45	0,43	0,42	0,38
U-Wert	[W/m²K]	0,102	0,101	0,100	0,100	0,100	0,100

U-Werte Variante 2 (bei 12,8 % Holzanteil)

λ_WD	[W/mK]	0,040	0,038	0,036	0,035	0,030	0,022
d_WD	[m]	0,26	0,24	0,23	0,22	0,19	0,14
U-Wert	[W/m²K]	0,099	0,101	0,100	0,101	0,101	0,100

U-Werte Variante 2 (bei 9,6 % Holzanteil)

λ_WD	[W/mK]	0,040	0,038	0,036	0,035	0,030	0,022
d_WD	[m]	0,25	0,23	0,22	0,22	0,19	0,14
U-Wert	[W/m²K]	0,100	0,102	0,101	0,100	0,099	0,099

3.2.6 Aussenwand

Bei der Projektierung von Bauten generell und insbesondere bei solchen im Minergie-P-Standard stellt die Wahl der Aussenwand eine Herausforderung dar. Die Aussenwand prägt das äussere architektonische Erscheinungsbild eines Gebäudes wesentlich, durch sein Öffnungsverhalten, seine Materialisierung (Textur, Farbe) und die Ausbildung an den Bauteilübergängen (Sockel, Öffnungen, Dach). Oft ist die Wand auch Teil des Tragwerks eines Gebäudes; sie kann Lasten und Kräfte übernehmen und stabilisierend wirken. Für Minergie-P-Bauten kommt die Anforderung dazu, einen extrem guten Wärmeschutz, mit U-Wert im Bereich von 0,1 W/m²K, bieten zu können. Dieser Anforderung werden nicht alle Aussenwandsysteme gerecht:

Abbildung 3.37: Aussenwand bei Massivholzbau in zwei Varianten, mit hinterlüfteter Fassadenbekleidung.
Variante 1 mit variabler Wärmedämmschicht zwischen kreuzweisem Holzrost, mit 5 % Holzanteil. Variante 2 mit 0,18 m dicker Wärmedämmschicht und variabler Wärmedämmschicht zwischen kreuzweisem Holzrost, mit 5 % Holzanteil. Der Wärmebrückenverlust der Distanzschrauben (3 Stück pro m² Aussenwand) ist mit je 0,0015 W/K berücksichtigt.

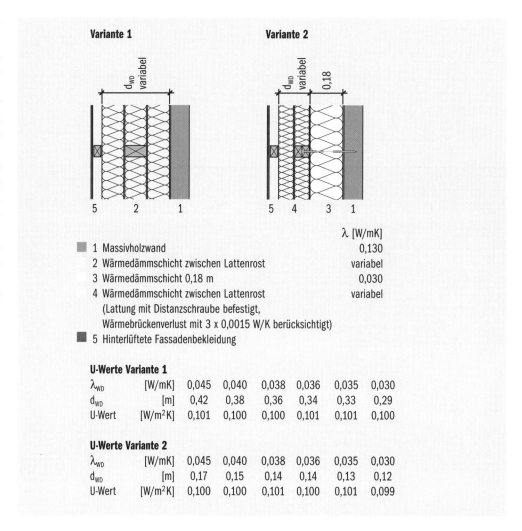

Variante 1

Variante 2

	λ [W/mK]
1 Massivholzwand	0,130
2 Wärmedämmschicht zwischen Lattenrost	variabel
3 Wärmedämmschicht 0,18 m	0,030
4 Wärmedämmschicht zwischen Lattenrost	variabel
(Lattung mit Distanzschraube befestigt, Wärmebrückenverlust mit 3 x 0,0015 W/K berücksichtigt)	
5 Hinterlüftete Fassadenbekleidung	

U-Werte Variante 1

λ_{WD}	[W/mK]	0,045	0,040	0,038	0,036	0,035	0,030
d_{WD}	[m]	0,42	0,38	0,36	0,34	0,33	0,29
U-Wert	[W/m²K]	0,101	0,100	0,100	0,101	0,101	0,100

U-Werte Variante 2

λ_{WD}	[W/mK]	0,045	0,040	0,038	0,036	0,035	0,030
d_{WD}	[m]	0,17	0,15	0,14	0,14	0,13	0,12
U-Wert	[W/m²K]	0,100	0,100	0,101	0,100	0,101	0,099

▮ Homogene, einschalige Aussenwände, wie sie auch heute noch für Bauten, die nur gerade dem Energiegesetz entsprechen, eingesetzt werden, sind für Minergie-P kein Thema. Selbst bei speziellen Backsteinen und Gasbetonsteinen müsste die Aussenwand etwa 1,2 bis 1,6 m dick sein.

▮ Zweischalenmauerwerke weisen betreffend den maximalen Schalenabstand konstruktive Grenzen auf (Gelenkanker u. ä.) und können einen genügenden Wärmeschutz für Minergie-Bauten bieten. U-Werte, wie sie für Minergie-P erforderlich sind, könnten nur mit Hochleistungswärmedämmstoffen ($\lambda_D \leq 0{,}024$ W/mK) erreicht werden und führen dann zu Wanddicken in der Grössenordnung von über 0,5 m.

▮ Innenwärmedämmungen führen in der Regel zu derart grossen Wärmebrückenverlusten bei Bauteilübergängen (z. B. Decken

auflager), dass mit diesem System Minergie-P-Aussenwände undenkbar sind.

▮ Aussendämmungen mit hinterlüfteten Fassadenbekleidungen führen bei «konventionellen Unterkonstruktionen» zu derart grossen Wärmebrückenverlusten (Konsolen, Schienen u. ä. aus Aluminium oder Stahl), dass es unmöglich ist, U-Werte im Bereich von 0,1 W/m²K zu erreichen (Abbildung 3.21).

Mit welchen Systemen können denn nun Aussenwände erstellt werden, die für Minergie-P geeignet sind? Bei den bis anhin zertifizierten Minergie-P-Bauten zählt der Holzsystembau zu den meistverwendeten Systemen, wobei mehrheitlich der Holzrahmenbau eingesetzt wird. Hochwärmedämmende Aussenwände sind aber auch in Massivbauweise möglich, zum Beispiel mit verputzten Aussenwärmedämmungen oder speziell montierten, hinterlüfteten Fassaden-

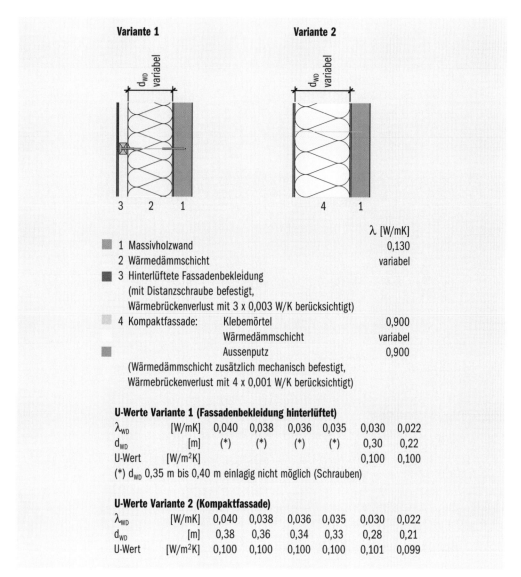

Variante 1

d_{WD} variabel

3   2   1

Variante 2

d_{WD} variabel

4   1

λ [W/mK]

1 Massivholzwand	0,130
2 Wärmedämmschicht	variabel

3 Hinterlüftete Fassadenbekleidung
(mit Distanzschraube befestigt,
Wärmebrückenverlust mit 3 x 0,003 W/K berücksichtigt)

4 Kompaktfassade:	Klebemörtel	0,900
	Wärmedämmschicht	variabel
	Aussenputz	0,900

(Wärmedämmschicht zusätzlich mechanisch befestigt,
Wärmebrückenverlust mit 4 x 0,001 W/K berücksichtigt)

U-Werte Variante 1 (Fassadenbekleidung hinterlüftet)

λ_{WD}	[W/mK]	0,040	0,038	0,036	0,035	0,030	0,022
d_{WD}	[m]	(*)	(*)	(*)	(*)	0,30	0,22
U-Wert	[W/m²K]					0,100	0,100

(*) d_{WD} 0,35 m bis 0,40 m einlagig nicht möglich (Schrauben)

U-Werte Variante 2 (Kompaktfassade)

λ_{WD}	[W/mK]	0,040	0,038	0,036	0,035	0,030	0,022
d_{WD}	[m]	0,38	0,36	0,34	0,33	0,28	0,21
U-Wert	[W/m²K]	0,100	0,100	0,100	0,100	0,101	0,099

Abbildung 3.38: Aussenwand bei Massivholzbau in zwei Varianten.
Variante 1 mit hinterlüfteter Fassadenbekleidung. Die variable Wärmedämmschicht wird einlagig verlegt, was wegen der Befestigung der Fassadenunterkonstruktion nur bis zu einer maximalen Dicke von 0,3 m möglich ist. Der Wärmebrückenverlust der Distanzschrauben (3 Stück pro m² Aussenwand) ist mit je 0,003 W/K berücksichtigt. Variante 2 mit verputzter, variabler Aussendämmung. Die mechanische Befestigung der Wärmedämmschicht (4 Stück pro m² Aussenwand) ist mit je 0,001 W/K berücksichtigt.

bekleidungen (vgl. Abbildungen 3.22 bis 3.24).

Für folgende Aussenwandkonstruktionen wird aufgezeigt, wie U-Werte im Bereich von 0,1 W/m²K erreicht werden können:

▌ Holzrahmenbau (Abbildung 3.36) mit unterschiedlichem Holzanteil für tragende (Holzbauweise) und für nicht tragende Aussenwände (Hybridbauweise), mit hinterlüfteter Fassadenbekleidung oder mit verputzter Aussenwärmedämmung.

▌ Massivholzbau (Abbildungen 3.37 und 3.38) mit hinterlüfteter Fassadenbekleidung bei unterschiedlichen Befestigungssystemen und mit verputzter Aussenwärmedämmung.

▌ Massivbau mit hinterlüfteter Fassadenbekleidung (Abbildungen 3.39 bis 3.42) bei un-

terschiedlichen Mauerwerkskonstruktionen und Befestigungssystemen und mit verputzter Aussenwärmedämmung (Abbildung 3.43).

3.2.7 Wand gegen unbeheizte Räume

Bei Wänden gegen unbeheizte Räume gelten betreffend dem Wärmeschutz dieselben Überlegungen wie bei den Aussenwänden, wobei allenfalls etwas schlechtere U-Werte im Bereich von 0,2 W/m²K bis 0,15 W/m²K denkbar sind. Es kommen somit analoge Konstruktionssysteme in Frage, wobei z. B. die Fassadenbekleidungen entfallen und die Schichtdicken evtl. reduziert werden können.

Abbildung 3.39: Aussenwand bei Massivbau in zwei Varianten, mit hinterlüfteter Fassadenbekleidung, bei variabler Wärmedämmschicht zwischen kreuzweisem Holzrost, mit 5 % Holzanteil. Variante 1 bei 0,2 m dicker Stahlbetonwand, stellvertretend für Neubaulösungen auch mit Mauerwerken aus Kalksandstein, Backsteinen u. ä. Variante 2 mit 0,3 m dickem Verbandmauerwerk, stellvertretend für Sanierungen von bestehenden Aussenwänden mit U-Werten um 1,0 W/m² K.

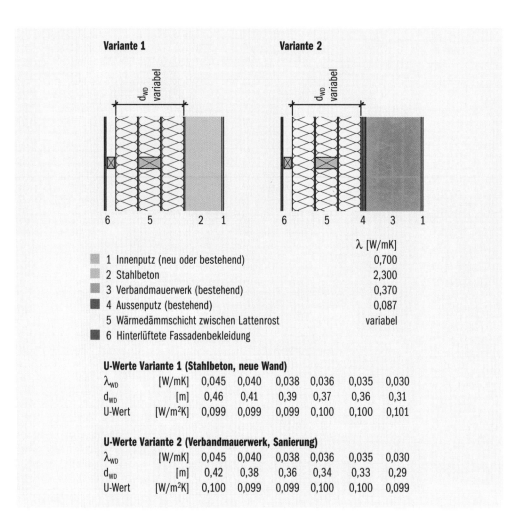

Abbildung 3.39: Aussenwand bei Massivbau in zwei Varianten, mit hinterlüfteter Fassadenbekleidung, bei variabler Wärmedämmschicht zwischen kreuzweisem Holzrost, mit 5 % Holzanteil. Variante 1 bei 0,2 m dicker Stahlbetonwand, stellvertretend für Neubaulösungen auch mit Mauerwerken aus Kalksandstein, Backsteinen u. ä. Variante 2 mit 0,3 m dickem Verbandmauerwerk, stellvertretend für Sanierungen von bestehenden Aussenwänden mit U-Werten um 1,0 W/m² K.

		λ [W/mK]
1	Innenputz (neu oder bestehend)	0,700
2	Stahlbeton	2,300
3	Verbandmauerwerk (bestehend)	0,370
4	Aussenputz (bestehend)	0,087
5	Wärmedämmschicht zwischen Lattenrost	variabel
6	Hinterlüftete Fassadenbekleidung	

U-Werte Variante 1 (Stahlbeton, neue Wand)

λ_{WD}	[W/mK]	0,045	0,040	0,038	0,036	0,035	0,030
d_{WD}	[m]	0,46	0,41	0,39	0,37	0,36	0,31
U-Wert	[W/m²K]	0,099	0,099	0,099	0,100	0,100	0,101

U-Werte Variante 2 (Verbandmauerwerk, Sanierung)

λ_{WD}	[W/mK]	0,045	0,040	0,038	0,036	0,035	0,030
d_{WD}	[m]	0,42	0,38	0,36	0,34	0,33	0,29
U-Wert	[W/m²K]	0,100	0,099	0,099	0,100	0,100	0,099

3.2.8 Aussenwand gegen Erdreich

Für den tragenden Teil der Wand wird im Erdreich fast ausschliesslich Stahlbeton eingesetzt, der erdreichseitig mit einer Feuchtigkeitsschutzschicht ausgerüstet wird. Durch den Einbau von Sickerpackungen, Sickerplatten und Sickerleitungen wird eine funktionstüchtige äussere Entwässerung gewährleistet, womit das Entstehen von drückendem Wasser vermieden werden kann. Das Konstruktions- bzw. Wärmedämmsystem ergibt sich primär aus demjenigen der Aussenwand gegen Aussenluft und dem Bedürfnis, das Deckenauflager im Übergangsbereich der beiden Aussenwände (gegen Erdreich und gegen Aussenluft) möglichst wärmebrückenfrei zu lösen.

▌ Die Perimeterdämmung (Abbildung 3.44) ist das gebräuchlichste Konstruktionssystem für Aussenwände im Erdreich. Sowohl bei Holzsystembauten (Holzrahmenbau oder Massivholzbau) und insbesondere bei Massivbauten mit Aussenwärmedämmung (verputzt oder mit hinterlüfteter Bekleidung) wird der Wärmeschutz mit der Perimeterdämmung lückenlos gewährleistet.

▌ Wenn für die Aussenwand über Terrain ein Zweischalenmauerwerk in Frage kommt, wird wohl auch für die Aussenwand gegen Erdreich nur eine zweischalige Konstruktion Sinn machen (Abbildung 3.45, Variante 1) und wenn als statisch tragende Bauteile im Untergeschoss Stützen werwendet werden, lässt sich das Deckenauflager auch mit einer Innenwärmedämmung (Abbildung 3.45, Variante 2) wärmebrückenfrei lösen.

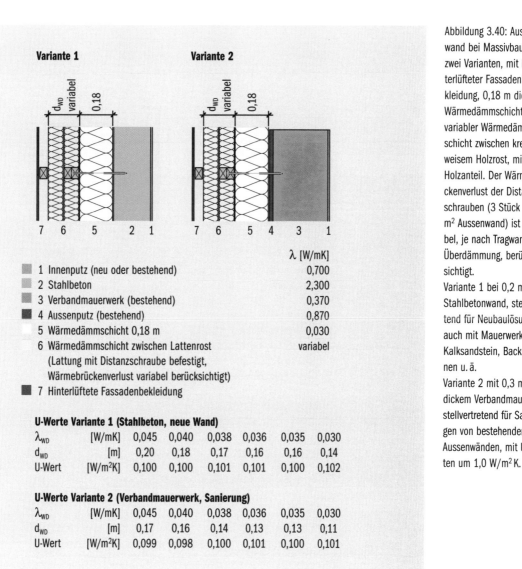

		λ [W/mK]
1	Innenputz (neu oder bestehend)	0,700
2	Stahlbeton	2,300
3	Verbandmauerwerk (bestehend)	0,370
4	Aussenputz (bestehend)	0,870
5	Wärmedämmschicht 0,18 m	0,030
6	Wärmedämmschicht zwischen Lattenrost	variabel
	(Lattung mit Distanzschraube befestigt,	
	Wärmebrückenverlust variabel berücksichtigt)	
7	Hinterlüftete Fassadenbekleidung	

U-Werte Variante 1 (Stahlbeton, neue Wand)

λ_{WD}	[W/mK]	0,045	0,040	0,038	0,036	0,035	0,030
d_{WD}	[m]	0,20	0,18	0,17	0,16	0,16	0,14
U-Wert	[W/m²K]	0,100	0,100	0,101	0,101	0,100	0,102

U-Werte Variante 2 (Verbandmauerwerk, Sanierung)

λ_{WD}	[W/mK]	0,045	0,040	0,038	0,036	0,035	0,030
d_{WD}	[m]	0,17	0,16	0,14	0,13	0,13	0,11
U-Wert	[W/m²K]	0,099	0,098	0,100	0,101	0,100	0,101

Abbildung 3.40: Aussenwand bei Massivbau in zwei Varianten, mit hinterlüfteter Fassadenbekleidung, 0,18 m dicker Wärmedämmschicht und variabler Wärmedämmschicht zwischen kreuzweisem Holzrost, mit 5 % Holzanteil. Der Wärmebrückenverlust der Distanzschrauben (3 Stück pro m² Aussenwand) ist variabel, je nach Tragwand und Überdämmung, berücksichtigt.

Variante 1 bei 0,2 m dicker Stahlbetonwand, stellvertretend für Neubaulösungen auch mit Mauerwerken aus Kalksandstein, Backsteinen u. ä.

Variante 2 mit 0,3 m dickem Verbandmauerwerk, stellvertretend für Sanierungen von bestehenden Aussenwänden, mit U-Werten um 1,0 W/m² K.

Abbildung 3.41: Aussen-
wand bei Massivbau in
zwei Varianten, mit hinterlüfteter Fassadenbeklei-
dung. Die variable Wärme-
dämmschicht wird einlagig
verlegt, was wegen der Befestigung der Fassadenun-
terkonstruktion nur bis zu
einer maximalen Dicke von
0,3 m möglich ist. Der Wärmebrückenverlust der Di-
stanzschrauben (3 Stück
pro m² Aussenwand) ist variabel, je nach Tragwand,
berücksichtigt.
Variante 1 bei 0,2 m dicker
Stahlbetonwand, stellvertretend für Neubaulösungen
auch mit Mauerwerken aus
Kalksandstein, Backstei-
nen u. ä.
Variante 2 mit 0,3 m
dickem Verbandmauerwerk,
stellvertretend für Sanierungen von bestehenden
Aussenwänden, mit U-Wer-
ten um 1,0 W/m² K.

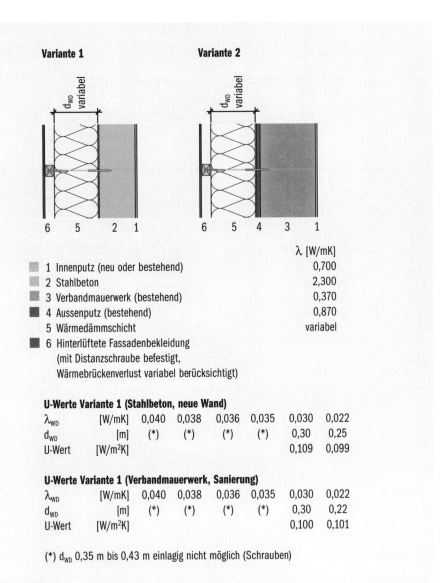

		λ [W/mK]
1	Innenputz (neu oder bestehend)	0,700
2	Stahlbeton	2,300
3	Verbandmauerwerk (bestehend)	0,370
4	Aussenputz (bestehend)	0,870
5	Wärmedämmschicht	variabel
6	Hinterlüftete Fassadenbekleidung (mit Distanzschraube befestigt, Wärmebrückenverlust variabel berücksichtigt)	

U-Werte Variante 1 (Stahlbeton, neue Wand)

λ_{WD}	[W/mK]	0,040	0,038	0,036	0,035	0,030	0,022
d_{WD}	[m]	(*)	(*)	(*)	(*)	0,30	0,25
U-Wert	[W/m²K]					0,109	0,099

U-Werte Variante 1 (Verbandmauerwerk, Sanierung)

λ_{WD}	[W/mK]	0,040	0,038	0,036	0,035	0,030	0,022
d_{WD}	[m]	(*)	(*)	(*)	(*)	0,30	0,22
U-Wert	[W/m²K]					0,100	0,101

(*) d_{WD} 0,35 m bis 0,43 m einlagig nicht möglich (Schrauben)

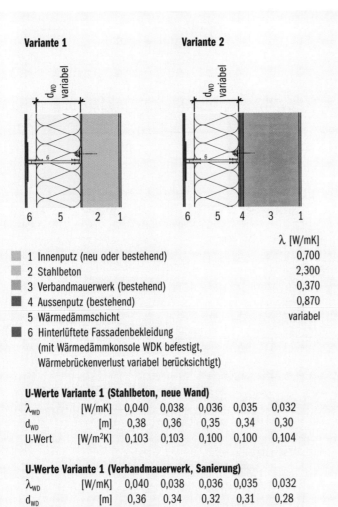

Variante 1 **Variante 2**

d_{WD} variabel

λ [W/mK]

1	Innenputz (neu oder bestehend)		0,700
2	Stahlbeton		2,300
3	Verbandmauerwerk (bestehend)		0,370
4	Aussenputz (bestehend)		0,870
5	Wärmedämmschicht		variabel
6	Hinterlüftete Fassadenbekleidung (mit Wärmedämmkonsole WDK befestigt, Wärmebrückenverlust variabel berücksichtigt)		

U-Werte Variante 1 (Stahlbeton, neue Wand)

λ_{WD}	[W/mK]	0,040	0,038	0,036	0,035	0,032
d_{WD}	[m]	0,38	0,36	0,35	0,34	0,30
U-Wert	[W/m²K]	0,103	0,103	0,100	0,100	0,104

U-Werte Variante 1 (Verbandmauerwerk, Sanierung)

λ_{WD}	[W/mK]	0,040	0,038	0,036	0,035	0,032
d_{WD}	[m]	0,36	0,34	0,32	0,31	0,28
U-Wert	[W/m²K]	0,100	0,101	0,101	0,101	0,103

Abbildung 3.42: Aussenwand bei Massivbau in zwei Varianten, mit hinterlüfteter Fassadenbekleidung, bei variabler Wärmedämmschicht. Der Wärmebrückenverlust der Wärmedämmkonsole (2 Stück pro m² Aussenwand berücksichtigt) variiert in Abhängigkeit von der Tragwand kaum und ist derart klein, dass er auch vernachlässigt werden könnte. Die Variante 1 bei 0,2 m dicker Stahlbetonwand, steht stellvertretend für Neubaulösungen auch mit Mauerwerken aus Kalksandstein, Backsteinen u. ä.
Variante 2 mit 0,3 m dickem Verbandmauerwerk, stellvertretend für Sanierungen von bestehenden Aussenwänden, mit U-Werten um 1,0 W/m²K.

Abbildung 3.43: Aussen-
wand bei Massivbau in
zwei Varianten, mit verputzter, variabler Aussendäm-
mung.
Variante 1 bei 0,2 m dicker
Stahlbetonwand, stellvertretend für Neubaulösungen
auch mit Mauerwerken aus
Kalksandstein, Backstei-
nen u. ä.
Variante 2 mit 0,3 m
dickem Verbandmauerwerk,
stellvertretend für Sanierungen von bestehenden
Aussenwänden, mit U-Wer-
ten um 1,0 W/m² K.

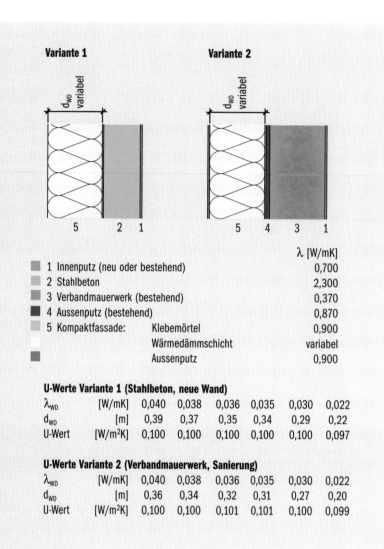

		λ [W/mK]
1	Innenputz (neu oder bestehend)	0,700
2	Stahlbeton	2,300
3	Verbandmauerwerk (bestehend)	0,370
4	Aussenputz (bestehend)	0,870
5	Kompaktfassade: Klebemörtel	0,900
	Wärmedämmschicht	variabel
	Aussenputz	0,900

U-Werte Variante 1 (Stahlbeton, neue Wand)

λ_{WD}	[W/mK]	0,040	0,038	0,036	0,035	0,030	0,022
d_{WD}	[m]	0,39	0,37	0,35	0,34	0,29	0,22
U-Wert	[W/m²K]	0,100	0,100	0,100	0,100	0,100	0,097

U-Werte Variante 2 (Verbandmauerwerk, Sanierung)

λ_{WD}	[W/mK]	0,040	0,038	0,036	0,035	0,030	0,022
d_{WD}	[m]	0,36	0,34	0,32	0,31	0,27	0,20
U-Wert	[W/m²K]	0,100	0,100	0,101	0,101	0,100	0,099

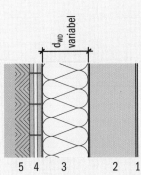

		λ [W/mK]
1	Innenputz	0,700
2	Stahlbeton	2,300
3	Wärmedämmschicht	variabel
4	Dränageschicht	–
5	Erdreich	2,000

z = 0,5 m

λ_{WD}	[W/mK]	0,040	0,038	0,036	0,034	0,032	0,030
d_{WD}	[m]	0,36	0,34	0,33	0,31	0,29	0,27
U_{GW0}	[W/m²K]	0,108	0,108	0,106	0,106	0,107	0,108
b_{GW}	[–]	0,93	0,93	0,93	0,93	0,93	0,93
U_{GW}	[W/m²K]	0,100	0,101	0,099	0,099	0,100	0,100

z = 1,5 m

λ_{WD}	[W/mK]	0,040	0,038	0,036	0,034	0,032	0,030
d_{WD}	[m]	0,35	0,33	0,31	0,29	0,28	0,26
U_{GW0}	[W/m²K]	0,111	0,111	0,112	0,113	0,111	0,112
b_{GW}	[–]	0,89	0,89	0,89	0,89	0,89	0,89
U_{GW}	[W/m²K]	0,099	0,099	0,100	0,101	0,099	0,100

z = 3,0 m

λ_{WD}	[W/mK]	0,040	0,038	0,036	0,034	0,032	0,030
d_{WD}	[m]	0,32	0,31	0,29	0,27	0,26	0,24
U_{GW0}	[W/m²K]	0,121	0,118	0,120	0,121	0,119	0,121
b_{GW}	[–]	0,83	0,84	0,83	0,83	0,84	0,83
U_{GW}	[W/m²K]	0,101	0,099	0,100	0,101	0,099	0,101

z	Tiefe der Wand im Erdreich
U_{GW0}	U-Wert der Wand gegen Erdreich ohne Einfluss des Erdreichs
b_{GW}	Reduktionsfaktor bei der Wand gegen das Erdreich
U_{GW}	U-Wert der Wand mit Einfluss des Erdreichs (EN ISO 13370)

Abbildung 3.45: Aussenwand gegen Erdreich, als Zweischalenmauerwerk (Variante 1) oder mit Innenwärmedämmung (Variante 2) ausgeführt. Die U-Werte differieren kaum in Abhängigkeit der inneren Trag- bzw. Verkleideschalen. Entscheidend für das Erreichen eines U-Wertes U_{GW} von 0,1 W/m²K sind die Wärmeleitfähigkeiten des Wärmedämmstoffes und die Tiefe z der Wand im Erdreich.

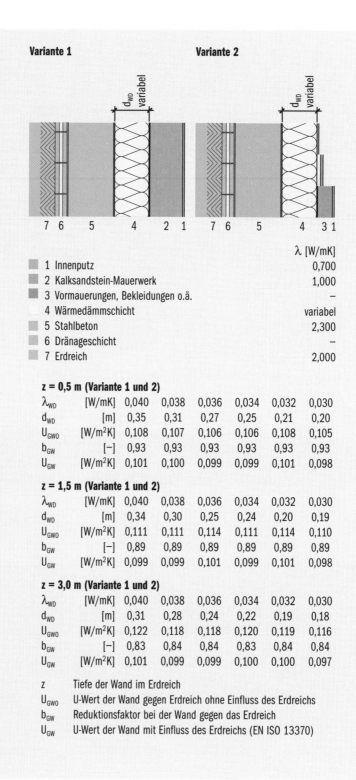

		λ [W/mK]
1	Innenputz	0,700
2	Kalksandstein-Mauerwerk	1,000
3	Vormauerungen, Bekleidungen o.ä.	–
4	Wärmedämmschicht	variabel
5	Stahlbeton	2,300
6	Dränageschicht	–
7	Erdreich	2,000

z = 0,5 m (Variante 1 und 2)

λ_{WD}	[W/mK]	0,040	0,038	0,036	0,034	0,032	0,030
d_{WD}	[m]	0,35	0,31	0,27	0,25	0,21	0,20
U_{GWO}	[W/m²K]	0,108	0,107	0,106	0,106	0,108	0,105
b_{GW}	[–]	0,93	0,93	0,93	0,93	0,93	0,93
U_{GW}	[W/m²K]	0,101	0,100	0,099	0,099	0,101	0,098

z = 1,5 m (Variante 1 und 2)

λ_{WD}	[W/mK]	0,040	0,038	0,036	0,034	0,032	0,030
d_{WD}	[m]	0,34	0,30	0,25	0,24	0,20	0,19
U_{GWO}	[W/m²K]	0,111	0,111	0,114	0,111	0,114	0,110
b_{GW}	[–]	0,89	0,89	0,89	0,89	0,89	0,89
U_{GW}	[W/m²K]	0,099	0,099	0,101	0,099	0,101	0,098

z = 3,0 m (Variante 1 und 2)

λ_{WD}	[W/mK]	0,040	0,038	0,036	0,034	0,032	0,030
d_{WD}	[m]	0,31	0,28	0,24	0,22	0,19	0,18
U_{GWO}	[W/m²K]	0,122	0,118	0,118	0,120	0,119	0,116
b_{GW}	[–]	0,83	0,84	0,84	0,83	0,84	0,84
U_{GW}	[W/m²K]	0,101	0,099	0,099	0,100	0,100	0,097

z	Tiefe der Wand im Erdreich
U_{GWO}	U-Wert der Wand gegen Erdreich ohne Einfluss des Erdreichs
b_{GW}	Reduktionsfaktor bei der Wand gegen das Erdreich
U_{GW}	U-Wert der Wand mit Einfluss des Erdreichs (EN ISO 13370)

3.2.9   Boden über Erdreich

Der Boden über Erdreich besteht primär aus der Betonplatte, welche oft auch die Funktion des Fundamentes übernimmt. Auf dieser Bodenplatte stehen die tragenden Aussen- und Innenwände oder auch Stützen. Im Kontext dieses Sachverhaltes gilt es, eine möglichst optimale Lösung für die Anordnung der Wärmedämmschicht(en) zu finden, wobei die Relevanz dieses Entscheides um so gravierender ist (Wärmebrückenwirkung), je weniger tief sich das Gebäude im Erdreich befindet (Faktor z). Es gilt also abzuwägen, ob die Wärmedämmschicht über oder unter der Bodenplatte verlegt wird oder ob sowohl unter als auch über der Bodenplatte eine Wärmedämmschicht sinnvoll ist.

▮ Auf Wärmedämmschichten über der Bodenplatte wird eher in Ausnahmefällen verzichtet werden können, z. B. bei befahrbaren bzw. hochbelasteten Böden (Abbildung 3.46). Mit der Wärmedämmschicht unter der Bodenplatte kann lückenlos an die Perimeterdämmung der Aussenwand angeschlossen werden, was eine wärmebrückenfreie Lösung ergibt. Als Wärmedämmstoffe eignen sich feuchteunempfindliche und druckfeste Platten aus Schaumglas oder extrudiertem Polystyrolhartschaum XPS oder verdichtete Schüttungen aus Schaumglasschotter.

▮ Wenn der Trittschallschutz, Bodenheizungen, freie Wahl von Bodenbelägen u. ä. eine Rolle spielen, wird in jedem Fall ein Teil der Dämmschicht über der Bodenplatte anzuordnen sein. Mit der Kombination aus Wärme- und Trittschalldämmschichten über und unter der Bodenplatte (Abbildung 3.47) können in der Regel alle Anforderungen befriedigt werden und es entstehen auch wärmebrückenfreie Bauteilübergänge.

▮ Das Verlegen sämtlicher Wärme- und Trittschalldämmschichten über der Bodenplatte (Abbildung 3.48) kann dann Sinn machen, wenn bei der Aussenwand gegen das Erdreich eine Innenwärmedämmung angebracht wird und so dieser Bauteilübergang wärmebrückenfrei gelöst werden kann. Bei Anschlüssen an Aussenwände mit Perimeterdämmung resultieren eher hohe Wärmebrückenverluste und auch bei Innenwänden, welche die Wärmedämmschicht durchdringen (Mauerwerke evtl. auf dämmendes, tragendes Element stellen) ist der Wärmebrückeneinfluss gross.

Abbildung 3.46: Boden über Erdreich mit Wärmedämmschicht unter der Bodenplatte. Interessant ist dieser Konstruktionsaufbau z. B. dann, wenn der Boden befahren werden muss. Als Wärmedämmstoffe eignen sich feuchteunempfindliche und druckfeste Platten aus Schaumglas oder extrudiertem Polystyrolhartschaum XPS oder verdichtete Schüttungen aus Schaumglasschotter. Je grösser die Bodenfläche (A_{FG}) und je tiefer diese sich im Erdreich befindet (Faktor z), desto weniger dick muss die Wärmedämmschicht gewählt werden, um einen U-Wert U_{GF} von 0,1 W/m² K zu erreichen.

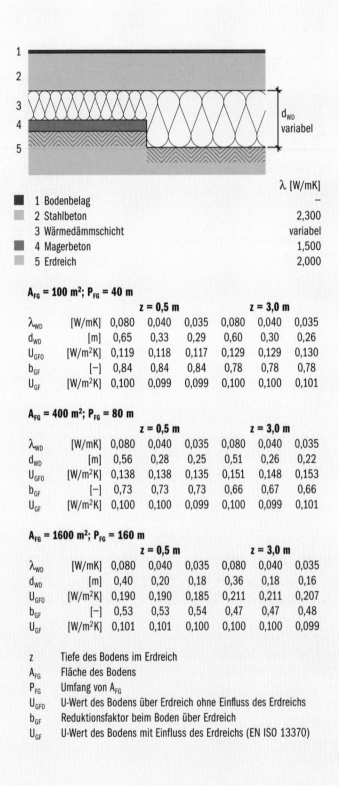

	λ [W/mK]
1 Bodenbelag	–
2 Stahlbeton	2,300
3 Wärmedämmschicht	variabel
4 Magerbeton	1,500
5 Erdreich	2,000

A_{FG} = 100 m²; P_{FG} = 40 m

		z = 0,5 m			z = 3,0 m		
λ_{WD}	[W/mK]	0,080	0,040	0,035	0,080	0,040	0,035
d_{WD}	[m]	0,65	0,33	0,29	0,60	0,30	0,26
U_{GFO}	[W/m²K]	0,119	0,118	0,117	0,129	0,129	0,130
b_{GF}	[–]	0,84	0,84	0,84	0,78	0,78	0,78
U_{GF}	[W/m²K]	0,100	0,099	0,099	0,100	0,100	0,101

A_{FG} = 400 m²; P_{FG} = 80 m

		z = 0,5 m			z = 3,0 m		
λ_{WD}	[W/mK]	0,080	0,040	0,035	0,080	0,040	0,035
d_{WD}	[m]	0,56	0,28	0,25	0,51	0,26	0,22
U_{GFO}	[W/m²K]	0,138	0,138	0,135	0,151	0,148	0,153
b_{GF}	[–]	0,73	0,73	0,73	0,66	0,67	0,66
U_{GF}	[W/m²K]	0,100	0,100	0,099	0,100	0,099	0,101

A_{FG} = 1600 m²; P_{FG} = 160 m

		z = 0,5 m			z = 3,0 m		
λ_{WD}	[W/mK]	0,080	0,040	0,035	0,080	0,040	0,035
d_{WD}	[m]	0,40	0,20	0,18	0,36	0,18	0,16
U_{GFO}	[W/m²K]	0,190	0,190	0,185	0,211	0,211	0,207
b_{GF}	[–]	0,53	0,53	0,54	0,47	0,47	0,48
U_{GF}	[W/m²K]	0,101	0,101	0,100	0,100	0,100	0,099

z	Tiefe des Bodens im Erdreich
A_{FG}	Fläche des Bodens
P_{FG}	Umfang von A_{FG}
U_{GFO}	U-Wert des Bodens über Erdreich ohne Einfluss des Erdreichs
b_{GF}	Reduktionsfaktor beim Boden über Erdreich
U_{GF}	U-Wert des Bodens mit Einfluss des Erdreichs (EN ISO 13370)

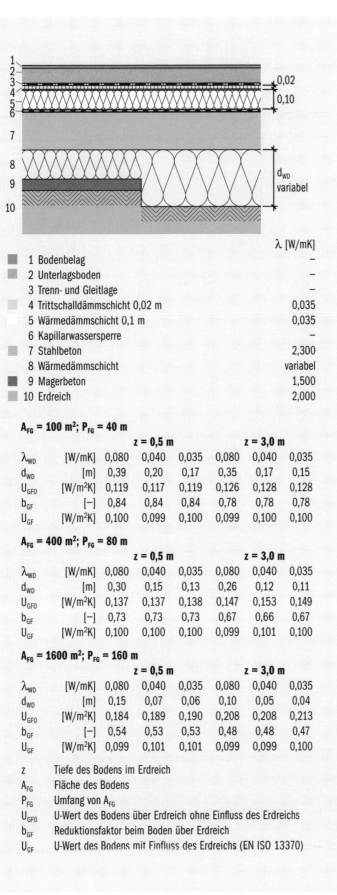

Abbildung 3.47: Boden über Erdreich mit Wärmedämmschicht unter und über der Bodenplatte.
Anmerkung: U-Werte gültig bei Flächenheizung (ohne inneren Wärmeübergang).

	λ [W/mK]
1 Bodenbelag	–
2 Unterlagsboden	–
3 Trenn- und Gleitlage	–
4 Trittschalldämmschicht 0,02 m	0,035
5 Wärmedämmschicht 0,1 m	0,035
6 Kapillarwassersperre	–
7 Stahlbeton	2,300
8 Wärmedämmschicht	variabel
9 Magerbeton	1,500
10 Erdreich	2,000

A_{FG} = 100 m²; P_{FG} = 40 m

		z = 0,5 m			z = 3,0 m		
$λ_{WD}$	[W/mK]	0,080	0,040	0,035	0,080	0,040	0,035
d_{WD}	[m]	0,39	0,20	0,17	0,35	0,17	0,15
U_{GFO}	[W/m²K]	0,119	0,117	0,119	0,126	0,128	0,128
b_{GF}	[–]	0,84	0,84	0,84	0,78	0,78	0,78
U_{GF}	[W/m²K]	0,100	0,099	0,100	0,099	0,100	0,100

A_{FG} = 400 m²; P_{FG} = 80 m

		z = 0,5 m			z = 3,0 m		
$λ_{WD}$	[W/mK]	0,080	0,040	0,035	0,080	0,040	0,035
d_{WD}	[m]	0,30	0,15	0,13	0,26	0,12	0,11
U_{GFO}	[W/m²K]	0,137	0,137	0,138	0,147	0,153	0,149
b_{GF}	[–]	0,73	0,73	0,73	0,67	0,66	0,67
U_{GF}	[W/m²K]	0,100	0,100	0,100	0,099	0,101	0,100

A_{FG} = 1600 m²; P_{FG} = 160 m

		z = 0,5 m			z = 3,0 m		
$λ_{WD}$	[W/mK]	0,080	0,040	0,035	0,080	0,040	0,035
d_{WD}	[m]	0,15	0,07	0,06	0,10	0,05	0,04
U_{GFO}	[W/m²K]	0,184	0,189	0,190	0,208	0,208	0,213
b_{GF}	[–]	0,54	0,53	0,53	0,48	0,48	0,47
U_{GF}	[W/m²K]	0,099	0,101	0,101	0,099	0,099	0,100

z	Tiefe des Bodens im Erdreich
A_{FG}	Fläche des Bodens
P_{FG}	Umfang von A_{FG}
U_{GFO}	U-Wert des Bodens über Erdreich ohne Einfluss des Erdreichs
b_{GF}	Reduktionsfaktor beim Boden über Erdreich
U_{GF}	U-Wert des Bodens mit Einfluss des Erdreichs (EN ISO 13370)

Abbildung 3.48: Boden über Erdreich mit Wärme- und Trittschalldämmschicht über der Bodenplatte. Anmerkung: U-Werte gültig bei Flächenheizung (ohne inneren Wärmeübergang).

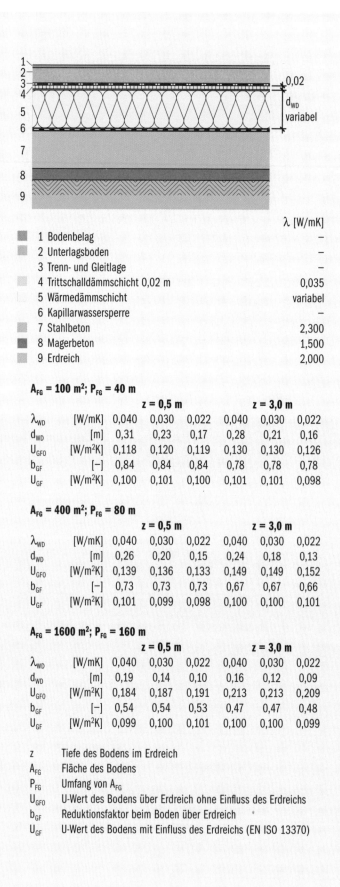

		λ [W/mK]
1	Bodenbelag	–
2	Unterlagsboden	–
3	Trenn- und Gleitlage	–
4	Trittschalldämmschicht 0,02 m	0,035
5	Wärmedämmschicht	variabel
6	Kapillarwassersperre	–
7	Stahlbeton	2,300
8	Magerbeton	1,500
9	Erdreich	2,000

A_{FG} = 100 m²; P_{FG} = 40 m

		z = 0,5 m			z = 3,0 m		
λ_{WD}	[W/mK]	0,040	0,030	0,022	0,040	0,030	0,022
d_{WD}	[m]	0,31	0,23	0,17	0,28	0,21	0,16
U_{GFO}	[W/m²K]	0,118	0,120	0,119	0,130	0,130	0,126
b_{GF}	[–]	0,84	0,84	0,84	0,78	0,78	0,78
U_{GF}	[W/m²K]	0,100	0,101	0,100	0,101	0,101	0,098

A_{FG} = 400 m²; P_{FG} = 80 m

		z = 0,5 m			z = 3,0 m		
λ_{WD}	[W/mK]	0,040	0,030	0,022	0,040	0,030	0,022
d_{WD}	[m]	0,26	0,20	0,15	0,24	0,18	0,13
U_{GFO}	[W/m²K]	0,139	0,136	0,133	0,149	0,149	0,152
b_{GF}	[–]	0,73	0,73	0,73	0,67	0,67	0,66
U_{GF}	[W/m²K]	0,101	0,099	0,098	0,100	0,100	0,101

A_{FG} = 1600 m²; P_{FG} = 160 m

		z = 0,5 m			z = 3,0 m		
λ_{WD}	[W/mK]	0,040	0,030	0,022	0,040	0,030	0,022
d_{WD}	[m]	0,19	0,14	0,10	0,16	0,12	0,09
U_{GFO}	[W/m²K]	0,184	0,187	0,191	0,213	0,213	0,209
b_{GF}	[–]	0,54	0,54	0,53	0,47	0,47	0,48
U_{GF}	[W/m²K]	0,099	0,100	0,101	0,100	0,100	0,099

z	Tiefe des Bodens im Erdreich
A_{FG}	Fläche des Bodens
P_{FG}	Umfang von A_{FG}
U_{GFO}	U-Wert des Bodens über Erdreich ohne Einfluss des Erdreichs
b_{GF}	Reduktionsfaktor beim Boden über Erdreich
U_{GF}	U-Wert des Bodens mit Einfluss des Erdreichs (EN ISO 13370)

3.3 Transparente Bauteile von Minergie-P-Bauten

Das Fenster beeinflusst die Energiebilanz und letztlich den Energieverbrauch eines Gebäudes wesentlich (vgl. Abbildung 3.49) und wirft speziell bei Minergie-P-Bauten einige Fragen bezüglich Planung, Evaluation und Ausschreibung von geeigneten Fenstern auf. Die Erfahrungen mit vielen Minergie-P-Projekten zeigen, dass die Fenster entscheidend sind, ob dieser Standard erreicht werden kann.

3.3.1 Einflüsse des Fensters auf Energiebilanz und Energieverbrauch

In der Berechnung nach Norm SIA 380/1 wirkt sich das Fenster durch folgende Parameter auf die Energiebilanzierung und somit auf den für Minergie-P entscheidenden Heizwärmebedarf aus.

Energieverlust durch Transmission

Transmissionswärmeverluste werden einerseits durch das Fenster direkt verursacht (Fensterfläche, Fenster-U-Wert U_w). Andererseits wirken sich die Wärmebrücken beim Fenstereinbau (Leibung, Brüstung, Sturz) ebenfalls auf den Energieverlust aus. Fol-

gende Faktoren beeinflussen somit insgesamt den Transmissionswärmeverlust rund um das Fenster:

▌ Rahmenkonstruktion (äussere Projektionsfläche A_f im Mauerlicht, U-Wert U_f).
▌ Verglasung (Glasfläche A_g, U-Wert U_g; Abwicklung Glasrandverbund, Wärmebrückenverlust Ψ_g).
▌ Geometrische (Lage des Fensters in der Aussenwand) und materialtechnische Einflüsse (wärmeleitende Schichten, insbesondere Alu-Profile) beim Fenstereinbau (Wärmebrückenverlust Ψ_E).

Energiegewinn durch Sonneneinstrahlung

Fenster führen generell zu passivsolaren Gewinnen, auch wenn sie diesbezüglich nicht speziell optimiert werden. Für Minergie-P haben die passivsolaren Gewinne jedoch einen so grossen Stellenwert, dass der Planer um eine diesbezügliche Optimierung nicht herum kommt:

▌ Möglichst grosse Glasfläche A_g, z. B. durch grosse Fensterflächen ohne viele Unterteilungen (Rahmenflächen bei Mittelpartien, Kämpfer u.ä. vermeiden) und überdämmbare Rahmenkonstruktionen.

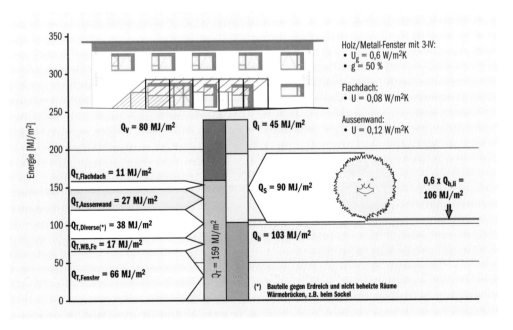

Abbidlung 3.49: Die abgebildete Energiebilanz ist für Minergie-P-Bauten typisch. Die Fenster verursachen, zusammen mit den Wärmebrücken beim Einbau, über 50 % der Transmissionswärmeverluste. Der nutzbare Anteil der Energiegewinnne durch Sonneneinstrahlung ist aber noch deutlich grösser als die gesamten Verluste beim Fenster.

▮ Gläser mit möglichst hohem Gesamtenergiedurchlassgrad g wählen.

▮ Gebäude so orientieren, dass die grossen Fenster von der gegen Süden hohen Globalstrahlung profitieren.

▮ Die Energiegewinne durch Sonneneinstrahlung können durch die Verschattung (Faktor F_S) wesentlich reduziert werden. Zu berücksichtigen sind die Verschattung durch den Horizont (Berge, Nachbargebäude), den Überhang (Sturz, Balkone, Vordächer) und die Seitenblenden (Gebäudeversätze, Leibung).

▮ Der Ausnutzungsgrad für Wärmegewinne η_g hängt ab von der Wärmespeicherfähigkeit des Gebäudes (je grösser, desto höher der Ausnutzungsgrad η_g) und vom Verhältnis zwischen den Energiegewinnen und den Energieverlusten (je grösser die Gewinne, desto weniger davon lässt sich nutzen).

Der Nutzer hat einen grossen Einfluss auf die beim Betrieb effektiv anfallenden Sonnenenergiegewinne:

▮ Variable Verschattung (Sonnenschutz) während der Heizperiode möglichst nicht einsetzen.

▮ Übertemperatur gegenüber der behaglichen Wunschtemperatur in Kauf nehmen.

▮ Den Wärme speichernden Boden nicht durch Teppiche abdecken.

Lüftungswärmeverluste

Rechnerisch wirkt sich der gewollte oder der ungewollte Luftwechsel über die Fenster nicht auf den Heizwärmebedarf aus; für den Nachweis 380/1 wird ein Standard-Luftwechsel berücksichtigt. Die Luftdichtigkeit der Fenster, inklusive Einbau, ist aber für die gesamte Luftdichtigkeit des Gebäudes entscheidend (Blower-door-Messung). Im Betrieb wirken sich folgende Faktoren auf den Lüftungswärmeverlust eines Gebäudes aus:

▮ Luftdichtigkeit der Fenster (Fälze, Einbau Verglasung).

▮ Luftdichtigkeit beim Einbau (Anschluss Wand/Fenster).

▮ Fensterlüftung, beeinflusst durch den Nutzer.

3.3.2 Wärmetechnisch-energetische Kriterien beim Fenster

Die Planer können die Qualitäten eines Fensters abgesehen von der Evaluation geeigneter Systme nur beschränkt beeinflussen:

▮ Lage des Fensters in der Aussenwand und die damit verbundenen Anschlussrandbedingungen, mit Auswirkungen auf die Wärmebrückenverluste und die Gewährleistung der warmseitigen Luftdichtigkeit.

▮ Grösse der Fenster und Unterteilungen. Je grösser des Fenster und je grossteiliger, desto energieeffizienter ist es.

Beim wärmetechnisch-energetischen Qualitätsvergleich sind die folgenden Kriterien von Bedeutung.

Rahmen-U-Wert

Der U-Wert des Fensterrahmens wird als mittlerer U-Wert U_f über die verschiedenen Rahmanpartien beim Referenzfenster rechnerisch oder messtechnisch ermittelt (vgl. Abbildung 3.50). In der Regel bekommt der Planer den U_f-Wert als verbindlichen Kennwert vom Fensterbauer geliefert (Produktedatenblatt oder Zertifikat einfordern!).

Je grösser der Rahmenanteil, desto bedeutender ist der U-Wert des Rahmens. Deshalb weisen die passivhauszertifizierten Fenster meist mehrschichtige Rahmen mit U_f-Werten um 0,7 W/m² K auf. In der Schweiz wird für Minerige-P-Bauten eher auf kleine Rahmenanteile geachtet (der Fensterrahmen wird fast bis zur Verglasung überdämmt) und es kommen Fensterrahmen mit U-Werten U_f von 0,9 W/m² K bis 1,2 W/m² K zur Anwendung.

Noch fast entscheidender als der U-Wert ist die konstruktive Schichtung des Fensterrahmens hinsichtlich die Reduktion von Wärmebrückenverlusten beim Einbau. Insbesondere hochwärmeleitende Alu-Profile, die in den Wärmedämmperimeter hinein ragen, führen zu etwa um den Faktor 3 grösseren Wärmebrückenverlusten als bei einem diesbezüglich optimalen Fenster.

Verglasung: U-Wert, Ψ_g-Wert und g-Wert

Verlässliche Aussagen zur Verglasung sind

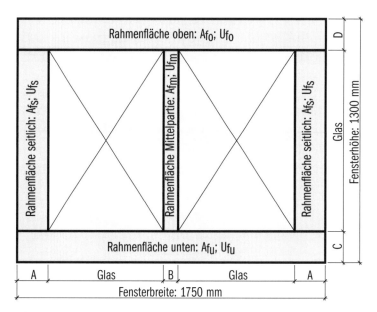

Rahmenflächen

Rahmenfläche seitlich	$A_{f_s} = 2 \cdot (1,3 - C - D) \cdot A$ [m²]
Rahmenfläche Mittelpartie	$A_{f_m} = (1,3 - C - D) \cdot B$ [m²]
Rahmenfläche unten	$A_{f_u} = 1,75 \cdot C$ [m²]
Rahmenfläche oben	$A_{f_o} = 1,75 \cdot D$ [m²]

Mittlerer U-Wert über die Rahmenfläche

$$U_f = \frac{A_{f_u} \cdot U_{f_u} + A_{f_o} \cdot U_{f_o} + A_{f_m} \cdot U_{f_m} + A_{f_s} \cdot U_{f_s}}{A_f} \quad [W/m^2K]$$

Abbildung 3.50: Masse und Verlustflächen am Fenster sowie Formel für die Berechnung des Rahmen-U-Wertes U_f.

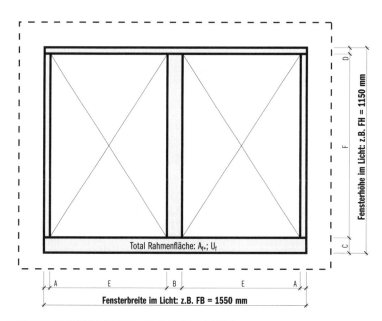

Flächen und Abwicklungen

Fensterfläche	$A_w = FB \cdot FH$ [m²]
Glasfläche	$A_g = 2 \cdot E \cdot F$ [m²]
Glasrandverbund	$l_g = (4 \cdot E) + (4 \cdot F)$ [m¹]
Rahmenfläche im Mauerlicht	$A_{f*} = A_w - A_g$ [m²]
Perimeter Fenstereinbau	$l_E = 2 \cdot (FB + FH)$ [m¹]

U-Wert über das eingebaute Fenster

$$U_w = \frac{A_{f*} \cdot U_f + A_g \cdot U_g + l_g \cdot \psi_g}{A_w} \quad [W/m^2K]$$

U-Wert über das eingebaute Fenster (mit ψ_E)

$$U_{w,E} = \frac{A_{f*} \cdot U_f + A_g \cdot U_g + l_g \cdot \psi_g + l_E \cdot \psi_E}{A_w} \quad [W/m^2K]$$

Abbildung 3.51: Flächen und Abwicklungen am eingebauten Fenster sowie Formeln für die Berechnung der Fenster-U-Werte U_w und $U_{w,E}$ (mit Wärmebrücke Einbau ψ_E).

eher schwierig, wenn man bedenkt, was sich in letzter Zeit so alles verändert hat. Sicher ist, dass für Minergie-P die bestmöglichen Gläser gewählt werden sollen, was gegenwärtig 3-fach-Isoliergläser sind:

∎ Weil das Edelgas Krypton kaum mehr verfügbar scheint, sind es eher nicht mehr U-Werte U_g von 0,5 W/m²K sondern 0,6 W/m²K, die angestrebt werden sollen. Dieser immer noch gute U-Wert kann mit Argon und speziellen Wärmeschutzbeschichtungen erreicht werden.

∎ Als Glasrandverbund kommt Edelstahl oder Kunststoff in Frage. Es können damit Wärmebrückenverluste Ψ_g von etwa 0,05 W/mK bis 0,04 W/mK erreicht werden. Bei speziell tiefem Glaseinstand und überdämmtem Glasrand können allenfalls auch noch kleinere Wärmebrückenverluste Ψ_g erreicht werden.

∎ Der Gesamtenergiedurchlassgrad (g-Wert) ist wichtig für die passivsolaren Gewinne. Standardmässig weisen gegenwärtig die 3-fach-Isoliergläser g-Werte um etwa 48 % auf. Durch spezielle Gläser (Weissglas) und Beschichtungen können auch höhere g-Werte erreicht werden, was aber zu Mehrkosten führt.

Fenster-U-Wert

Der U-Wert U_w des Fensters fliesst als Kennwert für den Wärmeverlust in die Berechnung der Energiebilanz nach Norm SIA 380/1 ein. Der U-Wert U_w bezieht sich auf die Fensterfläche als äussere Projektionsfläche zwischen den Leibungen und zwischen Fensterbank und Sturz. U_w wird beeinflusst durch die Flächenanteile und U-Werte von Fensterrahmen und Verglasung sowie die Abwicklung des Glasrandverbundes und den Wärmebrückenverluste Ψ_g (vgl. Abbildung 3.51). Es ist für jedes Fenster von unterschiedlicher Geometrie und differenten Kennwerten für Rahmen und Verglasung der U-Wert zu bestimmen. Bewährt hat sich ein flächengewichteter Mittelwert je Fassade bzw. Orientierung (vgl. Abbildung 3.119). Dies nicht nur für den U-Wert sondern auch für den Glasanteil, den g-Wert und die Verschattungsfaktoren. Es kann so mit einer

Fensterpostition je Fassade in SIA 380/1 weitergerechnet werden und verschiedene Fenstervarianten lassen sich nun komfortabler miteinander vergleichen.

Für den Vergleich der Energieeffizienz von verschiedenen Fenstern spielt auch der Wärmebrückenverlust beim Einbau eine entscheidende Rolle. Der Fenster-U-Wert $U_{w,E}$ berücksichtigt zusätzlich zum U-Wert U_w den Einfluss der Abwicklung des Fenstereinbaus und den Wärmebrückenverlust Ψ_E. Vereinfachend wird für den Vergleich der Fenster der beim Referenzdetail «Leibung» resultierende Ψ_E-Wert berücksichtigt.

Energiebilanz über das Fenster

Den wichtigsten Wert hinsichtlich Beurteilung der Energieeffizienz liefert sicherlich die Bilanz aus Transmissionswärmeverlust minus die nutzbaren Sonnenenergiegewinne. Wenn für diese Beurteilung auch die Transmissionswärmeverluste über die Wärmebrücken beim Einbau mitberücksichtigt werden, wird das Fenster betreffend seine Energieeffizienz sicherlich am kompetentesten beurteilt und verglichen. Eine reine Verlustminimierung über «dicke grossflächige Rahmen» wird damit genauso bestraft wie eine Rahmenkonstruktion, die zu hohen Wärmebrückenverlusten führt.

3.3.3 Sensitivitätsüberlegungen

Basierend auf Standarddefinitionen (Tabelle 3.1) zeigen die Abbildungen 3.52 bis 3.57 die verschiedenen Einflüsse auf die Energieeffizienz des Fensters auf.

3.3.4 Für Minergie-P geeignete Fenster

Für den Planer und die Bauherrschaften stellt sich die Frage, welche Fenster für Minergie-P-Bauten geeignet sind. Braucht es für Minergie-P-Bauten zum Beispiel zwingend passivhauszertifizierte Fenster? Oder reicht bereits ein «normales» Fenster, wenn es mit einem guten Glas geliefert wird? Wenn vorgesehen ist, passivhauszertifizierte

Fenster einzubauen, hat der Planer die Sicherheit, dass mindestens folgende Kennwerte erreicht sind:

▮ Bei einem kleinen, einflügligen Fenster von 1,23 m auf 1,48 m wird bei einer Standardverglasung mit $U_g = 0,7$ W/m² K ein U-Wert U_w von ≤ 0,8 W/m² K erreicht.

▮ Unter Berücksichtigung des Wärmebrückenverlustes beim Fenstereinbau wird ein U-Wert $U_{w,E}$ ≤ 0,85 W/m² K erreicht. Passivhauszertifizierte Fenster verfügen über eher dicke Rahmen aus Verbundwerkstoffen (Sandwichkonstruktionen) oder ausgeschäumten Kunststoffprofilen, die sehr gute U-Werte (U_f etwa 0,7 bis 0,8 W/m² K) aufweisen. Der Rahmenanteil ist jedoch erfahrungsgemäss eher hoch und der Glasanteil wird dadurch entsprechend kleiner. Wenn sich die Planer für ein solches Fenster entscheiden, können sie bereits den Heizwärmebedarf rechnerisch optimieren und dabei einen U_w-Wert von 0,8 W/m² K bzw. einen $U_{w,E}$-Wert von 0,85 W/m² K berücksichtigen. Sie haben dann die Gewissheit, dass die effektiven Fenster eher noch bessere U-Werte aufweisen werden, weil die objektspezifischen Fenster ja sicherlich eher grösser sein werden als das Normmass der Passivhausfenster mit 1,23 m auf 1,48 m. Betreffend der üblichen Fenster sind allgemein gültige Aussagen unmöglich, es gelten aber folgende Tendenzen:

▮ Bei einem Minergie-zertifizierten, zweiflügligen Fenster von 1,55 m auf 1,15 m wird bei einer Standardverglasung mit $U_g = 0,7$ W/m² K ein U-Wert U_w von ≤ 1,0 W/m² K erreicht. Dies ist bereits mit Rahmen-U-Werten U_f um 1,3 W/m² K möglich.

▮ Durch Reduktion der Rahmenanteile können auch mit üblichen Fenstern U-Werte U_w um 0,8 W/m² K erreicht werden, wie sie für Minergie–P in etwa erforderlich sind. Einfluss auf den Rahmenanteil hat einerseits der Fensterbauer mit seinen Systemen und andererseits der Planer, indem er möglichst grosse Fenster ohne unnötige Unterteilungen plant. Die Tendenz geht hin zu Fensterkonstruktionen, die es zulassen, dass der Rahmen fast vollständig überdämmt

wird. In der äusseren Projektion bleiben fast nur noch Mittelpartien und untere Rahmen sichtbar.

▮ Mit innovativen «normalen Fenstern» besteht bereits die Möglichkeit, über die Energiebilanz betrachtet, bessere Fenster zu bauen, als es die meisten Passivhausfenster sind; und dies zu Kosten, die mit herkömmlichen Holz-Metall-Fenstern vergleichbar sind, wenn dieselbe Verglasung berücksichtigt wird.

3.3.5 Strategie für die Fensterwahl

Die Planer müssen ein Fenster evaluieren und ausschreiben, das alle die erwähnten energetischen Gesichtspunkte möglichst optimal berücksichtigt. Es reicht nicht, wenn nur das Glas und das Rahmenmaterial spezifiziert wird und der Planer dann eine Vielzahl von Lösungen offeriert bekommt. Es muss ein klar definiertes Fenster ausgeschrieben werden, das zu der ihm zugedachten Energiebilanz führt (bei Südorientierung in der Regel zu Energiegewinnen, über die Heizperiode betrachtet).

Dem gegenüber steht die Tatsache, dass man im Submissionsverfahren eine gewisse Offenheit haben müsste, sich mindestens einen Vergleich von zwei bis drei möglichen Fenstern offen halten sollte.

Seit 2010 bietet das Minergie-Modul Fenster eine Liste mit Minergie-P-Fenstern. Diese erreichen mit einem Glas-U-Wert $U_g = 0,6$ W/m² K einen Fenster-U-Wert U_w ≤ 0,8 W/m² K (bei definierter Fenstergrösse 1,55 m auf 1,15 m). Liste und Anforderungen unter www.minergie.ch → Module → Fenster.

Standarddefinitionen für die Sensitivitätsanalyse	
Normmasse Fenster, klein	1,55 auf 1,15 m
Normmasse Fenster, gross	4,5 m auf 2,5 m
U-Wert Verglasung (U_g)	0,5 W/m² K
Glasrandverbund aus Edelstahl (ψ_g)	0,05 W/m K
Energiedurchlassgrad (g)	0,54
Heizgradtage (HGT)	3717 Kd/a
Globalstrahlung Süd (G_s)	475 kWh/m² a
Verschattungsfaktor (F_s)	0,8
Ausnutzungsgrad Wärmegewinne (η_g)	0,6
U-Wert Rahmen (U_f)	1,2 W/m² K
Rahmenbreite seitlich und oben *	1,5 cm
Rahmenbreite unten *	8 cm
Rahmenbreite Mittelpartie *	11 cm
* Rahmenabmessungen innerhalb des Mauerlichtes	

Tabelle 3.1: Standarddefinitionen für die Sensitivitätsanalyse.

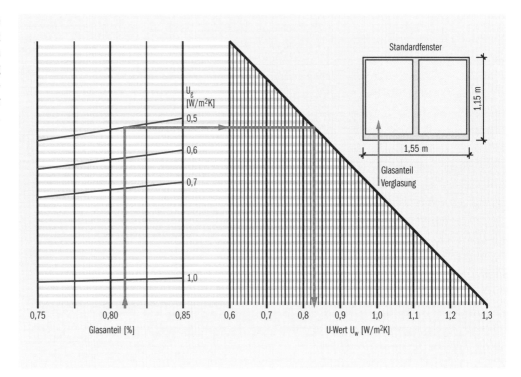

Abbildung 3.52: U-Werte Fenster U_w in Abhängigkeit des Glasanteiles und des U-Wertes der Verglasung U_g. Mit steigender Verglasungsqualität nimmt der Einfluss des Glasanteils zu.

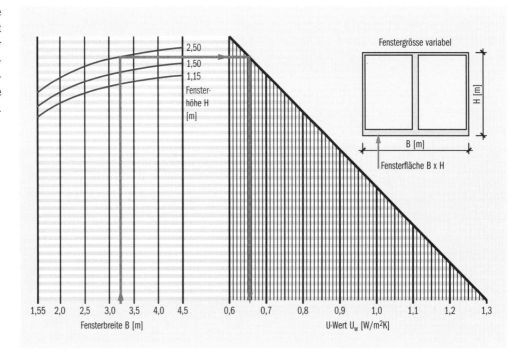

Abbildung 3.53: U-Werte Fenster U_w in Abhängigkeit der Fensterbreite und der Fensterhöhe. Grosse Fenster führen zu deutlich besseren U-Werten als kleine Fenster.

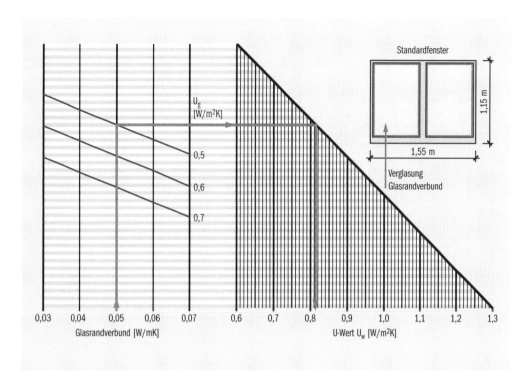

Abbildung 3.54: U-Werte Fenster U_w in Abhängigkeit des Glasrandverbundes und des U-Wertes der Verglasung U_g. Unabhängig vom U-Wert des Glases wirkt sich der Glasrandverbund wesentlich auf den U-Wert des Fensters aus. Ein Glasrandverbund aus Kunststoff führt zum optimalen Fenster-U-Werte und zu höheren inneren Oberflächentemperaturen (Kondensatrisiko minimiert).

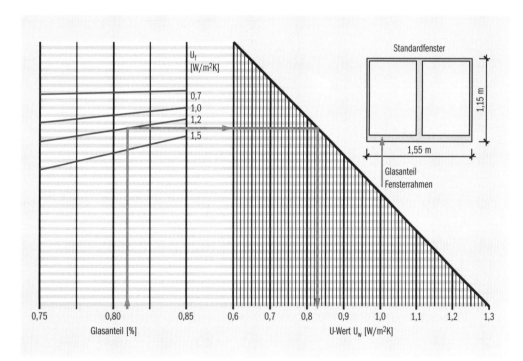

Abbildung 3.55: U-Werte Fenster U_w in Abhängigkeit des Glasanteiles und der Rahmenqualität U_f. Je besser der U-Wert des Rahmens, desto kleiner wird der Einfluss des Glasanteils auf den U-Wert des Fensters. Im Extremfall führt ein Passivhausrahmen mit U_f von 0,7 W/m²K ohne Glas zu einem besseren U-Wert des Fensters als mit Glasanteil; das Kriterium «Energiegewinne» lässt aber diese Tendenz nicht zu!

Abbildung 3.56: U-Werte Fenster U_w in Abhängigkeit der Fenstergrösse und der Einbauqualität (qualifiziert durch den Wärmebrückenverlust beim Einbau Ψ_E). Je kleiner das Fenster, desto grösser wird der Einfluss der Wärmebrücken beim Fenstereinbau auf den U-Wert des Fensters.

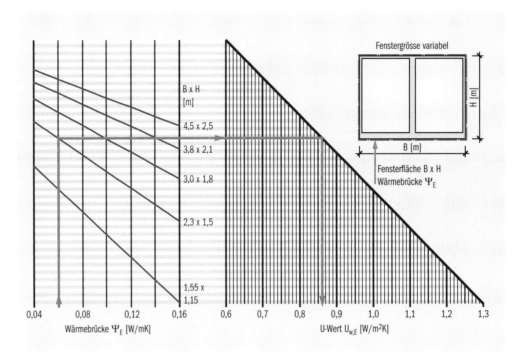

Abbildung 3.57: Energiebilanz bei Südfenster, also Transmissionswärmeverlust minus Energiegewinn durch Sonneneinstrahlung, in Abhängigkeit des Energiedurchlassgrad g und der Verglasungsqualität U_g. Sonnenschutzgläser mit g-Werten um 30 %, wie sie objektspezifisch öfters diskutiert werden, führen statt zu Energiegewinnen zu bilanzierten Energieverlusten über die Heizperiode.

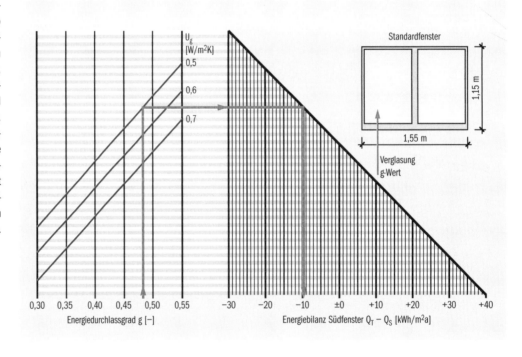

Das führt zu folgenden strategischen Überlegungen, die sich in der Praxis bewährt haben:

▌ Etwa drei Fenstervarianten bezüglich die objektspezifische Eignung prüfen und dies bereits in einer frühen Projektphase.

▌ Ein «Standardglas» berücksichtigen, das man sich dann auch wirklich leisten kann oder will. Z. B. eine 3-fach-Isolierverglasung mit U_g = 0,6 W/m²K, g = 48 % und Glasrandverbund aus Edelstahl.

▌ Basierend auf dem «schlechtesten Rahmen» die Fensterkennwerte ermitteln und diese für die Optimierung der opaken Bauteile hinsichtlich Einhaltung des Minergie-P-Kriteriums «Heizwärmebedarf» in der Berechnung SIA 380/1 berücksichtigen.

▌ Die möglichen Fenstervarianten ausschreiben (alle, welche den Minergie-P-Standard ermöglichen), dies evtl. mit Glasvarianten (z. B. besseren g-Wert und Glasrandverbund aus Kunststoff).

▌ Das optimale Angebot auswählen. Es resultiert so allenfalls noch ein Spielraum bei den opaken Bauteilen.

3.3.6 Fensterkonstruktionen im Vergleich

Im folgenden werden Fenster betreffend Rahmen-U-Wert, Fenster-U-Wert bei unterschiedlichen Fenstergrössen und Gläsern, Wärmebrückenverlust beim Einbau und Energiebilanz miteinander verglichen. Durch analoge Randbedingungen bei den Berechnungen lassen sich die Fenster objektiv miteinander vergleichen:

▌ Betreffend Eignung für Minergie-P-Bauten (mit U-Werten und Energiebilanz bei 3-fach-Isolierglas mit U_g = 0,5 W/m²K, Ψ_g = 0,05 W/mK, g = 0,54) für den Klimastandort Zürich SMA (repräsentativ für Schweizer Mittelland).

▌ Betreffend das Erreichen der Einzelbauteilanforderungen aus Norm SIA 380/1 (Ausgabe 2009) mit unterschiedlichen U-Werten für die Isoliergläser von 1,2 bis 0,5 W/m²K.

Rahmen-U-Wert U_f

Für die drei Rahmenpartien seitlich/oben, unten und die Mittelpartie sind die U-Werte mittels Wärmebrückenberechnung ermittelt worden. Für die Berechnung von Fenster-U-Werten wird ein mittlerer Rahmen-U-Wert U_f gebildet, der sich auf die Geometrie des zweiflügligen Minergie-Fensters von 1,75 m auf 1,30 m bezieht (Abbildung 3.50). Anmerkung: In der Regel führen Messungen der Rahmen-U-Werte U_f in der Klimakammer zu etwas besseren Werten; dies erklärt eine allfällige Differenz zwischen den hier publizierten U_f-Werte und über Messungen legitimierten U_f-Werten gemäss Angaben der Systemgeber.

Fenster-U-Wert U_w bzw. $U_{w,E}$

Der U-Wert des zweiflügligen Fensters wird für zwei verschiedene Fenstergrössen ermittelt:

▌ Minergie- bzw. Standard-Fenster von 1,55 m auf 1,15 m

▌ grössere Fensterfront von 4,50 m auf 2,50 m, beide Varianten ohne Berücksichtigung der Wärmebrücke Ψ_E beim Einbau (U_w) bzw. mit Berücksichtigung derselben ($U_{w,E}$), wobei über den gesamten Umfang des eingebauten Fensters der Wärmebrückenverlust beim seitlichen Anschlag in die Referenzaussenwand berücksichtigt wird (Abbildungen 3.51 und 3.58). In der Praxis sind je nach konstruktiver Ausbildung beim Sturz und bei der Brüstung die effektiv vorhandenen Wärmebrückenverluste zu berücksichtigen. Für die Berechnung der U-Werte U_w der «Minergie-P-Fenster» ist eine 3-fach-Isolierverglasung mit U_g = 0,5 W/m²K und Ψ_g = 0,05 W/mK (Randverbund aus Edelstahl) berücksichtigt. Anmerkung: Gläser mit U_g = 0,5 W/m²K sind wegen dem kaum verfügbaren Edelgas «Krypton» kaum mehr sinnvoll; weil solche Kennwerte jedoch immer wieder ändern können, basiert der Fenstervergleich nach wie vor auf Gläsern mit U_g = 0,5 W/m²K.

Energiebilanz

Die Energiebilanz aus Transmissionswärmeverlust minus die nutzbaren Sonnenenergiegewinne basiert auf den Kennwerten gemäss Tabelle 3.2. Es wurde ein Energiedurchlassgrad (g-Wert) von 54 % berücksichtigt. Anmerkung: 3-fach-Isoliergläser in Standardausführung weisen nur g-Werte um etwa 48 % auf, es ist mit Mehrkosten für ein «Solarglas» zu rechnen. Als Klimastation wurde Zürich SMA gewählt, die Verschattung F_S ist mit 0,8 und der Ausnutzungsgrad für Wärmegewinne η_g mit 0,6 berücksichtigt.

Wärmebrückenverlust beim Einbau

Für einen objektiven Vergleich wurde ein Referenzdetail für den seitlichen Fensteranschlag gewählt (Abbildung 3.58). Der so ermittelte Wärmebrückenverlust Ψ_E wird bei der Berechnung der Fenster-U-Werte $U_{w,E}$ und der Energiebilanz auch für die Brüstung und den Sturz (gesamter Fensterumfang) berücksichtigt. In der Praxis sind selbstverständlich die objektspezifischen Wärmebrückenverluste zu ermitteln; insbesondere beim oberen Anschluss können Sturznischen und Rahmenverbreiterungen zu erheblich höheren Wärmebrückenverlusten führen.

Kennwerte der geprüften Fenster

Es wurden insgesamt 15 Fenster von 7 Anbietern geprüft, die wichtigsten Kennwerte sind in Tabelle 3.3 zusammengefasst. Auf den Seiten 104 bis 118 sind die detaillierten Ergebnisse der rechnerisch überprüften Fenster zu finden.

Es zeigt sich, dass bei der Beurteilung der Fenster über die Energiebilanz gegen Süden, unter Berücksichtigung des Fenster U-Wertes $U_{w,E}$, diejenigen Fenster bevorteilt werden, die einen maximalen Glasanteil aufweisen (schmale Rahmenpartien in der äusseren Projektionsfläche des Fensters) und zu einem kleinstmöglichen Wärmebrückenverlust Ψ_E beim Einbau führen. Betreffend Eignung des Fensters für Minergie-P-Häuser macht der Vergleich in Spalte «E-Bilanz Süd» (Tabelle 3.3) wohl am meisten Sinn.

Tabelle 3.2: Kennwerte für die Energiebilanz beim Fenster.

Abbildung 3.58: Referenzdetail und Randbedingungen für die Berechnung des Wärmeverlustkoeffizienten Ψ_E beim Fenstereinbau.

U-Wert	U_g	0,50	[W/m²K]
Glasrand Edelstahl	Ψ_g	0,05	[W/mK]
Energiedurchlassgrad	g	0,54	[–]
Klimakennwerte Klimastation Zürich SMA			
Heizgradtage	HGT	3717	[Kd/a]
Globalstrahlung Süd	G_S	1710	[MJ/m²a]
Globalstrahlung West	G_W	1016	[MJ/m²a]
Globalstrahlung Ost	G_E	965	[MJ/m²a]
Globalstrahlung Nord	G_N	474	[MJ/m²a]
Verschattungsfaktor	F_S	0,8	[–]
Ausnutzungsgrad Wärmegewinne	η_g	0,6	[–]

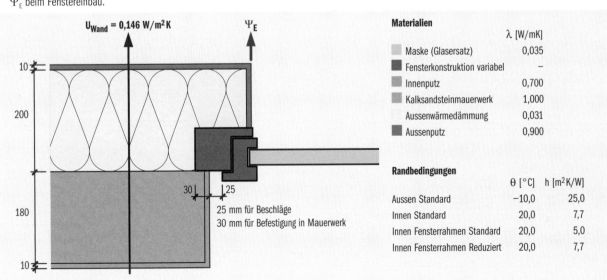

Materialien	λ [W/mK]
Maske (Glasersatz)	0,035
Fensterkonstruktion variabel	–
Innenputz	0,700
Kalksandsteinmauerwerk	1,000
Aussenwärmedämmung	0,031
Aussenputz	0,900

Randbedingungen	θ [°C]	h [m²K/W]
Aussen Standard	−10,0	25,0
Innen Standard	20,0	7,7
Innen Fensterrahmen Standard	20,0	5,0
Innen Fensterrahmen Reduziert	20,0	7,7

U_{Wand} = 0,146 W/m²K

25 mm für Beschläge
30 mm für Befestigung in Mauerwerk

Für Minergie-P-Bauten geeignete Fenster – Topfenster								
Hersteller, Fenster-typen	Rahmen U-Wert U_f [W/m²K]	Fenster zweiflüglig 1,55 m/1,15 m			Fenster zweiflüglig 4,50 m/2,50 m			Wärme-brückenver-lust Einbau Ψ_E [W/mK]
		U-Werte U_w, $U_{w,E}$ [W/m²K]		E-Bilanz Süd [kWh/m²a] (*1)	U-Werte U_w, $U_{w,E}$ [W/m²K]		E-Bilanz Süd [kWh/m²a] (*1)	
		U_w	$U_{w,E}$		U_w	$U_{w,E}$		
1a hunkeler								
Top-Win Plus	1,104	0,777	0,949	−12,5	0,613	0,683	−44,3	0,057
Top-Win Trend	1,383	0,808	1,099	0,4	0,625	0,745	−39,0	0,096
G. Baumgartner AG								
Saphir Integral	0,875	0,753	0,887	−16,2	0,603	0,658	−45,8	0,044
Ego Kiefer AG								
Kunststoff-Fenster XL	1,036	0,783	0,934	−9,9	0,617	0,679	−43,0	0,050
Kunststoff-Fenster XL mit Kälteblocker	0,919	0,760	0,890	−15,8	0,606	0,659	−45,7	0,043
Kunststoff-Aluminium-Fenster XL	1,033	0,782	0,955	−8,1	0,616	0,687	−42,3	0,057
Eschbal AG								
Sirius D	1,114	0,798	1,096	2,5	0,623	0,734	−37,9	0,090
Sirius D Plus	0,975	0,775	1,011	−2,6	0,613	0,710	−40,0	0,078
Sirius H2	1,194	0,807	1,007	−3,7	0,627	0,709	−40,4	0,066
Swissstarfenster AG								
Swiss Star Topfenster	1,003	0,815	0,970	3,9	0,633	0,696	−37,0	0,051
Swiss Star Minergie	1,214	0,874	1,047	10,5	0,657	0,728	−34,4	0,057
Swisswindows AG								
imago	1,047	0,776	0,910	−14,4	0,615	0,671	−42,8	0,044
Gruppe Vision-3000								
Vision-3000 Holz T2	1,064	0,790	0,978	−5,4	0,619	0,697	−41,2	0,062
Vision-3000 HM T2	1,157	0,805	1,105	5,9	0,625	0,749	−36,6	0,099
Vision-3000 HM/Holz T2	1,149	0,805	1,050	1,1	0,625	0,726	−38,6	0,081
Wenger Fenster AG								
Pollux 44 Isolar	0,809	0,744	0,889	−16,1	0,600	0,659	−45,7	0,048
Pollux 44	1,036	0,775	0,945	−11,1	0,613	0,682	−43,6	0,056

Tabelle 3.3: Zusammenstellung der wichtigsten Kennwerte der überprüften Fenster.

(*1) unter Berücksichtigung der Wärmebrücke Ψ_E beim Einbau (ein negatives Vorzeichen bedeutet ein resultierender Energiegewinn).

Aktueller Stand der Liste: www.topfenster.ch

Anmerkung: Betreffend Eignung des Fensters für Minergie-P-Häuser macht der Vergleich in Spalte «E-Bilanz Süd» wohl am meisten Sinn.

Top-Win Plus

U-Werte und Abmessungen der Rahmenpartien

Energiebilanz bei unterschiedlichen Orientierungen, für zwei verschiedene Fenstergrössen, mit und ohne Berücksichtigung der Wärmebrücken

$U_f = 1,104 \ W/m^2 K$

Rahmen seitlich und oben

131,0

$U_{F,s} = 1,009 \ W/m^2 K$

Mittelpartie

92,0

$U_{F,m} = 1,162 \ W/m^2 K$

Fenster 1,55 m x 1,15 m
U-Wert U_w = 0,777 W/m²K
U-Wert $U_{w,E}$ = 0,949 W/m²K

Fenster 4,50 m x 2,50 m
U-Wert U_w = 0,613 W/m²K
U-Wert $U_{w,E}$ = 0,683 W/m²K

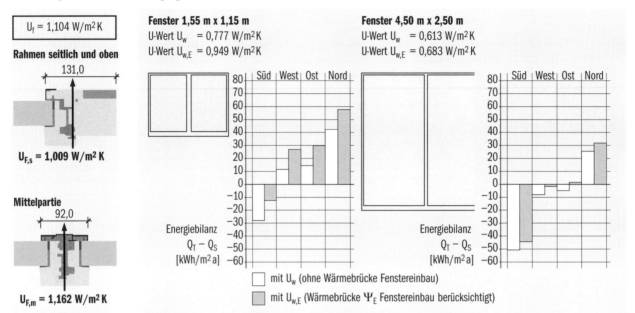

Energiebilanz $Q_T - Q_S$ [kWh/m²a]

□ mit U_w (ohne Wärmebrücke Fenstereinbau)

▨ mit $U_{w,E}$ (Wärmebrücke Ψ_E Fenstereinbau berücksichtigt)

Rahmen unten

139,0

$U_{F,u} = 1,277 \ W/m^2 K$

U-Wert Referenzfenster 1,55 m x 1,15 m mit unterschiedlichen Verglasungen

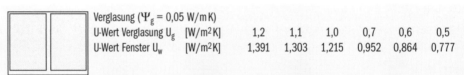

Verglasung ($\Psi_g = 0,05 \ W/mK$)						
U-Wert Verglasung U_g [W/m²K]	1,2	1,1	1,0	0,7	0,6	0,5
U-Wert Fenster U_w [W/m²K]	1,391	1,303	1,215	0,952	0,864	0,777

Anforderungen nach Norm SIA 380/1 (Ausgabe 2009) für Einzelbauteilnachweis

	Grenzwert U_w [W/m²K]	Zielwert U_w [W/m²K]
Fenster und Fenstertüren	1,3	0,9
Fenster mit vorgelagerten Heizkörpern	1,0	0,8

Materialien

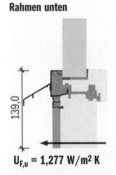

	λ [W/mK]
▨ Maske (Glasersatz)	0,035
▨ Weich-Holz (typisches Bauholz)	0,130
▨ Polystyrolhartschaumplatte EPS	0,031
▨ EPDM-Dichtungen	0,250
■ Aluminium	160,000
▨ Kleber	0,300
▨ Unbelüftete Hohlräume, Eps = 0,9	
▨ Leicht belüftete Hohlräume, Eps = 0,9	

Wärmebrückenverlust beim Fenstereinbau in Referenzwand

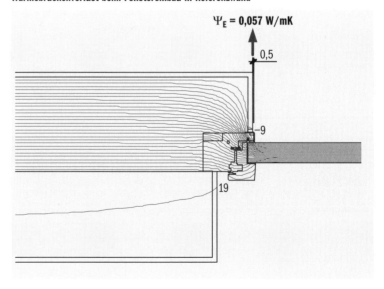

$\Psi_E = 0,057 \ W/mK$

0,5

−9

19

Hersteller

1a hunkeler, Bahnhofstrasse 20, 6030 Ebikon
Tel. 041 444 04 40, Fax 041 444 04 50
info@1a-hunkeler.ch
www.1a-hunkeler.ch

Top-Win Trend

U-Werte und Abmessungen der Rahmenpartien

$U_f = 1{,}383 \text{ W/m}^2\text{K}$

Rahmen seitlich und oben

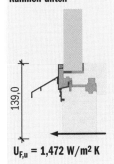

131,0

$U_{F,s} = 1{,}352 \text{ W/m}^2\text{K}$

Mittelpartie

92,0

$U_{F,m} = 1{,}321 \text{ W/m}^2\text{K}$

Rahmen unten

139,0

$U_{F,u} = 1{,}472 \text{ W/m}^2\text{K}$

Energiebilanz bei unterschiedlichen Orientierungen, für zwei verschiedene Fenstergrössen, mit und ohne Berücksichtigung der Wärmebrücken

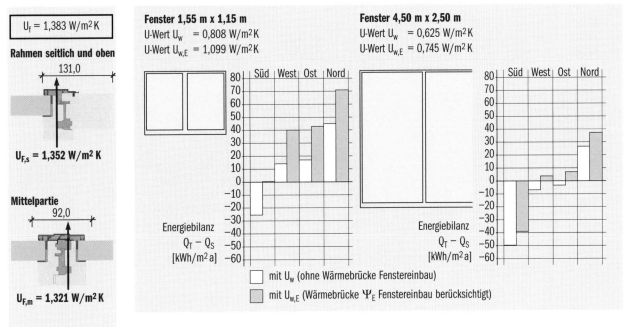

Fenster 1,55 m x 1,15 m
U-Wert U_w = 0,808 W/m²K
U-Wert $U_{w,E}$ = 1,099 W/m²K

Fenster 4,50 m x 2,50 m
U-Wert U_w = 0,625 W/m²K
U-Wert $U_{w,E}$ = 0,745 W/m²K

Energiebilanz $Q_T - Q_S$ [kWh/m²a]

☐ mit U_w (ohne Wärmebrücke Fenstereinbau)
▨ mit $U_{w,E}$ (Wärmebrücke Ψ_E Fenstereinbau berücksichtigt)

U-Wert Referenzfenster 1,55 m x 1,15 m mit unterschiedlichen Verglasungen

Verglasung (Ψ_g = 0,05 W/mK)

U-Wert Verglasung U_g [W/m²K]	1,2	1,1	1,0	0,7	0,6	0,5
U-Wert Fenster U_w [W/m²K]	1,425	1,337	1,248	0,984	0,896	0,808

Anforderungen nach Norm SIA 380/1 (Ausgabe 2009) für Einzelbauteilnachweis

	Grenzwert U_w [W/m²K]	Zielwert U_w [W/m²K]
Fenster und Fenstertüren	1,3	0,9
Fenster mit vorgelagerten Heizkörpern	1,0	0,8

Materialien

	λ [W/mK]
Maske (Glasersatz)	0,035
Weich-Holz (typisches Bauholz)	0,130
EPDM-Dichtungen	0,250
Aluminium	160,000
Kleber	0,300
Unbelüftete Hohlräume	
Leicht belüftete Hohlräume	

Hersteller

1a hunkeler, Bahnhofstrasse 20, 6030 Ebikon
Tel. 041 444 04 40, Fax 041 444 04 50
info@1a-hunkeler.ch
www.1a-hunkeler.ch

Wärmebrückenverlust beim Fenstereinbau in Referenzwand

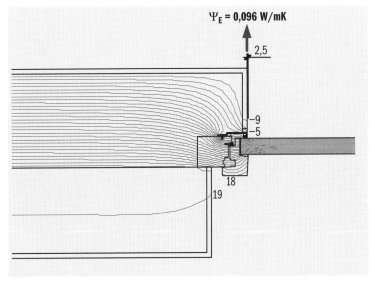

$\Psi_E = 0{,}096 \text{ W/mK}$

2,5

−9
−5

18

19

Saphir Integral

U-Werte und Abmessungen der Rahmenpartien

Energiebilanz bei unterschiedlichen Orientierungen, für zwei verschiedene Fenstergrössen, mit und ohne Berücksichtigung der Wärmebrücken

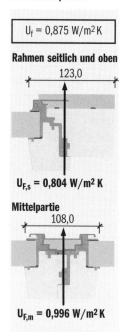

$U_f = 0,875$ W/m²K

Rahmen seitlich und oben

123,0

$U_{F,s} = 0,804$ W/m²K

Mittelpartie

108,0

$U_{F,m} = 0,996$ W/m²K

Rahmen unten

123,0

$U_{F,u} = 0,969$ W/m²K

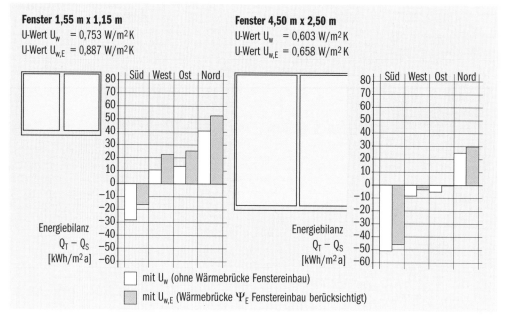

Fenster 1,55 m x 1,15 m
U-Wert U_w = 0,753 W/m²K
U-Wert $U_{w,E}$ = 0,887 W/m²K

Fenster 4,50 m x 2,50 m
U-Wert U_w = 0,603 W/m²K
U-Wert $U_{w,E}$ = 0,658 W/m²K

Energiebilanz
$Q_T - Q_S$
[kWh/m²a]

☐ mit U_w (ohne Wärmebrücke Fenstereinbau)

☐ mit $U_{w,E}$ (Wärmebrücke Ψ_E Fenstereinbau berücksichtigt)

U-Wert Referenzfenster 1,55 m x 1,15 m mit unterschiedlichen Verglasungen

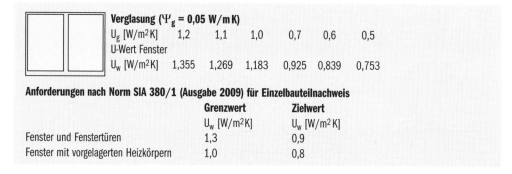

Verglasung ($\Psi_g = 0,05$ W/m K)						
U_g [W/m²K]	1,2	1,1	1,0	0,7	0,6	0,5
U-Wert Fenster						
U_w [W/m²K]	1,355	1,269	1,183	0,925	0,839	0,753

Anforderungen nach Norm SIA 380/1 (Ausgabe 2009) für Einzelbauteilnachweis

	Grenzwert U_w [W/m²K]	Zielwert U_w [W/m²K]
Fenster und Fenstertüren	1,3	0,9
Fenster mit vorgelagerten Heizkörpern	1,0	0,8

Materialien

	λ [W/mK]
Maske (Glasersatz)	0,035
Weich-Holz (typisches Bauholz)	0,130
EPDM-Dichtungen	0,250
Aluminium	160,000
Asa Luran	0,170
Kleber	0,300
Polystyrolhartschaum EPS Lambda	0,029
Polyurethan (PU)	0,0250
Unbelüftete Hohlräume, Eps = 0,9	
Leicht belüftete Hohlräume, Eps = 0,9	

Wärmebrückenverlust beim Fenstereinbau in Referenzwand

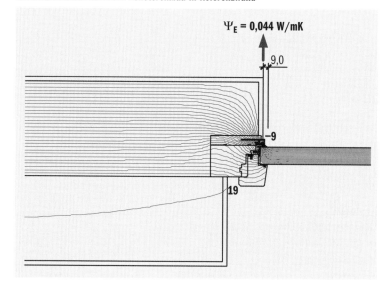

$\Psi_E = 0,044$ W/mK

9,0

–9

19

Hersteller

G. Baumgartner AG, Flurstrasse 41, 6332 Hagendorn, Cham
Tel. 041 785 85 85, Fax 041 785 85 00
info@baumgartnerfenster.ch
www.baumgartnerfenster.ch

EgoKiefer Kunststoff-Fenster XL®

U-Werte und Abmessungen der Rahmenpartien

$U_f = 1,036$ W/m²K

Rahmen seitlich und oben

116,0

$U_{F,s} = 1,029$ W/m²K

Mittelpartie

106,0

$U_{F,m} = 1,012$ W/m²K

Rahmen unten

116,0

$U_{F,u} = 1,066$ W/m²K

Energiebilanz bei unterschiedlichen Orientierungen, für zwei verschiedene Fenstergrössen, mit und ohne Berücksichtigung der Wärmebrücken

Fenster 1,55 m x 1,15 m
U-Wert U_w = 0,783 W/m²K
U-Wert $U_{w,E}$ = 0,934 W/m²K

Fenster 4,50 m x 2,50 m
U-Wert U_w = 0,617 W/m²K
U-Wert $U_{w,E}$ = 0,679 W/m²K

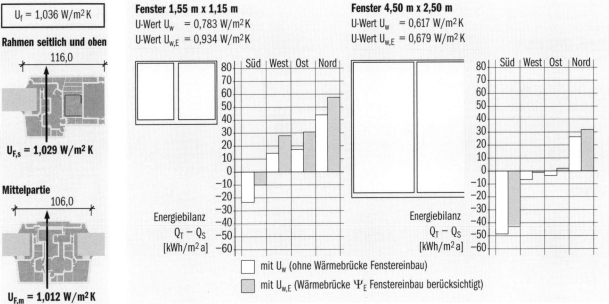

Energiebilanz $Q_T - Q_S$ [kWh/m²a]

☐ mit U_w (ohne Wärmebrücke Fenstereinbau)

▨ mit $U_{w,E}$ (Wärmebrücke Ψ_E Fenstereinbau berücksichtigt)

U-Wert Referenzfenster 1,55 m x 1,15 m mit unterschiedlichen Verglasungen

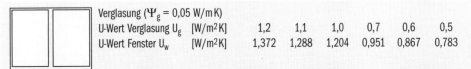

Verglasung ($\Psi_g = 0,05$ W/mK)						
U-Wert Verglasung U_g [W/m²K]	1,2	1,1	1,0	0,7	0,6	0,5
U-Wert Fenster U_w [W/m²K]	1,372	1,288	1,204	0,951	0,867	0,783

Anforderungen nach Norm SIA 380/1 (Ausgabe 2009) für Einzelbauteilnachweis

	Grenzwert U_w [W/m²K]	Zielwert U_w [W/m²K]
Fenster und Fenstertüren	1,3	0,9
Fenster mit vorgelagerten Heizkörpern	1,0	0,8

Materialien

	λ [W/mK]
Maske (Glasersatz)	0,035
Hart-Polyvinylchlorid (PVC)	0,170
EPDM-Dichtungen	0,250
Silikon-Abdichtungen	0,350
Aluminium	160,000
Stahl	50,000
Polystyrolhartschaum EPS 30	0,035
Acrylat-Klebstoff	0,250
Unbelüftete Hohlräume, Eps = 0,9	
Leicht belüftete Hohlräume, Eps = 0,9	

Hersteller

EgoKiefer AG, Schöntalstrasse 2, 9450 Altstätten SG
Tel. 071 757 33 33, Fax 071 757 35 50
zentrale@egokiefer.ch
www.egokiefer.ch

Wärmebrückenverlust beim Fenstereinbau in Referenzwand

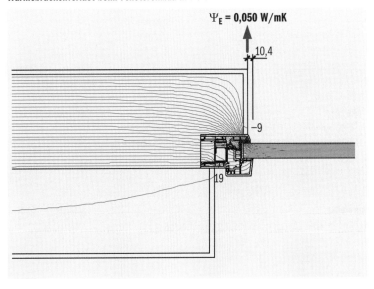

$\Psi_E = 0,050$ W/mK

10,4

−9

19

EgoKiefer Kunststoff-Fenster XL® mit Kälteblocker

U-Werte und Abmessungen der Rahmenpartien

$U_f = 0{,}919 \ W/m^2 K$

Rahmen seitlich und oben

116,0

$U_{F,s} = 0{,}900 \ W/m^2 K$

Mittelpartie

106,0

$U_{F,m} = 1{,}012 \ W/m^2 K$

Rahmen unten

116,0

$U_{F,u} = 0{,}911 \ W/m^2 K$

Energiebilanz bei unterschiedlichen Orientierungen, für zwei verschiedene Fenstergrössen, mit und ohne Berücksichtigung der Wärmebrücken

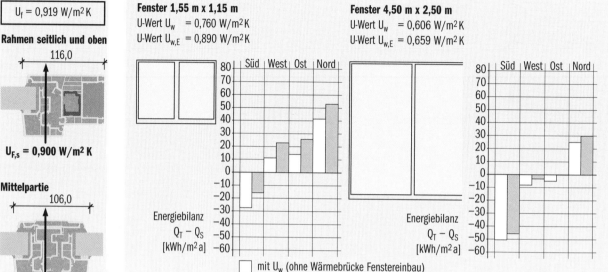

Fenster 1,55 m x 1,15 m
U-Wert U_w = 0,760 W/m²K
U-Wert $U_{w,E}$ = 0,890 W/m²K

Fenster 4,50 m x 2,50 m
U-Wert U_w = 0,606 W/m²K
U-Wert $U_{w,E}$ = 0,659 W/m²K

Energiebilanz $Q_T - Q_S$ [kWh/m²a]

☐ mit U_w (ohne Wärmebrücke Fenstereinbau)

▨ mit $U_{w,E}$ (Wärmebrücke Ψ_E Fenstereinbau berücksichtigt)

U-Wert Referenzfenster 1,55 m x 1,15 m mit unterschiedlichen Verglasungen

Verglasung (Ψ_g = 0,05 W/m K)						
U-Wert Verglasung U_g [W/m²K]	1,2	1,1	1,0	0,7	0,6	0,5
U-Wert Fenster U_w [W/m²K]	1,361	1,275	1,189	0,932	0,846	0,760

Anforderungen nach Norm SIA 380/1 (Ausgabe 2009) für Einzelbauteilnachweis

	Grenzwert U_w [W/m²K]	Zielwert U_w [W/m²K]
Fenster und Fenstertüren	1,3	0,9
Fenster mit vorgelagerten Heizkörpern	1,0	0,8

Materialien

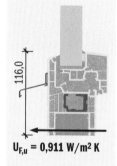

	λ [W/mK]
Maske (Glasersatz)	0,035
Hart-Polyvinylchlorid (PVC)	0,170
EPDM-Dichtungen	0,250
Silikon-Abdichtungen	0,350
Aluminium	160,000
Stahl	50,000
GFK-Armierung	0,200
Polystyrolhartschaum EPS 30	0,035
Acrylat-Klebstoff	0,250
Unbelüftete Hohlräume, Eps = 0,9	
Leicht belüftete Hohlräume, Eps = 0,9	

Hersteller

EgoKiefer AG, Schöntalstrasse 2, 9450 Altstätten SG
Tel. 071 757 33 33, Fax 071 757 35 50
zentrale@egokiefer.ch
www.egokiefer.ch

Wärmebrückenverlust beim Fenstereinbau in Referenzwand

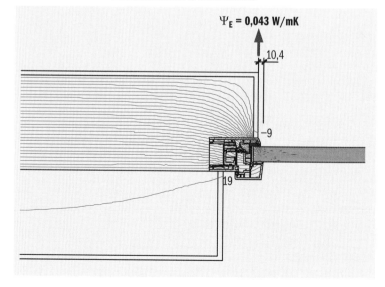

$\Psi_E = 0{,}043 \ W/mK$

10,4

−9

19

EgoKiefer Kunststoff/Aluminium-Fenster XL®

U-Werte und Abmessungen der Rahmenpartien

$U_f = 1,033 \text{ W/m}^2\text{K}$

Rahmen seitlich und oben

116,0

$U_{F,s} = 1,030 \text{ W/m}^2\text{K}$

Mittelpartie

106,0

$U_{F,m} = 0,985 \text{ W/m}^2\text{K}$

Rahmen unten

116,0

$U_{F,u} = 1,065 \text{ W/m}^2\text{K}$

Energiebilanz bei unterschiedlichen Orientierungen, für zwei verschiedene Fenstergrössen, mit und ohne Berücksichtigung der Wärmebrücken

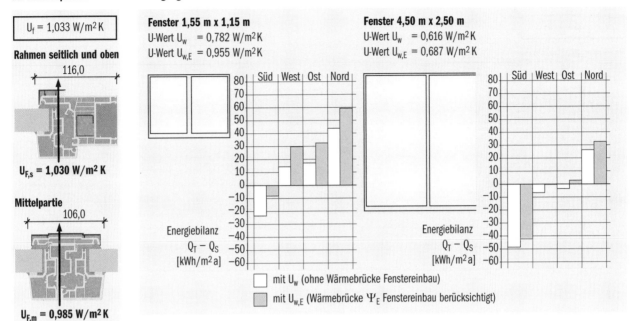

Fenster 1,55 m x 1,15 m
U-Wert U_w = 0,782 W/m²K
U-Wert $U_{w,E}$ = 0,955 W/m²K

Fenster 4,50 m x 2,50 m
U-Wert U_w = 0,616 W/m²K
U-Wert $U_{w,E}$ = 0,687 W/m²K

Energiebilanz $Q_T - Q_S$ [kWh/m²a]

☐ mit U_w (ohne Wärmebrücke Fenstereinbau)
▨ mit $U_{w,E}$ (Wärmebrücke Ψ_E Fenstereinbau berücksichtigt)

U-Wert Referenzfenster 1,55 m x 1,15 m mit unterschiedlichen Verglasungen

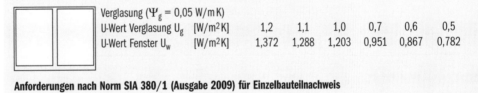

Verglasung ($\Psi_g = 0,05$ W/mK)						
U-Wert Verglasung U_g [W/m²K]	1,2	1,1	1,0	0,7	0,6	0,5
U-Wert Fenster U_w [W/m²K]	1,372	1,288	1,203	0,951	0,867	0,782

Anforderungen nach Norm SIA 380/1 (Ausgabe 2009) für Einzelbauteilnachweis

	Grenzwert U_w [W/m²K]	Zielwert U_w [W/m²K]
Fenster und Fenstertüren	1,3	0,9
Fenster mit vorgelagerten Heizkörpern	1,0	0,8

Materialien

	λ [W/mK]
Maske (Glasersatz)	0,035
Hart-Polyvinylchlorid (PVC)	0,170
EPDM-Dichtungen	0,250
Silikon-Abdichtungen	0,350
Aluminium	160,000
Stahl	50,000
Polystyrolhartschaum EPS 30	0,035
Acrylat-Klebstoff	0,250
Unbelüftete Hohlräume, Eps = 0,9	
Leicht belüftete Hohlräume, Eps = 0,9	

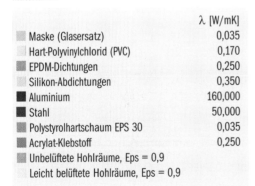

Hersteller

EgoKiefer AG, Schöntalstrasse 2, 9450 Altstätten SG
Tel. 071 757 33 33, Fax 071 757 35 50
zentrale@egokiefer.ch
www.egokiefer.ch

Wärmebrückenverlust beim Fenstereinbau in Referenzwand

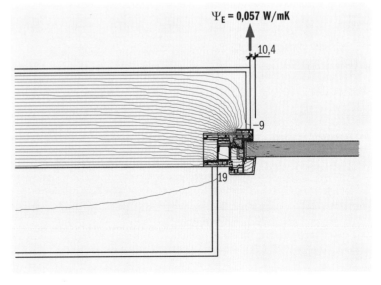

$\Psi_E = 0,057$ W/mK

10,4

–9

19

Sirius D

U-Werte und Abmessungen der Rahmenpartien

$U_f = 1,114 \text{ W/m}^2\text{K}$

Rahmen seitlich und oben

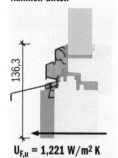

124,3

$U_{F,s} = 1,065 \text{ W/m}^2\text{K}$

Mittelpartie

108,7

$U_{F,m} = 1,133 \text{ W/m}^2\text{K}$

Rahmen unten

136,3

$U_{F,u} = 1,221 \text{ W/m}^2\text{K}$

Energiebilanz bei unterschiedlichen Orientierungen, für zwei verschiedene Fenstergrössen, mit und ohne Berücksichtigung der Wärmebrücken

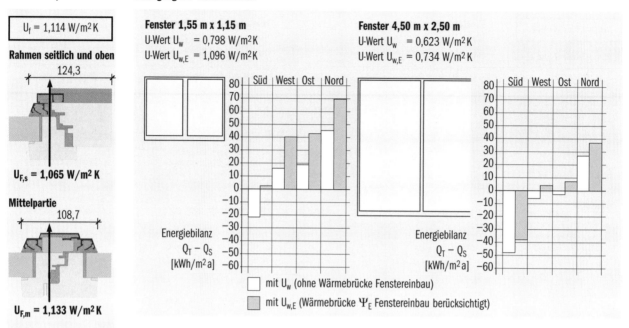

Fenster 1,55 m x 1,15 m
U-Wert U_w = 0,798 W/m²K
U-Wert $U_{w,E}$ = 1,096 W/m²K

Fenster 4,50 m x 2,50 m
U-Wert U_w = 0,623 W/m²K
U-Wert $U_{w,E}$ = 0,734 W/m²K

Energiebilanz $Q_T - Q_S$ [kWh/m²a]

☐ mit U_w (ohne Wärmebrücke Fenstereinbau)

▨ mit $U_{w,E}$ (Wärmebrücke Ψ_E Fenstereinbau berücksichtigt)

U-Wert Referenzfenster 1,55 m x 1,15 m mit unterschiedlichen Verglasungen

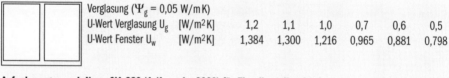

Verglasung ($\Psi_g = 0,05$ W/mK)						
U-Wert Verglasung U_g [W/m²K]	1,2	1,1	1,0	0,7	0,6	0,5
U-Wert Fenster U_w [W/m²K]	1,384	1,300	1,216	0,965	0,881	0,798

Anforderungen nach Norm SIA 380/1 (Ausgabe 2009) für Einzelbauteilnachweis

	Grenzwert U_w [W/m²K]	Zielwert U_w [W/m²K]
Fenster und Fenstertüren	1,3	0,9
Fenster mit vorgelagerten Heizkörpern	1,0	0,8

Materialien

	λ [W/mK]
Maske (Glasersatz)	0,035
Weich-Holz (typisches Bauholz)	0,130
EPDM-Dichtungen	0,250
Silikon-Abdichtungen	0,350
Aluminium	160,000
Polyamid	0,250
Polyurethanhartschaum	0,028
Korkplatte	0,040
Unbelüftete Hohlräume	
Leicht belüftete Hohlräume	

Wärmebrückenverlust beim Fenstereinbau in Referenzwand

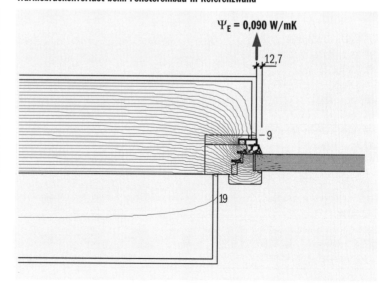

$\Psi_E = 0,090$ W/mK

12,7

9

19

Hersteller

Eschbal AG, Aspstrasse 9, 8472 Ober-Ohringen
Tel. 052 320 08 08, Fax 052 320 08 00
profile@eschbal.ch
www.eschbal.ch

Sirius D Plus

U-Werte und Abmessungen der Rahmenpartien

$U_f = 0,975 \ W/m^2 K$

Rahmen seitlich und oben

124,3

$U_{F,s} = 0,922 \ W/m^2 K$

Mittelpartie

108,7

$U_{F,m} = 1,133 \ W/m^2 K$

Rahmen unten

136,3

$U_{F,u} = 1,005 \ W/m^2 K$

Energiebilanz bei unterschiedlichen Orientierungen, für zwei verschiedene Fenstergrössen, mit und ohne Berücksichtigung der Wärmebrücken

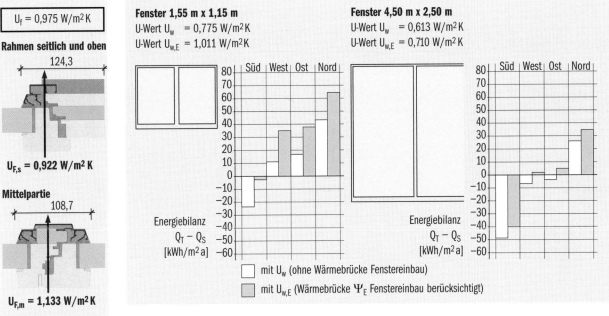

Fenster 1,55 m x 1,15 m
U-Wert U_w = 0,775 $W/m^2 K$
U-Wert $U_{w,E}$ = 1,011 $W/m^2 K$

Fenster 4,50 m x 2,50 m
U-Wert U_w = 0,613 $W/m^2 K$
U-Wert $U_{w,E}$ = 0,710 $W/m^2 K$

Energiebilanz $Q_T - Q_S$ [kWh/m²a]

☐ mit U_w (ohne Wärmebrücke Fenstereinbau)

▨ mit $U_{w,E}$ (Wärmebrücke Ψ_E Fenstereinbau berücksichtigt)

U-Wert Referenzfenster 1,55 m x 1,15 m mit unterschiedlichen Verglasungen

Verglasung ($\Psi_g = 0,05 \ W/mK$)

U-Wert Verglasung U_g [W/m²K]	1,2	1,1	1,0	0,7	0,6	0,5
U-Wert Fenster U_w [W/m²K]	1,361	1,277	1,194	0,942	0,859	0,775

Anforderungen nach Norm SIA 380/1 (Ausgabe 2009) für Einzelbauteilnachweis

	Grenzwert U_w [W/m²K]	Zielwert U_w [W/m²K]
Fenster und Fenstertüren	1,3	0,9
Fenster mit vorgelagerten Heizkörpern	1,0	0,8

Materialien

	λ [W/mK]
Maske (Glasersatz)	0,035
Weich-Holz (typisches Bauholz)	0,130
EPDM-Dichtungen	0,250
Silikon-Abdichtungen	0,350
Aluminium	160,000
Polyamid	0,250
Polyurethanhartschaum	0,028
Korkplatte	0,040
Unbelüftete Hohlräume	
Leicht belüftete Hohlräume	

Wärmebrückenverlust beim Fenstereinbau in Referenzwand

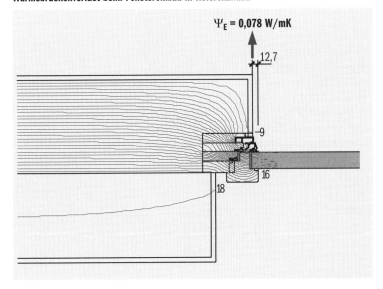

$\Psi_E = 0,078 \ W/mK$

12,7

9

16

18

Hersteller

Eschbal AG, Aspstrasse 9, 8472 Ober-Ohringen
Tel. 052 320 08 08, Fax 052 320 08 00
profile@eschbal.ch
www.eschbal.ch

Sirius H2

U-Werte und Abmessungen der Rahmenpartien

Energiebilanz bei unterschiedlichen Orientierungen, für zwei verschiedene Fenstergrössen, mit und ohne Berücksichtigung der Wärmebrücken

$U_f = 1,194$ W/m² K

Rahmen seitlich und oben

108,0

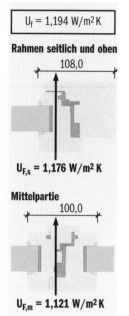

$U_{F,s} = 1,176$ W/m² K

Mittelpartie

100,0

$U_{F,m} = 1,121$ W/m² K

Fenster 1,55 m x 1,15 m
U-Wert U_w = 0,807 W/m² K
U-Wert $U_{w,E}$ = 1,007 W/m² K

Fenster 4,50 m x 2,50 m
U-Wert U_w = 0,627 W/m² K
U-Wert $U_{w,E}$ = 0,709 W/m² K

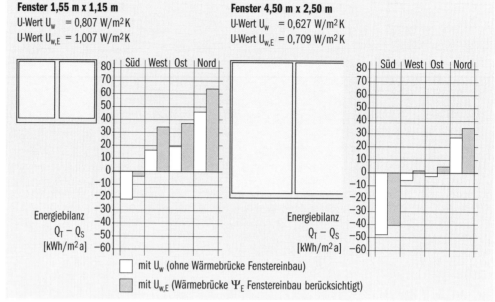

Energiebilanz $Q_T - Q_S$ [kWh/m² a]

Energiebilanz $Q_T - Q_S$ [kWh/m² a]

☐ mit U_w (ohne Wärmebrücke Fenstereinbau)

▨ mit $U_{w,E}$ (Wärmebrücke Ψ_E Fenstereinbau berücksichtigt)

Rahmen unten

140,0

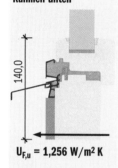

$U_{F,u} = 1,256$ W/m² K

U-Wert Referenzfenster 1,55 m x 1,15 m mit unterschiedlichen Verglasungen

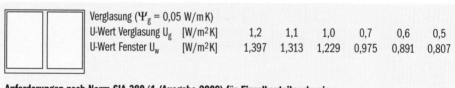

Verglasung ($\Psi_g = 0,05$ W/m K)						
U-Wert Verglasung U_g [W/m²K]	1,2	1,1	1,0	0,7	0,6	0,5
U-Wert Fenster U_w [W/m²K]	1,397	1,313	1,229	0,975	0,891	0,807

Anforderungen nach Norm SIA 380/1 (Ausgabe 2009) für Einzelbauteilnachweis

	Grenzwert U_w [W/m²K]	Zielwert U_w [W/m²K]
Fenster und Fenstertüren	1,3	0,9
Fenster mit vorgelagerten Heizkörpern	1,0	0,8

Materialien

	λ [W/mK]
Maske (Glasersatz)	0,035
Weich-Holz (typisches Bauholz)	0,130
EPDM-Dichtungen	0,250
Silikon-Abdichtungen	0,350
Aluminium	160,000
Polyamid	0,250
Polyurethanhartschaum	0,028
Unbelüftete Hohlräume, Eps = 0,9	
Leicht belüftete Hohlräume, Eps = 0,9	

Wärmebrückenverlust beim Fenstereinbau in Referenzwand

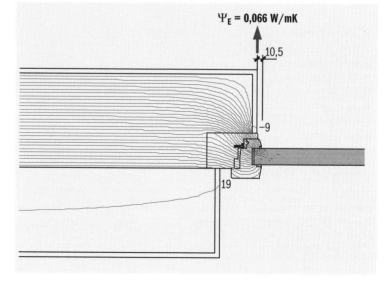

$\Psi_E = 0,066$ W/mK

10,5

−9

19

Hersteller

Eschbal AG, Aspstrasse 9, 8472 Ober-Ohringen
Tel. 052 320 08 08, Fax 052 320 08 00
profile@eschbal.ch
www.eschbal.ch

SWISS STAR TOPFENSTER

U-Werte und Abmessungen der Rahmenpartien

Energiebilanz bei unterschiedlichen Orientierungen, für zwei verschiedene Fenstergrössen, mit und ohne Berücksichtigung der Wärmebrücken

$U_f = 1,003 \ W/m^2 K$

Rahmen seitlich und oben

161,0

$U_{F,s} = 0,962 \ W/m^2 \ K$

Mittelpartie

148,0

$U_{F,m} = 1,064 \ W/m^2 \ K$

Rahmen unten

161,0

$U_{F,u} = 1,059 \ W/m^2 \ K$

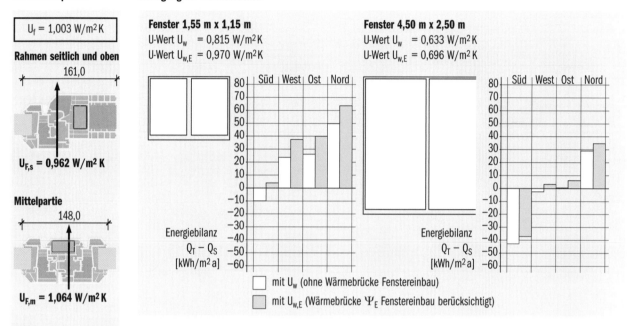

Fenster 1,55 m x 1,15 m
U-Wert U_w = 0,815 W/m²K
U-Wert $U_{w,E}$ = 0,970 W/m²K

Fenster 4,50 m x 2,50 m
U-Wert U_w = 0,633 W/m²K
U-Wert $U_{w,E}$ = 0,696 W/m²K

Energiebilanz $Q_T - Q_S$ [kWh/m²a]

☐ mit U_w (ohne Wärmebrücke Fenstereinbau)

☐ mit $U_{w,E}$ (Wärmebrücke Ψ_E Fenstereinbau berücksichtigt)

U-Wert Referenzfenster 1,55 m x 1,15 m mit unterschiedlichen Verglasungen

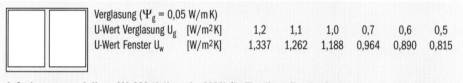

Verglasung ($\Psi_g = 0,05 \ W/mK$)						
U-Wert Verglasung U_g [W/m²K]	1,2	1,1	1,0	0,7	0,6	0,5
U-Wert Fenster U_w [W/m²K]	1,337	1,262	1,188	0,964	0,890	0,815

Anforderungen nach Norm SIA 380/1 (Ausgabe 2009) für Einzelbauteilnachweis

	Grenzwert U_w [W/m²K]	Zielwert U_w [W/m²K]
Fenster und Fenstertüren	1,3	0,9
Fenster mit vorgelagerten Heizkörpern	1,0	0,8

Materialien

	λ [W/mK]
Maske (Glasersatz)	0,035
Hart-Polyvinylchlorid (PVC)	0,170
EPDM-Dichtungen	0,250
Glasdichtungen	0,250
Aluminium	160,000
Stahl	50,000
Polystyrolhartschaum EPS Neopor	0,031
Klebeband Doplocoll	0,100
Unbelüftete Hohlräume, Eps = 0,9	
Leicht belüftete Hohlräume, Eps = 0,9	

Hersteller

swissstarfenster ag, Feldstrasse 6, Postfach,
9215 Schönenberg a. d. Thur
Tel. 071 644 98 60, Fax 071 644 98 61
info@swissstarfenster.ch, www.swissstarfenster.ch

Wärmebrückenverlust beim Fenstereinbau in Referenzwand

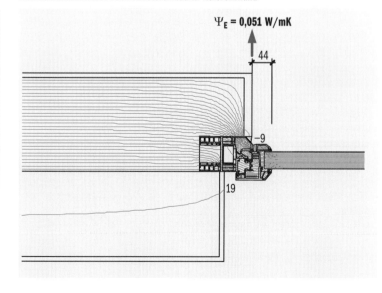

$\Psi_E = 0,051 \ W/mK$

44

−9

19

SWISS STAR MINERGIE

U-Werte und Abmessungen der Rahmenpartien

$U_f = 1{,}241 \ \text{W/m}^2\text{K}$

Rahmen seitlich und oben

141,0

$U_{F,s} = 1{,}248 \ \text{W/m}^2\text{K}$

Mittelpartie

148,0

$U_{F,m} = 1{,}079 \ \text{W/m}^2\text{K}$

Rahmen unten

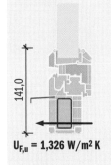

141,0

$U_{F,u} = 1{,}326 \ \text{W/m}^2\text{K}$

Energiebilanz bei unterschiedlichen Orientierungen, für zwei verschiedene Fenstergrössen, mit und ohne Berücksichtigung der Wärmebrücken

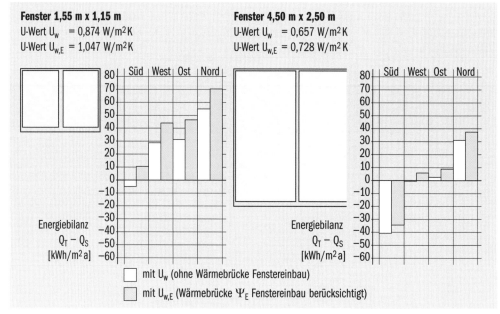

Fenster 1,55 m x 1,15 m
U-Wert U_w = 0,874 W/m²K
U-Wert $U_{w,E}$ = 1,047 W/m²K

Fenster 4,50 m x 2,50 m
U-Wert U_w = 0,657 W/m²K
U-Wert $U_{w,E}$ = 0,728 W/m²K

Energiebilanz $Q_T - Q_S$ [kWh/m²a]

☐ mit U_w (ohne Wärmebrücke Fenstereinbau)
☐ mit $U_{w,E}$ (Wärmebrücke Ψ_E Fenstereinbau berücksichtigt)

U-Wert Referenzfenster 1,55 m x 1,15 m mit unterschiedlichen Verglasungen

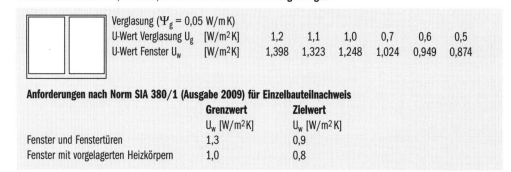

Verglasung (Ψ_g = 0,05 W/m K)						
U-Wert Verglasung U_g [W/m²K]	1,2	1,1	1,0	0,7	0,6	0,5
U-Wert Fenster U_w [W/m²K]	1,398	1,323	1,248	1,024	0,949	0,874

Anforderungen nach Norm SIA 380/1 (Ausgabe 2009) für Einzelbauteilnachweis

	Grenzwert U_w [W/m²K]	Zielwert U_w [W/m²K]
Fenster und Fenstertüren	1,3	0,9
Fenster mit vorgelagerten Heizkörpern	1,0	0,8

Materialien

	λ [W/mK]
Maske (Glasersatz)	0,035
Hart-Polyvinylchlorid (PVC)	0,170
EPDM-Dichtungen	0,250
Glasdichtungen	0,250
Aluminium	160,000
Stahl	50,000
Polystyrolhartschaum EPS Neopor	0,031
Klebeband Doplocoll	0,100
Unbelüftete Hohlräume, Eps = 0,9	
Leicht belüftete Hohlräume, Eps = 0,9	

Wärmebrückenverlust beim Fenstereinbau in Referenzwand

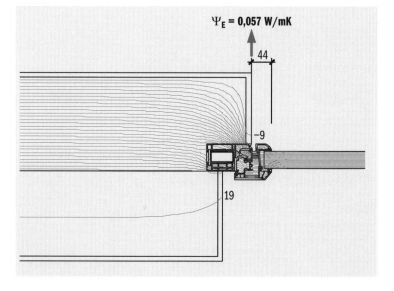

$\Psi_E = 0{,}057 \ \text{W/mK}$

44

−9

19

Hersteller

swissstarfenster ag, Feldstrasse 6, Postfach,
9215 Schönenberg a. d. Thur
Tel. 071 644 98 60, Fax 071 644 98 61
info@swissstarfenster.ch, www.swissstarfenster.ch

Swisswindows imago

U-Werte und Abmessungen der Rahmenpartien

$$U_f = 1{,}047 \text{ W/m}^2\text{K}$$

Rahmen seitlich und oben

101,5

$$U_{F,s} = 1{,}017 \text{ W/m}^2\text{K}$$

Mittelpartie

94,5

$$U_{F,m} = 1{,}209 \text{ W/m}^2\text{K}$$

Rahmen unten

101,5

$$U_{F,u} = 1{,}021 \text{ W/m}^2\text{K}$$

Energiebilanz bei unterschiedlichen Orientierungen, für zwei verschiedene Fenstergrössen, mit und ohne Berücksichtigung der Wärmebrücken

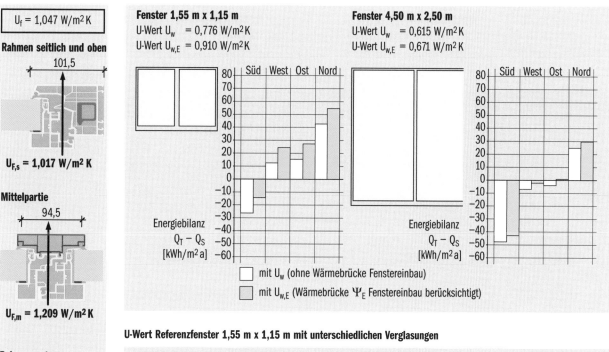

Fenster 1,55 m x 1,15 m
U-Wert U_w = 0,776 W/m²K
U-Wert $U_{w,E}$ = 0,910 W/m²K

Fenster 4,50 m x 2,50 m
U-Wert U_w = 0,615 W/m²K
U-Wert $U_{w,E}$ = 0,671 W/m²K

Energiebilanz $Q_T - Q_S$ [kWh/m²a]

☐ mit U_w (ohne Wärmebrücke Fenstereinbau)

▨ mit $U_{w,E}$ (Wärmebrücke Ψ_E Fenstereinbau berücksichtigt)

U-Wert Referenzfenster 1,55 m x 1,15 m mit unterschiedlichen Verglasungen

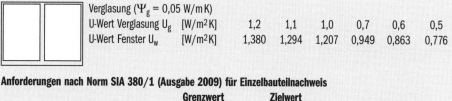

Verglasung (Ψ_g = 0,05 W/mK)						
U-Wert Verglasung U_g [W/m²K]	1,2	1,1	1,0	0,7	0,6	0,5
U-Wert Fenster U_w [W/m²K]	1,380	1,294	1,207	0,949	0,863	0,776

Anforderungen nach Norm SIA 380/1 (Ausgabe 2009) für Einzelbauteilnachweis

	Grenzwert U_w [W/m²K]	Zielwert U_w [W/m²K]
Fenster und Fenstertüren	1,3	0,9
Fenster mit vorgelagerten Heizkörpern	1,0	0,8

Materialien

	λ [W/mK]
Maske (Glasersatz)	0,035
Hart-Polyvinylchlorid (PVC)	0,170
GFK-Armierung	0,200
Weich-PVC-Dichtungen	0,140
Silikon-Kleber	0,350
Aluminium	160,000
Unbelüftete Hohlräume, Eps = 0,9	
Leicht belüftete Hohlräume, Eps = 0,9	

Wärmebrückenverlust beim Fenstereinbau in Referenzwand

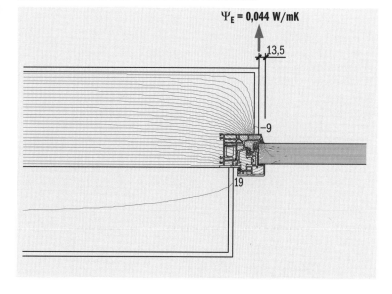

$\Psi_E = 0,044 \text{ W/mK}$

13,5

−9

19

Hersteller

Swisswindows AG, Haltelhusstrasse 183,
9016 St. Gallen
Tel. 071 868 68 68, Fax 071 868 68 70
info@swisswindows.ch, www.swisswindows.ch

Vision-3000 Holz T2

U-Werte und Abmessungen der Rahmenpartien

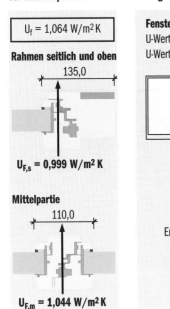

$U_f = 1,064\ W/m^2K$

Rahmen seitlich und oben

135,0

$U_{F,s} = 0,999\ W/m^2\,K$

Mittelpartie

110,0

$U_{F,m} = 1,044\ W/m^2\,K$

Rahmen unten

147,0

$U_{F,u} = 1,203\ W/m^2\,K$

Energiebilanz bei unterschiedlichen Orientierungen, für zwei verschiedene Fenstergrössen, mit und ohne Berücksichtigung der Wärmebrücken

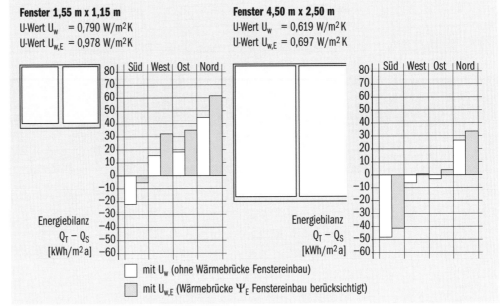

Fenster 1,55 m x 1,15 m
U-Wert U_w = 0,790 W/m²K
U-Wert $U_{w,E}$ = 0,978 W/m²K

Fenster 4,50 m x 2,50 m
U-Wert U_w = 0,619 W/m²K
U-Wert $U_{w,E}$ = 0,697 W/m²K

Energiebilanz $Q_T - Q_S$ [kWh/m²a]

☐ mit U_w (ohne Wärmebrücke Fenstereinbau)
▨ mit $U_{w,E}$ (Wärmebrücke Ψ_E Fenstereinbau berücksichtigt)

U-Wert Referenzfenster 1,55 m x 1,15 m mit unterschiedlichen Verglasungen

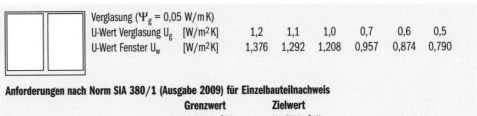

Verglasung ($\Psi_g = 0,05$ W/mK)						
U-Wert Verglasung U_g [W/m²K]	1,2	1,1	1,0	0,7	0,6	0,5
U-Wert Fenster U_w [W/m²K]	1,376	1,292	1,208	0,957	0,874	0,790

Anforderungen nach Norm SIA 380/1 (Ausgabe 2009) für Einzelbauteilnachweis

	Grenzwert U_w [W/m²K]	Zielwert U_w [W/m²K]
Fenster und Fenstertüren	1,3	0,9
Fenster mit vorgelagerten Heizkörpern	1,0	0,8

Materialien

	λ [W/mK]
Maske (Glasersatz)	0,035
Weich-Holz (typisches Bauholz)	0,130
EPDM-Dichtungen	0,250
Moosgummi	0,050
Reinsilicon	0,350
Aluminium	160,000
Polyurethanhartschaumplatte	0,028
Unbelüftete Hohlräume, Eps = 0,9	
Leicht belüftete Hohlräume, Eps = 0,9	

Wärmebrückenverlust beim Fenstereinbau in Referenzwand

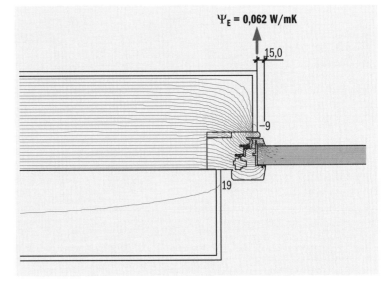

$\Psi_E = 0,062$ W/mK

15,0

–9

19

Hersteller

Gruppe Vision-3000
www.vision-3000.ch

Vision-3000 HM T2

U-Werte und Abmessungen der Rahmenpartien

$U_f = 1,157 \ W/m^2 K$

Rahmen seitlich und oben

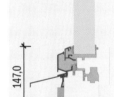

135,0

$U_{F,s} = 1,100 \ W/m^2 K$

Mittelpartie

110,0

$U_{F,m} = 1,230 \ W/m^2 K$

Rahmen unten

147,0

$U_{F,u} = 1,243 \ W/m^2 K$

Energiebilanz bei unterschiedlichen Orientierungen, für zwei verschiedene Fenstergrössen, mit und ohne Berücksichtigung der Wärmebrücken

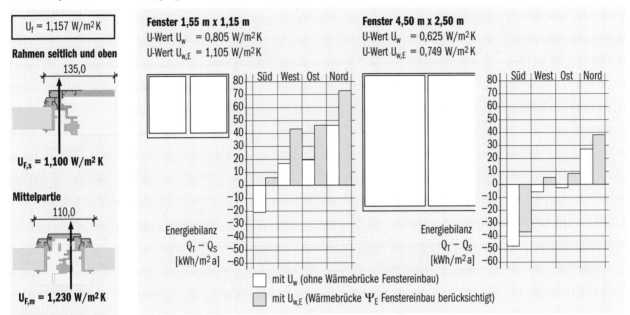

Fenster 1,55 m x 1,15 m
U-Wert U_w = 0,805 $W/m^2 K$
U-Wert $U_{w,E}$ = 1,105 $W/m^2 K$

Fenster 4,50 m x 2,50 m
U-Wert U_w = 0,625 $W/m^2 K$
U-Wert $U_{w,E}$ = 0,749 $W/m^2 K$

Energiebilanz $Q_T - Q_S$ [kWh/m²a]

☐ mit U_w (ohne Wärmebrücke Fenstereinbau)

▨ mit $U_{w,E}$ (Wärmebrücke Ψ_E Fenstereinbau berücksichtigt)

U-Wert Referenzfenster 1,55 m x 1,15 m mit unterschiedlichen Verglasungen

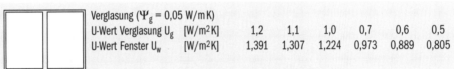

Verglasung (Ψ_g = 0,05 W/m K)						
U-Wert Verglasung U_g [W/m²K]	1,2	1,1	1,0	0,7	0,6	0,5
U-Wert Fenster U_w [W/m²K]	1,391	1,307	1,224	0,973	0,889	0,805

Anforderungen nach Norm SIA 380/1 (Ausgabe 2009) für Einzelbauteilnachweis

	Grenzwert U_w [W/m²K]	Zielwert U_w [W/m²K]
Fenster und Fenstertüren	1,3	0,9
Fenster mit vorgelagerten Heizkörpern	1,0	0,8

Materialien

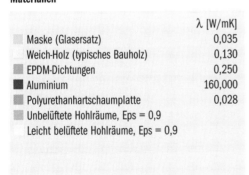

	λ [W/mK]
Maske (Glasersatz)	0,035
Weich-Holz (typisches Bauholz)	0,130
EPDM-Dichtungen	0,250
Aluminium	160,000
Polyurethanhartschaumplatte	0,028
Unbelüftete Hohlräume, Eps = 0,9	
Leicht belüftete Hohlräume, Eps = 0,9	

Wärmebrückenverlust beim Fenstereinbau in Referenzwand

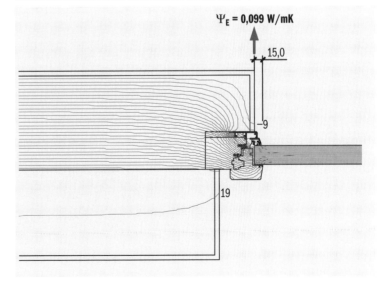

$\Psi_E = 0,099 \ W/mK$

15,0

−9

19

Hersteller

Gruppe Vision-3000
www.vision-3000.ch

Vision-3000 HM/Holz T2

U-Werte und Abmessungen der Rahmenpartien

Energiebilanz bei unterschiedlichen Orientierungen, für zwei verschiedene Fenstergrössen, mit und ohne Berücksichtigung der Wärmebrücken

$U_f = 1{,}149 \ W/m^2K$

Rahmen seitlich und oben

135,0

$U_{F,s} = 1{,}086 \ W/m^2\,K$

Mittelpartie

110,0

$U_{F,m} = 1{,}230 \ W/m^2\,K$

Rahmen unten

147,0

$U_{F,u} = 1{,}243 \ W/m^2\,K$

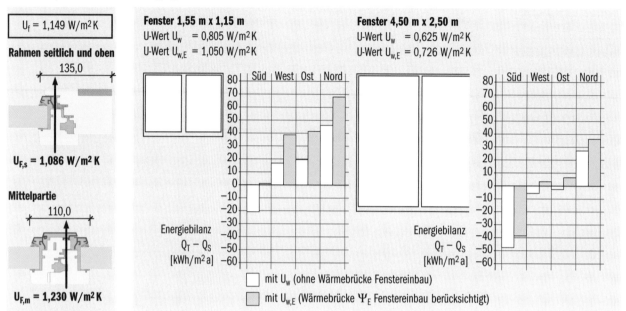

Fenster 1,55 m x 1,15 m
U-Wert $U_w = 0{,}805 \ W/m^2K$
U-Wert $U_{w,E} = 1{,}050 \ W/m^2K$

Fenster 4,50 m x 2,50 m
U-Wert $U_w = 0{,}625 \ W/m^2K$
U-Wert $U_{w,E} = 0{,}726 \ W/m^2K$

Energiebilanz $Q_T - Q_S$ [kWh/m²a]

☐ mit U_w (ohne Wärmebrücke Fenstereinbau)

▨ mit $U_{w,E}$ (Wärmebrücke Ψ_E Fenstereinbau berücksichtigt)

U-Wert Referenzfenster 1,55 m x 1,15 m mit unterschiedlichen Verglasungen

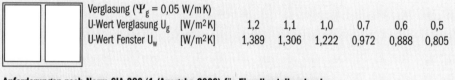

Verglasung ($\Psi_g = 0{,}05 \ W/mK$)						
U-Wert Verglasung U_g [W/m²K]	1,2	1,1	1,0	0,7	0,6	0,5
U-Wert Fenster U_w [W/m²K]	1,389	1,306	1,222	0,972	0,888	0,805

Anforderungen nach Norm SIA 380/1 (Ausgabe 2009) für Einzelbauteilnachweis

	Grenzwert U_w [W/m²K]	Zielwert U_w [W/m²K]
Fenster und Fenstertüren	1,3	0,9
Fenster mit vorgelagerten Heizkörpern	1,0	0,8

Materialien

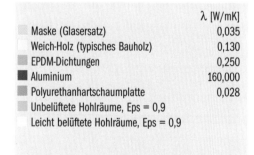

	λ [W/mK]
Maske (Glasersatz)	0,035
Weich-Holz (typisches Bauholz)	0,130
EPDM-Dichtungen	0,250
Aluminium	160,000
Polyurethanhartschaumplatte	0,028
Unbelüftete Hohlräume, Eps = 0,9	
Leicht belüftete Hohlräume, Eps = 0,9	

Wärmebrückenverlust beim Fenstereinbau in Referenzwand

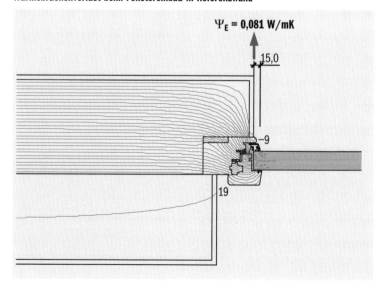

$\Psi_E = 0{,}081 \ W/mK$

15,0

−9

19

Hersteller

Gruppe Vision-3000
www.vision-3000.ch

Polux 44 Isolar

U-Werte und Abmessungen der Rahmenpartien

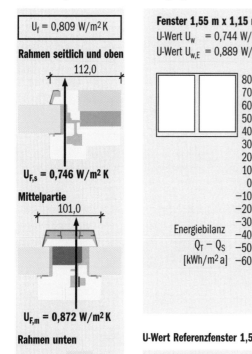

$U_f = 0,809 \text{ W/m}^2\text{K}$

Rahmen seitlich und oben

112,0

$U_{F,s} = 0,746 \text{ W/m}^2 \text{ K}$

Mittelpartie

101,0

$U_{F,m} = 0,872 \text{ W/m}^2 \text{ K}$

Rahmen unten

141,0

$U_{F,u} = 0,892 \text{ W/m}^2 \text{ K}$

Energiebilanz bei unterschiedlichen Orientierungen, für zwei verschiedene Fenstergrössen, mit und ohne Berücksichtigung der Wärmebrücken

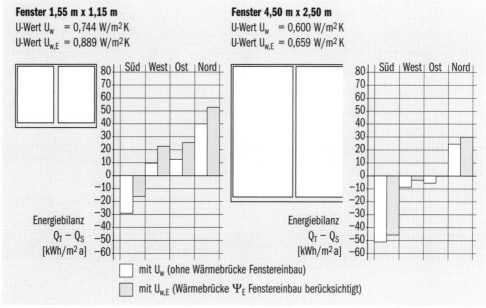

Fenster 1,55 m x 1,15 m
U-Wert U_w = 0,744 W/m²K
U-Wert $U_{w,E}$ = 0,889 W/m²K

Fenster 4,50 m x 2,50 m
U-Wert U_w = 0,600 W/m²K
U-Wert $U_{w,E}$ = 0,659 W/m²K

Energiebilanz $Q_T - Q_S$ [kWh/m² a]

☐ mit U_w (ohne Wärmebrücke Fenstereinbau)
▨ mit $U_{w,E}$ (Wärmebrücke Ψ_E Fenstereinbau berücksichtigt)

U-Wert Referenzfenster 1,55 m x 1,15 m mit unterschiedlichen Verglasungen

Verglasung (Ψ_g = 0,05 W/mK)

U_g [W/m²K]	1,2	1,1	1,0	0,7	0,6	0,5
U-Wert Fenster						
U_w [W/m²K]	1,346	1,260	1,174	0,916	0,830	0,744

Anforderungen nach Norm SIA 380/1 (Ausgabe 2009) für Einzelbauteilnachweis

	Grenzwert U_w [W/m²K]	Zielwert U_w [W/m²K]
Fenster und Fenstertüren	1,3	0,9
Fenster mit vorgelagerten Heizkörpern	1,0	0,8

Materialien

	λ [W/mK]
Maske (Glasersatz)	0,035
Weich-Holz (typisches Bauholz)	0,130
EPDM-Dichtungen	0,250
Stahl	50,00
Aluminium	160,000
Polypropylen Koextrusion WPC	0,170
Kleber	0,300
Polystyrolhartschaum EPS Neopor	0,031
Aerogel	0,013
Unbelüftete Hohlräume, Eps = 0,9	
Leicht belüftete Hohlräume, Eps = 0,9	

Hersteller

Wenger Fenster AG, Chrümigstrasse 32, 3752 Wimmis
Tel. 033 657 82 82, Fax 033 359 82 83
info@wenger-fenster.ch
www.wenger-fenster.ch

Wärmebrückenverlust beim Fenstereinbau in Referenzwand

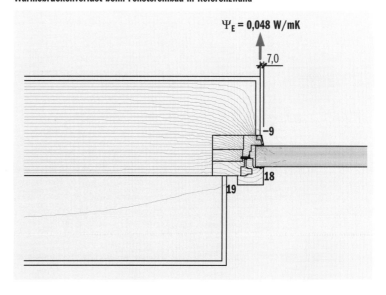

$\Psi_E = 0,048 \text{ W/mK}$

7,0

−9

18

19

Polux 44

U-Werte und Abmessungen der Rahmenpartien

$U_f = 1,036$ W/m²K

Rahmen seitlich und oben

113,0

$U_{F,s} = 0,998$ W/m²K

Mittelpartie

101,0

$U_{F,m} = 1,140$ W/m²K

Rahmen unten

141,0

$U_{F,u} = 1,058$ W/m²K

Energiebilanz bei unterschiedlichen Orientierungen, für zwei verschiedene Fenstergrössen, mit und ohne Berücksichtigung der Wärmebrücken

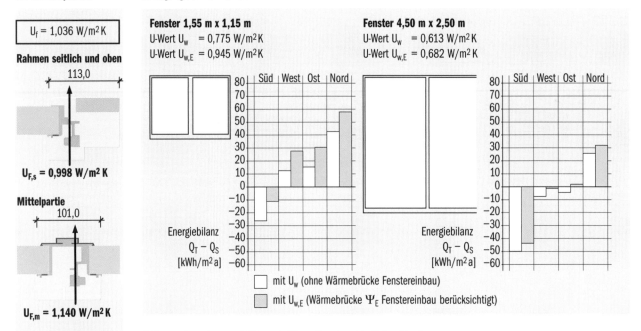

Fenster 1,55 m x 1,15 m
U-Wert U_w = 0,775 W/m²K
U-Wert $U_{w,E}$ = 0,945 W/m²K

Fenster 4,50 m x 2,50 m
U-Wert U_w = 0,613 W/m²K
U-Wert $U_{w,E}$ = 0,682 W/m²K

Energiebilanz
$Q_T - Q_S$
[kWh/m²a]

☐ mit U_w (ohne Wärmebrücke Fenstereinbau)

☐ mit $U_{w,E}$ (Wärmebrücke Ψ_E Fenstereinbau berücksichtigt)

U-Wert Referenzfenster 1,55 m x 1,15 m mit unterschiedlichen Verglasungen

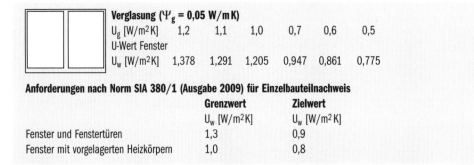

Verglasung ($\Psi'_g = 0,05$ W/mK)						
U_g [W/m²K]	1,2	1,1	1,0	0,7	0,6	0,5
U-Wert Fenster						
U_w [W/m²K]	1,378	1,291	1,205	0,947	0,861	0,775

Anforderungen nach Norm SIA 380/1 (Ausgabe 2009) für Einzelbauteilnachweis

	Grenzwert U_w [W/m²K]	Zielwert U_w [W/m²K]
Fenster und Fenstertüren	1,3	0,9
Fenster mit vorgelagerten Heizkörpern	1,0	0,8

Materialien

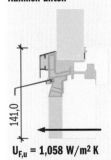

	λ [W/mK]
Maske (Glasersatz)	0,035
Weich-Holz (typisches Bauholz)	0,130
EPDM-Dichtungen	0,250
Aluminium	160,000
Polypropylen Koextrusion WPC	0,200
Kleber	0,300
Korkplatte	0,044
Unbelüftete Hohlräume, Eps = 0,9	
Leicht belüftete Hohlräume, Eps = 0,9	

Hersteller

Wenger Fenster AG, Chrümigstrasse 32, 3752 Wimmis
Tel. 033 657 82 82, Fax 033 359 82 83
info@wenger-fenster.ch
www.wenger-fenster.ch

Wärmebrückenverlust beim Fenstereinbau in Referenzwand

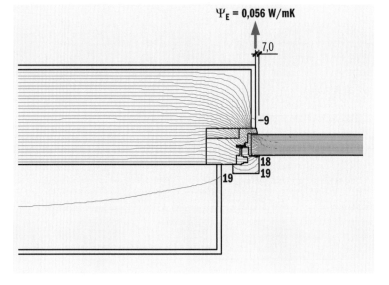

$\Psi_E = 0,056$ W/mK

7,0

−9

18
19

19

3.3.7 Pfosten-Riegel-Konstruktion

Das Beispiel einer Pfosten-Riegel-Konstruktion mit Holzpfosten zeigt (Abbildungen 3.59 bis 3.61), dass mit solchen Systemen ebenfalls transparente Fassaden erstellt werden können, die sich für Minergie-P-Bauten eignen.

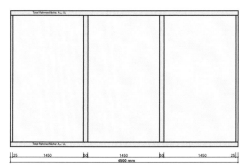

U-Wert	U_g	0,50	[W/m²K]
Glasrand Edelstahl	Ψ_g	0,05	[W/mK]
Energiedurchlassgrad	g	0,54	[−]
Klimakennwerte Klimastation Zürich SMA			
Heizgradtage	HGT	3717	[Kd/a]
Globalstrahlung Süd	G_S	1710	[MJ/m²a]
Globalstrahlung West	G_W	1016	[MJ/m²a]
Globalstrahlung Ost	G_E	965	[MJ/m²a]
Globalstrahlung Nord	G_N	474	[MJ/m²a]
Verschattungsfaktor	F_S	0,8	[−]
Ausnutzungsgrad Wärmegewinne	η_g	0,6	[−]

Materialien

		λ[W/m·K]
■	Aluminium	160,000
	Dichtungsmaterialien	0,250
	Glas/Panel	0,035
▨	Holzwerk	0,130
▨	Polyamid	0,300
	Unbelüftete Hohlräume	Eps = 0,9
	Diverse (Glas, Glasrand)	

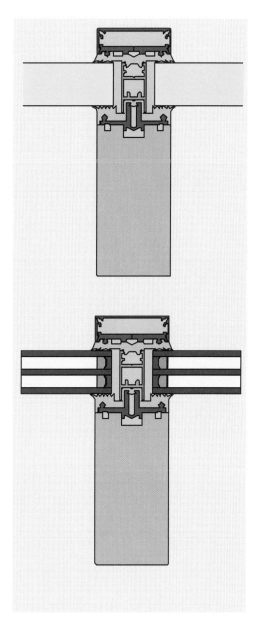

Abbildung 3.59: Randbedingungen betreffend die überprüfte Pfosten-Riegel-Konstruktion

Abbildung 3.60: Kennwerte der Pfosten-Riegel-Konstruktion aus Wärmebrückenberechnung: Der Pfosten kann entweder mit einem U_f-Wert von 1,525 W/m²K oder als Wärmebrückenverlust mit einem $\Psi_{Pfosten}$ von 0,076 W/mK berücksichtigt werden.

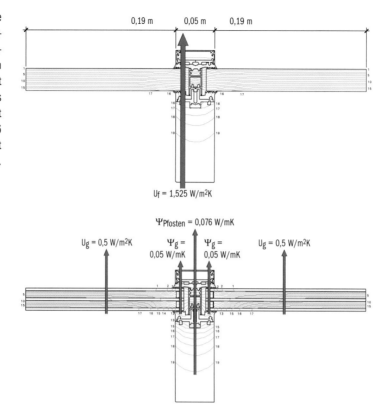

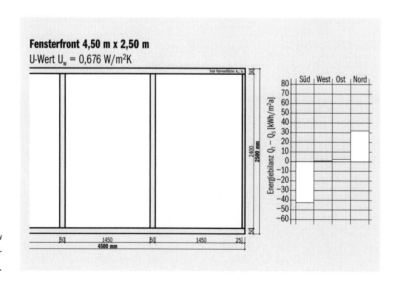

Abbildung 3.61: U-Wert U_w und Energiebilanz der Pfosten-Riegel-Konstruktion.

3.3.8 Dachflächenfenster und Oberlichter

Das Grundproblem von Dachflächenfens-
tern und Oberlichtern ist, dass sich diese
nicht in der Wärmedämmebene befinden.
Aus abdichtungstechnischen Überlegungen
ragen sie meist über die Steil- und Flachdächer hinaus. Konsequenzen daraus sind:

▮ Relativ grosse Verlustflächen durch die
Zargenkonstruktion, die Rahmen und die
transparente Fläche (Glas, Kunststoffkup-
pel etc.) ergeben nicht sehr energieeffiziente
Konstruktionen.

▮ Tiefe Oberflächentemperaturen, insbesondere in Eckbereichen von Zarge und Fenster, mit der Neigung zu Oberflächenkon-
densatausscheidung (Schwitzwasserrinnen,
Heizkabel etc. erforderlich). Dies muss aber
nicht zwangsläufig so sein, wenn es gelingt,
das wärmedämmende Fensterelement innerhalb der Wärmedämmebene anzuordnen. Die Konstruktion in Abbildung 3.62
dient hierzu als Beispiel, das sich sinngemäss
sicherlich auch für Steildächer adaptieren
liesse.

Abbildung 3.62: Im Ideal-
fall werden auch Dachflä-
chenfenster in der Wärme-
dämmebene des Daches
angeschlagen. Analog wie
bei diesem Objektbeispiel
mit Flachdach in Holz-
bauweise sollten auch bei
Steildächern sinngemässe
Lösungen möglich sein.

Oblichtaufbau

Verbundglas (begehbar), verklebt auf Abweisblech,
doppelt abgedichtet

OSB-Platte, Wassersperrschicht Aufbordung	40 mm
Distanzhalter wasserresistent	40 mm
Eternitschieferplatte	8 mm

Flachdachaufbau

Extensivbegrünung	60 mm
Drainageschicht	10 mm
Wassersperre EGV 3/EP 4 WF flam	10 mm
OSB-Platten	30 mm
Unterlüftung	60 mm

Diffusionsoffenes fugenloses Unterdach

Dachschalung	22 mm
Balkenlage, dazwischen Glaswolldämmung	ca. 180 mm
unter Balkenlage Glaswolldämmung	120 mm
Dampfbremse Isover Vario KM Duplex	
Abhängung System Knauf	ca. 200 mm
Gipskartonplatten	2 x 12,5 mm

Fenster und Verglasung

Holzrahmen weiss lackiert

Stufenisolierglas mit umlaufendem Siebdruck
(weiss oder weissaluminium)

$U = 1,1 \ W/m^2 K$, ESG 6-18 N6

Spez. gut dämmender Glassteg Typ (Edelstahl)

Innen auf ESG, Sicht- und Splitterschutzfolie RSSF 705,
matt

Glas an 4 Punkten mechanisch befestigt

Verdeckte Objektbänder ca. 3 Stück

Gasdruckzylinder

Flügel verschraubt (Zugang für Reinigung, Leuchtmittelwechsel, Sonnenschutz)

3.3.9 Schiebetüren für P-Häuser

Ein Minergie-P-Haus mit Schiebetüre? Ja, das geht. In Malters, im Kanton Luzern, steht der Beweis. Im Sommer 2008 wurde im frisch erstellten Minergie-P-Einfamilienhaus der Familie Grünig die Luftdichtigkeit gemessen – mit einem n_{50}-Wert von 0,28/h ($n_{50,st}$ = 0,38/h) erfüllt es die Anforderungen, trotz der schwellenlosen Schiebetür zur Terrasse. Interessant ist, dass im gleichzeitig erstellten, typengleichen Nachbarhaus keine Schiebetüre eingebaut wurde, die Messungen aber die gleiche Luftdichtigkeit ergaben. Das heisst: Bezüglich der Luftdichtigkeit erreicht die Schiebtüre im baufertigen Haus ähnlich gute Werte wie die «normale» Terrassentüre.

Zwei verschiedene Schliessmechanismen

Für den Schliessmechanismus von Schiebetüren gibt es zwei Ansätze. Die klassische Hebe-Schiebe-Türe wird über einen Griff – er wirkt als Hebel – vertikal angehoben und dann seitlich (horizontal) hinter eine feststehende Glaswand geschoben. Dieses Beschlagsystem wird auch in Malters eingesetzt. Wird die Tür geschlossen, senkt sie sich wieder ab und wird mit dem Hebel-griff durch Ihr Eigengewicht auf die Dichtungen gepresst. Der zweite Ansatz sieht einen Schliessmechanismus vor, bei dem die Schiebetüre gar nicht angehoben wird. Ob im geschlossenen oder offenen Zustand, der Türflügel befindet sich stets in der gleichen vertikalen Position. Soll er verschoben werden, verändern lediglich die Dichtungen ihre Lage. Die Positionsveränderung der Dichtungen wird, wie beim gebräuchlichen Hebe-Schiebe-Fenster, über den Fenstergriff eingeleitet.

Luftdichtigkeit als Knacknuss

Für eine Schiebetüre im P-Haus gelten im Prinzip die gleichen Anforderungen wie an eine Flügelterrassentüre oder ein Fenster. Mit anderen Worten: Sie muss Minergie- oder Topfensterqualität aufweisen. Wegen dem Schiebemechanismus wird die geforderte Luftdichtigkeit bei Minergie-P aber zur Knacknuss – denn in geschlossenem Zustand muss die Türe dicht sein, annähernd so dicht wie ein sehr gutes Fenster. Für die Entwicklung der Türe, die in Malters eingebaut wurde, zog der Fensterbauer einen Dichtungsspezialisten bei. Das Resultat: Eine Minergie-P-kompatible Schiebetüre.

Donald Sigrist

Bauherrschaft
Daniel Grünig
Neuhaushöhe 21
6102 Malters

Architektur
Hermann Limacher
Bahnhofstrasse 4
6102 Malters

Planung
Portmann Planung
Luzernstrasse 4
6102 Malters

Fensterbauer
1a hunkeler
Bahnhofstrasse 20
6030 Ebikon
www.1ahunkeler.ch

Abbildung 3.63: Minergie-P-Einfamilienhaus Grünig in Malters.

Das Minergie-Modul Fenster umfasst seit 2009 auch Anforderungen an Hebe-Schiebe-Türen (www.minergie.ch → Module → Fenster).

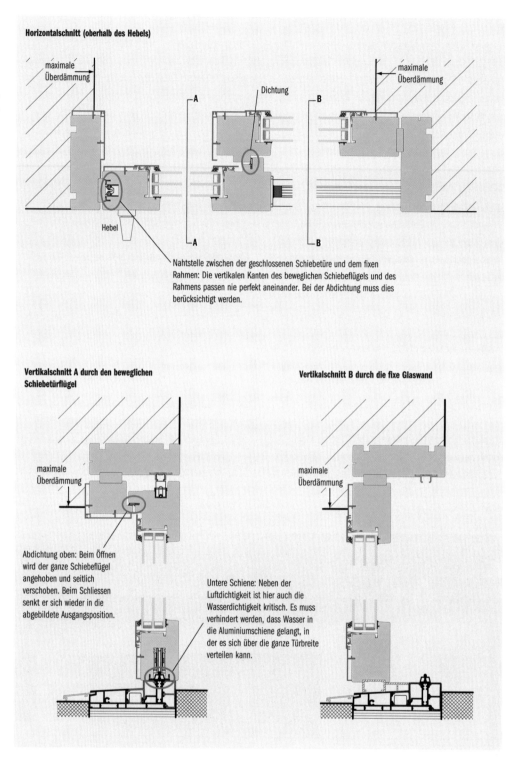

Horizontalschnitt (oberhalb des Hebels)

maximale Überdämmung

Dichtung

maximale Überdämmung

Hebel

A A

B B

Nahtstelle zwischen der geschlossenen Schiebetüre und dem fixen Rahmen: Die vertikalen Kanten des beweglichen Schiebeflügels und des Rahmens passen nie perfekt aneinander. Bei der Abdichtung muss dies berücksichtigt werden.

Vertikalschnitt A durch den beweglichen Schiebetürflügel

maximale Überdämmung

Abdichtung oben: Beim Öffnen wird der ganze Schiebeflügel angehoben und seitlich verschoben. Beim Schliessen senkt er sich wieder in die abgebildete Ausgangsposition.

Untere Schiene: Neben der Luftdichtigkeit ist hier auch die Wasserdichtigkeit kritisch. Es muss verhindert werden, dass Wasser in die Aluminiumschiene gelangt, in der es sich über die ganze Türbreite verteilen kann.

Vertikalschnitt B durch die fixe Glaswand

maximale Überdämmung

Abbildung 3.64: Zeichnungen der Schiebetüre im Einfamilienhaus Grünig. (1a hunkeler)

Bewegliche Dichtungen

Eine Alternative mit beweglichen Dichtungen – ohne Vertikalbewegung des Schiebetürflügels – bietet die Firma Erne (www.erne.net). Weitere Angebote von Minergie-P-kompatiblen Schiebetüren sind bei Minergie- und Topfenster-Herstellern anzufragen.

3.4 Wärmebrücken, die heiklen Stellen

Wärmebrücken sind Stellen der Gebäudehülle, an denen lokale Veränderungen des Wärmeflusses und der Temperaturen gegenüber dem ebenen, eindimensionalen Fall auftreten. Es können folgende Situationen unterschieden werden:

∎ Materialbedingte Wärmebrücken bei Bauteilen, durch Inhomogenitäten (z. B. Wärmedämmschicht zwischen Holztragstruktur) oder infolge Durchdringung der Wärmedämmschicht mit Befestigungselementen. Diese Wärmebrücken werden in der Regel bei der Berechnung der Bauteil-U-Werte berücksichtigt (vgl. 3.2 «Opake Bauteile von Minergie-P-Bauten»). Es könnten theoretisch aber auch die Bauteil-U-Werte im «ungestörten Bereich» ermittelt und die punkt- und linienförmigen Wärmebrücken separat erfasst und als Transmissionswärmeverluste berücksichtigt werden.

∎ Material- und geometriebedingte Wärmebrücken bei Bauteilübergängen. Der Architekt «verursacht» mit seinem Entwurf auch die Problemstellen der Gebäudehülle (Abbildung 3.65). Vor- und Rücksprünge, Balkone, Loggien – je komplexer die Gebäudestruktur, desto grösser und desto zahlreicher werden in der Regel die «Konfliktstellen». Eine durchgehende Balkonschicht, die thermisch optimal entkoppelt werden kann, verursacht z. B. erheblich geringere Energieverluste als einzelne Loggien, die hier und dort in das Gebäude «hineingeschnitten» werden. Es entstehen dabei nicht nur Wärmebrückenverluste bei Bauteilübergängen; jeder Gebäudeeinschnitt führt auch zu einem Flachdach und einem Boden über Aussenluft.

Beim Bauteilübergang treffen zwei bis drei Bauteile mit unterschiedlichen Schichten und Funktionen aufeinander. Insbesondere die tragenden Schichten können dann, wenn sie die Wärmedämmschicht durchdringen, zu erheblichen Wärmebrücken führen, wie das z. B. beim Sockel der Fall ist (Abbildung 3.66). Die relevanten Bauteilübergänge sind objektspezifisch mittels Wärmebrückenberechnung zu analysieren (und zu optimieren), damit bei der Berechnung des Heizwärmebedarfs der korrekte Wärmebrückenverlust berücksichtigt werden kann. Alternativ zu Wärmebrückenberechnungen kann der Einfluss der Wärmebrücke auch basierend auf dem speziell für Minergie-P-Bauten herausgegebenen Wärmebrückenkatalog (Herausgeber: Bundesamt für Ener-

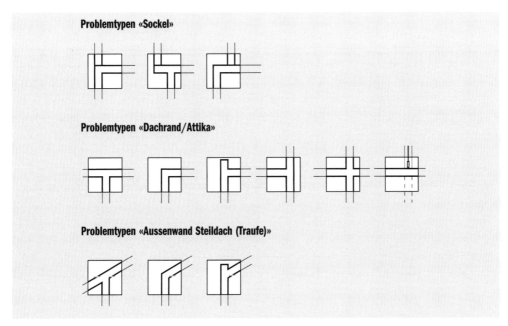

Problemtypen «Sockel»

Problemtypen «Dachrand/Attika»

Problemtypen «Aussenwand Steildach (Traufe)»

Abbildung 3.65: Auswahl von Problemtypen bzw. Bauteilübergängen der Gebäudehülle.

gie, 3003 Bern) berücksichtigt werden. Das Katalogdetail stimmt jedoch nie präzise mit dem objektspezifisch entwickelten Detail überein. Zudem sind die Katalog-Kennwerte sinnvollerweise auf der eher sicheren Seite (höhere Wärmebrückenverluste), womit sicherlich ein Anreiz besteht, objektspezifisch korrekte, optimierte Werte zu berücksichtigen.

▪ Lokal unterschiedliche Randbedingungen, z. B. Wärmequellen bei Fussbodenheizungen. Diese Einflüsse werden bei der Berechnung der Transmissionswärmeverluste nach Norm SIA 380/1 berücksichtigt.

3.4.1 Wärmebrücken bei Holzbauten

Bezogen auf die äussere Abmessung (Norm SIA 380/1: Bauteilflächen mit äusseren Abmessungen) wird der Wärmebrückenverlust bei Holzbauten in der Regel negativ. Das heisst, dass bei Gebäudekanten (Ecken, Sockel, Dachrand etc.) kein Wärmebrückenverlust zu berücksichtigen ist. Der Einbau von Fenster und Türen führt bei Holzbauten aber zu zusätzlichen Wärmebrückenverlusten (vgl. Abbildung 3.76), die nachzuweisen und zu berücksichtigen sind.

Abbildung 3.66: Beim Sockel treffen nicht nur zwei meist unterschiedliche Aussenwände und eine Decke aufeinander, es kommen noch vielfältige Anforderungen wegen den «aussenklimatischen Bedingungen» dazu.

Mechanische Beanspruchungen und der Schutz vor Spritzwasser und Feuchtigkeit beeinflussen die Konstruktionswahl ebenso, wie die wärmetechnisch-energetischen Gesichtspunkte.

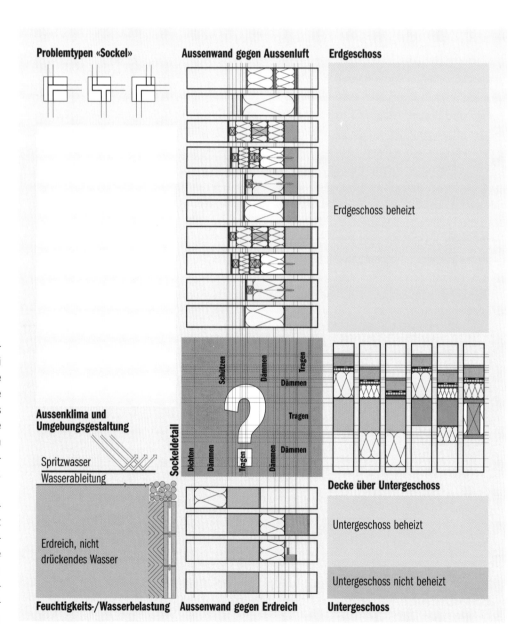

3.4.2 Wärmebrücken bei Mischbauweise

Der Übergang von Holzbauteil zu Holzbauteil lässt sich wärmebrückenfrei konstruieren. Im Übergangsbereich zum Massivbau (z. B. Deckenauflager bei Stahlbeton-Geschossdecken) sind jedoch Wärmebrücken unvermeidbar. Der Einbau von Fenstern und Türen führt ebenfalls zu Wärmebrücken.

3.4.3 Wärmebrücken bei Massivbauten

Je grösser die Wärmeleitfähigkeit von Baustoffen ist, desto eher ist bei Bauteilübergängen mit Wärmebrückenverlusten zu rechnen (vgl. Abbildung 3.67 bis 3.76). Gegenüber Holzwerkstoffen mit um 0,14 W/mK führen Backsteine (um 0,44 W/mK), Kalksandsteine (um 1,0 W/mK), Stahlbeton (um 2,3 W/mK), Baustahl (um 50 W/mK) und Aluminium (um 160 W/mK) zu einem lokal viel höheren Energiefluss, wenn sie die Wärmedämmschicht durchdringen.

Neben dem Fenstereinbau sind beim Massivbau zahlreiche Konstruktionsdetails hinsichtlich Wärmebrückenverlust relevant:

▪ Tragende Wandscheiben, welche die Wärmedämmschicht durchdringen, z. B. beim Sockel (Abbildung 3.67), bei Innenwänden (Abbildung 3.68 bis 3.71), beim Dachrand (Abbildung 3.72) und dem Attikaanschluss (Abbildung 3.73).

▪ Über Kragplattenanschlüsse mit der Betondecke verbundene Auskragungen wie Balkone, Vordächer, etc. Gegenüber herkömmlichen Kragplattenelementen kann mit solchen aus faserverstärktem Kunststoff der Wärmebrückenverlust um einen Faktor 3 reduziert werden.

▪ Bleche und Metallprofile, welche die Wärmedämmschicht durchdringen, z. B. beim Dachrand (Abbildung 3.72) und bei Attikaanschlüssen. Je besser der Wärmeschutz bei den Bauteilen ist – besser als bei Minergie-P-Bauten wird er wohl kaum je sein – desto gravierender wirken sich lokale Schwachstellen bei Bauteilübergängen auf den gesamten Transmissionswärmeverlust aus. Ein Wärmebrückenverlust kann bei Massivbauten im Minergie-P-Standard eine Grössenordnung von 0,1 bis 0,3 W/mK erreichen. Pro m Bauteilübergang bzw. Wärmebrücke resultiert dadurch ein Energieverlust, der demjenigen eines 1 m² bis 3 m² grossen Aussenbauteils mit einem U-Wert von 0,1 W/m²K entspricht!

3.4.4 Beispiele für Wärmebrücken bei Bauteilübergängen

Wärmebrücken beim Sockel

Relevant ist der Sockel hinsichtlich Wärmebrückenverlust insbesondere dann, wenn das Untergeschoss unbeheizt ist. Im Sockel trifft dann das beheizte Erdgeschoss auf das unbeheizte Untergeschoss und dieser Bauteilübergang grenzt je nach Terrainverlauf gegen Aussenklima respektive gegen das Erdreich. Der Sockel ist oft das am schwierigsten zu optimierende Detail. Die berechneten vier Varianten (Abbildung 3.67) geben einen Hinweis über Konstruktionsmöglichkeiten, wenn als tragende Aussenwand über Terrain (im EG) ein Kalksandsteinmauerwerk vorhanden ist. Bei tragenden und aussteifenden Wandscheiben aus Stahlbeton (Erdbebensicherheit) ist die Suche nach energetisch optimierten Lösungen noch schwieriger.

▪ Bei der Variante 1 liegt die gesamte Wärmedämmschicht über der Betondecke. Hier durchdringt die tragende Mauerwerksscheibe (im Beispiel aus Kalksandstein) die Wärmedämmschicht und bildet eine Wärmebrücke. Sie verursacht einen hohen Wärmebrückenverlust von $\psi = 0,066$ W/mK.

▪ Variante 2 verfügt über eine Perimeterdämmung bei der UG-Wand. Dadurch reduziert sich der Wärmeabfluss aus dem EG. Der ψ-Wert beträgt in diesem Fall noch 0,03 W/mK.

▪ Bei Variante 3 ist die Mauerwerscheibe von der Stahlbetondecke entkoppelt. Diese Lösung hat sich als wirksamste erwiesen. Sie reduziert den ψ-Wert auf nur noch 0,01 W/mK. Wegen der Gebäudehöhe

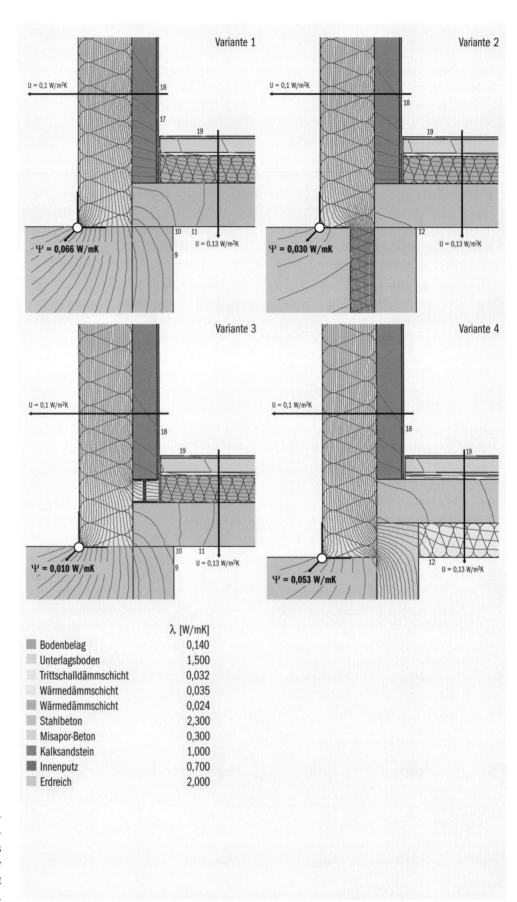

	λ [W/mK]
▓ Bodenbelag	0,140
░ Unterlagsboden	1,500
░ Trittschalldämmschicht	0,032
░ Wärmedämmschicht	0,035
░ Wärmedämmschicht	0,024
▓ Stahlbeton	2,300
░ Misapor-Beton	0,300
▓ Kalksandstein	1,000
▓ Innenputz	0,700
░ Erdreich	2,000

Abbildung 3.67: Wärmebrücken beim Sockel. Mit Ψ-Werten von 0,01 W/mK bis 0,066 W/mK variiert der Wärmebrückenverlust fast um den Faktor 7.

(Statik, Lastabtragung) wurde dabei ein Thermur-Element berücksichtigt. Je nach statischen Randbedingungen können allenfalls auch weniger tragfähige, dafür wärmetechnisch-energetisch bessere Elemente eingesetzt werden. Denkbar wäre etwa ein Perinsul-Element (Schaumglasstein mit λ = 0,058 W/m K). Beim Einsatz eines solchen Elements würde der Wärmebrückenverlust −0,01 W/m K betragen; bezogen auf die Aussenabmessung resultierte somit kein zusätzlicher Verlust.

▌ Bei der Variante 4 liegt nur ein Teil der Wärmedämmschicht über der Stahlbetondecke; der Grossteil der Dämmung befindet sich im UG an der Deckenuntersicht. Die Stahlbetonwand im UG durchdringt aber die Wärmedämmschicht und verursacht einen Wärmebrückenverlust. Mit normalem Stahlbeton würde ψ etwa 0,166 W/m K betragen. Durch den Einsatz von Misapor-Beton (Zuschlagstoffe aus Schaumglasschotter) erreicht diese Lösung je nach Wärmeleitfähigkeit des Betons ψ-Werte von 0,053 W/m K (bei λ = 0,3 W/m K) oder 0,023 W/m K (bei λ = 0,15 W/m K).

Wärmebrücken bei Innenwänden

Abbildungen 3.68 bis 3.71 geben Aufschluss über den Wärmebrückenverlust bei Innenwänden, welche die Wärmedämmschicht bei Böden über unbeheizten Räumen (Wärmeverlust vermindert um den b-Faktor) oder bei solchen über Aussenluft durchdringen.

▌ Bei durchdringenden Wänden aus Stahlbeton (Abbildung 3.68) werden die Wärmebrückenverluste mit ψ-Werten von 0,519 bis 0,694 W/mK, abhängig von der Anordnung der Wärmedämmschichten (unten und oben, nur oben), gross. Energetisch bessere Lösungen sind schwierig zu finden. Das «Auflösen» der Wandscheiben in einzelne «Stützenköpfe» oder der Einsatz von Spezialbeton mit Zuschlagstoffen aus Schaumglas (z. B. Misapor-Beton) könnten allenfalls diskutiert werden.

▌ Bei durchdringenden Wänden aus Backstein oder Kalksandstein (Abbildung 3.69 und 3.70) werden die Wärmebrückenverluste erheblich kleiner als bei Stahlbetonwänden und es stehen auch zahlreiche Optimierungsmöglichkeiten zur Diskussion. Am

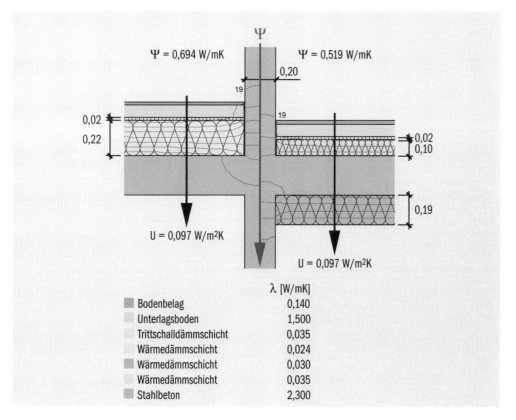

	λ [W/mK]
Bodenbelag	0,140
Unterlagsboden	1,500
Trittschalldämmschicht	0,035
Wärmedämmschicht	0,024
Wärmedämmschicht	0,030
Wärmedämmschicht	0,035
Stahlbeton	2,300

Abbildung 3.68: Die aus statischen Gründen oft unumgänglichen Durchdringungen des Wärmedämmperimeters mit Stahlbetonwänden, führen zu sehr grossen Wärmebrückenverlusten. Lösungen zur Optimierung können allenfalls das «Auflösen» der Wandscheiben in einzelne «Stützenköpfe» im Bereich der Wärmedämmschicht bieten oder evtl. der Einsatz von Spezialbeton mit Zuschlagstoffen aus Schaumglas (z. B. Misapor-Beton).

kleinsten werden die Verluste mit ψ-Werten von 0,023 bis 0,038 W/mK dann, wenn im unteren, unbeheizten Raum keine Wandscheibe vorhanden ist (z. B. bei Autoeinstellhallen) und dadurch mit einem Teil der Wärmedämmschicht lückenlos gedämmt werden kann. Wenn oben und unten eine Wandscheibe vorhanden ist, wird der Wärmebrückenverlust mit ψ-Werten von 0,158

bis 0,315 W/mK bedeutend grösser als im vorskizzierten Fall und für Minergie-P wird dann eine Lösung mit thermisch von der Stahlbetondecke entkoppelter Wandscheibe unumgänglich sein. Wenn die Wände über wärmedämmende und tragende Elemente von der Stahlbetondecke entkoppelt werden, macht es Sinn, die gesamte Wärmedämmschicht über der Decke anzuordnen.

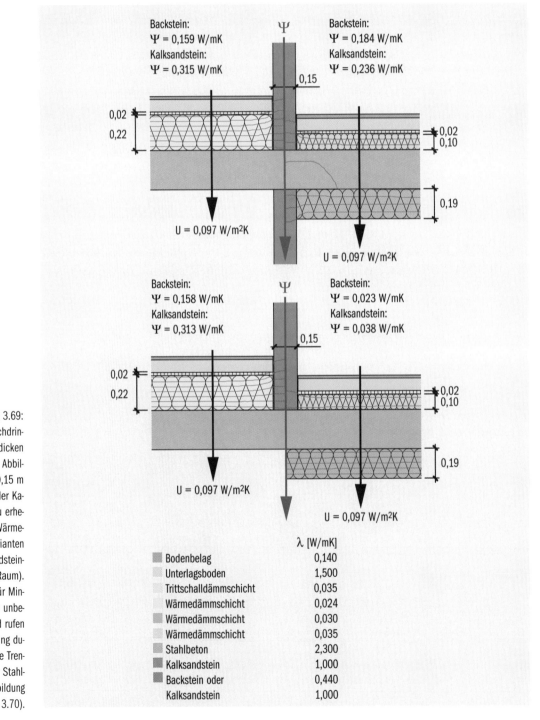

Abbildung 3.69:
Gegenüber der durchdringenden, 0,2 m dicken Stahlbetonwend in Abbildung 3.68 führen 0,15 m dicke Backstein- oder Kalksandsteinwände zu erheblich geringeren Wärmebrückenverlusten (Varianten mit/ohne Kalksandsteinwand im unteren Raum). Diese sind aber für Minergie-P immer noch unbefriedigend hoch und rufen nach einer Optimierung durch eine thermische Trennung gegenüber der Stahlbetondecke (vgl. Abbildung 3.70).

	λ [W/mK]
Bodenbelag	0,140
Unterlagsboden	1,500
Trittschalldämmschicht	0,035
Wärmedämmschicht	0,024
Wärmedämmschicht	0,030
Wärmedämmschicht	0,035
Stahlbeton	2,300
Kalksandstein	1,000
Backstein oder	0,440
Kalksandstein	1,000

In Abbildung 3.70 sind für diesen Fall die Wärmebrückenverluste angegeben bei Backstein- und Kalksandsteinmauerwerken, bei drei unterschiedlichen Dämmelementen und für verschiedene Elementhöhen. Es können Wärmebrückenverluste ψ von 0,055 bis 0,167 W/mK erreicht werden. Die Einsatzmöglichkeit der wärmedämmenden und tragenden Elemente ist jeweils mit dem Bauingenieur abzuklären.

▮ Beim Holzbau können Wärmebrückenverluste beim Bauteilübergang Innenwand/Boden in der Regel weitgehend vermieden werden. Als Beispiel für einen relevanten Wärmebrückenverlust ist der Massivholzbau mit Stahlbetonwand im Untergeschoss auf-

geführt (Abbildung 3.71), wo ein Wärmebrückenverluste ψ von 0,067 W/mK resultiert. Bei fehlender Stahlbetonwand beträgt der Wärmebrückenverlust nur noch 0,002 W/mK und auch bei einer Stahlbetonwand liesse sich der Wärmebrückenverlust weitgehend vermeiden, wenn die ganze Wärmedämmschicht über der Massivholzdecke angeordnet würde.

Wärmebrücke beim Dachrand

In der heutigen Baupraxis sind im Bereich des Dachrands immer noch Tragbleche üblich, welche die Wärmedämmschicht durchdringen. Dabei entsteht aber ein ψ von 0,217 W/m K – für Minergie-P ist der da-

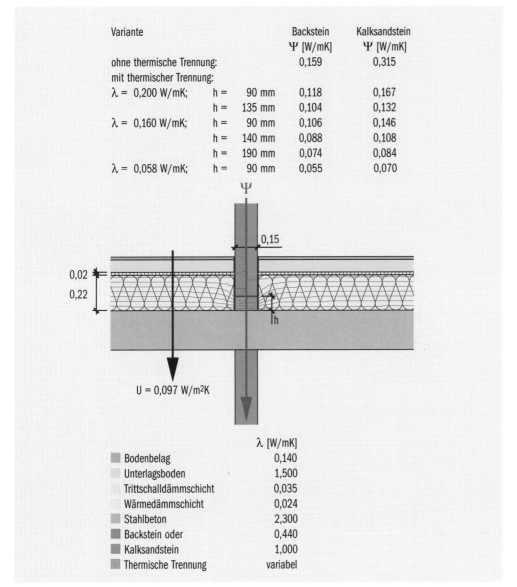

Variante			Backstein Ψ [W/mK]	Kalksandstein Ψ [W/mK]
ohne thermische Trennung:			0,159	0,315
mit thermischer Trennung:				
λ = 0,200 W/mK;	h =	90 mm	0,118	0,167
	h =	135 mm	0,104	0,132
λ = 0,160 W/mK;	h =	90 mm	0,106	0,146
	h =	140 mm	0,088	0,108
	h =	190 mm	0,074	0,084
λ = 0,058 W/mK;	h =	90 mm	0,055	0,070

0,15

0,02
0,22

h

U = 0,097 W/m2K

	λ [W/mK]
Bodenbelag	0,140
Unterlagsboden	1,500
Trittschalldämmschicht	0,035
Wärmedämmschicht	0,024
Stahlbeton	2,300
Backstein oder	0,440
Kalksandstein	1,000
Thermische Trennung	variabel

Abbildung 3.70:
Wenn die Wand von der Stahlbetondecke thermisch getrennt werden kann, ist es optimal, die gesamte Wärmedämmschicht über der Decke anzuordnen. Je höher das thermisch trennende Element und je kleiner dessen Wärmeleitfähigkeit, desto kleiner wird der Wärmebrückenverlust bei diesem Bauteilübergang. In der Praxis werden die statischen Kriterien über die Einsatzmöglichkeit solcher Elemete bestimmen (z. B. Thermur, Ytong Thermofuss, Foamglas-Perinsul o. ä.).

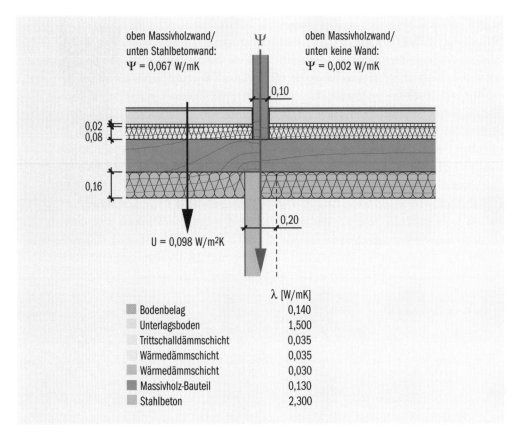

oben Massivholzwand/
unten Stahlbetonwand:
Ψ = 0,067 W/mK

Ψ

oben Massivholzwand/
unten keine Wand:
Ψ = 0,002 W/mK

0,10

0,02
0,08

0,16

U = 0,098 W/m²K

0,20

	λ [W/mK]
Bodenbelag	0,140
Unterlagsboden	1,500
Trittschalldämmschicht	0,035
Wärmedämmschicht	0,035
Wärmedämmschicht	0,030
Massivholz-Bauteil	0,130
Stahlbeton	2,300

Abbildung 3.71: Bei der Massivholzdecke führt die durchdringende Massivholzwand zu keinem relevanten Wärmebrückenverlust. Die Stahlbetonwand, welche die untere Wärmedämmschicht durchdringt, führt jedoch zu einem Wärmebrückenverlust, den es zu berücksichtigen gilt. Optimaler wäre bei dem Bauteilübergang mit Stahlbetonwand, wenn beim Boden die gesamte Wärmedämmschicht oben angeordnet würde.

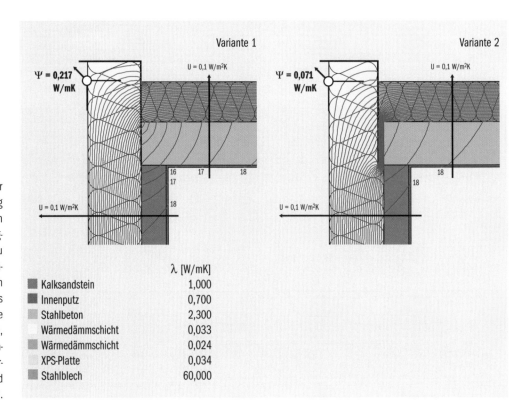

Variante 1

Ψ = 0,217 W/mK

U = 0,1 W/m²K

16 17 18
17
18

U = 0,1 W/m²K

Variante 2

Ψ = 0,071 W/mK

U = 0,1 W/m²K

18
18

U = 0,1 W/m²K

	λ [W/mK]
Kalksandstein	1,000
Innenputz	0,700
Stahlbeton	2,300
Wärmedämmschicht	0,033
Wärmedämmschicht	0,024
XPS-Platte	0,034
Stahlblech	60,000

Abbildung 3.72: Bei der konstruktiven Ausbildung von Dachrändern werden oft durchgehende Tragbleche verwendet, die zu hohen Wärmebrückenverlusten führen. Durch thermisch entkoppeltes Montieren der Tragbleche (z. B. mit 30 mm dicken, druckfesten Wärmedämmstoffen) lässt sich der Wärmebrückenverlust um rund zwei Drittel verringern.

raus resultierende Energieverlust zu gross (Abbildung 3.72, Variante 1). Durch thermisch entkoppelt montierte Bleche lässt sich der Wärmebrückenverlust massiv verringern. Wird zwischen Blech und Deckenstirne beispielsweise ein 3 cm dicker Wärmedämmstoffstreifen eingefügt (Variante 2), verringert das den Wärmebrückenverlust um 67 % auf ψ = 0,071 W/m K.

Wärmebrücke bei Attikabrüstung

Für die Attikabrüstung wurden drei Varianten rechnerisch untersucht (Abbildung 3.73).

▪ Variante 1 ist sozusagen die Ausgangssituation: Die Attikabrüstung aus Kalksandsteinmauerwerk durchdringt die Wärmedämmschicht. Ein hoher Wärmebrückenverlust von 0,252 W/m K ist die Folge.

▪ Die übliche Reaktion auf dieses Problem ist, die Brüstung zu überdämmen (Variante 2). Damit kann der Wärmebrückenverlust wohl auf ψ = 0,092 W/m K reduziert werden. Für Minergie-P-Bauten ist das aber immer noch hoch.

▪ Als Ideallösung wäre deshalb anzustreben, den Wärmedämmperimeter «direkt» zu schliessen. Dies lässt sich durch eine thermisch entkoppelt aufgemauerte Attikabrüstung erreichen, wie sie in Variante 3 skizziert ist. Mit einem Perinsul-Element und einer etwa alle 1,6 m angeordneten Vertikalarmierung (punktförmiger Wärmebrückenverlust von 0,033 W/K berücksichtigt) kann der Wärmebrückenverlust auf insgesamt 0,04 W/m K reduziert werden.

Wärmebrücke beim Balkon

Thermisch optimal sind separat abgestützte Balkone (Abbildung 3.74). Wenn das Baugesetz dies nicht erlaubt – etwa weil die Balkone über die Baulinie hinaus ragen – bleibt quasi nur der Anschluss mit Kragplatten. In diesem Fall beschränkt sich der Optimierungsspielraum auf die Güte des Anschlusselementes. Variiert werden kann beispielsweise die Qualität des Stahls oder es können Elemente mit faserverstärkten Kunststoffen eingesetzt werden. Realistisch ist für konven-

tionelle Kragplattenanschlüsse ein ψ-Wert um etwa 0,3 W/m K, der durch den Einsatz von Elementen mit faserverstärkten Kunststoffen etwa um einen Faktor 3 reduziert werden kann. Fazit: Balkone sollten wenn immer möglich mit separater Tragstruktur realisiert werden.

Wärmebrücken beim Fenstereinbau

Selbst bei Holzbauten, wo es in der Regel möglich ist, fast wärmebrückenfrei zu bauen, führt der Fenstereinbau immer zu zusätzlichem Wärmeverlust. Stellvertretend auch für die Wärmebrückenverluste beim Fenstereinbau im Brüstungs- bzw. Schwellenbereich und beim Sturz (wo noch weitere Einflussfaktoren wie z. B. die Sturznische dazukommen) wird im folgenden nur auf den seitlichen Fensteranschluss in die Aussenwand eingegangen. Für die Beurteilung des Einflusses auf den Transmissionswärmeverlust bzw. das Erreichen des Minergie-P-Standards werden für ein fiktives Holz-Metall-Fenster die Auswirkung von zwei unterschiedlichen Einbauvarianten in eine Kompaktfassade berücksichtigt (Abbildung 3.75).

▪ In Variante 1 ist das Fenster innen angeschlagen und überdämmt. Selbst in diesem Fall verursachen Aluminiumteile, die in den Warmbereich eingreifen, einen zusätzlichen Wärmebrückenverlust von 0,086 W/m K.

▪ Noch viel schlechter sieht es bei Variante 2 aus. Hier ist das Fenster aussen flächenbündig eingebaut. Das sieht wohl schick aus und liegt im Trend. Man handelt sich aber mit 0,189 W/m K einen mehr als doppelt so grossen ψ-Wert ein – bezogen auf dieselbe Bezugsebene wie bei der überdämmten Variante! Dies hat entscheidende Folgen auf den U-Wert des Fensters unter Berücksichtigung des Einbaus und damit auf den Transmissionswärmeverlust des ganzen Gebäudes. Kommt noch hinzu, dass solche Lösungen auch bezüglich des Sonnenschutzes problematisch sein können. Was auf der Nordseite ohne äusseren Sonnenschutz noch funktionieren kann, führt bei besonnten Fassaden mit Sicherheit zu Überhitzungsproblemen.

Abbildung 3.73 Selbst eine überdämmte Attika-Brüstung verursacht Wärmebrückenverluste, die für Minergie-P noch zu hoch sind. Optimal ist es, die Brüstung auf ein Perinsul-Element zu stellen und dadurch thermisch von der Stahlbetondecke zu entkoppeln.

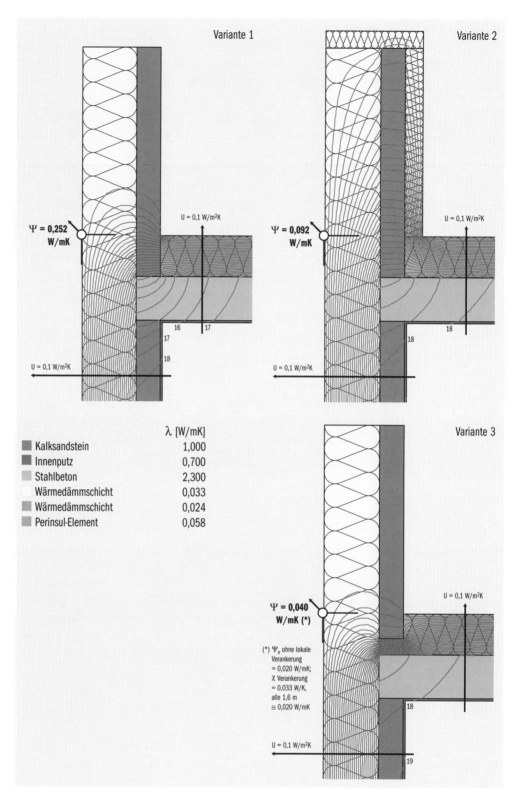

	λ [W/mK]
Kalksandstein	1,000
Innenputz	0,700
Stahlbeton	2,300
Wärmedämmschicht	0,033
Wärmedämmschicht	0,024
Perinsul-Element	0,058

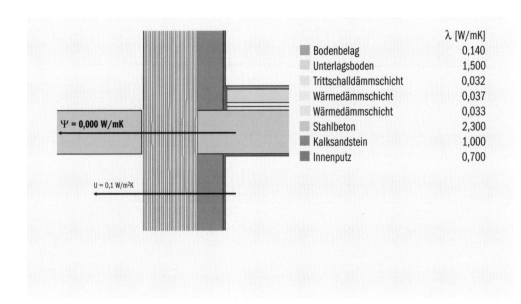

	λ [W/mK]
Bodenbelag	0,140
Unterlagsboden	1,500
Trittschalldämmschicht	0,032
Wärmedämmschicht	0,037
Wärmedämmschicht	0,033
Stahlbeton	2,300
Kalksandstein	1,000
Innenputz	0,700

Abbildung 3.74: Für Minergie-P kommen eigentlich nur separat abgestützte Balkone in Frage, die zu einer wärmebrückenfreien Lösung führen. Konventionelle Kragplattenanschlüsse verursachen Wärmebrückenverluste im Bereich von 0,3 W/mK. Mit Speziallösungen (faserverstärkte Kunststoffe/VIP-Wärmedämmstoff) kann der Wärmeverlust über die Kragplatte etwa um den Faktor 3 reduziert werden.
VIP: Vakuum-Isolations-Panele

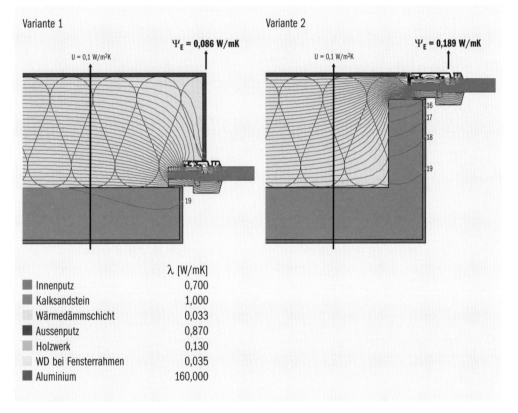

	λ [W/mK]
Innenputz	0,700
Kalksandstein	1,000
Wärmedämmschicht	0,033
Aussenputz	0,870
Holzwerk	0,130
WD bei Fensterrahmen	0,035
Aluminium	160,000

Abbildung 3.75: Aussen, flächenbündig eingebaute Fenster verursachen einen etwa doppelt so hohen Wärmebrückenverlust wie der energetisch optimierte Anschlag auf der Innenseite der Wärmedämmschicht (vgl. auch Beispiele in Abbildung 3.76).

Abbildung 3.76: Wärmebrückenverlust beim seitlichen Fensteranschlag und Wärmeverlust über den gesamten Detailperimeter bei Holz- und Massivbaukonstruktion (Wand mit U = 0,1 W/m²K; Fensterrahmen mit U_f = 0,91 W/m²K; Glas mit U_g = 0,5 W/m²K und Ψ_g = 0,05 W/mK), für den Fensteranschlag ganz aussen, ganz innen oder im Mittenbereich.
Beim Holzbau sind die Verluste höher als beim Massivbau, weil der Holzrahmen im Leibungsbereich der Aussenwand den Wärmebrückenverlust beeinflusst. Beim Holzbau wie beim Massivbau führt der Fenstereinbau im Mittenbereich zu den kleinsten Energieverlusten. Beim ganz aussen angeschlagenen Fenster sind die Energieverluste am grössten, wobei sich dies wegen der veränderten Bezugsebenen nicht zwangsläufig im Ψ_E-Wert manifestiert.
q = Wärmestrom über berechnetes Detail

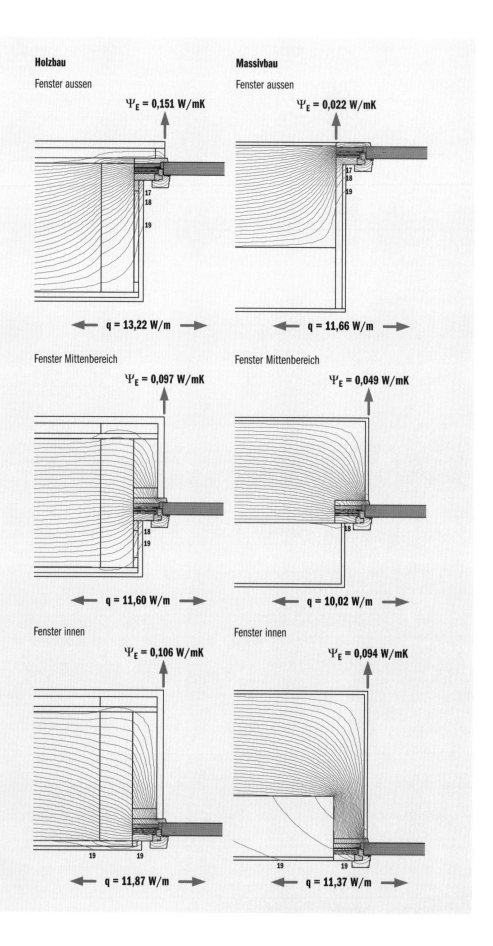

Der Einfluss des Fenstereinbaus zeigt auch die Abbildung 3.76 für den Holzbau (Holzrahmenbau) und den Massivbau (Aussenwärmedämmung, verputzt oder mit hinterlüfteter Bekleidung). Es wurde dasjenige Fenster berücksichtigt (Eiger Isolar), das im Fenstervergleich bezüglich des Wärmebrückenverlustes beim Einbau am besten abgeschnitten hat (vgl. 3.3 «Transparente Bauteile von Minergie-P-Bauten»). Der seitliche Fensteranschlag führt dann zum kleinsten Wärmeverlust und somit auch zum kleinsten Wärmebrückenverlust für den Fenstereinbau, wenn dieses im Mittenbereich der Holzbaukonstruktion bzw. im inneren Bereich der Aussenwärmedämmung von massiven Aussenwänden angeschlagen wird (ψ_E = 0,097 bzw. 0,049 W/mK). Beim Holzbau wird der Wärmebrückenverlust deshalb grösser als beim Massivbau, weil der statisch-konstruktiv erforderliche Holzrahmen im Leibungsbereich den Wärmebrückenverlust beeinflusst. Beim ganz aussen angeschlagenen Fenster sind die Energieverluste am grössten, wobei sich dies wegen der veränderten Bezugsebenen nicht zwangsläufig im ψ_E-Wert manifestiert. Auch das ganz innen angeschlagene Fenster ist energetisch ungünstiger als das im «Mittenbereich» angeordnete Fenster; diese Anschlagsart führt jedoch zu einem kleineren Wärmeverlust als das ganz aussen angeschlagene Fenster und zudem sind die raumseitigen Oberflächentemperaturen bei dieser Detailausbildung optimal hoch.

Weil die Differenzen bei den Wärmebrückenverlusten sehr gross sein können, je nach Fenster, konstruktiven Randbedingungen, Lage des Fensters und Detailausbildung (Leibung, Sturz, Brüstung) sollten die effektiven Wärmebrückenverluste jeweils objektspezifisch rechnerisch ermittelt werden.

3.4.5 Wärmebrückeneinfluss an einem Beispiel

Welchen Einfluss können nun die erwähnten Wärmebrücken auf den Transmissionswärmeverlust Q_T und somit auf den Heizwärmebedarf Q_h eines gesamten Gebäudes haben? Um dies herauszufinden, wurden für ein Mehrfamilienhaus vier Szenarien durchgerechnet: eines ohne Wärmebrücken, eines mit den effektiv vorhandenen Wärmebrücken eines mit optimierten und eines mit grossen Wärmebrücken (Abbildungen 3.77 bis 3.79).

Randbedingungen

Es wurden folgende Bauteil-U-Werte berücksichtigt:

■ 0,172 W/m²K für die effektiv vorhandene Aussenwand, wobei aufgezeigt wird, welchen U-Wert die Aussenwand in Abhängigkeit der Wärmebrücken haben müsste, damit Minergie-P erreicht wird.

■ 0,1 W/m²K für das grosse Flachdach über dem Dachgeschoss und 0,15 W/m²K für die kleineren, Flachdächer über dem 4. Obergeschoss.

■ 0,15 W/m²K für den Boden über Aussenluft.

■ U · b von 0,16 W/m²K beim Boden über Erdreich mit Bodenüberkonstruktion (bewohnter Bereich) und von 0,25 W/m²K beim Boden über Erdreich ohne Bodenüberkonstruktion (Nebenräume und Keller innerhalb der thermischen Gebäudehülle).

■ U · b von 0,17 W/m²K bei Aussenwänden gegen Erdreich.

■ Holzmetallfenster (U_f = 1,45 W/m²K) mit 3-fach-IV (U_g = 0,6 W/m²K, g = 0,48). Auf der Südseite ist ein 2,6 m auskragender Balkon berücksichtigt, der neben dem Wärmebrückenverlust auch eine Relevanz hinsichtlich die Verschattung der Fenster hat. Die thermische Gebäudehülle umfasst das ganze Gebäude, auch die Kellerräume im Untergeschoss, die nicht Teil der Energiebezugsfläche sind. Der Wärmebrückeneinfluss kann so gegenüber anderen Abgrenzungsvarianten im Untergeschoss (vgl. auch Abbildung 3.103) erheblich reduziert werden.

Erkenntnisse

▋ Zuerst der Idealfall, der allerdings in der Praxis nicht erreichbar ist: Ohne Wärmebrücken beträgt der Transmissionswärmeverlust Q_T 33,1 kWh/m², der Heizwärmebedarf Q_h beträgt 16,7 kWh/m². Damit liesse sich der Anforderungswert Minergie-P für Q_h von 18,6 kWh/m² bereits mit einem U-Wert von 0,23 W/m²K bei der Aussenwand erreichen.

▋ Zwischen den effektiv vorhandenen Bauteilübergängen und den optimierten besteht kein sehr grosser Handlungsspielraum. Eine Verbesserung könnte noch durch das ther-misch getrennte Auflagern der gemauerten Wände im Untergeschoss (Bodenplatte über Erdreich) und durch thermisch vollständig getrennte Balkonplatten, statt der Kragplattenanschlüsse, erreicht werden (wegen Überschreitung der Baulinie konnte die Balkonschicht nicht eine eigene Tragstruktur erhalten). Es resultieren Transmissionswärmeverluste von 35,7 kWh/m² (effektiv) bzw. 34,8 kWh/m² (optimiert). Das sind rund 5 % mehr als bei der Variante ohne Wärmebrücken. Es ergibt sich ein Heizwärmebedarf Q_h von 18,6 kWh/m² bzw. 18,0 kWh/m²;

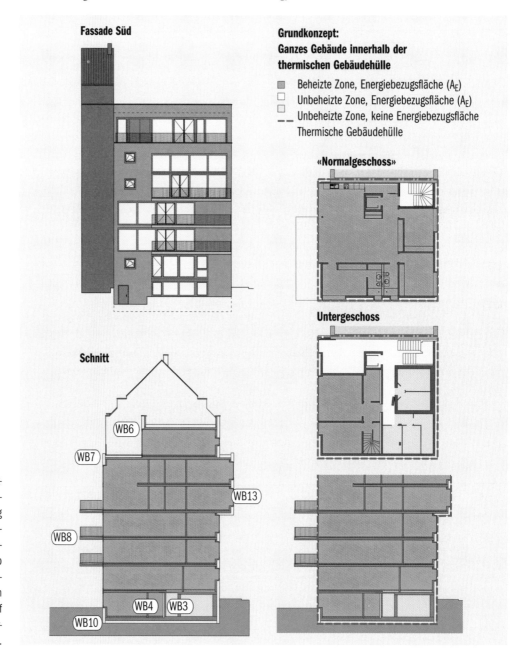

Abbildung 3.77: Objektbeispiel «MFH Lindenstrasse Luzern» zur Beurteilung der Einflüsse von Wärmebrücken. Weil sich das gesamte Gebäude innerhalb der thermischen Gebäudehülle befindet, reduzieren sich die Wärmebrücken auf einige wenige Bauteilübergänge.

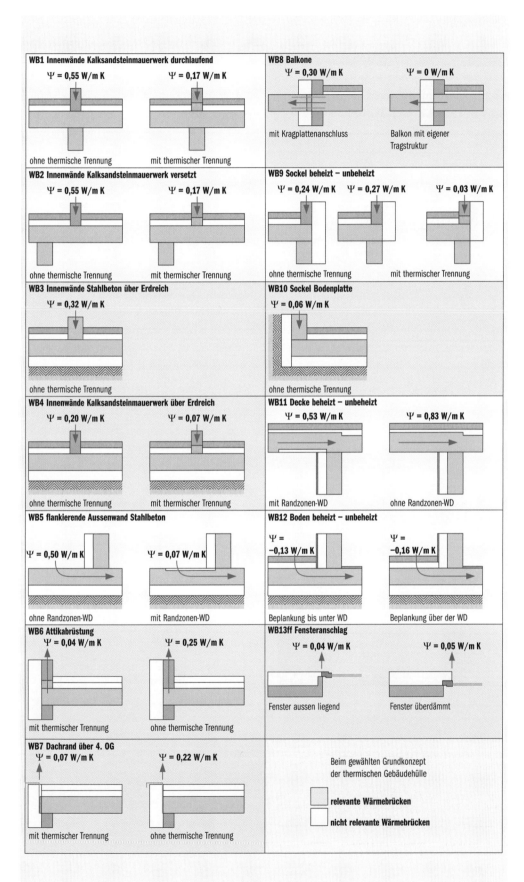

Abbildung 3.78: Zusammenstellung der insgesamt möglichen Details mit Wärmebrückenwirkung. Nur die als relevant bezeichneten Wärmebrücken wurden bei der Gegenüberstellung von Varianten (Abbildung 3.79) berücksichtigt. Die als nicht relevant bezeichneten Bauteilübergänge bzw. Wärmebrücken sind z. B. dann zu beachten, wenn sich die unbeheizten Räume im Untergeschoss nicht innerhalb der thermischen Gebäudehülle befinden würden. Es wird somit klar ersichtlich, dass bereits durch die Wahl der thermischen Gebäudehülle wesentlich auf die Auswirkungen von möglichen Wärmebrücken Rücksicht genommen werden kann.

die Anforderung von Minergie-P (Q_h ≤ 18,6 kWh/m²) kann erfüllt werden. Gegenüber der effektiv vorhandenen Bauweise mit U-Wert der Aussenwand von 0,172 W/m² K könnte dank optimierteren Details eine Aussenwand mit einem U-Werte von 0,19 W/m² K gewählt werden.

▮ Wenn allerdings wegen mangelhafter Planung erhebliche Wärmebrücken vorhanden sind, kann sich das auf die Erreichbarkeit des Minergie-P-Standards auswirken: Mit 36,6 kWh/m² wird der Transmissionswärmeverlust dann um 5 % grösser als bei der Variante mit optimierten Wärmebrücken. Der resultierende Heizwärmebedarf liegt mit 19,4 kWh/m² über dem Minergie-P-Anforderungswert von 18,6 kWh/m². Um den Anforderungswert in diesem Fall doch noch zu erreichen, müssten die höheren Wärmebrückenverluste durch eine Aussenwand mit U-Wert von 0,15 W/m² K kompensiert wer-

den. Gegenüber der optimierten Variante müsste hierfür die Dicke der Wärmedämmschicht um 4 cm erhöht werden.

Wegen der objektspezifisch optimalen Voraussetzung einer thermischen Gebäudehülle, die das gesamte Bauwerk umfasst, entfallen insbesondere Wärmebrücken zwischen beheizten und unbeheizten Zonen. Die Auswirkungen der Wärmebrücken und der Optimierungsanstrengungen sind hier deshalb nicht extrem gross. Der Handlungsspielraum bei der Optimierung von Wärmebrücken kann aber bei anderen Objekten sehr gross sein. Es lohnt sich deshalb, die Details zu optimieren, beispielsweise gestützt auf Wärmebrückenberechnungen. Erhebliche Wärmebrücken lassen sich nicht immer durch besser wärmegedämmte Bauteile kompensieren. Mit anderen Worten: Wärmebrücken können mitunter das Erreichen des Minergie-P-Standards infrage stellen.

Abbildung 3.79: Trotz optimalen Grundvoraussetzungen (ganzes Gebäude innerhalb der thermischen Gebäudehülle) zeigen sich doch Unterschiede in Abhängigkeit des Wärmebrückeneinflusses. Damit Minergie-P auch bei der Variante mit «grossen Wärmebrücken» erreicht werden kann, müssen die Aussenwände etwa 4 cm dicker gedämmt werden, als bei der Variante mit optimierten Wärmebrücken.

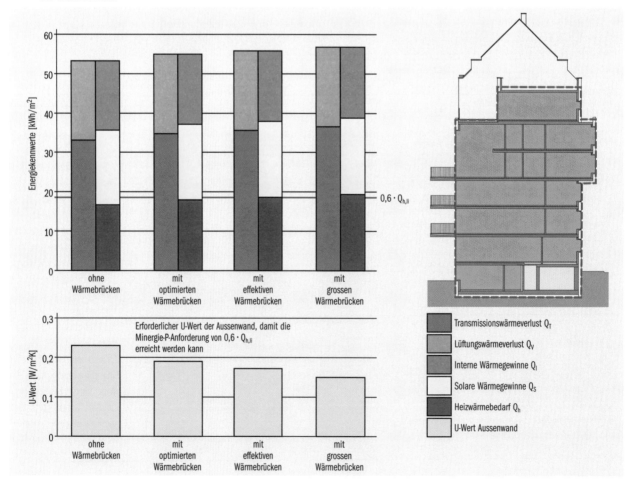

3.5 Minergie-P bei Sanierung

Es gilt als unbestritten, dass mit wärmetechnischen Sanierungen – zumal wenn sie im Standard Minergie-P erfolgen – bedeutend mehr bewirkt werden könnte als mit den laufenden Anstrengungen bei Neubauten. Vor Anpassung der Anforderungen (SIA 380/1, Minergie) auf Anfangs 2009 war es sehr schwierig, im Rahmen von Sanierungen den Neubaubestimmungen für Minergie-P zu genügen (Heizwärmebedarf und Luftdichtigkeit). Entsprechend spärlich waren die Versuche, dies zu erreichen. Die Erfahrungen mit den neuen Anforderungen fehlen noch, es ist aber davon auszugehen, dass es nun erheblich leichter wird, ein Gebäude im Minergie-P-Standard zu sanieren. Dementsprechend sind die Hoffnungen gross, dass mit zahlreichen Sanierungsbeispielen die Erfahrung und das Know-how wächst.

3.5.1 Moderatere Anforderungen

Gegenüber den Minergie-P-Anforderungen für Neubauten sind bei Sanierungen etwas moderatere Anforderungen an die Ausführung der thermischen Gebäudehülle zu stellen:

▪ Der Heizwärmebedarf Q_h muss 20 % kleiner sein als der gemäss Norm SIA 380/1 (2009) einzuhaltende Grenzwert $Q_{h,li}$ (bei Neubauten muss $Q_h \leq 0,6 \cdot Q_{h,li}$ sein).

▪ Die messtechnisch nachzuweisende Luftdichtigkeit der Gebäudehülle (Blower-door-Messung) muss einen $n_{50,st}$-Wert von kleiner als 1,5 erreichen (statt $n_{50,st} \leq 0,6$ bei Neubauten).

3.5.2 Erfolg nur bei konsequenter Strategie

Trotz den gegenüber Neubauten etwas niedereren Anforderungen sind extrem konsequente Sanierungsstrategien gefragt, um die immer noch hohen Anforderungen für Minergie-P-Sanierungen zu erfüllen. Insbesondere unveränderbare oder nur schwierig verbesserbare Bauteile wie Böden über Erdreich oder über Hohlräumen, Wände gegen Erdreich und hohe Wärmeverluste über Bauteilübergänge, können das Erreichen von Minergie-P nach wie vor verhindern.

Konzeptionelle Überlegungen

Die wichtigsten Weichen werden mit den ersten konzeptionellen Entscheidungen getroffen:

▪ Verlauf der thermischen Gebäudehülle, welche Räume werden zukünftig wie genutzt (beheizt, nicht beheizt, Energiebezugsfläche)?

▪ Nachverdichtung durch Aufstockungen, Anbauten oder das Ausbauen von Untergeschossen.

▪ Wahl der Fenster und der Anschlagebene. Wegen der neuen dicken Wärmedämmschichten ist es oft ratsam, die neuen Fenster nicht in der bestehenden Ebene anzuschlagen, sondern weiter aussen.

▪ Lohnt sich eine umfassende Sanierung oder ist ein Rück- und Neubau effizienter?

Bauteile

Betreffend die einzelnen Bauteile und ihr Wärmedämmvermögen gilt es, die bestehenden Konstruktionsschichten und ihr Zustand in die Betrachtung miteinzubeziehen. Im Vergleich zu den Neubaubauteilen gibt es keine wesentlich anderen Kriterien zu berücksichtigen.

Bauteilübergänge

Im Vergleich zu Neubaulösungen ist der Handlungsspielraum eingeschränkter, Wärmebrücken zu vermeiden. Oft sind grössere Eingriffe erforderlich, um Wärmebrücken zu reduzieren:

▪ Entfernen von Balkonen bzw. Erstellen von neuen Balkonen mit selbständigen, thermisch getrennten Tragstrukturen oder

▪ Balkonschicht in die thermische Gebäudehülle integrieren (Wohnraumerweiterung) und erstellen von neuen Balkonen.

∎ Loggien in die thermische Gebäudehülle integrieren.

∎ Auskragende Bauteile wie Vordächer u.ä. entfernen und evtl. neu thermisch entkoppelt realisieren.

Luftdichtigkeit

Bestehende, luftundichte Bauteile (z. B. Steildächer mit innerer Bekleidung aus Holztäfer und mangelhafter Luftdichtigkeitsschicht) können das Erreichen von Minergie-P in Frage stellen. Wenn die opaken, dichten Bauteile luftdicht an dichte Fenster und Türen angeschlossen werden und die durchdringenden Installationen luftdicht ausgeführt werden, sollte eine erfolgreiche Blower-door-Messung und somit Minergie-P möglich sein.

3.5.3 Wärmebrücken bei wärme- technischen Sanierungen

Was bei Neubauten noch als relativ schwierig gilt, ist bei der wärmetechnischen Sanierung von bestehenden Gebäuden oft unmöglich: Wärmebrücken können teilweise kaum vermieden oder auf ein vertretbares Minimum reduziert werden. Insbesondere das Durchdringen der Wärmedämmschicht mit tragenden Bauteilen lässt sich beim Sockel oder bei Innenwänden kaum vermeiden.

Das Beispiel in den Abbildungen 3.80 bis 3.82 zeigt deutlich, in welche Richtung es bei solch wärmetechnischen Sanierungen gehen muss: Dem bestehenden Gebäude wird eine neue, hochwärmegedämmte Gebäudehülle «übergestülpt»; mit einer Innenwärmedämmung ist es undenkbar, den Minergie-P-Standard zu erreichen.

∎ Ausgangspunkt für die Diskussion von Sanierungen im Minergie-P-Standard ist eine bestehende Gebäudehülle mit 30 cm dickem, verputztem Verbandmauerwerk (Abbildung 3.80). Diese steht stellvertretend auch für andere Baukonstruktionen mit U-Werten um 0,6 bis 1,0 W/m²K, so z. B. Aussenwände mit Innenwärmedämmungen von geringer Dicke und Vormauerun-

gen. Es wird jeweils der Energieverlust und der Wärmebrückenanteil über eine Fassade von 1,5 Geschossen gezeigt, wobei der Fassadenschnitt mit und ohne Fenster unter die Lupe genommen wird (ohne Wärmeverlust über den Boden über dem nicht beheizten Untergeschoss). Vor der Sanierung beträgt der Energieverlust über die Fassade mit den Fenstern 278,5 W/m, wovon der Anteil der Wärmebrücken (Sockel, Deckenauflager/ Sturz, Fenstereinbau) 23,8 % beträgt. Bei der Fassade ohne Fenster beträgt der Energieverlust 171,6 W/m, wovon 11,5 % auf die Wärmebrücken (Sockel, Deckenauflager) entfallen.

∎ Abbildung 3.81 zeigt die Auswirkungen einer Sanierung mittels Aussenwärmedämmung (verputzt oder mit hinterlüfteter Bekleidung) im Minergie-P-Standard. Dies stellt wohl die effektivste oder sogar einzige Möglichkeit dar, ein bestehendes Gebäude in wärmetechnisch-energetischer Hinsicht derart grundlegend zu verbessern. Gegenüber dem Ist-Zustand kann der Wärmeverlust um 76,7 % auf 64,8 W/m reduziert werden (Fassadenschnitt mit Fenster) bzw. um 89,6 % auf 17,9 W/m (Fassadenschnitt ohne Fenster). Der Wärmebrückeneinfluss ist mit 21,8 % bis 34,4 % sehr gross, wobei nur der Sockel und der Fenstereinbau relevant sind.

∎ Im Kontext Minergie-P wird wohl niemand ernsthaft in Erwägung ziehen, ein Gebäude mittels Innenwärmedämmung (z. B. mit Vakuum-Panels) zu sanieren (Abbildung 3.82). Durch den Wärmebrückeneinfluss (Sockel, Deckenauflager, Sturz) von 62,3 % bis 73,4 % hält sich der Erfolg einer Verbesserung des Wärmeschutzes in Grenzen. Beim Fassadenschnitt mit Fenster kann der Wärmeverlust zwar um 60,1 % auf 111,2 W/m reduziert werden und beim Schnitt ohne Fenster um 69,3 % auf 52,7 W/m. Trotz analoger Bauteilkennwerte ist der Wärmeverlust gegenüber der aussen wärmegedämmten Gebäudehülle jedoch um 71,6 % bis 194,4 % grösser und bietet mit Sicherheit nicht die Möglichkeit, den Minergie-P-Standard zu erreichen.

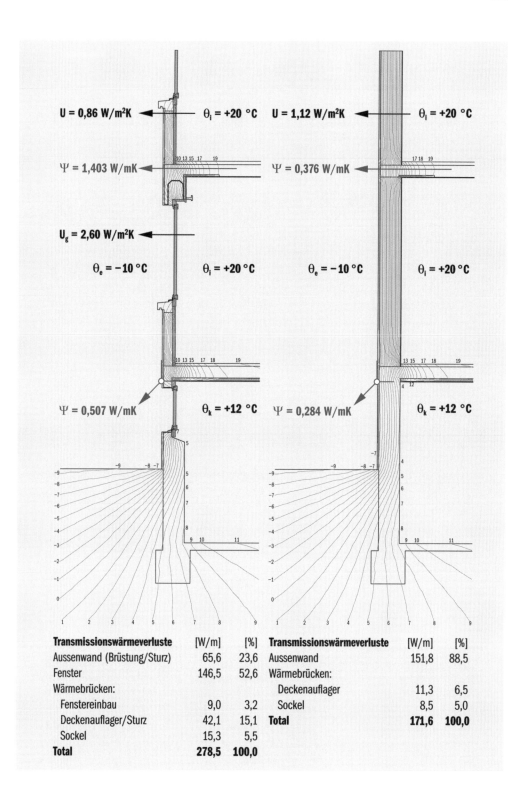

U = 0,86 W/m²K ◄─ — θᵢ = +20 °C

Ψ = 1,403 W/mK ◄─

U_g = 2,60 W/m²K ◄─

θₑ = − 10 °C   θᵢ = +20 °C

Ψ = 0,507 W/mK   θₖ = +12 °C

U = 1,12 W/m²K ◄─ — θᵢ = +20 °C

Ψ = 0,376 W/mK ◄─

θₑ = − 10 °C   θᵢ = +20 °C

Ψ = 0,284 W/mK   θₖ = +12 °C

Abbildung 3.80: Bestehende Gebäudehülle mit 30 cm dickem, verputztem Verbandmauerwerk, als Basis für die Diskussion von Sanierungen im Minergie-P-Standard. Am Energieverlust von 278,5 W/m über den Fassadenschnitt bei den Fenstern (1,5 Geschosse, ohne Boden über dem Untergeschoss) haben die Wärmebrücken (Sockel, Deckenauflager/Sturz, Fenstereinbau) einen Anteil von 23,8 %. Beim Fassadenschnitt ohne Fenster tragen die Wärmebrücken (Sockel, Deckenauflager) 11,5 % zu den 171,6 W/m Energieverlust bei.

Transmissionswärmeverluste	[W/m]	[%]
Aussenwand (Brüstung/Sturz)	65,6	23,6
Fenster	146,5	52,6
Wärmebrücken:		
Fenstereinbau	9,0	3,2
Deckenauflager/Sturz	42,1	15,1
Sockel	15,3	5,5
Total	**278,5**	**100,0**

Transmissionswärmeverluste	[W/m]	[%]
Aussenwand	151,8	88,5
Wärmebrücken:		
Deckenauflager	11,3	6,5
Sockel	8,5	5,0
Total	**171,6**	**100,0**

Abbildung 3.81: Für Sanierungen im Minergie-P-Standard ist die Aussenwärmedämmung (verputzt oder mit hinterlüfteter Bekleidung) wohl die effektivste Möglichkeit. Gegenüber dem Ist-Zustand (Abbildung 3.80) kann der Wärmeverlust um 76,7 % auf 64,8 W/m reduziert werden (Fassadenschnitt mit Fenster) bzw. um 89,6 % auf 17,9 W/m (Fassadenschnitt ohne Fenster). Der Wärmebrückeneinfluss ist mit 21,8 % bis 34,4 % gross, wobei primär der Sockel und der Fenstereinbau relevant sind.

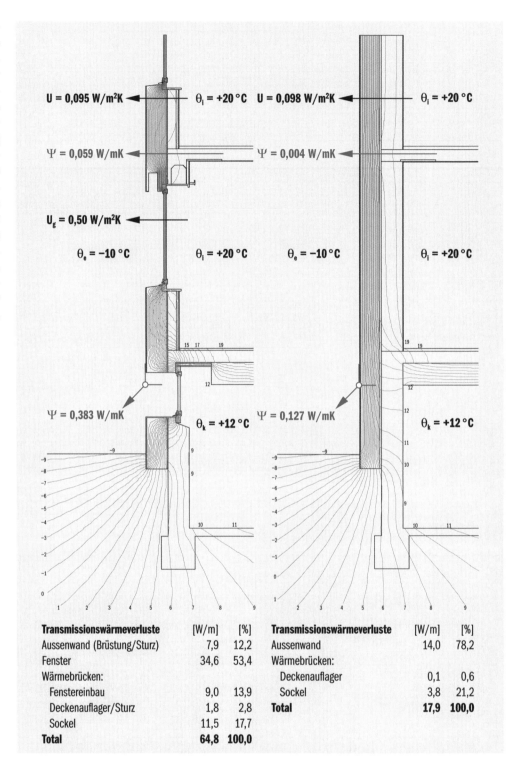

Transmissionswärmeverluste	[W/m]	[%]
Aussenwand (Brüstung/Sturz)	7,9	12,2
Fenster	34,6	53,4
Wärmebrücken:		
Fenstereinbau	9,0	13,9
Deckenauflager/Sturz	1,8	2,8
Sockel	11,5	17,7
Total	**64,8**	**100,0**

Transmissionswärmeverluste	[W/m]	[%]
Aussenwand	14,0	78,2
Wärmebrücken:		
Deckenauflager	0,1	0,6
Sockel	3,8	21,2
Total	**17,9**	**100,0**

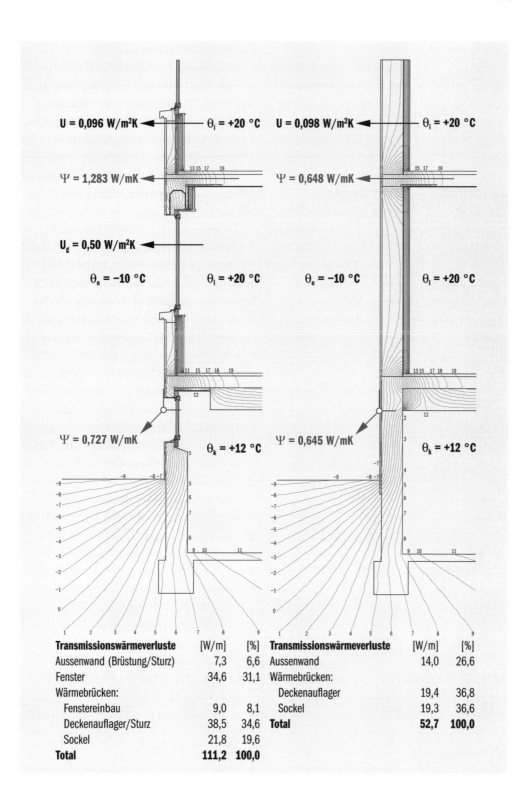

Abbildung 3.82: Zugegeben, im Kontext Minergie-P wird wohl niemand ernsthaft in Erwägung ziehen, ein Gebäude mittels Innenwärmedämmung (z. B. mit VIP-Panels wie in diesem Beispiel) zu sanieren. Durch den Wärmebrückeneinfluss (Sockel, Deckenauflager, Sturz) von 62,3 % bis 73,4 % hält sich der Erfolg in Grenzen. Beim Fassadenschnitt mit Fenster kann der Wärmeverlust um 60 % auf 111,2 W/m reduziert werden und beim Schnitt ohne Fenster um 69,3 % auf 52,7 W/m. Trotz analoger Bauteilkennwerte ist der Wärmeverlust gegenüber der aussen wärmegedämmten Gebäudehülle (Abbildung 3.81) um 71,6 % bis 194,4 % grösser.

Transmissionswärmeverluste	[W/m]	[%]
Aussenwand (Brüstung/Sturz)	7,3	6,6
Fenster	34,6	31,1
Wärmebrücken:		
Fenstereinbau	9,0	8,1
Deckenauflager/Sturz	38,5	34,6
Sockel	21,8	19,6
Total	**111,2**	**100,0**

Transmissionswärmeverluste	[W/m]	[%]
Aussenwand	14,0	26,6
Wärmebrücken:		
Deckenauflager	19,4	36,8
Sockel	19,3	36,6
Total	**52,7**	**100,0**

3.5.4 Objektbeispiel

Am Beispiel eines Mehrfamilienhauses, das aus drei zusammen gebauten Häusern besteht (Abbildung 3.83), wird im folgenden aufgezeigt, mit welchen Massnahmen eine wärmetechnische Sanierung im Standard Minergie-P erreicht werden kann. Zudem sollen verschiedene Parameter untersucht werden, insbesondere den Einfluss der Kompaktheit (kleines oder grösseres MFH) und des Gebäudestandortes. Das bestehende Mehrfamilienhaus wurde 1946 in Luzern erstellt. Die 24 Wohnungen werden mit Gas beheizt, die Energiekennzahl «Heizen» beträgt durchschnittlich etwa 150 kWh/m². Die Gebäudehülle ist wärmetechnisch ungenügend, sie weist folgende relevanten Bauteile auf:

▪ Aussenwand aus beidseitig verputztem Verbandmauerwerk, mit einem U-Wert von etwa 1,0 W/m² K.

▪ Boden über Untergeschoss mit kaum wärmegedämmter Bodenüberkonstruktion (Korkschrotmatte o. ä.) und einem U-Wert von etwa 1,6 W/m² K. Das Treppenhaus ist gegen das Untergeschoss thermisch nicht abgegrenz; für diese «Bauteilfläche» wird ein U-Wert von 2,5 W/m² K berücksichtigt (gegen Aussenklima).

▪ Decke gegen Estrich mit einem U-Wert von etwa 1,85 W/m² K.

▪ Bei den Fenstern handelt es sich um Holzfenster mit Doppelverlasung. Der U-Wert beträgt durchschnittlich etwa 2,35 W/m² K und als g-Wert wurden 0,62 berücksichtigt.

▪ Für die Hauseingangstüren und die Zugangsklappen zu den Estrichen wurde ein U-Wert von 2,5 W/m² K eingesetzt.

Die berücksichtigten Wärmebrückenverluste gehen aus Abbildung 3.84 hervor. Weil das ganze Gebäude als «Wärmebrücke» bezeichnet werden kann, resultieren beim Ist-Zustand nur bei den Balkonen und den Fensteranschlägen zusätzliche, grössere Wärmebrückenverluste. Wegen der negativen Wärmebrückenverluste beim Sockel und im Übergang Aussenwand/Estrichdecke beträgt der Anteil der Wärmebrücken am Transmissionswärmeverlust nur 0,4 %.

Heizwärmebedarf Ist-Zustand

Die vorhandene Gebäudehülle führt rechnerisch zu 10 Monaten Heizperiode; nur im Juli und August muss keine Energie zugeführt werden (Abbildung 3.85). Der vorhandene Heizwärmebedarf Q_h ist mit 124 kWh/m² um einen Faktor 5 grösser als der für Minergie-P im Rahmen einer Sanierung zulässige Grenzwert ($0,8 \cdot Q_{h,li}$) von 25 kWh/m².

Sanierungskonzept

Die Balkone werden entfernt und durch eine neue, selbsstragende Balkonkonstruktion ersetzt (Abbildung 3.86). Damit können grössere Balkone zur Verfügung gestellt werden. Diese verursachen nun keine Wärmebrückenverluste mehr, erhöhen aber durch die grössere Tiefe die Beschattung der entsprechenden Fenster. Ohne neue Balkone müsste ein grosser Wärmebrückenverlust von 0,56 W/mK in Kauf genommen werden und die Balkone würden durch die zusätzliche Wärmedämmung noch weniger tief.

Die neuen Fenster werden aussen auf das bestehnde Mauerwerk angschlagen und überdämmt (Kompaktfassade oder Aussenwärmedämmung mit hinterlüfteter Bekleidung). Die Abgrenzung zwischen Erd- und Untergeschoss erfolgt wie im Ist-Zustand über die Berücksichtigung des «Treppenlochs» mit einem U-Wert von 2,5 W/m² K (gegen Aussenklima).

Die bei der Sanierung berücksichtigten Wärmebrücken gehen aus Abbildung 3.84 hervor und die relevanten Bauteile weisen nun einen verbesserten Wärmeschutz auf:

▪ Aussenwand aussen wärmegedämmt, mit U-Wert von 0,14 W/m² K.

▪ Boden über Untergeschoss mit Wärmedämmschicht an Kellerdecke wärmegedämmt, U-Wert = 0,2 W/m² K.

▪ Decke gegen Estrich mit U-Wert von 0,15 W/m² K.

▪ Die neuen Fenster mit 3-fach-IV (U_g = 0,6 W/m² K, Ψ_g = 0,05 W/mK, g = 0,48) weisen durchschnittlich einen U-Wert U_w von etwa 0,9 W/m² K auf.

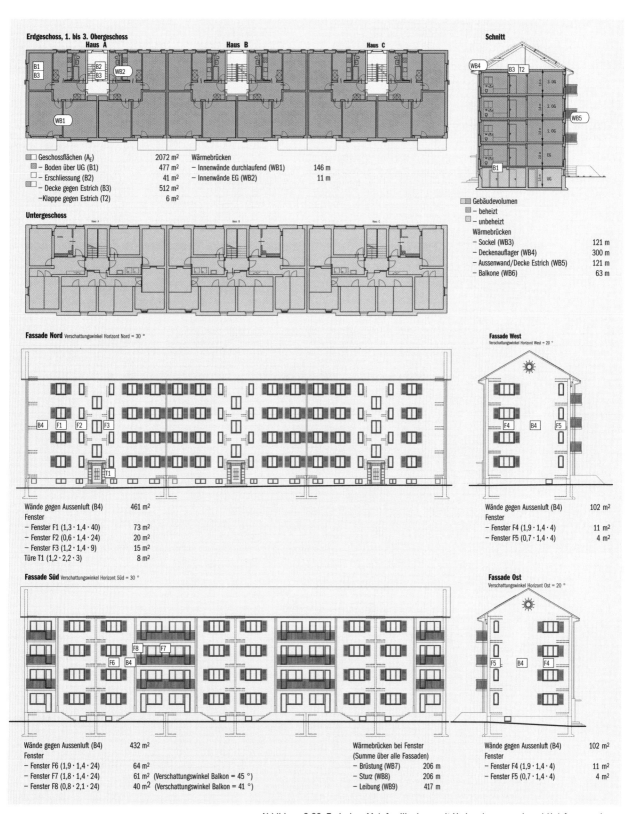

Erdgeschoss, 1. bis 3. Obergeschoss

Geschossflächen (A_E)	2072 m²
– Boden über UG (B1)	477 m²
– Erschliessung (B2)	41 m²
– Decke gegen Estrich (B3)	512 m²
–Klappe gegen Estrich (T2)	6 m²

Wärmebrücken
| – Innenwände durchlaufend (WB1) | 146 m |
| – Innenwände EG (WB2) | 11 m |

Untergeschoss

Gebäudevolumen
– beheizt
– unbeheizt
Wärmebrücken
– Sockel (WB3)	121 m
– Deckenauflager (WB4)	300 m
– Aussenwand/Decke Estrich (WB5)	121 m
– Balkone (WB6)	63 m

Fassade Nord Verschattungswinkel Horizont Nord = 30 °

Wände gegen Aussenluft (B4)	461 m²
Fenster	
– Fenster F1 (1,3 · 1,4 · 40)	73 m²
– Fenster F2 (0,6 · 1,4 · 24)	20 m²
– Fenster F3 (1,2 · 1,4 · 9)	15 m²
Türe T1 (1,2 · 2,2 · 3)	8 m²

Fassade West Verschattungswinkel Horizont West = 20 °

Wände gegen Aussenluft (B4)	102 m²
Fenster	
– Fenster F4 (1,9 · 1,4 · 4)	11 m²
– Fenster F5 (0,7 · 1,4 · 4)	4 m²

Fassade Süd Verschattungswinkel Horizont Süd = 30 °

Wände gegen Aussenluft (B4)	432 m²
Fenster	
– Fenster F6 (1,9 · 1,4 · 24)	64 m²
– Fenster F7 (1,8 · 1,4 · 24)	61 m² (Verschattungswinkel Balkon = 45 °)
– Fenster F8 (0,8 · 2,1 · 24)	40 m² (Verschattungswinkel Balkon = 41 °)

Wärmebrücken bei Fenster (Summe über alle Fassaden)
– Brüstung (WB7)	206 m
– Sturz (WB8)	206 m
– Leibung (WB9)	417 m

Fassade Ost Verschattungswinkel Horizont Ost = 20 °

Wände gegen Aussenluft (B4)	102 m²
Fenster	
– Fenster F4 (1,9 · 1,4 · 4)	11 m²
– Fenster F5 (0,7 · 1,4 · 4)	4 m²

Abbildung 3.83: Typisches Mehrfamilienhaus mit Verbandmauerwerk und Holzfenster mit Doppelverglasung. Kein spezieller Wärmeschutz gegenüber den kalten Keller- und Estrichräumen. Wenn auch andere Randbedingungen stimmen (z. B. Wohnungsstruktur, Schallschutz u. ä.), macht es sicherlich Sinn, solche Gebäude wärmetechnisch zu verbessern, bis hin zum Minergie-P-Standard.

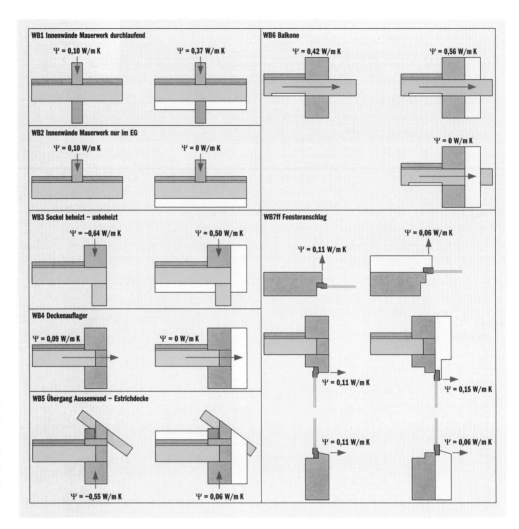

Abbildung 3.84: Zusammenstellung der bei der Berechnung des Heizwärmebedarfs (Norm SIA 380/1) berücksichtigten Wärmebrückenverluste. Links jeweils das Detail und der Wärmebrückenverlust für den Ist-Zustand, rechts die Variante für die wärmetechnische Sanierung.

▎ Für die Hauseingangstüren und die Zugangsklappen zu den Estrichen wurde ein U-Wert von 1,5 W/m^2 K eingesetzt.

Heizwärmebedarf nach Sanierung

Das wärmetechnisch sanierte Gebäude weist nun nur noch 7 Monate Heizperiode auf (Abbildung 3.87). Der vorhandene Heizwärmebedarf Q_h erfüllt nun mit 25 kWh/m^2 genau den für Minergie-P geforderten Grenzwert (0,8 · $Q_{h,li}$ = 25 kWh/m^2). Gegenüber dem Ist-Zustand konnte der Heizwärmebedarf um einen Faktor 5 reduziert werden.

Einfluss Fenstergeometrie und Wärmebrücke beim Balkon

Abbildung 3.88 zeigt die Abhängigkeiten. Bei der «Standardlösung» werden die 3-flügligen Fenster beibehalten. Mit davor gestell-

ter Balkonkonstruktion kann Minergie-P erreicht werden, wenn die Aussenwand einen U-Wert von 0,14 W/m^2 K aufweist. Die Wärmebrückenwirkung von durchlaufenden Balkonen müsste mit einem U-Wert bei der Aussenwand von 0,11 W/m^2 K kompensiert werden. Der Wechsel von 3- auf 2-flüglige Fenster lässt bei der Aussenwand etwas schlechtere U-Werte von 0,155 W/m^2 K (Balkon getrennt) bzw. von 0,125 W/m^2 K (Balkon durchlaufen) zu.

Einfluss der Kompaktheit

Basierend auf der Grundvariante (bestehende Fenstergeometrie) zeigt Abbildung 3.89 die Auswirkungen, wenn das Gebäude kleiner wird. Gegenüber dem effektiven Gebäude, mit drei Hausteilen, wirkt sich die Reduktion auf zwei Hausteile kaum aus. Der einzuhaltende Grenzwert erhöht sich wegen der etwas schlechteren Gebäudehüllziffer (A_{th}/A_E) von 25 kWh/m² auf 26 kWh/m². Dieser Grenzwert kann mit derselben Baukonstruktion wie beim grösseren Haus eingehalten werden; für die Aussenwand braucht es U-Werte von 0,14 W/m²K (getrennter Balkon) bzw. 0,11 W/m²K (durchlaufender Balkon). Selbst die Verkleinerung auf nur einen Hausteil bedingt nur etwas bessere U-Werte der Aussenwand, um den neuen Grenzwert von 28 kWh/m² einzuhalten; es sind dies 0,13 W/m²K (getrennter Balkon) bzw. 0,105 W/m²K (durchlaufender Balkon). Eine wesentliche Veränderung ergibt sich dann, wenn beim einen Hausteil auch noch ein Geschoss wegfällt. Die Wärmeverluste

gegen das Untergeschoss (Decke, Treppenloch und Wärmebrücken) und den Estrich verteilen sich nun nur noch auf drei statt vier Geschosse. Damit der Grenzwert für Minergie-P von nun 30 kWh/m² erreicht werden kann, sind U-Werte bei der Aussenwand von 0,08 W/m²K (getrennter Balkon) bzw. 0,06 W/m²K (durchlaufender Balkon) erforderlich. Dies kann sicherlich nicht gewährleistet werden bzw. die erhöhten Wärmeverluste können nicht nur durch bessere U-Werte bei den Aussenwänden kompensiert werden. Es müsste also auch der Boden über dem Untergeschoss und die Decke gegen den Estrich besser wärmegedämmt werden und allenfalls müsste der Abgang in das Untergeschoss thermisch besser gelöst werden.

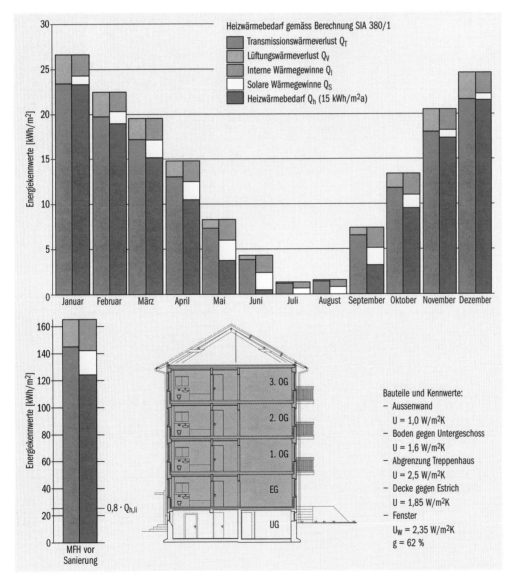

Abbildung 3.85: Das bestehende Gebäude weist 10 Monate Heizperiode auf; nur im Juli und August muss keine Energie zugeführt werden. Der vorhandene Heizwärmebedarf Q_h ist mit 124 kWh/m² um einen Faktor 5 grösser als der für Minergie-P im Rahmen einer Sanierung zulässige Grenzwert von 25 kWh/m².

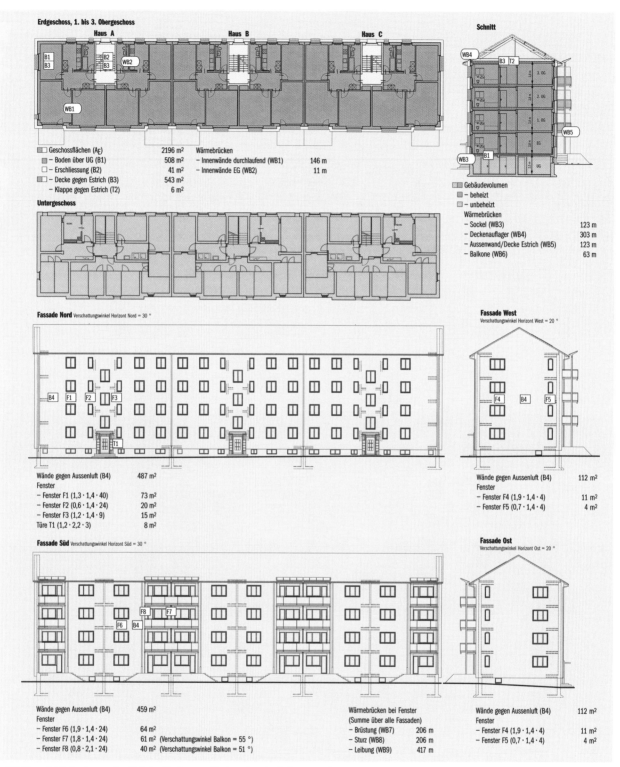

Abbildung 3.86: Sanierung des Mehrfamilienhauses. Die bestehenden Balkone werden entfernt und durch eine neue, selbsttragende Balkonkonstruktion esetzt. Das Gebäude erhält eine Aussenwärmedämmung und die Decken gegen den Keller und den Estrich werden ebenfalls wärmegedämmt. Die neuen Fenster werden aussen, im Bereich der neuen Wärmedämmschicht angeschlagen. Statt der bestehenden Holzläden gewährleisten Lamellenstoren in einer äusseren Sturznische den Sonnenschutz. Es gilt die einzelnen Bauteile so zu optimieren, dass die neue Gebäudehülle den Standard Minergie-P erreicht.

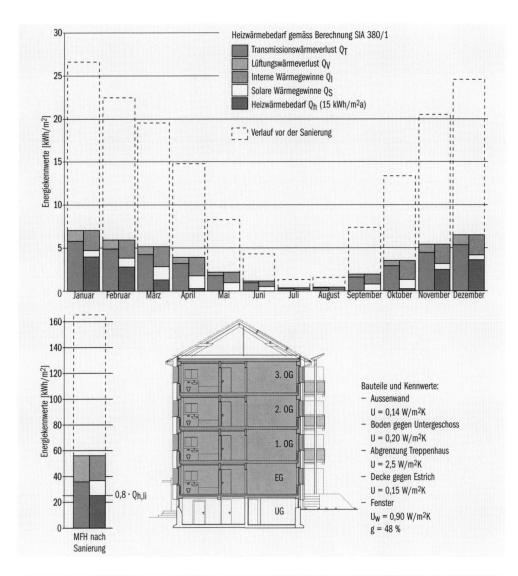

Bauteile und Kennwerte:
- Aussenwand
  U = 0,14 W/m²K
- Boden gegen Untergeschoss
  U = 0,20 W/m²K
- Abgrenzung Treppenhaus
  U = 2,5 W/m²K
- Decke gegen Estrich
  U = 0,15 W/m²K
- Fenster
  U_W = 0,90 W/m²K
  g = 48 %

Abbildung 3.87: Die neue thermische Gebäudehülle führt zu einer Heizperiode von nur noch 7 Monaten, mit einem gegenüber dem Ist-Zustand deutlich kleineren Heizwärmebedarf. Der nun erreichte Heizwärmebedarf Q_h erfüllt mit 25 kWh/m² genau den für Minergie-P geforderten Grenzwert.

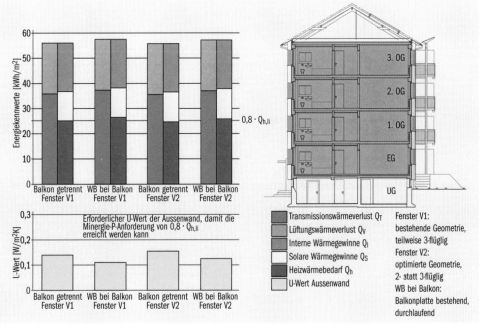

Fenster V1:
bestehende Geometrie, teilweise 3-flüglig
Fenster V2:
optimierte Geometrie, 2- statt 3-flüglig
WB bei Balkon:
Balkonplatte bestehend, durchlaufend

Abbildung 3.88: Einfluss der Fenstergeometrie (2- statt 3-flüglige Fenster) und der Balkonkonstruktion (getrennt bzw. durchlaufend). Eine optimierte Fenstergeometrie ermöglicht etwa höhere U-Werte bei der Aussenwand. Umgekehrt bedingt ein durchlaufender Balkon einen besseren Wärmeschutz.

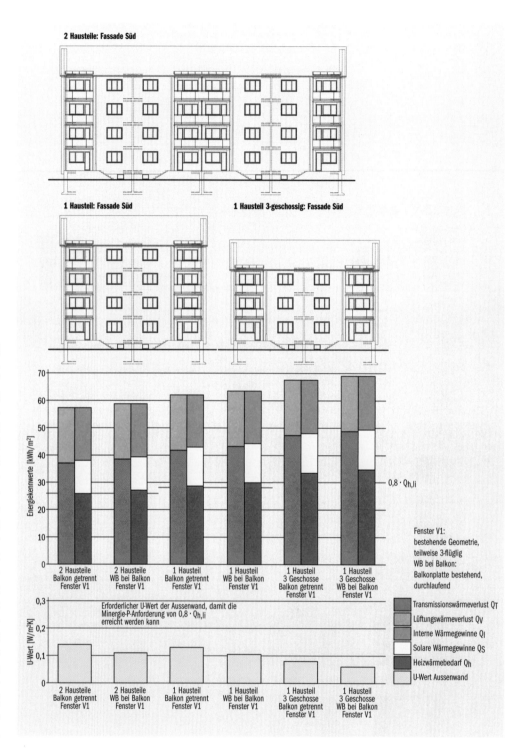

Abbildung 3.89: Auswirkung der Gebäudegrösse bzw. der Gebäudehüllziffer (A_{th}/A_E) auf die Erreichbarkeit von Minergie-P. Die Reduktion um einen Hausteil auf zwei Häuser bringt quasi keine Veränderungen mit sich. Bei nur einem Hausteil sind etwas bessere U-Werte bei den Aussenwänden erforderlich (0,13 statt 0,14 W/m^2 K (getrennter Balkon) bzw. 0,105 statt 0,11 W/m^2 K (durchlaufender Balkon). Wenn noch ein Geschoss wegfällt, ist das Erreichen von Minergie-P nur über Massnahmen bei den Wänden nicht möglich. Es wären U-Werte von 0,08 W/m^2 K (getrennter Balkon) bzw. 0,06 W/m^2 K (durchlaufender Balkon) erforderlich.

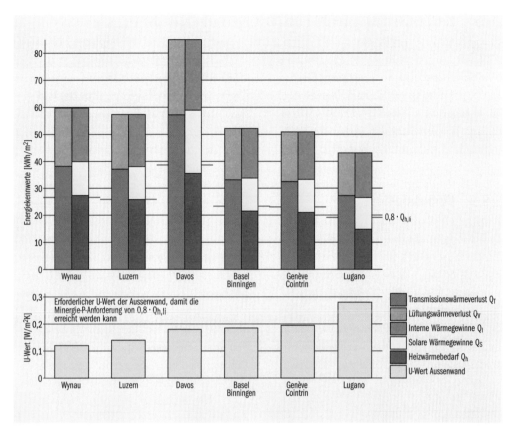

Abbildung 3.90: Verschiebt man rechnerisch das Gebäude (3 Hausteile, Standardsanierung mit bestehender Fenstergeometrie) an andere Standorte, zeigt sich erstaundiches. An den Mittelland-Standorten Wynau und Luzern wird mit U-Werten von 0,12 W/m²K und 0,14 W/m²K bei den Aussenwänden der beste Wärmeschutz gefordert. In Davos wären nur 0,18 W/m²K gefordert und in Lugano wäre ein «steinzeitlicher Wärmeschutz» von 0,28 W/m²K möglich, wenn die anderen Bauteile entsprechend gut wärmegedämmt würden (Standardlösung für Sanierung).

Einfluss Gebäudestandort (Klimastation)

Erstaunlich ist die grosse Differenz beim erforderlichen Wärmeschutz in Abhängigkeit vom Gebäudestandort bzw. der Klimastation (Abbildung 3.90). Der einzuhaltende Anforderungswert $(0,8 \cdot Q_{h,li})$ variiert in Abhängigkeit der Jahresmitteltemperatur. Bei Abweichungen von 8,5 °C verändert sich die Anforderung an den Heizwärmebedarf um 8 % je Kelvin höhere oder tiefere Jahresmitteltemperatur. In Davos darf somit für Minergie-P ein Heizwärmebedarf Q_h von 39 kWh/m² erreichen, während dem in Lugano der Heizwärmebedarf Q_h 19 kWh/m² erreichen muss.

Von den überprüften Klimastationen ist Wynau am strengsten. Die Aussenwand muss einen U-Wert von 0,12 W/m²K erreichen, damit Minergie-P möglich wird. Im viel höher gelegenen Davos ist erstaunlicherweise eine Aussenwand mit einem U-Wert von 0,18 W/m²K möglich und in Lugano führt bereits ein U-Wert von 0,28 W/m²K zu Minergie-P. Dies allerdings nur dann, wenn alle anderen Bauteile so gut wärmege-

dämmt werden, wie dies der Standardsanierung zu grunde liegt.

Erkenntnisse

Die verschiedenen Überlegungen am Beispiel eines Mehrfamilienhauses zeigen, dass bereits mit vernünftigen Sanierungskonzepten der Standard Minergie-P erreicht werden kann. Gegenüber der Sanierung nach «Energiegesetz» bzw. SIA 380/1 (Q_h = 125 % von $Q_{h,li}$) wird mit einer Sanierung nach Minergie-P der Heizwärmebedarf um 36 % kleiner. Minergie-P setzt also auch hier deutliche Zeichen und es ist zu hoffen, dass nun möglichst viele Gebäude auf diesen effizienten Energiestandard getrimmt werden.

3.6 Berechnungsverfahren Norm SIA 380/1

Das Berechungsverfahren nach der Norm SIA 380/1 basiert auf Monatsbilanzen nach der europäischen Norm EN13790 «Wärmetechnisches Verhalten von Gebäuden – Berechnung des Heizenergiebedarfs».

3.6.1 Einflussfaktoren

Die Energiebilanzierung (Abbildung 3.91) berücksichtigt die Energieverluste durch Transmission und Lüftung sowie die Energiegewinne durch Sonneneinstrahlung, Personen und Elektrizität (Licht, Geräte…). Basierend auf diesem Modell der Energiebilanzierung kann auch sehr gut der Handlungsspielraum aufgezeigt werden, den die Planer auf dem Weg zu Minergie-P haben.

Abbildung 3.91: Mit dem Berechnungsverfahren nach Norm SIA 380/1 werden bei einem Gebäude über die Monate die Energieverluste und die Energiegewinne bilanziert. Der verbleibende Heizwärmebedarf Q_h ist das primär einzuhaltende Kriterium bei Minergie-P.

Transmissionswärmeverluste

Die Wärmeverluste werden über die thermisch relevante Gebäudehülle berechnet (Abbildung 3.92). Neben einer optimalen Wahl der thermischen Gebäudehülle (z. B. Abgrenzung beheizt/nicht beheizt bzw. innerhalb oder ausserhalb der thermischen Gebäudehülle) beeinflusst der Planer den Transmissionswärmeverlust durch die Wärmedämmqualität der opaken und transparenten Bauteile (U-Werte) sowie eine möglichst wärmebrückenfreie Ausbildung der Bauteilübergänge. Die Wahl der Raumtemperaturregelung wirkt sich durch eine höhere Temperaturdifferenz ebenfalls auf den Transmissionswärmeverlust aus. Bei Einzelraum-Temperaturregelung respektive einer Vorlauftemperatur von maximal 30 °C (bei der Auslegungstemperatur) wird die Temperaturdifferenz nicht erhöht. Bei

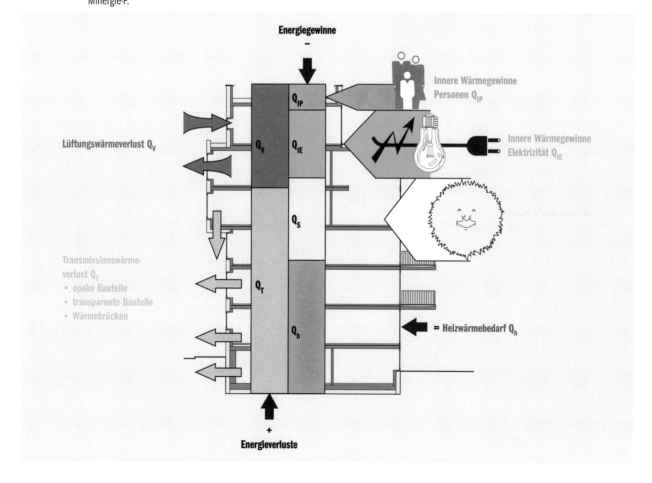

Energiegewinne
–

Innere Wärmegewinne Personen Q_{IP}

Innere Wärmegewinne Elektrizität Q_{IE}

Lüftungswärmeverlust Q_V

Q_V

Q_{IP}

Q_{IE}

Q_S

Transmissionswärmeverlust Q_T
• opake Bauteile
• transparente Bauteile
• Wärmebrücken

Q_T

Q_h

= Heizwärmebedarf Q_h

+
Energieverluste

Minergie-P mit statischer Heizung (Boden-heizung, Heizkörper u. ä.) sollte das in der Regel der Fall sein. Bei einer Luftheizung (Wärmeenergie wird über die Komfortlüftung zugeführt) wird in der Regel über einen Referenzraum reguliert; es ist eine um 1 Kelvin höhere Temperaturdifferenz zu berücksichtigen.

Der Korrekturfaktor b berücksichtigt bei Bauteilen zwischen beheizten und nicht beheizten Räumen die Temperaturunterschiede zwischen der Aussenluft und dem unbeheizten Raum (z. B. b = 0,7 gegen Kellerräume ganz im Erdreich). Bei Bauteilen gegen Erdreich berücksichtigt der b-Faktor die wärmedämmende Wirkung des Erdreichs.

Lüftungswärmeverluste

Der Lüftungswärmeverlust beschreibt den Verlust aufgrund des thermisch wirksamen Aussenluftvolumenstroms (Abbildung 3.93). Der Aussenluftvolumenstrom ist für die Primäranforderung Minergie-P in Norm SIA

380/1 für jede Gebäudekategorie fix definiert. Bei der Berechnung des Heizwärmebedarfs Q_h für die gewichtete Energiekennzahl entspricht der Aussenluftvolumenstrom dem Objektwert. Der Planer kann somit nur durch die Wahl der Lüftung (z. B. Wärmetauscher, Grad der Wärmerückgewinnung) auf den Objektwert Einfluss nehmen. Für die Optimierung der Gebäudehülle stellt der Lüftungwärmeverlust eine unveränderbare Grösse dar.

Interne Wärmegewinne

Die internen Gewinne von Personen und elektrischen Geräten sind Standardnutzungswerte aus der Norm SIA 380/1, welche weder von den Bauteilkonstruktionen noch von der Architektur beeinflusst werden (Abbildung 3.94).

Der Ausnutzungsgrad reduziert den gesamten monatlichen Wärmegewinn (interne und externe Gewinne) auf den zur Raumerwärmung nutzbaren Teil. Der Ausnutzungsgrad

Abbildung 3.92: Die Transmissionswärmeverluste werden primär durch die Konstruktionsqualität bzw. den vorhandenen Wärmeschutz bestimmt (Bauteile und Bauteilübergänge). Beeinflussend ist auch die Wahl der Raumtemperaturregelung.

Q_T **Transmissionswärmeverlust Q_T**

Verlustkoeffizient H		x	Temperaturdifferenz (Klima)	x	Zeit
– Bauteilfläche	· U-Wert · b		– Innentemperatur – Ausssentemperatur		
– Fensterfläche	· U_w-Wert · b		– Einfluss Raumtemperaturregelung		
– Wärmebrückenlänge	· Ψ-Wert · b				
– Wärmebrückenzahl	· χ-Wert · b				

Energiebezugsfläche A_E

U-Wert	Wärmedurchgangskoeffizient der opaken Bauteile
U_w-Wert	Wärmedurchgangskoeffizient der Fenster
Ψ-Wert	Linearer Wärmebrückenverlust
χ-Wert	Punktförmiger Wärmebrückenverlust
Faktor b	Korrekturfaktor
	– Wärmefluss gegen unbeheizte Räume
	– Wärmefluss gegen Erdreich
A_E	anrechenbare Energiebezugsfläche (SIA 416/1)

Einfluss Raumtemperaturregelung:

– 0 Kelvin bei	Einzeltraum-Temperaturregelung und/oder
	Vorlauftemperatur max 30 °C bei Auslegungstemperatur
– 1 Kelvin bei	Referenzraum-Temperaturregelung (z.B. bei Luftheizung)
– 2 Kelvin	in übrigen Fällen

wird von folgenden Faktoren beeinflusst:

▮ Verhältnis Gewinne zu Verluste (je grösser die Gewinne, desto weniger davon lässt sich nutzen).

▮ Gebäudemasse (speicherwirksame Masse, wie gut können die Gewinne über eine gewisse Zeit gespeichert werden?).

▮ Wärmeverlustkoeffizient (wie schnell kühlt das Gebäude ohne Wärmezufluss aus?). Anmerkung: In Norm SIA 380/1 wird der Holzbau in Ständer- bzw. Rahmenbauweise als leichte Bauweise mit $C/A_E = 0{,}1$ MJ/ m^2 K taxiert. Bei entsprechender raumseitiger Beplankung (z. B. zweilagige Gipskarton oder Gipsfaserplatten) und «schweren» Unterlagsböden (z. B. aus mindestens 6 cm dickem Zement- oder Anhydrit-Estrich) und Bodenbelägen mit einem Wärmedurchlasswiderstand R von maximal 0,1 m^2 K/W, kann im Rahmen der Zertifizierung für den Holzrahmenbau auch eine mittlere Bauweise mit $C/A_E = 0{,}3$ eingesetzt werden.

Solare Wärmegewinne

Die solaren Wärmegewinne sind für Minergie-P von grosser Bedeutung und sie können vom Planer wesentlich beeinflusst werden (Abbildung 3.95). Für möglichst hohe solare Wärmegewinne sind folgende Faktoren zu beachten:

▮ Orientierung der Gebäudes mit möglichst grossen Fenstern gegen Süden und eher kleinen Fenstern gegen Norden.

▮ Eher wenige grosse als viele kleine Fenster wählen, weil dadurch der Glasanteil zunimmt.

▮ Eine Eigenverschattung durch Überhänge und Seitenblenden ist möglichst zu vermeiden.

Wie bei den internen Wärmegewinnen reduziert der Ausnutzungsgrad auch den solaren Wärmegewinn auf den zur Raumerwärmung nutzbaren Teil.

3.6.2 Heizwärmebedarf Q_h

Der Heizwärmebedarf Q_h ist das bilanzierte Ergebnis aus möglichst kleinen Transmissionswärmeverlusten Q_T, dem standardmässigen Lüftungswärmeverlust Q_V und maximierten Energiegewinnen Q_I und Q_S (Handlungsspielraum nur bei den solaren Gewinnen). Der Heizwärmebedarf Q_h ist das Kriterium für die Primäranforderung Minergie-P: Der Heizwärmebedarf Q_h muss bei Neubauten 40 % kleiner sein als der ent-

Abbildung 3.93: Der für die Beurteilung der Gebäudehülle (Heizwärmebedarf Q_h) massgebende Lüftunswärmeverlust basiert auf Standardnutzungswerten für den Aussenluft-Volumenstrom, ohne Handlungsspielraum des Planers. Mit einer optimalen Komfortlüftung (Wärmerückgewinnung) kann aber der Projektwert für die Beurteilung der gewischteten Energiekennzahl beeinflusst werden.

Q$_V$ **Lüftungswärmeverlust Q$_V$**

Verlust durch Luftwechsel:	x	**Temperaturdifferenz (Klima):**	x	**Zeit**
− Aussenluft-Volumenstrom V/A$_E$		− Innentemperatur − Aussentemperatur		
− Wärmespeicherfähigkeit Luft $\rho_a \cdot c_a$		− Einfluss Raumtemperaturregelung		

Energiebezugsfläche A$_E$

V/A$_E$	flächenbezogener Aussenluft-Volumenstrom
	− Standardnutzungswert für Beurteilung der Primäranforderung
	− Projektwert (mit Komfortlüftung) für Beurteilung der Energiekennzahl
$\rho_a \cdot c_a$	Wärmespeicherfähigkeit Luft (Abhängig vom Standort der Meteostation)
A$_E$	anrechenbare Energiebezugsfläche (SIA 416/1)

Einfluss Raumtemperaturregelung:

− 0 Kelvin bei	Einzelraum-Temperaturregelung und/oder Vorlauftemperatur max 30 °C bei Auslegungstemperatur
− 1 Kelvin bei	Referenzraum-Temperaturregelung (z.B. bei Luftheizung)
− 2 Kelvin	in übrigen Fällen

Abbildung 3.94: Die internen Wärmegewinne basieren auf Standardnutzungswerten und können vom Planer nur durch die Wahl der Bauweise (schwer, mittel oder leicht), welche sich auf den Ausnutzungsgrad der Wärmegewinne auswirkt, beeinflusst werden.

$\boxed{Q_I}$ **Interne Wärmegewinne** $Q_I = Q_{IP} + Q_{IE}$

$\boxed{Q_{IP}}$ **Wärmegewinne Personen** Q_{IP}

Wärmeabgabe	x	**Zeit**	x	**Ausnutzungsgrad Wärmegewinne** η_g
– Wärmeabgabe Person Q_P				– Verhältnis Energiegewinne und Energieverluste
– Präsenzzeit pro Tag t_P				– Wärmespeicherfähigkeit des Gebäudes

Personenfläche A_P

$\boxed{Q_{IE}}$ **Wärmegewinne Elektrizität** Q_{IE}

Wärmeabgabe	x	**Zeit**	x	**Ausnutzungsgrad Wärmegewinne** η_g
– Elektrizitätsbedarf Q_{EI}				– Verhältnis Energiegewinne und Energieverluste
– Reduktionsfaktor Elektrizität f_{EI}				– Wärmespeicherfähigkeit des Gebäudes

365

Q_P Wärmeabgabe pro Person (Standardnutzungswert)

t_P Präsenzzeit pro Tag (Standardnutzungswert)

A_P Fläche pro Person (Standardnutzungswert)

Q_{EI} Elektrizitätsbedarf pro Jahr (Standardnutzungswert)

f_{EI} Reduktionsfaktor für Elektrizitätsbedarf (Standardnutzungswert)

η_g Ausnutzungsgrad Wärmegewinne

    – je grösser die Gewinne im Verhältnis zum Verlust,
      desto kleiner wird die Ausnutzung der internen Wärmegewinne

    – je grösser die Wärmespeicherfähigkeit (C/A_E) des Gebäudes,
      desto grösser wird die Ausnutzung der internen Wärmegewinne

      • schwere Bauweise $C/A_E = 0{,}5$ MJ/m²·K
        - mindestens zwei der drei thermisch aktiven Elemente (Decke, Boden, alle Wände)
          massiv und ohne Abdeckung

      • mittlere Bauweise $C/A_E = 0{,}3$ MJ/m²·K
        - mindestens eines der drei thermisch aktiven Elemente (Decke, Boden, alle Wände)
          massiv und ohne Abdeckung
        - Holzbau: Blockbauweise bzw. Massivholzbau

      • Leichte Bauweise $C/A_E = 0{,}1$ MJ/m²·K
        - Holzbau: Ständerbau

Anmerkung: Die Standardnutzungswerte sind abhängig von der Gebäudekategorie.

Abbildung 3.95: Die solaren Wärmegewinne sind für Minergie-P von grosser Bedeutung und sie können vom Planer wesentlich beeinflusst werden. Neben dem Öffnungsverhalten (Grösse der Fenster) und der Orientierung des Gebäudes (grosse Fenster gegen Süden) spielt die Beschattung eine wesentliche Rolle, wie gross die solaren Wärmegewinne ausfallen. Die tatsächlich nutzbaren Wärmegewinne werden durch den Ausnutzungsgrad der Wärmegewinne η_g beeinflusst (vgl. Abbildung 3.94).

Solare Wärmegewinne Q_S

| **Glasfläche:** | **x** | **Globale Sonnenstrahlung G** | **x** | **Verschattung** | **x** | **Zeit** | **x** | η_g |

Glasfläche: x
– Fensterfläche A_W
– Abminderung Fensterrahmen F_F
– g-Wert Glas

Globale Sonnenstrahlung G x
– Gebäudestandort
– Orientierung (Süd, Nord ...)

Verschattung x
– Horizont F_{S1}
– Überhang F_{S2}
– Seitenblende F_{S3}

Zeit x η_g

Energiebezugsfläche A_E

A_W Fensterfläche in der äusseren Projektion
F_F Abminderungsfaktor für Fensterrahmen ($A_W \cdot F_F = A_g$)
A_g Glasfläche
g Gesamtenergiedurchlassgrad Glas
  – bei senkrechter Sonnenstrahlung
  – wird um den Faktor 0,9 vermindert (nicht direkte Sonneneinstrahlung)
G Globale Sonnenstrahlung
  – vom Gebäudestandort abhängig (Klimastation)
  – different für Süd, Ost, West, Nord und horizontal
η_g Ausnutzungsgrad Wärmegewinne (vgl. auch Abbildung 3.94)
A_E anrechenbare Energiebezugsfläche (SIA 416/1)

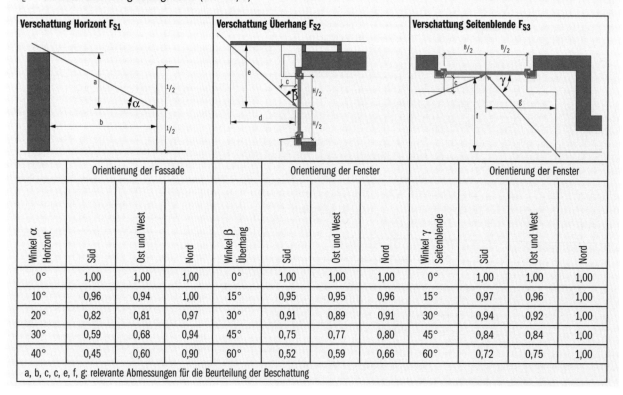

Winkel α Horizont	Orientierung der Fassade			Winkel β Überhang	Orientierung der Fenster			Winkel γ Seitenblende	Orientierung der Fenster		
	Süd	Ost und West	Nord		Süd	Ost und West	Nord		Süd	Ost und West	Nord
0°	1,00	1,00	1,00	0°	1,00	1,00	1,00	0°	1,00	1,00	1,00
10°	0,96	0,94	1,00	15°	0,95	0,95	0,96	15°	0,97	0,96	1,00
20°	0,82	0,81	0,97	30°	0,91	0,89	0,91	30°	0,94	0,92	1,00
30°	0,59	0,68	0,94	45°	0,75	0,77	0,80	45°	0,84	0,84	1,00
40°	0,45	0,60	0,90	60°	0,52	0,59	0,66	60°	0,72	0,75	1,00

a, b, c, c, e, f, g: relevante Abmessungen für die Beurteilung der Beschattung

sprechende Grenzwert $Q_{h,li}$, wobei ein unterer Schwellenwert von 15 kWh/m² nicht unterschritten werden muss (Abbildung 3.96). Die Neubauanforderung «Minergie-P» korrespondiert also mit dem Kriterium «Zielwert nach Norm SIA 380/1».
Der Grenzwert $Q_{h,li}$ ist abhängig von der Gebäudehüllzahl A_{th}/A_E und von der Gebäudekategorie. Aus Abbildung 3.96 gehen die von Wohnbauten (MFH) einzuhaltenden Grenzwerte für verschiedene Energiestandards hervor.

3.6.3 Modell SIA 380/1 und Wirklichkeit

Immer wieder wird die Frage gestellt, wie genau diese Berechnungen, basierend auf einem Monatsverfahren, überhaupt mit der Realität übereinstimmen. Vergleiche zwischen dem Verfahren nach Norm SIA 380/1 und der thermischen Raumsimulation zeigen sehr gute Übereinstimmungen. Vergleiche zwischen Berechnung und effektivem Heizwärmeverbrauch sind schwierig – die Unwägbarkeit «Nutzer» ist kaum zu erfassen. Am Beispiel eines seit 2002 genutzten Mehrfamilienhaus, mitten in der Stadt Lu-

zern, soll der Einfluss des Nutzers aufgezeigt werden und es soll der Heizwärmebedarf mit dem tatsächlichen Verbrauch verglichen werden. Zudem soll an diesem MFH-Beispiel aufgezeigt werden, wie Minergie-P erreicht werden kann und welche Parameter den Heizwärmebedarf beeinflussen.

MFH in Luzern

Das von den Architekten Scheitlin-Syfrig + Partner entworfene Mehrfamilienhaus steht als Kopfbau einer Blockrandbebauung, mit Nord/Süd-Orientierung, in Luzern. Sämtliche 5 Wohnungen verfügen über grosse Fenster gegen Süden, mit nur wenig verschattetem Horizont. Gegen Norden und Osten stehen ähnlich hohe Gebäude, jeweils nur durch eine Strasse getrennt; auf der Westseite befindet sich die Gebäudeflucht, an die angebaut wurde. In Abbildung 3.97 Ist die Gebäudestruktur abgebildet und es sind wichtige Kennwerte für die Berechnung des Heizwärmebedarfs aufgeführt. Die Abbildung 3.98 gibt Auskunft über die opaken Konstruktionen, mit U-Werten von 0,32 W/m²K (B8, Wände gegen nicht beheizte Räume) bis 0,139 W/m²K (Flachdächer B1 und B2). In Abbildung 3.99 sind die Kennwerte der

Der Grenzwert $Q_{h,li}$ ist primär abhängig von der Gebäudehüllzahl A_{th}/A_E und von der Gebäudekategorie. Je nach Standort und der damit zu verwendenden Klimastation wird die Anforderung an den Grenzwert gemäss SIA 380/1 klimakorrigiert. Für den Standort Luzern beispielsweise sind die SIA-Grenzwerte für Neubauten um 10 % tiefer als die Grenzwerte in Abbildung 3.96. Und für das gleiche Gebäude in Davos lägen sie um 39 % höher.

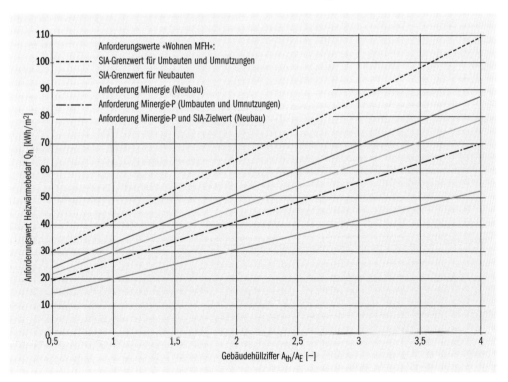

Abbildung 3.96: Für Mehrfamilienhäuser (Wohnen MFH) geltende Anforderungen an den Heizwärmebedarf Q_h. In Norm SIA 380/1 ist als Grenzwert die Grundanforderung $Q_{h,li}$, in Abhängigkeit der Gebäudehüllziffer A_{th}/A_E, definiert. Minergie stellt erhöhte Anforderungen an den Heizwärmebedarf: $Q_h \leq 0{,}9 \cdot Q_{h,li}$ für Minergie (Neubau); $Q_h \leq 0{,}8 \cdot Q_{h,li}$ für Minergie-P (Sanierung) und $Q_h \leq 0{,}6 \cdot Q_{h,li}$ für Minergie-P (Neubau). Bei Neubauten korrespondiert somit die Anforderung an Minergie-P mit dem Zielwert aus SIA 380/1 für den Heizwärmebedarf eines Gebäudes.

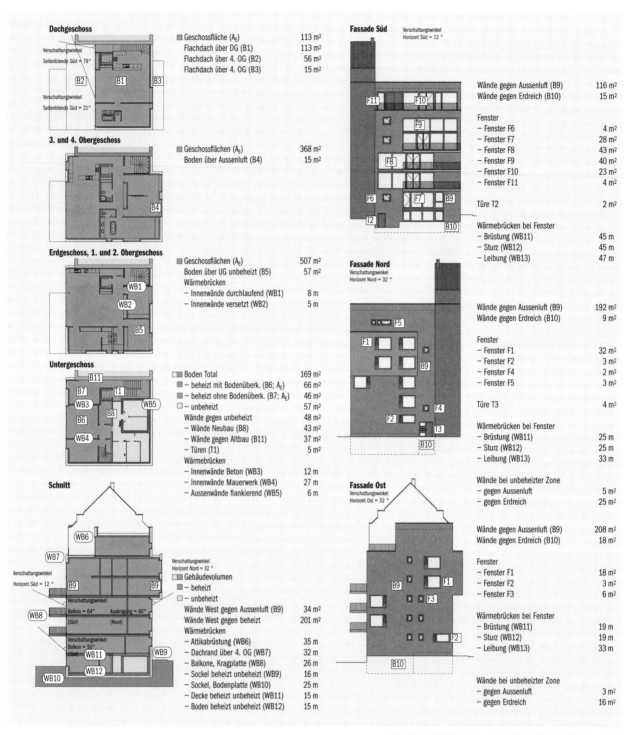

Dachgeschoss

Verschattungswinkel
Seitenblende Süd = 79°

Verschattungswinkel
Seitenblende Süd = 21°

B2 | B1 | B3

Geschossfläche (A_E)	113 m²
Flachdach über DG (B1)	113 m²
Flachdach über 4. OG (B2)	56 m²
Flachdach über 4. OG (B3)	15 m²

3. und 4. Obergeschoss

B4

Geschossflächen (A_E)	368 m²
Boden über Aussenluft (B4)	15 m²

Erdgeschoss, 1. und 2. Obergeschoss

WB1
WB2
B5

Geschossflächen (A_E)	507 m²
Boden über UG unbeheizt (B5)	57 m²
Wärmebrücken	
– Innenwände durchlaufend (WB1)	8 m
– Innenwände versetzt (WB2)	5 m

Untergeschoss

B11
B7 | T1
WB3 | | WB5
B6 | B8
WB4

Boden Total	169 m²
■ – beheizt mit Bodenüberk. (B6; A_E)	66 m²
■ – beheizt ohne Bodenüberk. (B7; A_E)	46 m²
□ – unbeheizt	57 m²
Wände gegen unbeheizt	48 m²
– Wände Neubau (B8)	43 m²
– Wände gegen Altbau (B11)	37 m²
– Türen (T1)	5 m²
Wärmebrücken	
– Innenwände Beton (WB3)	12 m
– Innenwände Mauerwerk (WB4)	27 m
– Aussenwände flankierend (WB5)	6 m

Schnitt

WB6
WB7

Verschattungswinkel
Horizont Nord = 32°

B9 | B9

Verschattungswinkel
Horizont Süd = 12°

WB8

Verschattungswinkel:
Balkon = 64°   Auskragung = 60°
(Süd)   (Nord)

Verschattungswinkel:
Balkon = 50°
(Süd) WB11 | WB9
WB12
WB10

▨ Gebäudevolumen	
■ – beheizt	
□ – unbeheizt	
Wände West gegen Aussenluft (B9)	34 m²
Wände West gegen beheizt	201 m²
Wärmebrücken	
– Attikabrüstung (WB6)	35 m
– Dachrand über 4. OG (WB7)	32 m
– Balkone, Kragplatte (WB8)	26 m
– Sockel beheizt unbeheizt (WB9)	16 m
– Sockel, Bodenplatte (WB10)	25 m
– Decke beheizt unbeheizt (WB11)	15 m
– Boden beheizt unbeheizt (WB12)	15 m

Fassade Süd

Verschattungswinkel
Horizont Süd = 12°

F11 | F10
F9
F8
F6 | F7 | B9
T2
B10

Wände gegen Aussenluft (B9)	116 m²
Wände gegen Erdreich (B10)	15 m²
Fenster	
– Fenster F6	4 m²
– Fenster F7	28 m²
– Fenster F8	43 m²
– Fenster F9	40 m²
– Fenster F10	23 m²
– Fenster F11	4 m²
Türe T2	2 m²
Wärmebrücken bei Fenster	
– Brüstung (WB11)	45 m
– Sturz (WB12)	45 m
– Leibung (WB13)	47 m

Fassade Nord

Verschattungswinkel
Horizont Nord = 32°

F5
F1 | | B9
F4
F2 | T3
B10

Wände gegen Aussenluft (B9)	192 m²
Wände gegen Erdreich (B10)	9 m²
Fenster	
– Fenster F1	32 m²
– Fenster F2	3 m²
– Fenster F4	2 m²
– Fenster F5	3 m²
Türe T3	4 m²
Wärmebrücken bei Fenster	
– Brüstung (WB11)	25 m
– Sturz (WB12)	25 m
– Leibung (WB13)	33 m
Wände bei unbeheizter Zone	
– gegen Aussenluft	5 m²
– gegen Erdreich	25 m²

Fassade Ost

Verschattungswinkel
Horizont Ost = 32°

B9 | F1
F3
F2
B10

Wände gegen Aussenluft (B9)	208 m²
Wände gegen Erdreich (B10)	18 m²
Fenster	
– Fenster F1	18 m²
– Fenster F2	3 m²
– Fenster F3	6 m²
Wärmebrücken bei Fenster	
– Brüstung (WB11)	19 m
– Sturz (WB12)	19 m
– Leibung (WB13)	33 m
Wände bei unbeheizter Zone	
– gegen Aussenluft	3 m²
– gegen Erdreich	16 m²

Abbildung 3.97: Angaben betreffend die im Ist-Zustand berücksichtigte thermische Gebäudehülle, mit den daraus resultierenden Energiebezugsflächen, Bauteilen und Bauteilübergängen. Angegeben sind auch die berücksichtigten Winkel für die Ermittlung der Verschattungsfaktoren.

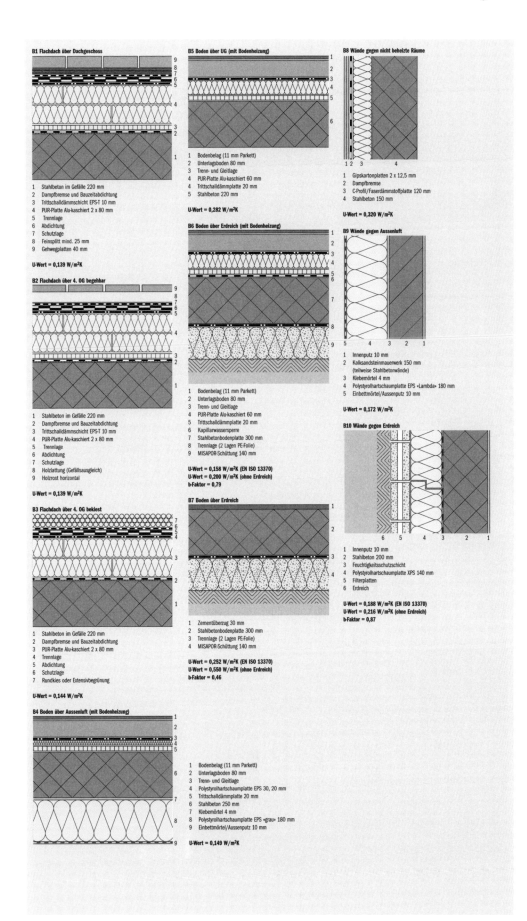

B1 Flachdach über Dachgeschoss

1 Stahlbeton im Gefälle 220 mm
2 Dampfbremse und Bauzeitabdichtung
3 Trittschalldämmschicht EPS-T 10 mm
4 PUR-Platte Alu-kaschiert 2 x 80 mm
5 Trennlage
6 Abdichtung
7 Schutzlage
8 Feinsplitt mind. 25 mm
9 Gehwegplatten 40 mm

U-Wert = 0,139 W/m²K

B2 Flachdach über 4. OG begehbar

1 Stahlbeton im Gefälle 220 mm
2 Dampfbremse und Bauzeitabdichtung
3 Trittschalldämmschicht EPS-T 10 mm
4 PUR-Platte Alu-kaschiert 2 x 80 mm
5 Trennlage
6 Abdichtung
7 Schutzlage
8 Holzlattung (Gefällsausgleich)
9 Holzrost horizontal

U-Wert = 0,139 W/m²K

B3 Flachdach über 4. OG bekiest

1 Stahlbeton im Gefälle 220 mm
2 Dampfbremse und Bauzeitabdichtung
3 PUR-Platte Alu-kaschiert 2 x 80 mm
4 Trennlage
5 Abdichtung
6 Schutzlage
7 Rundkies oder Extensivbegrünung

U-Wert = 0,144 W/m²K

B4 Boden über Aussenluft (mit Bodenheizung)

1 Bodenbelag (11 mm Parkett)
2 Unterlagsboden 80 mm
3 Trenn- und Gleitlage
4 Polystyrolhartschaumplatte EPS 30, 20 mm
5 Trittschalldämmplatte 20 mm
6 Stahlbeton 250 mm
7 Klebemörtel 4 mm
8 Polystyrolhartschaumplatte EPS «grau» 180 mm
9 Einbettmörtel/Aussenputz 10 mm

U-Wert = 0,149 W/m²K

B5 Boden über UG (mit Bodenheizung)

1 Bodenbelag (11 mm Parkett)
2 Unterlagsboden 80 mm
3 Trenn- und Gleitlage
4 PUR-Platte Alu-kaschiert 60 mm
5 Trittschalldämmplatte 20 mm
6 Stahlbeton 220 mm

U-Wert = 0,282 W/m²K

B6 Boden über Erdreich (mit Bodenheizung)

1 Bodenbelag (11 mm Parkett)
2 Unterlagsboden 80 mm
3 Trenn- und Gleitlage
4 PUR-Platte Alu-kaschiert 60 mm
5 Trittschalldämmplatte 20 mm
6 Kapillarwassersperre
7 Stahlbetonbodenplatte 300 mm
8 Trennlage (2 Lagen PE-Folie)
9 MISAPOR-Schüttung 140 mm

U-Wert = 0,158 W/m²K (EN ISO 13370)
U-Wert = 0,200 W/m²K (ohne Erdreich)
b-Faktor = 0,79

B7 Boden über Erdreich

1 Zementüberzug 30 mm
2 Stahlbetonbodenplatte 300 mm
3 Trennlage (2 Lagen PE-Folie)
4 MISAPOR-Schüttung 140 mm

U-Wert = 0,252 W/m²K (EN ISO 13370)
U-Wert = 0,550 W/m²K (ohne Erdreich)
b-Faktor = 0,46

B8 Wände gegen nicht beheizte Räume

1 Gipskartonplatten 2 x 12,5 mm
2 Dampfbremse
3 C-Profil/Faserdämmstoffplatte 120 mm
4 Stahlbeton 150 mm

U-Wert = 0,320 W/m²K

B9 Wände gegen Aussenluft

1 Innenputz 10 mm
2 Kalksandsteinmauerwerk 150 mm
   (teilweise Stahlbetonwände)
3 Klebemörtel 4 mm
4 Polystyrolschaumplatte EPS «Lambda» 180 mm
5 Einbettmörtel/Aussenputz 10 mm

U-Wert = 0,172 W/m²K

B10 Wände gegen Erdreich

1 Innenputz 10 mm
2 Stahlbeton 200 mm
3 Feuchtigkeitsschutzschicht
4 Polystyrolhartschaumplatte XPS 140 mm
5 Filterplatten
6 Erdreich

U-Wert = 0,188 W/m²K (EN ISO 13370)
U-Wert = 0,216 W/m²K (ohne Erdreich)
b-Faktor = 0,87

Abbildung 3.98: Zusammenstellung der effektiv vorhandenen opaken Bauteile für den Nachweis des Ist-Zustandes nach Norm SIA 380/1.
Für die Optimierung nach Minergie-P wurden die U-Werte der opaken Bauteile teilweise verbessert: Flachdächer mit U-Werten von 0,1 W/m² K (B1) bzw. von 0,15 W/m² K (B2 und B3). Die Bauteile gegen das Erdreich und der Boden über Aussenluft (B4) wurden hingegen wie bestehend berücksichtigt. Auch die Aussenwände (B9) weisen mit 0,172 W/m² K für Minergie-P denselben U-Wert auf bzw. sie dienen bei den Sensitivitätsüberlegungen als «Manipulationsmasse» (erforderlicher U-Wert der Aussenwand, damit der Standard Minergie-P erreicht werden kann).

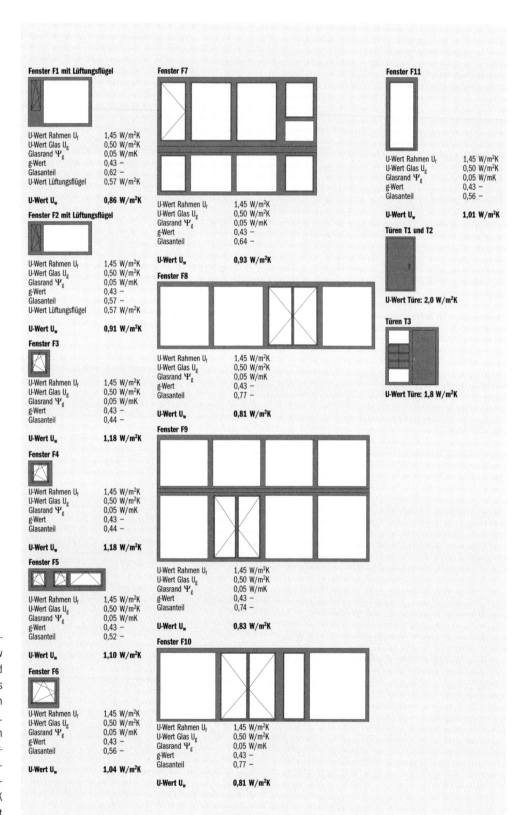

Fenster F1 mit Lüftungsflügel

U-Wert Rahmen U_f	1,45 W/m²K
U-Wert Glas U_g	0,50 W/m²K
Glasrand Ψ_g	0,05 W/mK
g-Wert	0,43 –
Glasanteil	0,62 –
U-Wert Lüftungsflügel	0,57 W/m²K
U-Wert U_w	**0,86 W/m²K**

Fenster F2 mit Lüftungsflügel

U-Wert Rahmen U_f	1,45 W/m²K
U-Wert Glas U_g	0,50 W/m²K
Glasrand Ψ_g	0,05 W/mK
g-Wert	0,43 –
Glasanteil	0,57 –
U-Wert Lüftungsflügel	0,57 W/m²K
U-Wert U_w	**0,91 W/m²K**

Fenster F3

U-Wert Rahmen U_f	1,45 W/m²K
U-Wert Glas U_g	0,50 W/m²K
Glasrand Ψ_g	0,05 W/mK
g-Wert	0,43 –
Glasanteil	0,44 –
U-Wert U_w	**1,18 W/m²K**

Fenster F4

U-Wert Rahmen U_f	1,45 W/m²K
U-Wert Glas U_g	0,50 W/m²K
Glasrand Ψ_g	0,05 W/mK
g-Wert	0,43 –
Glasanteil	0,44 –
U-Wert U_w	**1,18 W/m²K**

Fenster F5

U-Wert Rahmen U_f	1,45 W/m²K
U-Wert Glas U_g	0,50 W/m²K
Glasrand Ψ_g	0,05 W/mK
g-Wert	0,43 –
Glasanteil	0,52 –
U-Wert U_w	**1,10 W/m²K**

Fenster F6

U-Wert Rahmen U_f	1,45 W/m²K
U-Wert Glas U_g	0,50 W/m²K
Glasrand Ψ_g	0,05 W/mK
g-Wert	0,43 –
Glasanteil	0,56 –
U-Wert U_w	**1,04 W/m²K**

Fenster F7

U-Wert Rahmen U_f	1,45 W/m²K
U-Wert Glas U_g	0,50 W/m²K
Glasrand Ψ_g	0,05 W/mK
g-Wert	0,43 –
Glasanteil	0,64 –
U-Wert U_w	**0,93 W/m²K**

Fenster F8

U-Wert Rahmen U_f	1,45 W/m²K
U-Wert Glas U_g	0,50 W/m²K
Glasrand Ψ_g	0,05 W/mK
g-Wert	0,43 –
Glasanteil	0,77 –
U-Wert U_w	**0,81 W/m²K**

Fenster F9

U-Wert Rahmen U_f	1,45 W/m²K
U-Wert Glas U_g	0,50 W/m²K
Glasrand Ψ_g	0,05 W/mK
g-Wert	0,43 –
Glasanteil	0,74 –
U-Wert U_w	**0,83 W/m²K**

Fenster F10

U-Wert Rahmen U_f	1,45 W/m²K
U-Wert Glas U_g	0,50 W/m²K
Glasrand Ψ_g	0,05 W/mK
g-Wert	0,43 –
Glasanteil	0,77 –
U-Wert U_w	**0,81 W/m²K**

Fenster F11

U-Wert Rahmen U_f	1,45 W/m²K
U-Wert Glas U_g	0,50 W/m²K
Glasrand Ψ_g	0,05 W/mK
g-Wert	0,43 –
Glasanteil	0,56 –
U-Wert U_w	**1,01 W/m²K**

Türen T1 und T2

U-Wert Türe: 2,0 W/m²K

Türen T3

U-Wert Türe: 1,8 W/m²K

Abbildung 3.99: Zusammenstellung der effektiv vorhandenen Fenster und Türen für den Nachweis des Ist-Zustandes nach Norm SIA 380/1. Für die Optimierung nach Minergie-P wurde die Verglasung wegen der Veränderungen am Markt angepasst: U_g-Wert 0,6 W/m²K statt 0,5 W/m²K; g-Wert 0,48 statt 0,43.

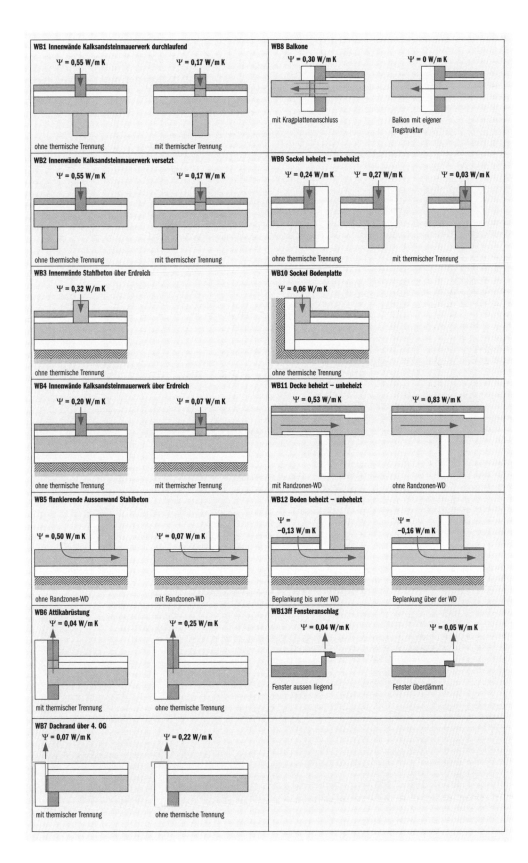

WB1 Innenwände Kalksandsteinmauerwerk durchlaufend

Ψ = 0,55 W/m K   Ψ = 0,17 W/m K

ohne thermische Trennung   mit thermischer Trennung

WB2 Innenwände Kalksandsteinmauerwerk versetzt

Ψ = 0,55 W/m K   Ψ = 0,17 W/m K

ohne thermische Trennung   mit thermischer Trennung

WB3 Innenwände Stahlbeton über Erdreich

Ψ = 0,32 W/m K

ohne thermische Trennung

WB4 Innenwände Kalksandsteinmauerwerk über Erdreich

Ψ = 0,20 W/m K   Ψ = 0,07 W/m K

ohne thermische Trennung   mit thermischer Trennung

WB5 flankierende Aussenwand Stahlbeton

Ψ = 0,50 W/m K   Ψ = 0,07 W/m K

ohne Randzonen-WD   mit Randzonen-WD

WB6 Attikabrüstung

Ψ = 0,04 W/m K   Ψ = 0,25 W/m K

mit thermischer Trennung   ohne thermische Trennung

WB7 Dachrand über 4. OG

Ψ = 0,07 W/m K   Ψ = 0,22 W/m K

mit thermischer Trennung   ohne thermische Trennung

WB8 Balkone

Ψ = 0,30 W/m K   Ψ = 0 W/m K

mit Kragplattenanschluss   Balkon mit eigener Tragstruktur

WB9 Sockel beheizt – unbeheizt

Ψ = 0,24 W/m K   Ψ = 0,27 W/m K   Ψ = 0,03 W/m K

ohne thermische Trennung   mit thermischer Trennung

WB10 Sockel Bodenplatte

Ψ = 0,06 W/m K

ohne thermische Trennung

WB11 Decke beheizt – unbeheizt

Ψ = 0,53 W/m K   Ψ = 0,83 W/m K

mit Randzonen-WD   ohne Randzonen-WD

WB12 Boden beheizt – unbeheizt

Ψ = −0,13 W/m K   Ψ = −0,16 W/m K

Beplankung bis unter WD   Beplankung über der WD

WB13ff Fensteranschlag

Ψ = 0,04 W/m K   Ψ = 0,05 W/m K

Fenster aussen liegend   Fenster überdämmt

Abbildung 3.100: Vorhandene Konfliktstellen mit Wärmebrückenwirkung, die je nach Variante der thermischen Gebäudehülle (vgl. Abbildung 3.103) relevant werden. Links im Kästchen jeweils das vorhandene Konstruktionssystems, mit dem entsprechenden Wärmebrückenverlust; rechts im Kästchen eine alternative Detaillösung.

Fenster und Türen und in Abbildung 3.100 die Bauteilübergänge mit Wärmebrückenwirkung zusammen gestellt (links in der Spalte die effektiv ausgeführte Variante, rechts davon alternative Lösungen).

Energieverbrauch Heizung

Das Mehrfamilienhaus wird mit Gas beheizt, die Wärmeabgabe erfolgt über eine Bodenheizung. Abbildung 3.101 zeigt einerseits den Heizwärmeverbrauch für das Betriebsjahr 2006 je Wohnung und Monat auf und es wird auch für alle anderen Betriebsjahre der Verlauf des Heizwärmeverbrauchs abgebildet. Es zeigen sich sehr grosse Unter-

Abbildung 3.101: Jahresverlauf des Heizwärmeverbrauchs seit Bezug im April 2002 (Kurven) und Unterschiede beim Heizwärmeverbrauch je Wohnung im Betriebsjahr 2006 (Balken). Die grossen Unterschiede sind wohl neben der Lage der Wohnungen (Besonnung) mit unterschiedlichen Raumtemperaturen und differentem Lüftungsverhalten (Fensterlüftung statt Komfortlüftung) zu erklären.

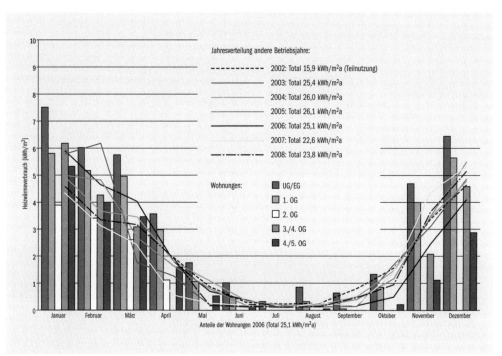

Abbildung 3.102: Vergleich zwischen dem gemessenen Heizwärmeverbrauch seit Bezug im April 2002 (Kurven) und dem rechnerisch nach Norm SIA 380/1 ermittelten Heizwärmebedarf (Balken), ohne den Wirkungsgrad der Heizung (Gastherme) miteinzubeziehen.

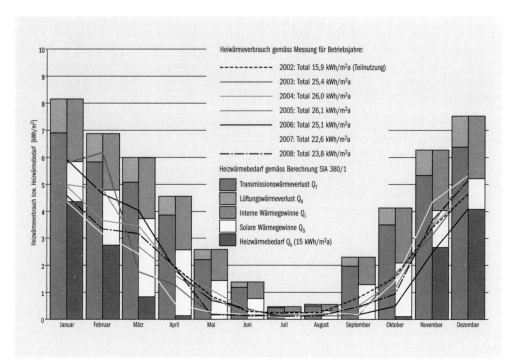

schiede bei den einzelnen Wohnungen beim Energieverbrauch pro m² Energiebezugsfläche, die sich unter anderem wie folgt erklären lassen:

▮ Die oberen Wohnungen sind besser besonnt, bei den obersten beiden Wohnungen fehlen verschattende Elemente wie Balkone oder Vordächer.

▮ Die als behaglich empfundenen Raumtemperatur kann von Nutzer zu Nutzer sehr different sein, was zu grossen Unterschieden beim Heizwärmeverbrauch führt.

▮ Die Komfortlüftung wird nicht von allen gleich konsequent genutzt. Fensterlüftung während der Heizperiode, zusätzlich oder alternativ zur Komfortlüftung, führt zu einem erheblich höheren Heizwärmeverbrauch.

▮ Die Wohnung im 2. Obergeschoss wurde ab Mai 2006 bis Ende 2006 nicht beheizt, ohne dass die Raumtemperatur unter 20 °C fiel.

Der grosse Einfluss des Nutzers macht es schwierig, den rechnerisch ermittelten Heizwärmebedarf mit dem effektiven Verbrauch zu vergleichen, bzw. Schlüsse hinsichtlich die Korrektheit des Rechenverfahrens zu ziehen. Abbildung 3.102 macht diesen Vergleich trotzdem ohne den Wirkungsgrad der Heizung (Gastherme) zu berücksichtigen: Die roten Balken markieren den rechnerisch ermittelten Heizwärmebedarf je Monat (Berechnung mit Keller ausserhalb der thermischen Gebäudehülle (Variante 2 in Abbildung 3.103) und die Kurven den effektiven Heizwärmeverbrauch. Rechnerisch besteht von Mai bis September kein Bedarf, Energie zuzuführen; der trotzdem vorhandene Heizwärmeverbrauch hängt auch mit der suboptimalen Heizungssteuerung zusammen. Gemäss Berechnung 380/1 erreicht das MFH in Luzern folgende Kennwerte:

▮ Gebäudehüllzahl $A_{th}/A_E = 1,06$
▮ Grenzwert für Heizwärmebedarf $Q_{h,li} = 31,0$ kWh/m²
▮ Projektwert für den Heizwärmebedarf $Q_h = 20,8$ kWh/m²

Der Projektwert ist somit 33 % kleiner als der für «normale Neubauten» einzuhaltende

Grenzwert. Die Gebäudehülle erfüllt somit die für Minergie geltende Anforderung $Q_h \leq 0,9 \cdot Q_{h,li}$ gut, genügt aber der Anforderung $Q_h \leq 0,6 \cdot Q_{h,li}$ für Minergie-P nicht.

Gebäudehülle für Minergie-P

Es stellt sich die Frage, mit welchen Massnahmen der Heizwärmebedarf um weitere 10 % gesenkt werden könnte, womit dann eine für Minergie-P taugliche Gebäudehülle erreicht werden könnte. Die hierfür wichtigste Veränderung war die Wahl der thermischen Gebäudehülle. Statt die Kellerräume ausserhalb zu belassen, wurden sie in die thermische Gebäudehülle miteinbezogen (Variante 1 in Abbildung 3.103). Die opaken und transparenten Bauteile mussten wie folgt verändert werden, damit ein Heizwärmebedarf Q_h von $0,6 \cdot Q_{h,li}$ erreicht werden konnte:

▮ Die Flachdächer weisen nun U-Werte auf von 0,1 statt 0,139 W/m² K (B1) bzw. von 0,15 statt 0,139 und 0,144 W/m² K (B2 und B3).

▮ Der Boden über Aussenluft (B4) wurde wie bestehend belassen (vgl. Abbildug 3.98).

▮ Die Bauteile gegen Erdreich wurden unverändert beibehalten (vgl. Abbildug 3.98) und auch die Aussenwände (B9) weisen mit 0,172 W/m² K denselben U-Wert auf. Die Aussenwände (B9) sollen bei den Sensitivitätsüberlegungen jeweils als «Manipulationsmasse» dienen bzw. es soll aufgezeigt werden, welchen U-Wert die Aussenwand für Minergie-P erreichen müsste, wenn verschiedene Parameter verändert würden.

▮ Die Fenster wurden beibehalten, jedoch mit einem anderen Glas: 3-fach-IV mit $U_g = 0,6$ statt 0,5 W/m² K und g-Wert von 0,48 statt 0,43.

▮ Die Bauteilübergänge und somit die Wärmebrückenverluste bleiben unverändert. Bereits mit geringfügigen Massnahmen könnte demnach bei diesem Mehrfamilienhaus der Standard Minergie-P erreicht werden.

Die Wahl der thermischen Gebäudehülle bzw. die Abgrenzung im Untergeschoss stellt die wesentlichen Weichen auf dem Weg zu Minergie-P.

3.6.4 Parameter des Heizwärmebedarfs Q_h: Sensitivitätsüberlegungen

Bei Minergie-P können bereits kleine Veränderungen entscheidend sein. Im Folgenden soll untersucht werden, wie sich verschiedene Entscheide auf die Energiebilanz und den für Minergie-P erforderlichen U-Wert bei der Aussenwand auswirken:

▮ Abgrenzung im Untergeschoss bzw. die Wahl der thermischen Gebäudehülle

▮ Eigenverschattung durch Balkone

▮ Wahl der Gläser

▮ Die Wärmespeicherfähigkeit des Gebäudes und die Raumtemperaturregelung

▮ Der Gebäudestandort (Klimastation, standardmässig wird Luzern verwendet) und die Gebäudeorientierung (Südorientierung oder daraus abgedrehte Orientierung)

Abgrenzung Untergeschoss

Die Diskussionen betreffend die thermische Gebäudehülle beschränken sich in der Regel auf den Übergang zu den Untergeschossen. So auch bei diesem Mehrfamilienhaus (vgl. Abbildung 3.103).

▮ Die Variante 1, bei der sich sämtliche Räume innerhalb der thermischen Gebäudehülle befinden, stellt für einen kleinen Heizwärmebedarf das Optimum dar. Mit den vor definierten, moderaten Veränderungen der opaken und transparenten Bauteile kann ein Heizwärmebedarf von 18,6 kWh/m² erreicht werden, der damit genau den für Minergie-P erforderlichen Grenzwert darstellt.

▮ Bei der Variante 2 befinden sich die Kellerräume im Untergeschoss ausserhalb der thermischen Gebäudehülle. Es resultieren zusätzliche Wärmeflüsse bei Bauteilen zwischen beheizten und unbeheizten Räumen und auch die Anzahl der wärmebrückenrelevanten Bauteilübergänge nimmt zu. Mit den definierten «Standardbauteilen» kann Minergie-P nicht erreicht werden, der Heizwärmebedarf Q_h ist mit 20,1 kWh/m² um 8 % grösser als der Minergie-P-Grenzwert von 18,6 kWh/m². Die Aussenwände müssten einen U-Wert von 0,13 statt 0,172 W/m²K erreichen, damit Minergie-P erreicht würde.

▮ Extrem wäre eine thermische Gebäudehülle gemäss Variante 3, obwohl in der Praxis die effektiv beheizten Räume so abgegrenzt werden. Die gesamte Erschliessung und die Kellerräume befinden sich ausserhalb der thermischen Gebäudehülle. Es resultieren grosse zusätzliche Wärmeflüsse, wodurch der Heizwärmebedarf Q_h mit 23,9 kWh/m² deutlich grösser wird als bei den Varianten 1 und 2. Damit der wegen der schlechteren Gebäudehüllziffer A_{th}/A_E etwas höhere Grenzwert für Minergie-P von 20 kWh/m² erreicht werden könnte, müssten die Aussenwände U-Werte von 0,07 statt 0,172 W/m²K erreichen, was nicht möglich ist. Das Beispiel zeigt eindrücklich, wie wichtig die Wahl der thermischen Gebäudehülle ist. Trotz gleicher Baukonstruktion und analogen Raumnutzungen zeigen sich rechnerisch sehr grosse Differenzen beim Heizwärmebedarf und der Beurteilung der Tauglichkeit für Minergie-P.

Eigenverschattung durch Balkone

Die für Minergie-P wichtigen solaren Energiegewinne können durch verschattende Balkone massiv reduziert werden. Allenfalls lassen sich die entgangenen Energiegewinne durch Reduktion der Transmissionswärmeverluste kompensieren; dies führt aber zu teureren Konstruktionen, mit dickeren Wärmedämmschichten. Abbildung 3.104 zeigt den Einfluss von verschiedenen Balkonvarianten – bis hin zu einer Lösung ohne Balkone – auf die Energiebilanz und den für Minergie-P erforderlichen Wärmeschutz bei der Aussenwand. Basis für diese Sensitivitätsüberlegungen ist die Variante 1 für die thermische Gebäudehülle (Abbildung 3.103).

▮ Die Balkonanordnung in Variante 1 stellt den gebauten Zustand dar und führt mit einer Aussenwand mit U = 0,172 W/m²K zu Minergie-P.

▮ In Variante 2 werden die Fenster durch Balkone und Vordächer massiv verschattet. Minergie-P kann mit der Standardaussenwand nicht mehr erreicht werden. Der Solare Wärmegewinn reduziert sich von 19,3 auf 15,8 kWh/m², was für Minergie-P eine Aussen-

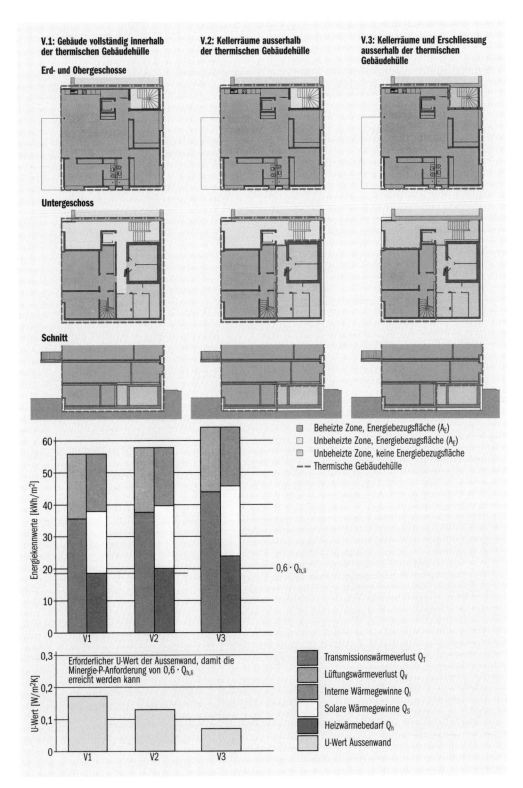

V.1: Gebäude vollständig innerhalb der thermischen Gebäudehülle

V.2: Kellerräume ausserhalb der thermischen Gebäudehülle

V.3: Kellerräume und Erschliessung ausserhalb der thermischen Gebäudehülle

Erd- und Obergeschosse

Untergeschoss

Schnitt

- ◼ Beheizte Zone, Energiebezugsfläche (A$_E$)
- ☐ Unbeheizte Zone, Energiebezugsfläche (A$_E$)
- ◻ Unbeheizte Zone, keine Energiebezugsfläche
- - - - Thermische Gebäudehülle

Energiekennwerte [kWh/m²]

0,6 · Q$_{h,li}$

Erforderlicher U-Wert der Aussenwand, damit die Minergie-P-Anforderung von 0,6 · Q$_{h,li}$ erreicht werden kann

U-Wert [W/m²K]

- ◼ Transmissionswärmeverlust Q$_T$
- ◼ Lüftungswärmeverlust Q$_V$
- ◼ Interne Wärmegewinne Q$_I$
- ☐ Solare Wärmegewinne Q$_S$
- ◼ Heizwärmebedarf Q$_h$
- ◻ U-Wert Aussenwand

Abbildung 3.103: Die Wahl der thermischen Gebäudehülle bzw. die Abgrenzung im Untergeschoss stellt die wesentlichen Weichen auf dem Weg zu Minergie-P. Die aus der «effektiven Beheizung» logische Abgrenzung in Variante 3 führt nicht zu Minergie-P; die Aussenwand müsste hierfür einen unrealistischen U-Wert von 0,07 W/m² K aufweisen. Optimal zeigt sich bei diesem Objekt die Variante 1, bei der sich sämtliche Räume innerhalb der thermischen Gebäudehülle befinden. Diese Variante 1 erfordert für Minergie-P einen U-Wert der Aussenwand von 0,172 W/m² K; sie ist die Grundvariante für die folgenden Sensitivitätsüberlegungen. Auch mit der Variante 2 könnte bei einem Aussenwand-U-Wert von 0,13 W/m² K Minergie-P erreicht werden; diese Variante dürfte aber um einiges unwirtschaftlicher sein als die Variante 1.

wand mit U = 0,1 W/m² K erfordern würde.

▌ Die Variante 3 könnte je nach Ort durchaus möglich sein und würde bereits mit U = 0,2 W/m² K bei der Aussenwand zu Minergie-P führen.

▌ Variante 4 ist in der Regel nicht praktikabel, Aussenräume in Form von Balkonen o. ä. werden gewünscht. Die hohen solaren Wärmegewinne von 21,3 kWh/m² würden bereits bei einer Aussenwand mit U = 0,22 W/m² K den Standard Minergie-P ermöglichen.

Wahl der Gläser

Für Minergie-P sind in der Regel nur die besten Gläser gut genug. Welches aber die besten, noch bezahlbaren Gläser sind, ist schwierig zu beurteilen und dieser Sachverhalt war in den letzten Jahren erheblichen Schwankungen unterworfen. Zuerst kam der g-Wert durch neue Wärmeschutzbeschichtungen unter Druck, nun ist es der U-Wert wegen der Diskussion um das Edelgas Krypton. Gegenwärtig ist es wohl sinnvoll, von einem «Standardglas» auszugehen, wie es

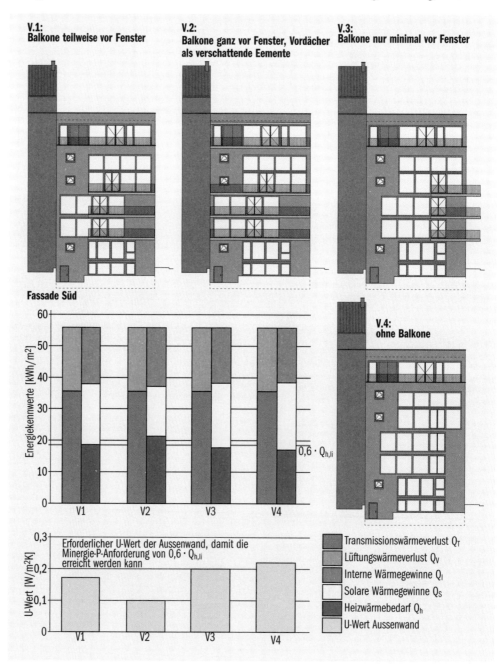

Abbildung 3.104: Auswirkung der verschattenden Balkone (Varianten 1 bis 3) und Vordächer (Variante 2) auf die Energiebilanz und die für Minergie-P erforderliche Qualität der Aussenwand. Im Extremfall wird ohne Balkone bereits bei einer Aussenwand mit U = 0,22 W/m² K Minergie-P erreicht; bei grosser Verschattung (Variante 2) ist hierfür ein U-Wert von 0,1 W/m² K erforderlich.

in Variante 3 (Abbildung 3.105) umschrieben ist: Mit Argon erreicht man Bestwerte von etwa U_g = 0,6 W/m²K und ohne spezielle Gläser (Weissglas) kann ein g-Wert um 0,48 erreicht werden. An Stelle des Glasrandverbundes aus Edelstahl mit Ψ_g = 0,05 W/mK könnte auch ein solcher aus Kunststoff, mit Ψ_g um 0,04 W/mK, gewählt werden. Die Bilanzen und die für Minergie-P erforderlichen U-Werte bei der Aussenwand in Abbildung 3.105 basieren wiederum auf der thermischen Gebäudehülle Variante 1 (Abbildung 3.103).

▌ Interessant ist, dass bei diesem MFH Minergie-P sogar mit einer guten 2-fach-IV (Varianten 5 und 7) möglich ist, und dies bereits bei Aussenwänden mit U-Werten von 0,15 bzw. 0,12 W/m²K.

▌ Die Gegenüberstellung der Gläser zeigt auch auf, dass ein Wechsel von guten 2-fach-IV auf 3-fach-IV aus energetischer Sicht nur dann Sinn macht, wenn mindestens ein U_g-Wert von 0,6 W/m²K erreicht werden kann.

▌ Eine schlechte 3-fach-IV, mit Abstandhalter aus Aluminium (Variante 5, was verboten ist!) ist energetisch schlechter als die beste 2-fach-IV (Variante 6), die jedoch wegen dem Kryptongas auch fraglich ist.

▌ Aus Gründen der Behaglichkeit (Kaltluftabfall) ist es jedoch bei grossen Fenstern in der Regel nicht möglich, von 3-fach-IV auf 2-fach-IV zu wechseln.

Wärmespeicherfähigkeit und Raumtemperaturregelung

Für das MFH in Luzern wurden mit einer massiven Bauweise und Einzelraum-Temperaturregelung für Minergie-P optimale Entscheide getroffen. Abbildung 3.106 zeigt die Auswirkungen von weniger wärmespeichern-

Abbildung 3.105: Wenn alle anderen Faktoren ideal sind, könnte selbst mit einem guten 2-fach-Isolierglas Minergie-P erreicht werden. Der U-Wert der Aussenwand müsste dann aber wesentlich besser sein (etwa Faktor 2) als bei der bestmöglichen 3-fach-Isolierverglasung. Aus Gründen der Behaglichkeit (Kaltluftabfall) sind bei grossen Fenstern 3-fach-IV erforderlich.

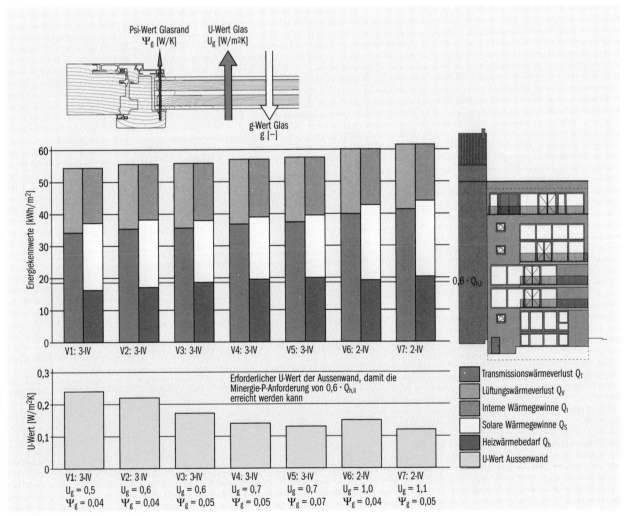

Abbildung 3.106: Einfluss der Wärmespeicherfähigkeit des Gebäudes und der Raumtemperaturregelung auf die Energiebilanz und den erforderlichen Wärmeschutz bei der Aussenwand. Für das Erreichen von Minergie-P schwierig ist die Kombination von geringer Wärmespeicherfähigkeit und Referenzraum-Temperaturregelung (z. B. Holzleichtbau mit Luftheizung). Gegenüber der Variante «schwer & Einzelraum-Temperaturregelung» nimmt der Heizwärmebedarf von 18,6 kWh/m² um 30 % auf 24,1 kWh/m² zu. Damit der Minergie-P-Grenzwert von 18,6 kWh/m² eingehalten werden könnte, müsste bei der Variante «leicht & Referenzraum-Temperaturregelung» der U-Wert der Aussenwand von 0,172 auf 0,03 W/m²K reduziert werden.

der Bauweise und Temperaturregelung über einen Referenzraum auf die Energiebilanzen und die für Minergie-P erforderlichen U-Werte bei den Aussenwänden.

▌ Eine geringere Wärmespeicherfähigkeit wirkt sich nicht auf die Verluste (Transmission und Lüftung) aus, die Energiegewinne (interne und solare) werden aber kleiner.

▌ Eine Temperaturregelung über einen Referenzraum führt wegen der rechnerischen Erhöhung der Raumtemeperatur zu höheren Energieverlusten aber damit indirekt auch zu etwas höheren Energiegewinnen.

▌ Für Minergie-P sehr problematisch ist die Kombination von geringer Wärmespeicherfähigkeit und Referenzraum-Temperaturregelung (z. B. Holzleichtbau mit Luftheizung). Gegenüber der Variante «schwer & Einzelraum-Temperaturregelung» müsste bei der Variante «leicht & Referenzraum-Temperaturregelung» der U-Wert der Aussenwand von 0,172 auf 0,03 W/m²K reduziert werden, was in der Praxis nicht möglich ist.
Anmerkung: Abgesehen von Lufteheizungen kommt bei Minergie-P die rechnerische Variante «Referenzraum-Temperaturregelung» kaum in Frage, weil die Vorlauftemperatur bei Auslegungstemperatur kaum grösser als 30 °C ist oder Heizkörper mit Thermostatventilen geregelt werden.

Klimastation

Der Objektstandort bzw. die massgebende Klimastation wirkt sich, wie die Abbildung 3.107 zeigt, wesentlich auf die für Minergie-P erforderliche Bauweise aus. Basis ist auch bei dieser Beurteilung das Standard-MFH mit thermischer Gebäudehülle Variante 1 gemäss Abbildung 3.103.

▌ Gut bauen muss man in Gegenden, wo die Mittellandstandorte «Wynau» oder «Luzern» als Klimastationen zu wählen sind. Für Minergie-P sind Aussenwände mit U-Werten von 0,14 W/m²K (Wynau) bzw. 0,172 W/m²K (Luzern) erforderlich.

▌ In Basel Binningen oder Genève Cointrin ist mit U-Werten von etwa 0,26 W/m²K bereits eine deutlich schlechter wärmedämmende Aussenwand möglich.

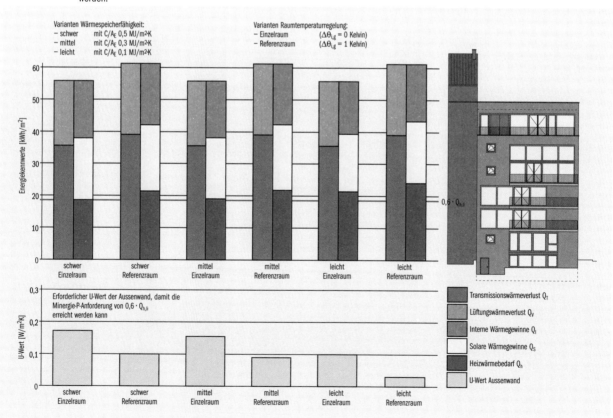

▐ Wenn alle anderen Bauteile einen guten Wärmeschutz bieten, wie als Grundannahme definiert, könnte in Davos bereits eine Aussenwand mit U = 0,34 W/m² K und in Lugano sogar eine Aussenwand mit U = 0,47 W/m² K zum Standard Minergie-P führen.

Gebäudeorientierung

Wie schlimm ist eine Abweichung von der optimalen Südorientierung? Das Referenzobjekt wurde für diese Fragestellung etwas angepasst. Es ist nun ein Solitär, ohne Anbau auf der Westseite. Die Westfassade wurde als opake Wand, ohne Fenster, gewählt, mit einem U-Wert in der Standardvariante von 0,172 W/m² K. Für den Horizont wurde keine Verschattung berücksichtigt. Neben der Energiebilanz zeigt Abbildung 3.108 auf,

mit welchem U-Wert bei der Aussenwand Minergie-P noch erreicht werden könnte.

▐ Bei Südorientierung kann der nun wegen der schlechteren Gebäudehüllziffer A_{th}/A_E etwas höhere Grenzwert für Minergie-P von 20,6 kWh/m² bereits mit einem U-Wert der Aussenwand von 0,2 W/m² K erreicht werden.

▐ Durch eine Abweichung gegen Westen oder Osten sind U-Werte von 0,16 W/m² K (Südwest) bis 0,11 W/m² K (Ost) erforderlich.

▐ Mit einem U-Wert von 0,1 W/m² K könnte selbst bei einem Abdrehen von Süd nach Nord der Minergie-P-Standard noch erreicht werden.

▐ Würde man das Gebäude in Davos realisieren, wo der Energieeintrag durch Son-

Abbildung 3.107: Die Klimastation ist entscheidend, wie für Minergie-P gebaut werden muss. Der Mittellandstandort «Wynau» zwingt den Planer zu Aussenwänden mit dem besten Wärmeschutz (U = 0,14 W/m² K). Wenn alle anderen Bauteile einen guten Wärmeschutz bieten, wie als Grundannahme definiert, reicht für Minergie-P in Davos eine Aussenwand mit U = 0,34 W/m² K und in Lugano sogar eine Aussenwand mit U = 0,47 W/m² K.

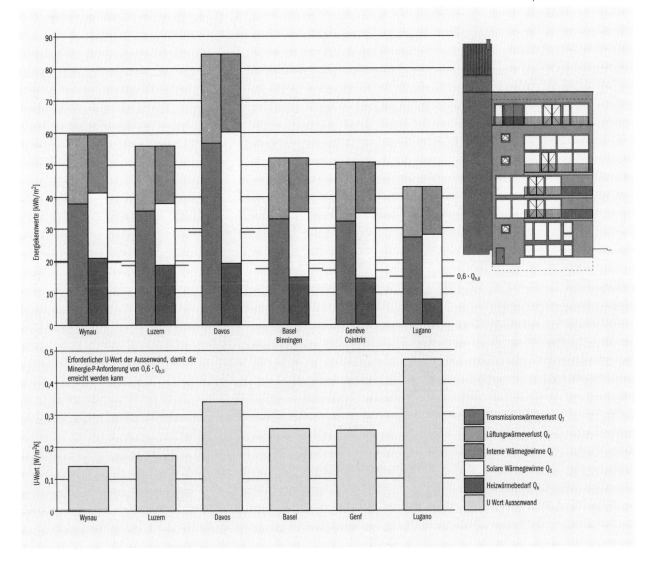

Abbildung 3.108: Das Re-
ferenzgebäude als Solitär
mit opaker Westfassade,
bei der Klimastation «Lu-
zern». Durch Abweichung
der Fassade mit den gro-
ssen Fenstern von der Südorientierung nimmt der solare Wärmegewinn ab, was
durch bessere U-Werte bei
der Aussenwand kompen-
siert werden muss. Ist bei
Südorientierung Minergie-
P mit einer Aussenwand
mit U = 0,2 W/m² K mög-
lich, so müsste bei Nord-
orientierung ein U-Wert von
0,1 W/m² K erreicht wer-
den. Bei einer Drehung des
Gebäudes von Süd auf Süd-
west erhöht sich der Heizwärmebedarf bei gleicher
Aussenwand (U = 0,172
W/m² K) von 19,0 kWh/m²
um 12,1 % auf 21,3 kWh/
m²; bei einer Drehung auf
Südost um 14,7 % auf 21,8
kWh/m².

neneinstrahlung eine grössere Komponente darstellt als im Mittelland, würde sich für Minergie-P der U-Wert der Aussenwand von 0,33 W/m² K bei Südorientierung auf U = 0,16 W/m² K bei Nordorientierung verändern.

Kompaktheit

Der Einfluss der Kompaktheit auf die Erreichbarkeit von Minergie-P wird wohl häufig überschätzt. Weil die Anforderung an die Gebäudehülle (Q_h) von der Kompaktheit bzw. der Gebäudehüllziffer (A_{th}/A_E) abhängt (vgl. Abbildung 3.96), werden «Fehler» bezüglich die Kompaktheit nicht über Gebühr bestraft. Bei gleicher Bauweise weist aber ein kompakteres Gebäude immer Vorteile auf, es resultiert ein kleinerer Heizwärmebedarf und somit auch ein kleinerer Energieverbrauch «Heizung» im Betrieb.

Ausgehend vom effektiv vorhandenen MFH in Luzern wurde die Kompaktheit in verschiedener Hinsicht verändert (Abbildungen 3.109 und 3.111), um den Einfluss derselben auf den zu erreichenden Grenzwert (Q_h) und die hierfür erforderliche Aussenwand (U-Wert) zu untersuchen. Abgesehen von «Extremvarianten» wird die Differenz

beim U-Wert der Aussenwand nicht allzu gross, was die vor erwähnte These bestätigt, dass die Kompaktheit im Nachweisverfahren nicht einen allzu grossen Stellenwert hat.

▮ Beim Blockrand-Mittenbau (V1 in Abbildung 3.110) ist, wegen dem kleinen Aussenwandanteil, trotz kompaktester Variante, ein kleiner U-Wert von 0,14 W/m² K erforderlich.

▮ Bei all den anderen durchgerechneten Varianten in Abbildungen 3.110 und 3.112 sind ähnliche Aussenwand-U-Werte von 0,16 bis 0,22 W/m² K möglich.

▮ Als «Extremvariante» ist auch ein Einfamilienhaus mit nur den unteren zwei Geschossen und der in Abbildung 3.111 gezeigten Abgrenzung im Untergeschoss zu betrachten. Damit der Grenzwert Q_h von 29,7 kWh/m² eingehalten werden könnte, müsste die Aussenwand einen U-Wert von - 0,06 W/m² K aufweisen und somit statt einen Energieverlust einem Energiegewinn verursachen. Mit dem gewählten Konzept könnte demnach bei nur zwei Geschossen keine Lösung gefunden werden.

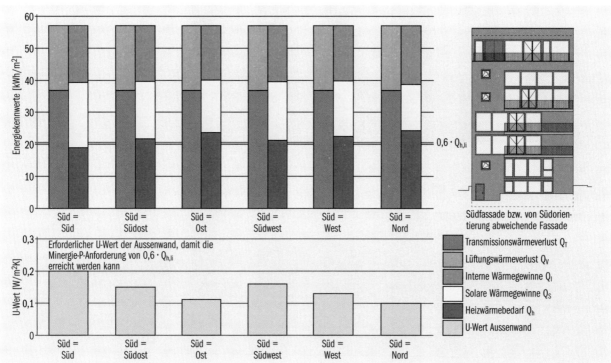

Abbildung 3.109: Vom effektiv vorhandenen MFH in Luzern ausgehend (V3) wurde die Kompaktheit verändert: V1 mit angebautem Gebäude auch auf der Ostseite (gefangene Bäder ohne Fenster, zusätzliche Zimmerfenster auf Nord- bzw. Südfassade); V2 als «doppelter Solitär», mit analoger Ost- und Westfassade; V4 Gebäude ohne Anbauten als Solitär, mit opaker Westfassade. Der Blockrand-Mittenbau (V1) ist am kompaktesten und weist mit einem zu erreichenden Heizwärmebedarf Q_h von 16,7 kWh/m² einen um fast 20% besseren Wert auf als der Solitärbau (V4), ohne dass hierfür eine bessere Gebäudehülle erforderlich ist (vgl. Abbildung 3.110).

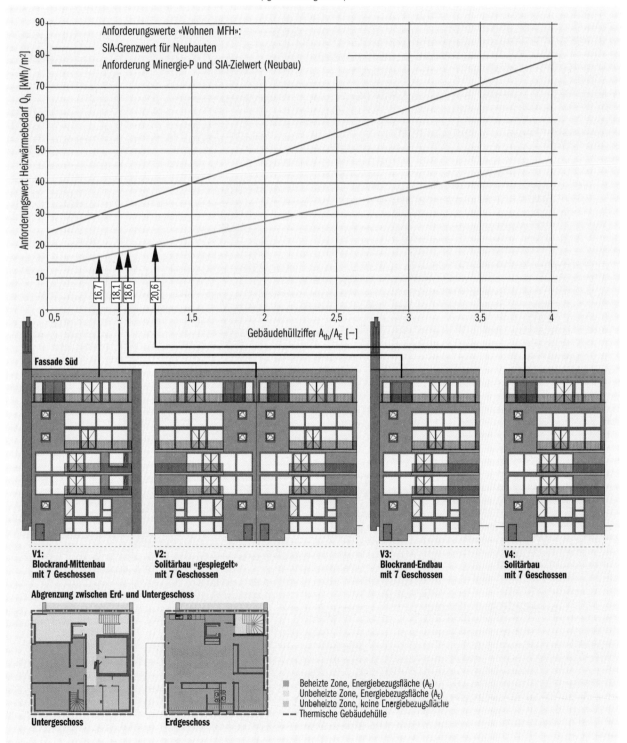

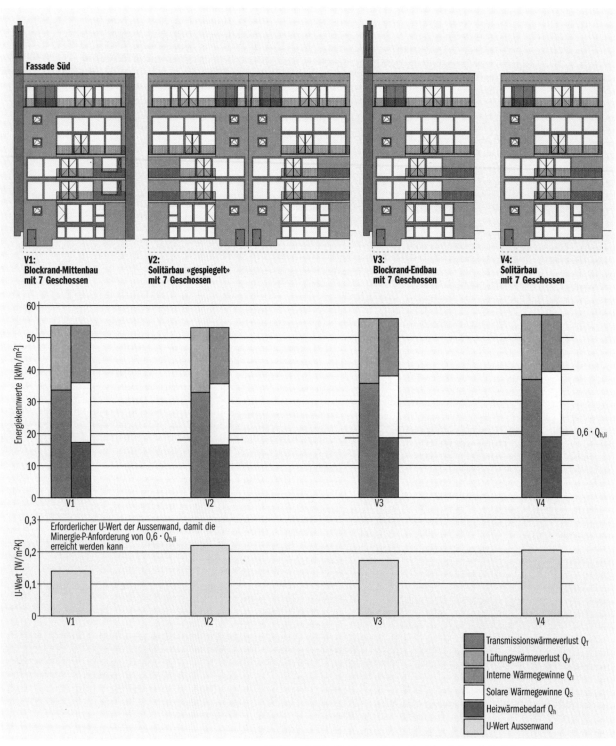

Abbildung 3.110: Die Kompaktheit wirkt sich primär auf die Grösse der Transmissionswärmeverluste aus. Die Lüftungswärmeverluste und die Energiegewinne bleiben pro m² Energiebezugsfläche bei allen Varianten nahezu gleich gross. Damit die Anforderung an den Heizwärmebedarf (0,6 · $Q_{h,li}$) erreicht werden kann, sind je nach Variante differente U-Werte für
die Aussenwand erforderlich, wobei es hier keine klare Abhängigkeit von der Gebäudehüllziffer A_{th}/A_E gibt. Bei der kompaktesten Varinate 1 ist eine Aussenwand mit U = 0,14 W/m²K
erforderlich, beim Solitärbau in Variante 4 sind 0,205 W/m²K erforderlich. Zwischen den
Varianten 2 (U = 0,22 W/m²K), 3 (U = 0,172 W/m²K) und 4 (U = 0,21 W/m²K) sind die
Unterschiede bezüglich die Anforderugen an die Aussenwand nicht allzu gross.

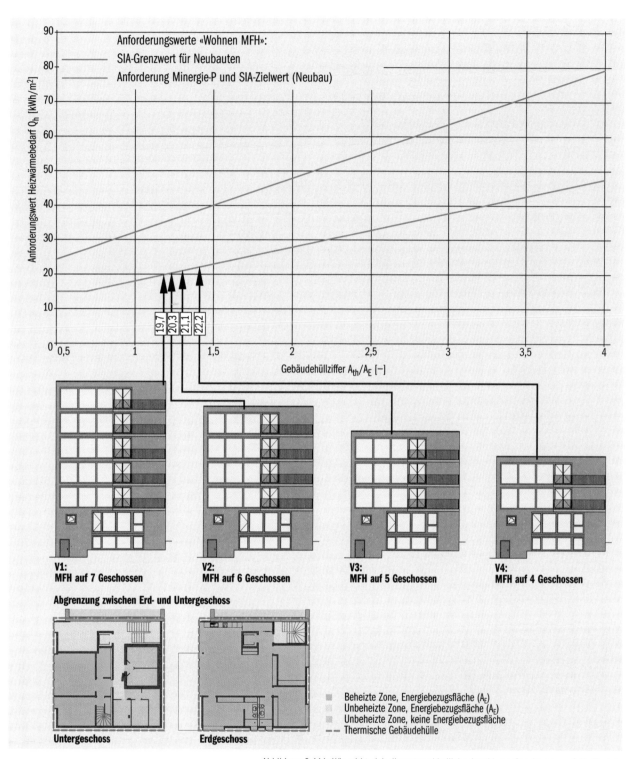

Abbildung 3.111: Wie wirkt sich die unterschiedliche Anzahl von Geschossen auf die Erreichbarkeit von Minergie-P aus? Der Solitär mit opaker Westfassade wird als 7-geschossiges MFH (V1: 6 Wohnungen) bis hin zum 4-geschossiges MFH (V4: 3 Wohnungen) untersucht. Der zu erreichende Heizwärmebedarf Q_h wird mit jeder Geschossreduktion höher, ohne dass dies aber Vorteile bezüglich die hierfür erforderlichen Bauteile bringt (vgl. Abbildung 3.112).

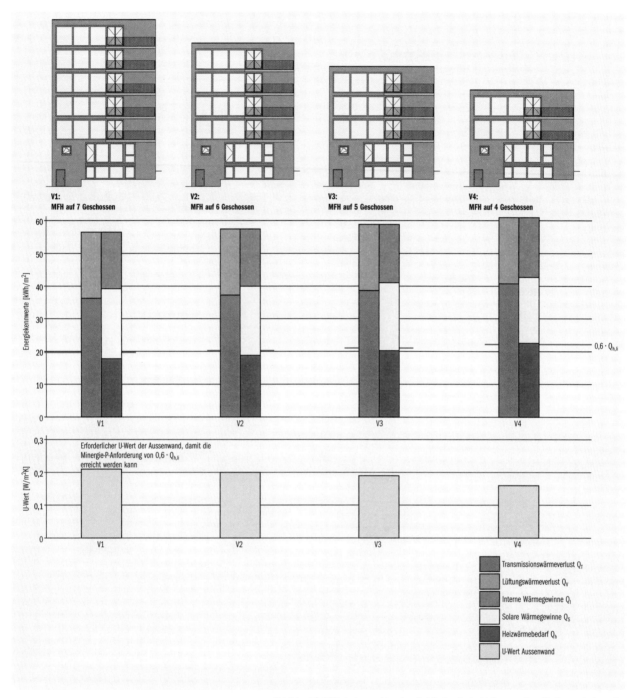

Abbildung 3.112: Je kompakter das Gebäude, desto kleiner werden die Transmissionswärmeverluste pro m² Energiebezugsfläche. Die Lüftungswärmeverluste und die Energiegewinne
sind pro m² Energiebezugsfläche bei allen Varianten nahezu gleich. Damit die Anforderung
an den Heizwärmebedarf (0,6 · $Q_{h,li}$) erreicht werden kann, können mit zunehmender Kompaktheit Kompromisse an den U-Wert der Aussenwand gemacht werden. Bei den 4 Geschossen in Variante 1 ist ein U-Wert von 0,16 W/m²K erforderlich; beim MFH mit 7 Geschossen
kann ein kleinerer Heizwärmebedarf bereits mit einer Aussenwand mit U = 0,21 W/m²K erreicht werden. Bei 10 Geschossen würde sich der U-Wert der Aussenwand auf 0,23 W/m²K
erhöhen. Bei einem Einfamilienhaus mit nur den unteren zwei Geschossen und analoger Abgrenzung im Untergeschoss (vgl. Abbildung 3.111) kann alleine über die Optimierung der
Aussenwand keine Lösung gefunden werden; es wäre ein U-Wert von −0,06 W/m²K und somit ein Energiegewinn erforderlich, um den Grenzwert einzuhalten.

3.7 Strategie für Optimierung und Nachweis der thermischen Gebäudehülle

Die Berechung der Energiebilanz nach Norm SIA 380/1 sollte nicht nur ein (unbeliebtes) Nachweisverfahren für den vorhandenen Wärmeschutz sein. Im Idealfall wird die Berechnung SIA 380/1 bereits in einer frühen Projektphase dazu genutzt, das Projekt in energetischer Hinsicht zu hinterfragen und entsprechend zu optimieren.

3.7.1 Berechnung in 3 Phasen

In der Praxis zeigt sich immer das gleiche Dilemma: Man möchte möglichst früh in der Projektentwicklung wissen, wo man steht, ob Minergie-P überhaupt möglich ist. Andererseits weiss man aber noch sehr wenig betreffend die effektive Baukonstruktion. So ist z. B. noch vollkommen offen, ob die Aussenwand verputzt oder mit einer hinterlüfteten Bekleidung versehen wird und betreffend die Fenster hat man sich bestenfalls entschieden, ob es ein Holz-Metall- oder ein Kunststoff-Fenster wird. Diesem Dilemma würde idealerweise mit einem Nachweis in 3 Phasen Rechnung getragen:

▪ Berechnung nach SIA 380/1 in Vorprojektphase, mit Annahmen betreffend die Kennwerte von Bauteilen und Bauteilübergängen, die mit grosser Sicherheit auch erreicht werden können. Es soll so eine optimale Wahl der thermischen Gebäudehülle, der Orientierung des Gebäudes und der Grösse der Fenster getroffen werden.

▪ Berechnung nach SIA 380/1 im Bauprojekt zur Optimierung der definitiven Bauteile und Bauteilübergänge sowie als Grundlage für die Ausschreibung der für Minergie-P möglichen Fenster.

▪ Nachweis der nun effektiv vorgesehenen Gebäudehülle, nach Vergabe der wichtigsten Arbeiten, insbesondere der Fenster mit den entsprechenden Verglasungen. Nur diese Berechnungsversion ist für eine Minergie-P-Zertifizierung genügend genau.

3.7.2 Optimierungsspielraum für Aussenwände nutzen

Wenn die thermische Gebäudehülle und damit auch die Gebäudehüllziffer A_{th}/A_E klar ist, weiss man auch bereits, wie gross der Heizwärmebedarf Q_h für Minergie-P sein muss (Abbildung 3.113). Wenn kein optimaler Einsatz von erneuerbarer Energie möglich ist, kann eventuell das Kriterium der gewichteten Energiekennzahl die Höhe des Heizwärmebedarfs Q_h beeinflussen. Die Lüftungswärmeverluste Q_V und die internen Gewinne Q_I (Personen Q_{IP} und Elektrizität Q_{IE}) sind nicht beeinflussbar.

Entscheid für mögliches Fenster

Bei den Fenstern können die Einbaurandbedingungen (Wärmebrücken), die Grösse und die Fenstereinteilung planerisch beeinflusst werden. Es gilt dann, sich zu entscheiden, welches Fenstersystem (Holz, Holz/Metall, Kunststoff), von welchem Fensterbauer, mit welchem Glas man sich leisten will oder kann. In einer ersten Projektphase ist man wohl gut beraten, wenn man das Projekt nicht mit dem bestmöglichen Fenster optimiert (z. B. Standardwerte aus SIA 380/1 für g-Wert (0,45) und Glasanteil (0,7) verwenden). Wenn die Fenster und die damit verbundenen Wärmebrücken beim Einbau feststehen, ist bereits recht viel von der Energiebilanz fixiert, sind die Fenster doch massgeblich an den Transmissionswärmeverlusten beteiligt und bieten den Nutzen der solaren Wärmegewinne (Abbildung 3.113).

Dächer und Böden kompromisslos wärmedämmen

Es macht in der Regel Sinn, bei den horizontalen Bauteilen den Wärmeverlust so klein als nur möglich zu halten (Abbildung 3.114). Dächer und Böden sollen kompromisslos auf U-Werte um 0,1 $W/m^2 K$ gedämmt werden. Zusammen mit den Wär-

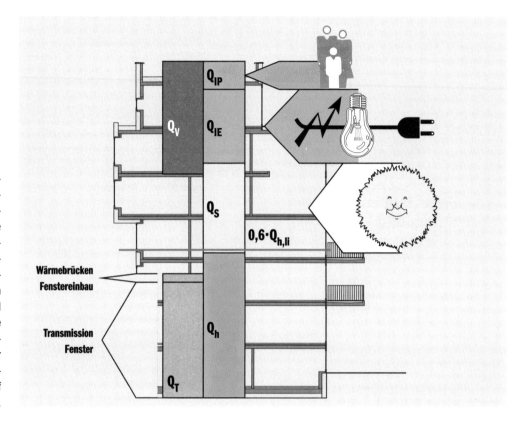

Abbildung 3.113: Die Gebäudehüllziffer A_{th}/A_E definiert die vom Heizwärmebedarf Q_h einzuhaltende Anforderung $0,6 \cdot Q_{h,li}$. Zusammen mit den unveränderbaren bzw. nicht beeinflussbaren Komponenten (Lüftungswärmeverlust und interne Wärmegewinne durch Personen und Elektrizität) ist nach der Wahl der Fenster bereits der Grossteil der Einflussfaktoren auf die Energiebilanz bestimmt.

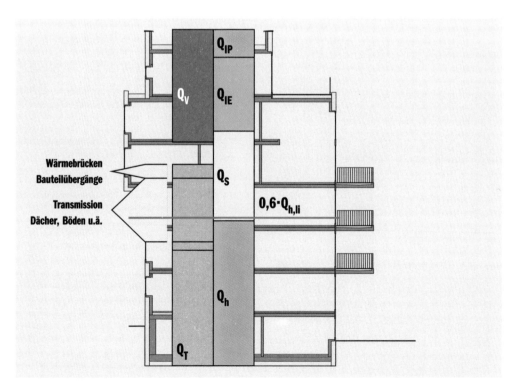

Abbildung 3.114: Die horizontalen Bauteile (Dächer und Böden) sollen optimal wärmegedämmt und die vorhandenen Wärmebrücken bei den Transmissionswärmeverlusten berücksichtigt werden. Die noch offene Lücke beim Transmissionswärmeverlust stellt den Handlungsspielraum bei den Aussenwänden dar.

mebrückenverlusten bei den optimierten Bauteilübergängen sind dann die Transmissionswärmeverluste weitgehend bestimmt.

Für Minergie-P erforderliche Aussenwand

Im Vergleich zu einem Flachdach ist es bei der Aussenwand deutlich aufwändiger, einen extrem guten Wärmeschutz zu erreichen. Der Planer ist deshalb in der Regel froh, wenn er bei der Aussenwand einen gewissen Handlungsspielraum geniessen kann. Wenn all die bereits erwähnten Kennwerte (Fenster, Dächer, Böden, Wärmebrücken) klar sind, resultiert ein noch möglicher Transmissionswärmeverlust, den die Aussenwand verursachen darf. Oder anders formuliert: Es wird nun klar, welchen U-Wert die Aussenwand für Minergie-P erreichen muss (Abbildung 3.115). Und es stellt sich die Frage, ob es konstruktiv sinnvoll machbar ist, diesen U-Wert zu erreichen. Falls der U-Wert für die Aussenwand unrealistisch klein wird, ist es durchaus möglich und auch opportun, auf Minergie-P zu verzichten. Oder es müssen allenfalls die anderen opaken Bauteile besser wärmegedämmt respektive optimalere Fenster und Gläser gewählt werden.

3.7.3 Nachvollziehbares, kontrollierbares Dossier

Ein gut dokumentierter Nachweis erleichtert nicht nur die Kontrolle, er hilft auch Fehler zu vermeiden. Hilfreich ist der Ordner mit Register als Ordnungs- und Ablagesystem. Abbildung 3.116 zeigt das von Minergie zur Verfügung gestellte Register, mit den für die Primäranforderung «Geäudehülle» rot markierten Registern:

▌ Im Register 2 «Nachweis» wird der mit einer zertifizierten Software erstellte Nachweis SIA 380/1 abgelegt. Es wird der Heizwärmebedarf Q_h beim Standardluftwechsel (MFH: $\dot{v}_{th}/A_E = 0,7$ m^3/h·m^2), wie er für die Primäranforderung «Gebäudehülle» relevant ist und der Heizwärmebedarf beim effektiv vorhandenen thermisch wirksamen Luftvolumenstrom (Einfluss Lüftung mit WRG) ausgewiesen.

▌ Im Register 3 finden sich alle Angaben zur opaken Gebäudehülle. Dazu gehören die U-Wert-Berechnungen, Wärmebrückenberechnungen oder Kopien aus Wärmebrückenkatalogen und eventuell Atteste betreffend die Wärmeleitfähigkeit von speziellen Materialien (evtl. in Register 8 ablegen).

▌ Die Unterlagen in Register 4 geben Aus-

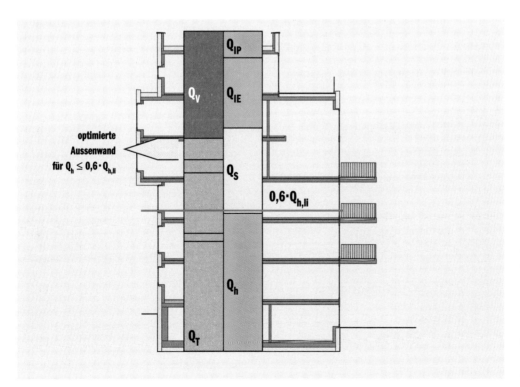

Abbildung 3.115: Wenn die Aussenwand letztendlich diese Energiebilanz ermöglicht und der Heizwärmebedarf Q_h kleiner ist als der Grenzwert für Minergie-P von 0,6 · $Q_{h,li}$, hat man die Primäranfordrung an die Gebäudehülle erfüllt.

kunft über alle relevanten Daten zur transparenten Gebäudehülle. Dazu gehören Atteste betreffend die verwendeten Fensterrahmen (U_f-Werte) und die eingebauten Gläser (U_g-, Ψ_g- und g-Werte) sowie die Berechnung der Fenster-U-Werte (jedes differente Fenster muss separat berechnet werden). Wichtig ist der Nachweis der vorhandenen Beschattung Horizont, durch Wälder, Berge o. ä. (vgl. Abbildung 3.117) oder durch Nachbargebäude (Situation mit Nordpfeil, vgl. Abbildung 3.118) sowie die Eigenverschattung durch Überhang und Seitenblende (vgl. Abbildung 3.95). Bewährt hat sich die Bildung von flächengewichteten Mittelwerten je Fassade von Fensterkennwerten und der Verschattungen (vgl. Abbildung 3.119); damit können in SIA 380/1 auch verschiedene Fenstervarianten ohne grösseren Aufwand miteinander verglichen werden.

▐ Im Register 9 werden die Pläne (erforderlich sind Grundrisse, Schnitte und Fassaden)

1	Antrag	**MINERGIE-P®** **1**
2	Nachweise	**2**
3	Blower-Door Test	**3**
4	Gebäudehülle opak	**4**
5	Gebäudehülle transparent	**5**
6	Haustechnik-Schemas	**6**
7	Hilfsberechnungen	**7**
8	Datenblätter	**8**
9	Gebäudepläne	**9**
10	Detailpläne	**10**
11	Korrespondenz	**11**
12	Alte Dokumente	MINERGIE-P® Zertifizierungsstelle Technikumstrasse 21; 6048 Horw Telefon 041 349 32 76, Fax 041 349 39 34 minergie-p@minergie.ch; www.minergie.ch Checkliste Antragsdokumente; Version Februar 2006 **12**

Abbildung 3.116: Register für die strukturierte Abgabe eines kontrollierbaren Dossiers: Die hellrot markierten Register betreffen den Nachweis der Primäranforderung an die Gebäudehülle gemäss Norm SIA 380/1. Das Register ist auch auf www.minergie.ch zu finden.

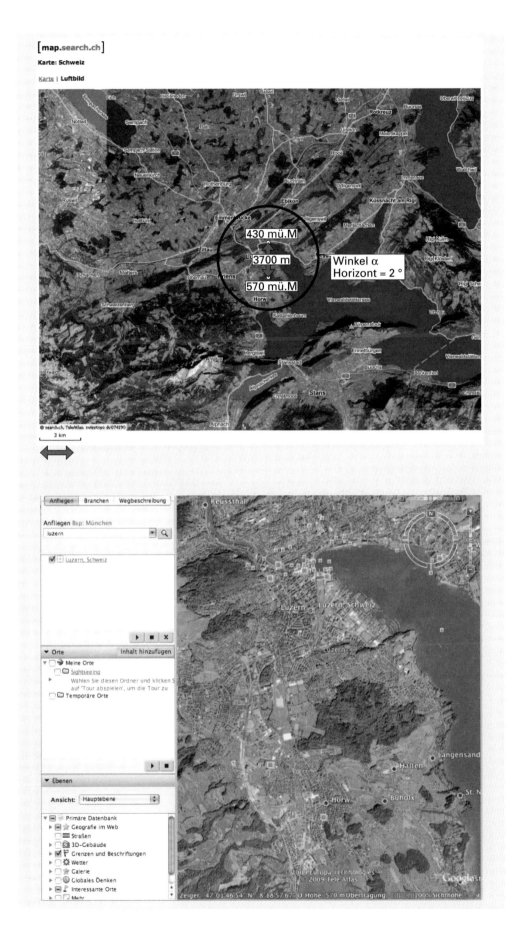

Abbildung 3.117: Hilfsmittel aus dem Internet für die Ermittlung der Verschattung durch den Horizont: www.map.search.ch für eine Karte mit Angabe zum Massstab und www.earth.google.ch (Download Google-Earth) zum Abtasten der Umgebung mit entsprechender Höhenangabe (Bild unten).

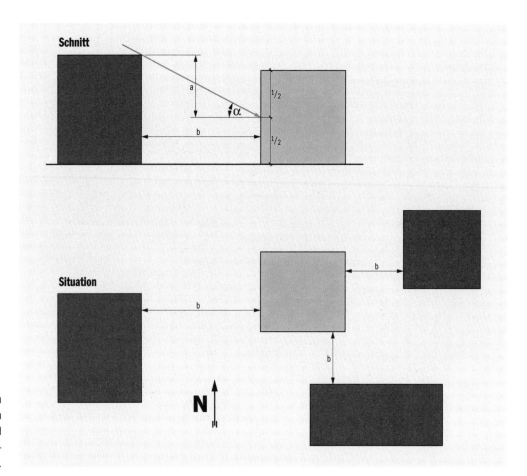

Abbildung 3.118: Situation mit Nordpfeil und Angaben zu Gebäudeabständen und Gebäudehöhen, zur Ermittlung des Horizontwinkels.

Fensterkennwerte

Allgemein			U-Werte/Psi-Werte				Fenster					Rahmen					Resultat	
Nr.:	Beschreibung:	Ausrichtung:	Glas	Rahmen	Glasverbund	g-Wert	Anzahl	Breite	Höhe	Fläche	Flügel	oben	unten	seitlich	mitte	Glasfläche	Fenster	Glasanteil
			U_g	U_f	ψ_g	g		B	H	A_w	n	o	u	s	m	A_g	U_w	F_g
			[W/(m²)]	[W/(m²)]	[W/mK]	[-]	[Stk]	[m]	[m]	[m²]	[Stk]	[m]	[m]	[m]	[m]	[m²]	[W/(m²)]	[-]
F1	Fenster 1 opaker Fl	E	0.6	1.250	0.05	0.48	4	2.50	1.80	18.00	1	0.120	0.120	0.360		11.11	0.92	0.62
F2	Fenster 2 opaker Fl	E	0.6	1.250	0.05	0.48	1	2.50	1.20	3.00	1	0.120	0.120	0.360		1.71	0.97	0.57
F3	Fenster 3	E	0.6	1.450	0.05	0.48	8	0.80	1.00	6.40	1	0.150	0.150	0.150		2.80	1.23	0.44
F4	Fenster 1 opaker Fl	N	0.6	1.250	0.05	0.48	7	2.50	1.80	31.50	1	0.120	0.120	0.360		19.44	0.92	0.62
F5	Fenster 2 opaker Fl	N	0.6	1.250	0.05	0.48	1	2.50	1.20	3.00	1	0.120	0.120	0.360		1.71	0.97	0.57
F6	Fenster 4	N	0.6	1.450	0.05	0.48	2	0.90	0.90	1.62	1	0.150	0.150	0.150		0.72	1.22	0.44
F7	Fenster 5	N	0.6	1.450	0.05	0.48	3	3.10	0.90	2.79	3	0.150	0.150	0.150	0.180	1.46	1.16	0.52
F8	Fenster 6	S	0.6	1.450	0.05	0.48	3	1.20	1.20	4.32	1	0.150	0.150	0.150		2.43	1.10	0.56
F9	Fenster 7 unten	S	0.6	1.450	0.05	0.48	1	6.20	1.80	11.16	4	0.400	0.150	0.150	0.300	6.25	1.06	0.56
F10	Fenster 7 oben	S	0.6	1.450	0.05	0.48	1	6.20	2.70	16.74	4	0.200	0.200	0.150	0.300	11.50	0.95	0.69
F11	Fenster 8	S	0.6	1.450	0.05	0.48	2	8.50	2.50	42.50	5	0.150	0.150	0.150	0.200	32.56	0.89	0.77
F12	Fenster 9 unten	S	0.6	1.450	0.05	0.48	1	8.30	2.60	21.58	5	0.150	0.200	0.150	0.230	15.93	0.91	0.74
F13	Fenster 9 oben	S	0.6	1.450	0.05	0.48	1	8.30	2.20	18.26	4	0.150	0.200	0.150	0.220	13.58	0.90	0.74
F14	Fenster 10	S	0.6	1.450	0.05	0.48	1	8.40	2.70	22.68	5	0.150	0.150	0.150	0.210	17.42	0.88	0.77
F15	Fenster 11	S	0.6	1.450	0.05	0.48	1	1.40	2.70	3.78	1	0.180	0.180	0.250		2.11	1.06	0.56
F16																		
F17																		
F18																		
F19																		
F20											Total 207.33					Total 140.73		
																Flächengemittelt	0.94	0.68

Wertetabelle je Orientierung	A_w [m²]	U_w [W/m²K]	Glasanteil [-]	g-Wert [-]
Hor				
N	38.91	0.96	0.60	0.48
NE				
E	27.40	1.00	0.57	0.48
SE				
S	141.02	0.92	0.72	0.48
SW				
W				
NW				

Abbildung 3.119: Beispiel einer flächengewichteten Ermittlung der Fensterkennwerte mit Excel. (www.enerhaus.ch)

abgelegt, aus denen die relevanten Bauteile (thermische Gebäudehülle) mit den entsprechenden Abmessungen hervor gehen. Hilfreich ist eine sinnvolle Nummerierung der Bauteile, z. B. F1 für das Fenster Nr. 1, mit Angaben zur Breite x Höhe in der äusseren Projektion. Auch die relevanten Wärmebrücken sind in den Plänen zu dokumentieren (Typ, Länge bzw. Stück).

▌ Detailpläne werden im Register 10 abgelegt, eventuell zusammen mit den Wärmebrückenberechnungen oder Kopien aus Wärmebrückenkatalogen mit vergleichbaren Details, falls diese nicht im Register 4 abgelegt werden.

Fenstereinbau			**Verschattung**																		
Wärmebrücken Fenstereinbau			Leibung	Horizont			Überhang					Seitenblende						Zusammenstellung			
Sturz	Brüstung	Leibung	Leibungs-/ Sturztiefe:	Höhe Horizont / Winkel	Abstand Horizont	Winkel	Tiefe Überhang / Winkel	Höhe zur Fenstermitte	Winkel Überhang	Winkel Sturz	max. Winkel	Tiefe Seite/ Winkel Seite	Abstand zur Fenstermitte	Winkel Blende	Anzahl	Winkel Leibung	max. Winkel	Fs_1	Fs_2	Fs_3	Fs_{tot}
L_{yo}	L_{yu}	L_{ys}	c	a oder α	b	α	d oder β	e				f oder γ	g								
[m]	[m]	[m]	[m]	[m / °]	[m]	[°]	[m / °]	[m]	[°]	[°]	[°]	[m / °]	[m]	[°]	[Stk]	[°]	[°]	[-]	[-]	[-]	[-]
10.00	10.00	14.40	0.00	32		32.0				0.1	0.1						0.0	0.66	1.00	1.00	0.66
2.50	2.50	2.40	0.00	32		32.0				0.1	0.1						0.0	0.66	1.00	1.00	0.66
6.40	6.40	16.00	0.00	32		32.0				0.1	0.1					0.1	0.1	0.66	1.00	1.00	0.66
17.50	17.50	25.20	0.00	32		32.0				0.1	0.1						0.0	0.93	1.00	1.00	0.93
2.50	2.50	2.40	0.00	32		32.0				0.1	0.1					0.1	0.1	0.93	1.00	1.00	0.93
1.80	1.80	3.60	0.00	32		32.0				0.1	0.1						0.0	0.93	1.00	1.00	0.93
3.10	3.10	1.80	0.00	32		32.0				0.1	0.1					0.1	0.1	0.93	1.00	1.00	0.93
3.60	3.60	7.20	0.00	12		12.0				0.1	0.1						0.0	0.93	0.67	1.00	0.63
6.20	6.20	3.60	0.00	12		12.0	50		50.0		50.0						0.0	0.93	0.67	1.00	0.63
6.20	6.20	5.40	0.00	12		12.0	50		50.0	0.0	50.0						0.0	0.93	0.67	1.00	0.63
17.00	17.00	10.00	0.00	12		12.0	46		46.0		46.0						0.0	0.93	0.73	1.00	0.68
8.30	8.30	5.20	0.00	12		12.0				0.0	0.0						0.0	0.93	1.00	1.00	0.93
8.30	8.30	4.40	0.00	12		12.0				0.1	0.1						0.0	0.93	1.00	1.00	0.93
8.40	8.40	5.40	0.00	12		12.0				0.0	0.0	21		21.0	1	0.0	21.0	0.93	1.00	0.96	0.90
1.40	1.40	5.40	0.00	12		12.0				0.0	0.0	79		79.0	1	0.1	79.0	0.93	1.00	0.54	0.50
				30		30.0															
				30		30.0															
				30		30.0															
				30		30.0															
				30		30.0															
103.20	**103.20**	**112.40**															Flächengemittet	0.90	0.90	0.99	0.79
	Summe	**318.80**																			

Verschattungsfaktoren gemäss SIA 380/1:2009

Sturz (L_{yo})	Brüst. (L_{yu})	Leib. (L_{ys})
[m]	[m]	[m]
24.90	24.90	33.00
18.90	18.90	32.80
59.40	59.40	46.60

Wertetabelle je Orientierung	Fs_1	Fs_2	Fs_3	Fs_{tot}
	[-]	[-]	[-]	[-]
Hor				
N	0.93	1.00	1.00	0.93
NE				
E	0.66	1.00	1.00	0.66
SE				
S	0.93	0.86	0.98	0.78
SW				
W				
NW				

Kapitel 4

Haustechnik

4.1 Heizungs- und Lüftungstechnik im Minergie-P-Haus

Heizungs- Lüftungs- und Klimaanlagen haben die Aufgabe, unabhängig vom Aussenklima im Gebäude ein behagliches Raumklima sicherzustellen. Dies gilt auch für Gebäude, die im Minergie-P-Standard erstellt werden. Als Grundlage für die Auslegung und Dimensionierung der Haustechnikanlagen gelten die einschlägigen Normen und Richtlinien von SIA und SWKI. Darüber hinaus sind für spezielle Nutzungen die Vorgaben der Branchenverbände zu beachten.

Vor allem bei Gebäuden, die nicht unter die Kategorien Wohnen MFH und Wohnen EFH fallen, kann es sinnvoll sein, die Dimensionierung von HLKS-Anlagen mit punktuellen Simulationen zu kontrollieren und zu optimieren. Dies gilt im Speziellen auch für die Beurteilung des sommerlichen Wärmeschutzes.

Durch die leichte Lockerung der Primäranforderung und die Beibehaltung der gewichteten Energiekennzahl hat sich bei Minergie-P durch die tiefen Grenzwerte die Herausforderung etwas von der Gebäudehülle zur Haustechnik verschoben. Es ist daher absolut zwingend, optimierte, energieeffiziente und qualitativ hochwertige und aufeinander abgestimmte Haustechnikkomponenten zu verwenden. Diese sind so präzis wie nur möglich auszulegen. Reserven müssen auf ein absolutes Minimum reduziert werden.

Vier Varianten

Die vier Abbildungen (4.1 bis 4.4) zeigen, weshalb die tiefen Grenzwerte für den Haustechnikplaner eine Herausforderung bedeuten. In allen Beispielen der vier Abbildungen

ist die gewichtete Energiekennzahl Wärme in Abhängigkeit der Gebäudehüllzahl (A_{th}/A_E) aufgezeichnet. Der gesamte (gewichtete) Endenergiebedarf setzt sich wie folgt zusammen:

Hilfsenergie für den Betrieb der Haustechnik (Pumpen, Steuerung, etc.) 1,5 kWh pro m² Energiebezugsfläche (EBF), gewichtet mit dem Faktor 2 für Strom; insgesamt 3 kWh/m².

Ventilatorenergie für die Lufterneuerung, 2,5 kWh/m² EBF, Gewichtung 2,0; insgesamt 5 kWh/m² EBF.

Energiebedarf für Wassererwärmung mit 75 MJ/m² EBF gemäss Standardnutzung SIA 380/1:2009 für Mehrfamilienhäuser, gewichtet mit dem entsprechenden Gewichtungsfaktor und dividiert durch den Jahresnutzungsgrad des Wärmeerzeugers.

Energiebedarf für Raumheizung gemäss Primäranforderung für Minergie-P-Mehrfamilienhäuser, dividiert durch den Jahresnutzungsgrad des Wärmeerzeugers und gewichtet mit dem entsprechenden Gewichtungsfaktor.

Anmerkung: Die Berechnung und Bewertung des Heizwärmebedarfes für ein Minergie-P-Objekt basiert auf dem Standardwert des thermisch wirksamen Aussenluft-Volumenstroms ($\dot{v}_{th,st}$). Für die Quantifizierung der Endenergie ist dagegen der effektive thermisch wirksame Aussenluft-Volumenstrom ($\dot{v}_{th,eff}$) massgebend. Zur Umrechnung wird unabhängig von der Gebäudehüllzahl ein Pauschalwert von 8 kWh/m² vom Heizwärmebedarf bei $\dot{v}_{th,st}$ abgezogen, um den Ausgleich zwischen den beiden Berechnungsweisen zu ermöglichen.

Benno Zurfluh

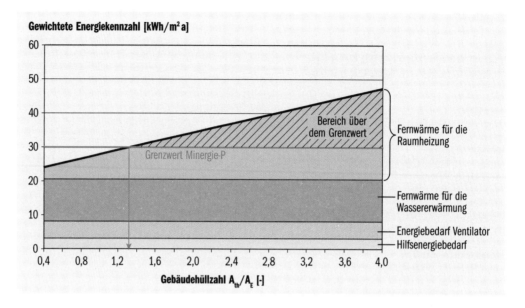

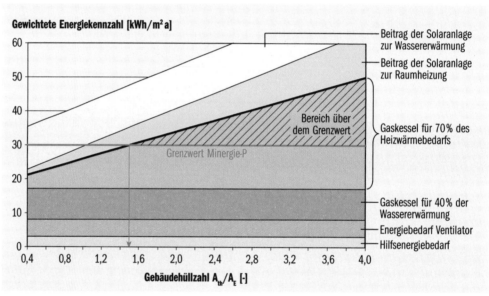

Abbildung 4.1: Gebäude mit Fernwärme (z. B. Abwärme aus einer KVA) für Raumheizung und Wassererwärmung.
▌ Jahresnutzungsgrad Fernwärme: 1,0
▌ Gewichtungsfaktor Fernwärme: 0,6
▌ Gewichtungsfaktor Strom: 2,0
Fazit: Gebäude mit einer Gebäudehüllzahl über 1,3 erreichen ohne zusätzliche Mass-nahmen – bessere Wärmedämmung respektive weitere Anlagen zur Nutzung erneuerbarer Energien – den Grenzwert Minergie-P nicht.

Abbildung 4.2: Gebäude mit Gaskessel und Sonnenkollektoranlage, die 30 % des Energiebedarfes für die Raumheizung und 60 %

des Energiebedarfes für die Wassererwärmung deckt.
▌ Jahresnutzungsgrad Gaskessel für Wassererwärmung: 0,92; für Heizung: 0,95
▌ Gewichtungsfaktor Erdgas: 1,0
▌ Gewichtungsfaktor Strom: 2,0
Fazit: Gebäude mit einer Gebäudehüllzahl unter 1,5 erfüllen den Grenzwert Minergie-P mit der Kollektoranlage. Ist ein Gebäude weniger kompakt gebaut, müssen die Bauhülle besser gedämmt oder mehr erneuerbare Energien genutzt werden.

Abbildung 4.3: Gebäude mit Pellets-Heizkessel für Raumheizung und Wassererwärmung. Zusätzlich Sonnenkollektoranlage,

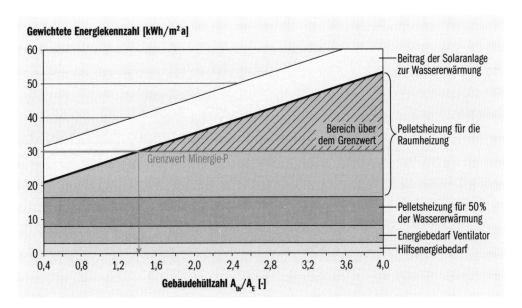

Abbildung 4.3: Pelletskessel mit Sonnenkollektoren

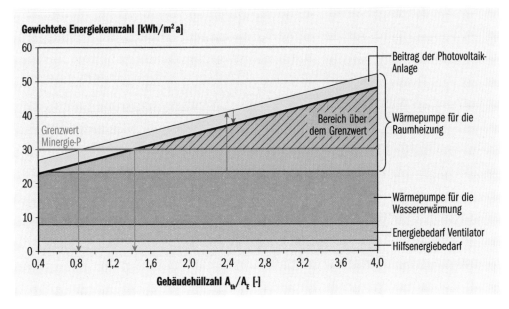

Abbildung 4.4: Wärmepumpe mit Photovoltaik

die 50 % des Energiebedarfes für die Wassererwärmung deckt.

▮ Jahresnutzungsgrad Pelletskessel: 0,85
▮ Gewichtungsfaktor Pellets: 0,7
▮ Gewichtungsfaktor Strom: 2,0

Fazit: Gebäude mit einer Gebäudehüllzahl unter 1,4 erfüllen mit der Kollektoranlage zur Wassererwärmung (50 % Deckung) den Grenzwert Minergie-P.

Abbildung 4.4: Gebäude mit Wärmepumpe für Raumheizung und Wassererwärmung. Eine PV-Anlage (Fläche = 2 % der EBF) liefert Strom von rund 2 kWh/m² EBF. Jahresnutzungsgrad der Wärmepumpe für

▮ Raumheizung: 3,1

▮ Wassererwärmung: 2,7
▮ Gewichtungsfaktor Strom: 2,0
▮ Gewichtungsfaktor Strom aus PV: -2,0

Fazit: Ohne PV-Anlage müsste das Gebäude sehr kompakt gebaut sein (Gebäudehüllzahl 0,8). Für weniger kompakte Minergie-P-Mehrfamilienhäuser ist neben einer Wärmepumpe eine weitere Anlage zur Nutzung erneuerbarer Energien notwendig.

4.2 Heizung

4.2.1 Wärmeerzeugung

Dimensionierung

Als Grundlage für die Dimensionierung der Wärmeerzeugung dient die Norm SIA 384.201 und die Norm SIA 384/1. Bei Mehrfamilienhäusern ist unbedingt der Leistungsbedarf für die Brauchwarmwassererwärmung zu beachten. Ab ca. 6 bis 8 Wohneinheiten kann dieser für die Auslegung der Wärmeerzeugung ausschlaggebend sein. Aufgrund der Gewichtung bei der Beurteilung der Energiekennzahl kann mit rein fossilen Wärmeerzeugern der Grenzwert Minergie-P nicht erreicht werden (vgl. Abbildung 4.2). Einzig der Einsatz von fossilen Energieträgern bei WKK-Anlagen respektive die Kombination mit thermischer Sonnenenergie ermöglicht die Einhaltung der Grenzwerte.

Wärmepumpen

Wärmepumpenanlagen sind die am meisten verwendeten Wärmeerzeuger in Minergie-P-Gebäuden. Das Prinzip der Wärmepumpe ermöglicht es, je nach Wärmequelle, 60 % bis 80 % Umweltwärme für die Beheizung von Gebäuden zu verwenden. Diese Umweltwärme wird in der Berechnung der gewichteten Energiekennzahl nicht berücksichtigt. Der restliche Anteil ist in der Regel elektrischer Strom für den Antrieb des Verdichters. Obwohl dieser Strombedarf mit dem Faktor 2 in der Berechnung des Grenzwertes eingesetzt werden muss, bleibt der zu berücksichtigende Energieverbrauch tief. Wird eine Wärmepumpe für die Gebäudeheizung eingesetzt, sollte diese unbedingt auch für die Brauchwarmwassererwärmung genutzt werden. Auch hier führt der grosse Anteil an Umweltenergie zu einer optimalen Ausgangslage für das Erreichen des Minergie-P-Standards. Aus hygienischen Gründen muss das Brauchwarmwasser bei den Nutzungen Wohnen mindestens einmal pro

Tabelle 4.1: Erneuerbare Energien passen gut ins Minergie-P-Haus – die gebräuchlichsten Heizsysteme.

Abbildung 4.5: Mögliche Anbindungen einer Wärmepumpe an Erdwärmenutzungssysteme.

Minergie-P: gut geeignete Heizsysteme	
Elektrizität: **Wärmepumpe** **mit Nutzung von**	Erdwärme (Anwendungsbeispiele in Abbildung 4.5)
	Aussenluft
	Grundwasser
	Wohnungsabluft
Option: Deckung des Strombedarfs durch Photovoltaikanlage. (Zertifizierter) Ökostrom oder Contractingmodelle mit PV-Anlagen sind nicht an die Minergie-P-Energiebilanz anrechenbar.	
Holz	Heizkessel für Stückholz oder Pellets
	Einzelofen für Stückholz oder Pellets
	Blockheizkraftwerk (Stirling)
Solarstrahlung: **Kollektoranlage**	Wassererwärmung
	Wassererwärmung + Raumheizung
Erdgas	Blockheizkraftwerk, Wärmepumpe

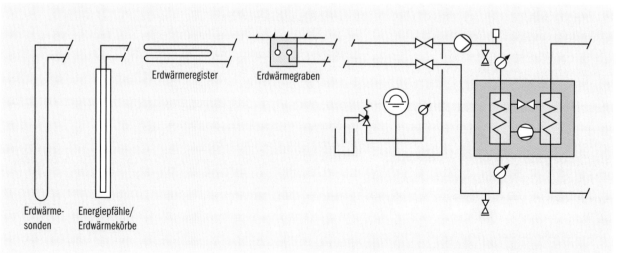

Erdwärmeregister   Erdwärmegraben

Erdwärme-
sonden   Energiepfähle/
Erdwärmekörbe

Woche auf ca. 60 °C erwärmt werden. Entweder kann hierfür die Wärmepumpe auf einem höheren Temperaturniveau betrieben werden oder die Nachwärmung erfolgt z. B. über einen Elektroeinsatz. Bei anderen Nutzungen, wie z. B. Schule oder Heime, sind für die Brauchwarmwassererwärmung Systeme zu wählen, die dauernd eine Warmwassertemperatur von ca. 60 °C sicherstellen (eigene Wärmepumpe für Brauchwarmwasser, Nachwärmung mit Holz-, Gas- oder Ölkessel, kombiniert mit einer Temperaturhaltung an den Verteil- und Steigleitungen [1]).

Wegen der guten Wärmedämmung der Gebäudehülle und der damit zusammenhängenden grossen Trägheit der Wärmeverluste wirken sich die Sperrzeiten bei der Stromlieferung bei kleinen Gebäuden nur unwesentlich auf die Dimensionierung der Wärmepumpe aus. Bei grösseren Gebäuden und speziellen Nutzungen sind die Sperrzeiten bei der Planung zu berücksichtigen.

Die für die Eingabe im Nachweisformular erforderliche **Jahresarbeitszahl (JAZ)** kann mit dem Hilfsprogramm WPesti (Download unter www.minergie.ch) berechnet werden. Die dafür erforderlichen Daten (Leistungszahlen COP) können aus den Herstellerunterlagen oder aus den Messprotokollen der Prüfstellen entnommen werden (z. B. www.wpz.ch). Für Heizung und Warmwasser ergeben sich dadurch unterschiedliche JAZ-Werte. Diese müssen im Nachweisformular auch getrennt eingegeben werden.

Wärmepumpen aller Bauarten sind in kleinen Leistungsabstufungen erhältlich. Dies ermöglicht eine präzise Auslegung auf den erforderlichen Leistungsbedarf (inkl. Brauchwarmwasser). Bei der Berechnung des effektiven Stromverbrauchs für die Beheizung und die Bereitstellung des Warmwassers ist zu berücksichtigen, dass der Stromverbrauch im Nachweisformular mit dem Gewichtungsfaktor 2 berechnet wurde! Somit wird der effektive Energieverbrauch nicht mit der im Minergie-Nachweis gewichteten Endenergie übereinstimmen.

Folgende Wärmequellenarten können mit Wärmepumpen genutzt werden:

▌ Aussenluft
▌ Erdwärme (Anwendungsbeispiele in Abbildung 4.5)
▌ Grund- und Oberflächenwasser
▌ Abwärme

Grundsätzlich gilt: Je höher das Temperaturniveau der Wärmequelle und je tiefer das Temperaturniveau der Wärmeabgabe (Vorlauftemperatur), desto besser ist die Effizienz (COP respektive JAZ) der Wärmepumpe.

Aussenluft

Die Aussenluft steht in unbeschränkter Menge als Wärmequelle zur Verfügung und erfordert keine behördliche Bewilligung. Nachteilig ist, dass die Wärmequellentemperatur gegenläufig zur Heizsystemtemperatur (bzw. der benötigten Leistung) steht. Dadurch kann es notwendig sein, dass neben der Wärmepumpe eine zweite Wärmeerzeugung für die Gebäudeheizung respektive für die Wasserwärmung notwendig wird. Mit dem Hilfsprogramm WPesti können die entsprechenden Anteile für die verschiedenen Wärmeerzeuger berechnet werden. Im Nachweisformular müssen alle Wärmeerzeuger aufgeführt werden.

Die Wärmepumpe mit Aussenluft als Wärmequelle weist die schlechtesten Jahresarbeitszahlen (JAZ) auf. Um die Minergie-P-Anforderungen zu erfüllen, ist mit den aktuellen Grenzwerten die Nutzung von Sonnenenergie (thermisch oder Photovoltaik) meistens notwendig.

Erdwärme

Das Erdreich ist ein idealer Wärmelieferant. Bereits etwa 10 m unter der Erdoberfläche weist das Erdreich eine über das ganze Jahr annähernd konstante Temperatur von rund 10 °C auf. Mit zunehmender Tiefe erhöht sich die Temperatur im Untergrund um ca. 3 K pro 100 m. Die jahreszeitliche Konstanz bildet eine ideale Voraussetzung zur Nutzung von Erdwärme zu Heizzwecken. Erdwärmesonden werden normalerweise zwischen 50 m und 350 m tief gebohrt.

Eine Wärmepumpe mit Aussenluft als alleinige Wärmequelle ist für Minergie-P unzureichend.

Weitere und detaillierte Informationen zu Wärmepumpenanlagen im Handbuch Wärmepumpen, Faktor Verlag, Zürich, 2009.

Erdwärmesonden (EWS)

Zur Wärmegewinnung aus dem Erdreich werden heute in der Regel mit Wasser oder einem Wasser-Glykol-Gemisch gefüllte EWS oder EWS-Felder eingesetzt. EWS-Anlagen sind bewilligungspflichtig (Zuständigkeit: Kantone). Folgende Werte sollten nicht überschritten werden:

▍ Jahresenergiemenge von 100 kWh pro Meter

▍ EWS-Belastung von 50 W/m bei ca. 2000 Vollbetriebsstunden pro Jahr.

Für die genaue Auslegung, vor allem von grösseren Erdsondenfeldern, empfiehlt sich ein EWS-Berechnungsprogramm (z. B. von www.hetag.ch). Wenn immer möglich sind die Verbindungsleitungen zwischen Erdwärmesonde und Sammler (Heizzentrale) zu dämmen. Genaue Auslegevorgaben werden in der SIA-Norm 384/6 (Erdsonden) definiert [2].

Erdwärmeregister

Anstelle von EWS werden auch Erdwärmeregister verwendet. Diese bestehen aus horizontal verlegten Rohrschlangen im Erdreich, 1,2 m bis 1,5 m unter der Terrainoberfläche. Die Erdwärmeregister entziehen dem Erdreich mehrheitlich jene Wärme, welche durch Sonneneinstrahlung und Regen eingetragen wird. In der Regel wird auch hier ein Frostschutz-Gemisch als Wärmeträger verwendet.

Energiepfähle

Energiepfähle kommen in der Regel an Orten mit instabilem Baugrund als Fundationspfähle zum Einsatz. Der Energiepfahl wird also primär als statisches Element eingesetzt. Anordnung und Umfang richten sich nach den Anforderungen, die an das Gebäude respektive den Baugrund gestellt werden. Der Energiegewinn ist demnach von den geologischen Verhältnissen und den statisch bedingten Massnahmen (Länge und Anordnung) abhängig. In der Regel wird ein Frostschutz-Gemisch als Wärmeträger verwendet.

Grundwassernutzung

Die mittlere Jahrestemperatur von oberflächennahem Grundwasser liegt in der Regel bei 9 °C bis 11 °C und damit über dem Mittelwert von Aussenluft. Die Temperatur kann durch zusickerndes Oberflächenwasser oder durch die Lufttemperatur beeinflusst werden. Ist der Einfluss durch Oberflächengewässer gering und liegt die Fördertiefe mehrere Meter unter Terrain, sind die jahreszeitlichen Temperaturschwankungen jedoch sehr klein. Auch steigt die Verzögerung der Maximal- und Minimalwerte mit zunehmender Tiefe. Die maximale Temperaturschwankung liegt bei etwa 5 K. Aufgrund des hohen und konstanten Temperaturniveaus ist Grundwasser eine ideale und zuverlässige Wärmequelle für Wärmepumpen. Für eine Grundwassernutzung ist eine amtliche Bewilligung notwendig. Die Bewilligungspraxis ist kantonal unterschiedlich. In einigen Kantonen ist die Grundwassernutzung für Kleinanlagen gar nicht möglich.

Abwärme

Ist eine Direktnutzung von Abwärme aufgrund der geforderten Nutzungstemperaturen nicht möglich, so kann die vorhandene Abwärme mittels einer Wärmepumpe auf das notwendige Temperaturniveau angehoben werden.

Abwasser

Abwasser fällt in verschiedenen Formen an, z. B. ungereinigt in der Kanalisation, vorgereinigt in Industriebetrieben mit hohem Frischwasserbedarf oder gereinigt am Ende der Kläranlage. Die Wassertemperaturen bewegen sich zwischen 10 °C und 25 °C in der Kanalisation und der Kläranlage respektive bis über 60 °C in Industriebetrieben. Die Abkühlung des Abwassers ist bei richtig geplanten und entsprechend den Vorgaben der Kläranlagenbetreiber dimensionierten Anlagen kein Problem und ist weder für die Abwasserreinigung noch für Gewässer von Nachteil (Anbieter sind z. B. Rabtherm und Kasag).

Abwasser-Wärmepumpen

Der Energieentzug erfolgt direkt im oder neben dem Gebäude, bevor das Abwasser der Kanalisation zugeleitet wird. Es sind verschiedene herstellerspezifische Systeme erhältlich (z. B. Feka).

Solartechnik

Eine thermische Solaranlage kann für die Heizungsunterstützung oder nur für die Brauchwarmwassererwärmung eingesetzt werden. Die Auslegung des Speichers für das optimale Zusammenspiel der verschiedenen Wärmeerzeuger ist äusserst wichtig. Die einzelnen Temperaturniveaus der Erzeuger und der Verbraucher sind im Voll- wie auch im Teillastbetrieb zu prüfen, die Anordnung von Ladung und Entladung entsprechend zu wählen. Thermische Solaranlagen (monovalent) für die komplette Gebäudebeheizung sowie die Brauchwassererwärmung benötigen eine grosse Erfahrung für die Dimensionierung des Jahresspeichers (Schichtung, Ladungs- und Entladungsverhalten).

Mit der Installation einer Photovoltaikanlage (PV-Anlage) lässt sich direkt Strom für die Wärmepumpe produzieren. Das Stromnetz dient dabei als Speicher. Bei einem COP von z. B. 4,2 wird aus 1 kWh Solarstrom 4,2 kWh Wärme zur Gebäudeheizung respektive Wassererwärmung. Wird die Stromproduktion der Photovoltaik-Anlage in einem Jahr mit dem Jahresbedarf der Wärmepumpe verglichen, kann im Einfamilienhaus nach Minergie-P schon mit einer relativ kleinen PV-Anlage ($10 m^2$ bis $15 m^2$) ein hoher Deckungsgrad erreicht werden. Der über eine Photovoltaik-Anlage erzeugte Strom wird mit dem Faktor 2 multipliziert und bei der Bilanzierung im Minergie-P-Nachweis abgezogen. Anlagen, deren Ertrag nicht direkt den Nutzenden zugute kommt, darf im Minergie-P-Antrag nicht berücksichtigt werden – in unklaren Situationen gibt die Zertifizierungsstelle Auskunft.

Holzheizung (Stückholz, Pellets, Schnitzel, Raumofen)

Holz ist eine erneuerbare und umweltfreundliche Energiequelle, die in der Schweiz noch nicht ausgeschöpft ist. Holz ist nachwachsend und die Verbrennung in Heizkesseln erfolgt nahezu CO_2-neutral. Dies sind unter anderem die Gründe, weshalb der Energieträger Holz im Minergie-P-Nachweis mit der Gewichtung 0,7 bewertet wird. Damit bietet sich eine ähnliche Ausgangslage für das Erreichen der Minergie-P-Anforderungen wie bei Wärmepumpen. Bei der Auswahl von guten Holzheizungen hilft das Minergie-Modul Holzfeuerstätten, das unter www.minergie.ch → Standards & Technik → Module → Holzfeuerstätten abrufbar ist.

Stückholzkessel

Stückholzkessel haben eine untere Leistungsgrenze von ca. 10 kW und sind bei der Leistungsabgabe nur eingeschränkt regelbar. Dadurch sind sie eher für grössere Gebäude geeignet (z. B. 3- bis 12-Familien-Haus). In kleinen Gebäuden muss die Differenz zwischen Leistungsabgabe des Kessels und Leistungsbedarf des Gebäudes mit einem relativ grossen Speicher ausgeglichen werden. Mit dem Einbau einer thermischen Solaranlage kann der bei Stückholzheizung meistens benötigte Wärmespeicher doppelt genutzt werden. Im Sommer wird mit der Solaranlage ein hoher Deckungsgrad für die Wassererwärmung erreicht. Dadurch kann die Nachwärmung des Brauchwarmwassers mit einer zweiten Energiequelle (z. B. Elektro direkt) auf ein Minimum reduziert werden. Werden mehrere unterschiedliche Wärmeerzeuger für die Gebäudeheizung und die Wassererwärmung eingesetzt, sind diese mit den entsprechenden Anteilen am Deckungsgrad im Nachweisformular zu definieren. Bei der Berechnung des effektiven Holzverbrauchs für die Beheizung und die Wassererwärmung ist zu berücksichtigen, dass Holz im Nachweisformular mit dem Gewichtungsfaktor 0,7 berechnet wurde.

Holzpellets-Kessel

Mit der Verwendung von Holzpellets wurde die Holzheizung auch im kleinen Leistungsbereich automatisiert und gut regelbar. Wie viele realisierte Beispiele zeigen, eignen sich Holzpellets-Zentralheizungen gut für den Einsatz in kleineren und grösseren Minergie-P-Gebäuden. Das Leistungsspektrum der Holzpellets-Kessel beginnt bei ca. 8 kW und reicht bis zu Grossanlagen von mehreren 100 kW. Das Pelletslager ist auf maximal einen Jahresbedarf zu dimensionieren. Empfohlen wird ein Abgleich auf die Fahrzeuggrösse des Pelletslieferanten (ein Silopumpwagen fast etwa 40 m³ Pellets). Zu grosse Lagervolumen können zu Feuchte- und somit Förderproblemen mit den Pellets führen. Der Energiebedarf für die Pelletsförderung (Schnecken- respektive Sauganlage) muss im Nachweisformular als Hilfsenergie ausgewiesen werden. Ähnlich wie bei der Stückholzheizungen können Holzpellets-Heizungen ideal mit einer thermischen Solaranlage für Heizungsunterstützung oder Brauchwarmwassererwärmung kombiniert werden.

	Ganzhausheizung mit Holzofen	Wärmepumpen-Kompaktgerät
Heizenergieverbrauch (ohne Warmwasser und Strom für die Lüftung)	2 bis 3 Ster Holz pro Jahr. (Einfamilienhaus)	1300 kWh bis 1800 kWh Elektrizität pro Jahr.
Arbeitsaufwand	Am kältesten Tag ca. 15 kg Holz.	–
Wärmeverteilung	Freie Verteilung, allenfalls Ergänzung mit Satellit oder Absorber. Je nach Lösung Temperaturunterschiede zwischen den Räumen.	Luft- oder Bodenheizung (Luftheizung nur bis max. 10 W/m²). Relativ gleichmässige Temperaturverteilung in allen Räumen. Luftheizung: keine Einzelraum regulierung
Wärmeabgabe	Hoher Anteil an komfortabler Wärmestrahlung.	
Entlegene Räume (Bad, etc.)	Relativ problematisch	Mit hydraulischer Heizverteilung gute Versorgung gewährleistet. Luftheizung: Zuluft im Bad.
Leistungsreserve	Genügend hohe Leistung. Auch bei tiefsten Aussentemperaturen kann eine Raumtemperatur von deutlich über 20 °C erreicht werden.	Meist kleine Leistung der WP. Evtl. zusätzlicher Elektroheizeinsatz für Spitzenlasten bei Temperaturen unter der Auslegungstemperatur (vgl. MuKEn 2008). Bei tiefen Aussentemperaturen oft nur ca. 20 °C Raumtemperatur möglich.
Ferienabwesenheit	Bei Pelletöfen kein Problem. Energieverbrauch für Temperierung mit einem Elektroofen in einer Februar-Woche: ca. 200 kWh.	Kein Problem.
Wassererwärmung	Z. B. Solaranlage mit einem Deckungsgrad von mindestens 60 %. Besonders bei Pellet möglichst Unterstützung durch Holzofen.	Mit Wärmepumpe. Im Winter in der Praxis teilweise mit Elektroheizeinsatz (siehe auch Leistungsreserve).
Projektierung	Systemscheid muss in der frühen Planungsphase erfolgen.	Minimal notwendige Luftmenge beachten.
Gebäudehülle, bauliche Massnahmen	Das Haus muss geeignet sein für eine freie Wärmeverteilung.	Bei Luftheizung: kompakter Grundriss.
Wohneigentum, Verkauf und Miete	Die Bewohner müssen den Holzofen akzeptieren.	Keine Einschränkung.

Tabelle 4.2: Vergleich von Ganzhausheizungen mit Holzofen und Wärmepumpen-Kompaktgeräten für ein Minergie-P-Reihen-Einfamilienhaus mit 200 m² Energiebezugsfläche.

Raumofen

Als besonders geeignet für Minergie-P-Gebäude der Kategorie Wohnen EFH erweisen sich Aggregate mit einem relativ grossen Speicheranteil. Dank diesem geben die Raumöfen die Wärme über einen längeren Zeitraum ab und mindern dadurch die Überhitzungsgefahr. Das Minergie-Modul Holzfeuerstätten erfüllt diese Qualitätsanforderung. Die Raumöfen sind als Kachel-, Stückholz- oder Pelletsofen erhältlich. Werden die Räume in einem Einfamilienhaus ausschliesslich über einen Raumofen mittels Konvektion beheizt, ist die Anordnung des Ofens im Grundriss genau zu planen. Obere Stockwerke können z. B. über offene Treppenräume beheizt werden. Um ein zu schnelles Abströmen der Wärme im unmittelbaren Bereich des Ofens zu verhindern, kann an der Decke eine Schürze eingebaut werden. Raumhohe Zimmertüren sind hingegen vorteilhaft. So kann die Wärme ungehindert über die offene Zimmertüre einströmen. Durch diese Heizsysteme können Räume in tiefer liegenden Stockwerken gar nicht und im Grundriss abgelegene Räume nur teilweise beheizt werden. In diesen Räumen kann somit die Behaglichkeit nicht immer sichergestellt werden. Die Zertifizierungsstelle Minergie-P entscheidet nach Rücksprache mit einem Hafner, ob das gewählte Konzept akzeptiert wird. Bei der Auswahl des Ofens hilft das Minergie-Modul Holzfeuerstätten. Es umfasst ein Verzeichnis von Qualitäts-Holz-Feuerungen, das auf www.minergie.ch abrufbar ist – für individuell gebaute Öfen gibt gerne der ausführende Hafner Auskunft. Für eine bessere Wärmeverteilung eignen sich Raumöfen mit Absorbertechnik. Dabei wird rund 60 % bis 80 % der Wärme über ein Pumpenwarmwassersystem an eine Zentralheizung abgegeben. Der restliche Anteil wird direkt im Raum wirksam. Die Wärmeabgabe in den anderen Räumen erfolgt dann über konventionelle Systeme. Dadurch kann die Behaglichkeit auch in entlegenen Räumen oder in unteren Geschossen sichergestellt werden.

Reine Cheminée-Anlagen eignen sich nicht für die Beheizung ganzer Gebäude oder mehrerer Räume. Durch die relativ schlechte Verbrennung ist der Wirkungsgrad sehr tief und die Belastung der Aussenluft mit Feinstaub sehr hoch.

Im Gebäude freiliegende Abgasrohre sind zu dämmen. Bei Nichtgebrauch der Feuerung kann durch Konvektion kalte Aussenluft in das Kamin strömen und zu einer störenden Kühlfläche werden. Um die Gebäudedichtheit sicherzustellen, sind Durchdringungen der Aussenhaut (Abgasleitung, Aussenluftzufuhr) gut abzudichten. Für die Prüfung der Gebäudedichtheit (Blower-door) kann das Abgasrohr abgeschottet werden. Für Einzelofenheizungen innerhalb der Wohnung ist eine separate Verbrennungsluftzufuhr mit dichter Klappe einzuplanen. Wohnungslüftungsanlagen müssen so geschaltet werden, dass bei Ausfall des Zuluftventilators die ganze Anlage ausschaltet. So können gefährliche Unterdrucksituationen vermieden werden [3].

Um die Anforderungen an die gewichtete Energiekennzahl zu erfüllen, ist in vielen Fällen eine weitere Anlage zur Nutzung erneuerbarer Energie notwendig. Denkbar sind beispielsweise eine thermische Solaranlage zur Wassererwärmung oder ein Wärmepumpenboiler.

Achtung: Der Abluftventilator muss bei einem Ausfall des Zuluftventilators ausschalten.

Wärme-Kraft-Kopplungsanlagen (WKK)

Die Technik von WKK-Anlagen ist vor allem bei grösseren Anlagen bewährt und ausgereift. Neben Anlagen, die mit fossilen Energieträgern betrieben werden, laufen auch mehrere Anlagen mit biogenen Gasen (Klärgas, Deponiegas, Holzgas). Von den wenigen in der Schweiz installierten Kleinanlagen (Vaillant Ecopower, Senertec Dachs) liegen unterschiedliche Erfahrungen vor. Seit 2007 gibt es im kleinen Leistungsbereich auch WKK-Anlagen mit Stirling-Motoren. Diese werden teilweise mit Holz-Pellets betrieben. Da diese Anlagen erst langsam die Marktreife erreichen, liegen noch wenig Erfahrungsberichte vor. Aus Gründen der Wirtschaftlichkeit und der Betriebssicherheit ist neben der WKK-Anlage ein zweiter Wärmeerzeuger zu installieren. Im Nachweisformular kann der von der WKK-Anlage erzeugte Strom in Abzug gebracht werden (Gewichtung Faktor 2). Der bilanzierte Energieverbrauch wird dadurch reduziert. Der zweite Wärmeerzeuger muss im Nachweis mit dem entsprechenden Anteil am Deckungsgrad eingetragen sein. WKK-Anlagen sind sorgfältig zu planen. Neben den wirtschaftlichen Aspekten sind die Vorgaben der Luftreinhalte- und der Lärmschutzverordnung unbedingt zu beachten. Der Einsatz von Solaranlagen in Kombination mit WKK-Anlage ist aus wirtschaftlicher Sicht nicht sinnvoll. Durch die Energieproduktion einer Solaranlage wird vor allem im Sommer die Laufzeit der WKK reduziert und damit die Stromproduktion vermindert. Je nach Einbindung kann eine WKK-Anlage, kombiniert mit Wärmepumpe, eine interessante Alternative bieten.

Abwärmenutzung/Fernwärmeverbund

Gebäude im Minergie-P-Standard eignen sich ideal für die direkte Nutzung von Abwärme aus Industrie und Gewerbe bei der Gebäudeheizung und der Wassererwärmung. Der tiefe Energiebedarf in Verbindung mit entsprechenden Wärmeabgabesystemen ermöglicht auch die Nutzung von Abwärme auf tiefen Niveau (30 °C bis 35 °C). Für die Wassererwärmung auf einem höheren Temperaturniveau können Wärmepumpensysteme eingesetzt werden. Im Nachweis wird die Abwärmenutzung mit einem Nutzungsgrad von 100 % und einer Gewichtung von 0,6 bewertet. Steht ein Wärmeverbund für die Gebäudeheizung und die Bereitstellung des Brauchwarmwassers zur Verfügung, muss ein Anschluss unbedingt geprüft werden.

Nahwärmeverbund

Mehrere, nahe zusammen liegende Gebäude können über einen Nahwärmeverbund an eine zentrale Wärmeerzeugung angeschlossen werden. Da der Wärmebedarf bei Bauten im Minergie-P-Standard sehr tief ist, besteht die Gefahr von relativ grossen Wär-

meverlusten in den Anschlussleitungen. Daher sind die Systemtemperaturen so tief wie möglich zu halten. Bei dezentralen Warmwasser-Speichern ist das System nur periodisch auf der erforderlich höheren Temperatur zu betreiben. Mit dem Einbau von dezentralen Solaranlagen für das Brauchwarmwasser wird das Verteilsystem vor allem im Sommer entlastet. Offen geführte Verteilleitungen sind sehr gut zu dämmen (besser als die kantonalen Vorschriften). Für im Erdreich verlegte Anschlussleitungen sind Rohre mit hoher Dämmqualität zu verwenden. Um die Verluste weiter zu reduzieren, lässt sich im Graben der Bereich rund um die Rohre mit einer Schüttdämmung (z. B. Misapor) auffüllen. Im Nachweisblatt Produktion müssen die unterschiedlichen Wärmeerzeuger mit den entsprechenden Anteilen eingetragen werden. Das Gleiche gilt für den Fall, dass die Wärmeproduktion im Sommer eingestellt wird und die Wassererwärmung über einen eigenen Wärmeerzeuger erfolgt.

4.2.2 Wärmeverteilung und Wärmeabgabe

Dimensionierung

Um eine präzise Auslegung der Heizflächen sicherzustellen, ist der Wärmeleistungsbedarf pro Raum nach SIA 384.201 zu berechnen. Durch die Wahl von tiefen Vorlauftemperaturen lassen sich die Wärmeverluste minimieren. Beim Einsatz von aktiven Solarsystemen optimieren tiefe Vorlauftemperaturen die Nutzung von Sonnenenergie für Heizzwecke.

Bodenheizung

Durch den kleinen Wärmeleistungsbedarf können Bodenheizungssysteme mit sehr tiefen Vorlauftemperaturen (unter 35 °C) ausgelegt werden. Die Anforderungen an die Behaglichkeit können grundsätzlich auch in Räume mit kleinen Flächen und eher höherem Wärmeleistungsbedarf wie z. B. Bäder erfüllt werden. In grösseren, nicht exponierten Räumen muss eventuell nur eine Teilfläche mit Bodenheizung belegt werden, um den Wärmeleistungsbedarf zu decken. Dadurch bleibt Bodenfläche frei, die vor allem in Übergangszeiten als Speichermasse für einfallende Sonnenenergie zur Verfügung steht. Mit tiefen Vorlauftemperaturen bei Bodenheizungssystemen in Kombination mit Erdsonden-Wärmepumpen werden hohe Jahresarbeitszahlen erreicht. Auch kann in Einfamilienhäusern mit nur einer Heizgruppe auf Raumthermostaten verzichtet werden. Die tiefen Vorlauftemperaturen führen zu einem Selbstregeleffekt.

Wandheizung

Ähnlich wie bei der Bodenheizung bietet der tiefe Wärmeleistungsbedarf bei Gebäuden im Minergie-P-Standard ideale Voraussetzungen für den Einsatz von Wandheizungen. Um nicht zu grosse Heizflächen zu betreiben, liegen die Vorlauftemperaturen meistens etwas höher als bei der Bodenheizung (unter 40 °C). Heizflächen in Aussenwänden oder Wänden und Böden gegen Erdreich müssen im Wärmeschutznachweis entsprechend berücksichtigt werden (Eingabe der maximalen Vorlauftemperatur oder der maximalen Übertemperatur). Dadurch erhöhen sich die Verluste in den belegten Flächen. Es ist daher zwingend notwendig, die Flächen für die Wandheizung in erster Linie auf die Innenwände zu verteilen. Behaglichkeitsprobleme sind dadurch nicht zu erwarten, da bei den gut gedämmten Aussenwänden die innere Oberflächentemperatur sehr nahe bei der Raumlufttemperatur liegt.

Thermoaktive Bauteilsysteme (Tabs)

Bei Tabs wird der Betonkern von Decken über eingelegte Bodenheizungsrohre erwärmt oder gekühlt. Zum Heizen wird das System mit sehr tiefen Vorlauftemperaturen (unter 30 °C) betrieben und eignet sich daher für den Einsatz von Wärmepumpen oder Abwärme auf tiefem Niveau. Die Auslegung von Tabs erfolgt in der Regel mit Herstellerangaben, die Installation erfordert Erfahrung und sorgfältiges Arbeiten.

Heizkörper

Werden für die Wärmeabgabe Heizkörper eingesetzt, ist zu beachten, dass tiefe Vorlauftemperaturen (unter 40 °C) zu grossen Heizflächen führen. So ausgelegte Heizkörper werden auch bei tiefen Aussentemperaturen «handwarm». Obwohl die Heizkörper auch bei Vorlauftemperaturen unter 35 °C Wärme abgeben, werden diese als «kalt» empfunden. Vor allem beim Einsatz von Handtuchheizkörpern in Bädern führt dies zu unbefriedigenden Situationen.

Durch den Einsatz von sehr guten Verglasungen entsteht in der Regel bei den Fenstern auch in kalten Jahreszeiten kein Kaltluftabfall. Ausser bei mehrgeschossigen Verglasungen müssen die Heizkörper deshalb nicht unter den Fenstern platziert werden. Beheizte Räume in Untergeschossen wie z. B. Bastelräume werden oft über Heizkörper beheizt. Durch den Verzicht auf Bodenheizungen im UG entfällt der bereits erwähnte Korrekturfaktor im Wärmeschutznachweis und führt somit nicht zu einer Erhöhung des Wärmebedarfs. Zudem spielen hier gestalterische Aspekte oft eine untergeordnete Rolle. Durch den Einbau von Thermostatventilen ist eine Einzelraumregulierung auf einfache Art sichergestellt. Auch Kombinationen von Heizkörpern (im Vorlauf) und Bodenheizung (im Rücklauf) sind möglich.

Wärmeabgabe im Bad

Bei Wärmeabgabesystemen mit tiefen Vorlauftemperaturen kann unter Umständen die gewünschte Raumlufttemperatur in einem Baderaum an exponierter Lage nicht erreicht werden. Daher ist in vielen Minergie-P-Häusern ein elektrisch beheizter Handtuchheizkörper oder ein elektrischer Heizstrahler installiert. Eine Schaltuhr und ein Thermostat verhindern, dass daraus ein Dauer-Stromfresser wird. Im Nachweisblatt Produktion ist der benötigte Stromverbrauch als Anteil «Elektro-Direktheizung» zu deklarieren.

Verteilleitungen

Die Verteilleitungen zu den Wärmeabgabesystemen sollten so kurz wie nur möglich
sein, innerhalb vom Dämmperimeter geführt werden und den Vorschriften entsprechend – oder noch besser – gedämmt sein.
Dadurch werden die Verteilverluste auf ein
Minimum reduziert.

4.2.3 Stromverbrauch Hilfsbetriebe

Unter Strom für Hilfsbetriebe sind alle
Stromverbräuche zu verstehen, die benötigt
werden, um die Heizungs-, Kälte-, Befeuch-
tungs-, Entfeuchtungs-, Solar- und Warm-
wasserbereitungsanlagen in Betrieb zu halten
bzw. zu steuern. Dazu gehören zum Beispiel:

▮ Umwälzpumpen (Heizen und Kühlen)
▮ Zirkulationspumpen und Heizbänder
▮ Solarpumpen
▮ Evtl. erforderliche elektrische Enteisung
des Wärmetauschers der WP

Beispiel EFH: Anschluss Nahwärmeverbund, thermische Solaranlage. Leistungsbedarf Umwälzpumpe Heizung: 30 W; Leistungsbedarf Umwälzpumpe Solar: 50 W;
Keine Zirkulation für das Warmwasser. Berechnung nach Vorlage Wegleitung Nachweisformular Version 11.

▮ Energiebedarf Umwälzpumpe Heizung:
0,03 kW · 2700 h/a = 81 kWh/a
▮ Energiebedarf Umwälzpumpe Solar: 0,05
kW · 2000 h/a = 100 kWh/a
▮ Total Heizung und Solar: 181 kWh/a (im
Nachweisformular, Blatt Eingaben unter
E27 einzutragen).

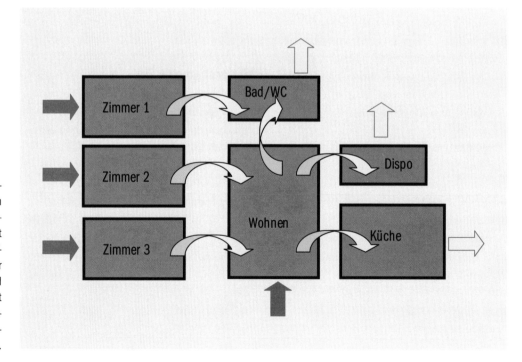

Abbildung 4.6: Luftströ-
mung in der Wohnung im
Kaskadenprinzip: Inner-
halb der Wohnung strömt
die Luft von den Schlaf-
und Wohnzimmern über
den Korridor in Küche, Bad
und WC. Dort wird die mit
Feuchte und Gerüchen be-
lastete Luft wieder abge-
saugt.

4.3 Lüftung

Luftaufbereitung

Eine Lüftungsanlage ist im Minergie-P-Standard bei allen Gebäudekategorien notwendig. Bei Wohnbauten werden in der Regel Komfortlüftungsanlagen eingebaut. Diese einfachen Lüftungsanlagen funktionieren nach dem Kaskadenprinzip: Die Aussenluft wird gefiltert und durch die Wärmerückgewinnung geführt. Der Zuluftventilator treibt die Zuluft via Verteilsystem in die einzelnen Zimmer. Innerhalb der Wohnung strömt die Luft über den Korridor in Küche, Bad und WC. Dort wird die mit Feuchte und Gerüchen belastete Luft abgesaugt und gelangt über die Abluftleitungen und den Luftsammler zum Lüftungsgerät. Der Abluftfilter schützt das Gerät vor Verschmutzungen. Die Wärmerückgewinnung überträgt einen möglichst grossen Anteil der in der Abluft enthaltenen Wärmeenergie an die Zuluft.

Der Abluftventilator fördert die abgekühlte und verbrauchte Fortluft ins Freie.

Allgemeine Anforderungen

▌ Generell erfolgt die Auslegung und Dimensionierung der Komfortlüftungsanlage nach dem Merkblatt SIA 2023 [4] (Lüftung in Wohnbauten) bzw. Norm SIA 382/1 [5].
▌ Dichte Luftverteilleitungen, mindestens Dichtigkeitsklasse C.
▌ Eine Reinigung der Leitungen muss mit einfachen Mitteln möglich sein. Somit sol-

Tabelle 4.3: Beispiel einer einfachen Lüftungsanlage für ein kleines Bürogebäude.
Variante 1 (Mitte): Eingabe im Nachweis-Tool Lüftung mit einzelnen Betriebsstufen.
Variante 2 (unten): Eingabe im Nachweis-Tool Lüftung mit mittlerer Luftmenge.

Einfache Lüftungsanlage für ein kleines Bürogebäude, EBF = 500 m², 40 Personen mit einer Aussenluftrate von je 36 m³/h, ergibt folgende Werte:

	Volumenstrom	Betriebszeit	Leistungsbedarf
Stufe 3	1440 m³/h	1040 h/a (4 h/d)	480 W
Stufe 2	900 m³/h	780 h/a (3 h/d)	250 W
Stufe 1	500 m³/h	780 h/a (3 h/d)	120 W
Wirkungsgrad der WRG: 80%			

MINERGIE®-/-P®-Nachweis Belüftung — für Nachweis Version 10a+11a — zu verwenden bis spätestens 31.03.2010 — grau hinterlegte Zellen sind nicht auszufüllen

Projektdaten: **Beispiel Eingabe Betriebsstufen**
(dito MINERGIE®-Nachweis)

Überträge in MINERGIE®-Nachweis Lüftung-Klima-Kälteanlagen

| Thermisch wirksame Aussenluftrate (Übertrag in E24) | 58 | m3/h |
| Strombedarf Lüftung (Übertrag in E25) | 788 | kWh/a |

Anl.-Nr.	Raumtyp	A_E 1)	durchschnittl. Luftmenge	Betriebs-Std. Lüftung	Eta-WRG	thermisch wirksame Aussenluftrate	Ventilator-Leistung	Anlagen-Effizienz	Strombedarf Lüftung
		m2	m3/h	h/a		m3/h	kW	W/(m3/h)	kWh/a
	Summe	1'500	2'800			58	0.9		788
1	Anlage Büro Stufe 3	500	1'400	1'040	0.80	33	0.5	0.34	499
2	Anlage Büro Stufe 2	500	900	780	0.80	16	0.3	0.28	195
3	Anlage Büro Stufe 1	500	500	780	0.80	9	0.1	0.24	94
4						0		#DIV/0!	0
5						0		#DIV/0!	0
6						0		#DIV/0!	0
7						0		#DIV/0!	0

MINERGIE®-/-P®-Nachweis Belüftung — für Nachweis Version 10a+11a — zu verwenden bis spätestens 31.03.2010 — grau hinterlegte Zellen sind nicht auszufüllen

Projektdaten: **Beispiel mittlerer Luftvolumenstrom**
(dito MINERGIE®-Nachweis)

Überträge in MINERGIE®-Nachweis Lüftung-Klima-Kälteanlagen

| Thermisch wirksame Aussenluftrate (Übertrag in E24) | 59 | m3/h |
| Strombedarf Lüftung (Übertrag in E25) | 780 | kWh/a |

Anl.-Nr.	Raumtyp	A_E 1)	durchschnittl. Luftmenge	Betriebs-Std. Lüftung	Eta-WRG	thermisch wirksame Aussenluftrate	Ventilator-Leistung	Anlagen-Effizienz	Strombedarf Lüftung
		m2	m3/h	h/a		m3/h	kW	W/(m3/h)	kWh/a
	Summe	500	996			59	0.3		780
1	Anlage Büro mittl. Luftvol.	500	996	2'600	0.80	59	0.3	0.30	780
2						0		#DIV/0!	0
3						0		#DIV/0!	0
4						0		#DIV/0!	0

len die Leitungen nicht länger als 15 m sein. Ungefähr alle zehn bis 15 Jahre ist eine Inspektion und bei Bedarf eine gezielte Reinigung notwendig.

▮ Aussenluftfassungen dürfen nicht direkt am Boden oder in einem Lichtschacht angeordnet werden. Die Luft soll weder durch Mikroorganismen noch durch Staub und Gerüche (z. B. Kurzschluss Fortluft) belastet sein.

▮ Wärmerückgewinnung mit Platten- oder rotierenden Wärmetauschern vorsehen. Damit lassen sich rund 80 % der Wärme zurückgewinnen.

▮ Geräte mit rotierenden Tauschern respektive entsprechende Membranplattentauscher gewinnen ausser Wärme noch Feuchte zurück. Beim Einsatz von derartigen Enthalpietauschern sinkt die relative Raumfeuchte in der Regel nicht unter 30 %.

▮ Nach SIA-Norm 382/1 müssen Komfortlüftungsanlagen mit Filtern der Klasse F7 oder höher ausgerüstet sein. Alle Filter sind ein- bis viermal pro Jahr zu wechseln. Luftfilter von Komfortlüftungsanlagen sind generell Einwegfilter. Diese Filter können nicht gereinigt werden.

▮ Um den Druckverlust möglichst tief zu halten, sind die Luftleitungen auf kleine Strömungsgeschwindigkeiten (max. 2,5 m/s) und die Anlagekomponenten grosszügig zu dimensionieren.

▮ Der Schalldruckpegel von Komfortlüftungsanlagen darf in den Zimmern 25 dBA nicht überschreiten.

Bei Gebäuden anderer Kategorien (z. B. Verwaltung, Schulen usw.) müssen die Lüftungs- und Klimaanlage nach Norm SIA 382/1 (Lüftungs- und Klimaanlagen – Allgemeine Grundlagen und Anforderungen) sowie nach Branchenvorgaben ausgelegt und dimensioniert werden. Bei diesen Anlagen muss der effektiv thermisch wirksame Aussenluftwechsel und der Energiebedarf für die Klima- und Lüftungsanlagen mit dem Minergie-Excel-Nachweis-Tool Lüftung oder mit dem Berechnungsprogramm SIA-380/4-Tool Klimatisierung berechnet werden. Beim Minergie-Excel-Nachweis-Tool Lüftung müssen entweder die einzelnen Betriebsstufen einer Anlage mit den entsprechenden Betriebszeiten und Ventilatorenleistungen eingegeben werden oder der bei Betrieb der Anlage durchschnittliche Volumenstrom. Betriebszeiten mit reduzierten Luftmengen oder ganz abgeschaltete Anlagen (Nacht-, Wochenend- und Ferienbetrieb) sind entsprechend zu berücksichtigen. Der Leistungsbedarf der Ventilatoren und der Wirkungsgrad der Wärmerückgewinnung müssen dann auch mit dem durchschnittlichen Volumenstrom berechnet werden (vgl. Tabelle 4.3). Sind in einem Gebäude mehrere Lüftungs- und Klima-

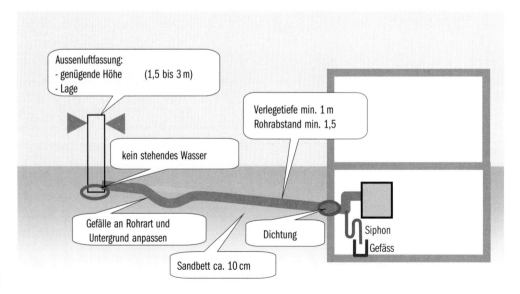

Abbildung 4.7: Merkpunkte für die Verlegung von Lufterdregistern.

anlagen in Betrieb, ist jede Anlage einzeln aufzuführen.

Die Daten aus dem Nachweis-Tool Lüftung müssen in die entsprechenden Zellen im Nachweisformular Minergie-P eingegeben werden. Die Berechnungen müssen für die Zertifizierungsstelle nachvollziehbar sein.

Erdreich-Wärmeübertrager

Zuluft kann durch Energie aus dem Erdreich erwärmt und gekühlt werden. Neben Luft-Erdreich-Wärmeübertrager kommen auch Sole-Erdreich-Wärmeübertrager infrage. Bei Luft-Erdreich-Wärmeübertrager werden stabile Lüftungsrohre auf ca. 2 m Tiefe im Erdreich verlegt (vgl. Abbildung 4.7). Bei Solesystemen wird die Wärme aus dem Erdreich an einen Solekreislauf übertragen und dann über einen Lammellen-Wärmetauscher an die Zuluft übertragen. Erdreich-Wärmeübertrager haben folgende Vorzüge:

▌ Einfacher Vereisungsschutz

▌ Weniger Feuchte und Kondensat im Lüftungsgerät

▌ Höhere Zulufttemperatur und damit je nach Zuluft-Durchlässen besserer thermischer Komfort

▌ Geringfügiger Wärmegewinn

▌ Im Sommer geringfügiger Kühleffekt (Achtung: keine Klimaanlage!) durch Umfahrung der WRG mit Bypass

▌ Durch die Vorwärmung bleibt der Aussenluftfilter trockener und damit in einem hygienisch besseren Zustand.

Detaillierte Grundlagen für die Auslegung und Dimensionierung von Komfortlüftungsanlagen und Erdreich-Wärmeübertragern finden sich in den Schriften von Heinrich Huber («Komfortlüftung» respektive «Wohnungslüftung», Faktor Verlag, Zürich, www.faktor.ch).

Zertifizierung Geräte

Seit Ende 2008 besteht eine freiwillige Deklaration für Komfortlüftungsgeräte bis zu einem Volumenstrom von 600 m³/h. Erstmalig werden Wärme- und Elektroeffizienz (vgl. Abbildung 4.9) sowie Akustik- und Hygieneeigenschaften direkt vergleichbar. Die Anzahl deklarierter Geräte wird fortlaufend erweitert. Ein vollständiges Anbieter- und Geräteverzeichnis ist unter www.luftwechsel.ch nutzbar (Abbildung 4.8).

Abbildung 4.8: Zusammenstellung der deklarierten Geräte auf luftwechsel.ch.

Abbildung 4.9: Skala für die energetische Bewertung der deklarierten Geräte.

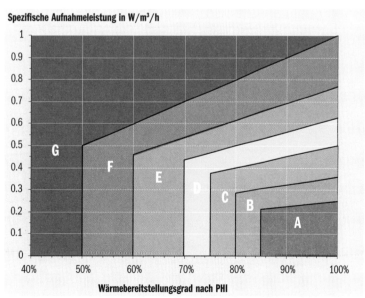

4.4 Lüftungsanlagen mit Lufterwärmung (Luftheizung)

Durch die hohen Anforderungen, die bei Gebäuden im Minergie-P-Standard an die Gebäudehülle gestellt werden, kann sich der spezifische Wärmeleistungsbedarf auf unter 10 W/m^2 reduzieren. Dieser tiefe Wert führt dazu, dass neben konventionellen Wärmeverteil- und Wärmeabgabesystemen wie Fussbodenheizungen oder Heizkörper auch eine Luftheizung möglich ist. Dabei sollte die aus hygienischen Gründen notwendige Luftmenge genügen, um gleichzeitig auch die Wohnräume zu beheizen. Auf ein zusätzliches Wärmeabgabesystem kann dann in der Regel verzichtet werden. Der spezifische Wärmeleistungsbedarf gilt als Mittelwert über alle Zonen, in denen mit Luft geheizt wird. Die meisten zertifizierten SIA-380/1-Berechnungsprogramme können den spezifischen Wärmeleistungsbedarf berechnen. Dieser kann in exponierten Räumen höher liegen. In solchen Räumen kann es eventuell erforderlich sein, den Komfort mit einer zusätzlichen Wärmequellen sicherzustellen. Als Grundlage für die Auslegung dient auch bei der Luftheizung die Norm SIA 384.201.

Prinzip der Luftheizung

Um mit Luft zu heizen, muss die Zulufttemperatur über die Raumlufttemperatur erwärmt werden. Trotz des tiefen Wärmeleistungsbedarfs im Minergie-P-Gebäude muss die Zuluft auf ca. 40 °C bis 45 °C erwärmt

werden. Wird mit Luft geheizt, muss das Kaskaden-Prinzip bei der Luftführung teilweise aufgegeben werden (Abbildung 4.10). Räume, die bei einer normalen Komfortlüftungsanlage im Überströmbereich liegen oder wo nur Luft abgesogen wird (WC, Bad, Küche, usw.), müssen bei Luftheizung auch mit Zuluft versorgt werden, um die Beheizung sicherzustellen. Eine Einzelraumregulierung ist nicht möglich, da die Zuluft zentral erwärmt wird und somit in alle Räume mit der gleichen Temperatur strömt.

Mustervorschriften der Kantone

Gemäss Mustervorschriften der Kantone im Energiebereich (MuKEn) ist bei Vorlauftemperaturen über 30 °C jeder beheizte Raum mit einer Einzelraumregulierung auszurüsten. Bei strikter Auslegung dieser Bestimmung müsste bei einer Luftheizung mindestens ein Luftauslass in jedem Raum mit einer Raumluftregulierung ausgerüstet werden. In Anbetracht der guten Energieeffizienz solcher Bauten sind Ausnahmebewilligungen durch die Baubewilligungsbehörde allerdings möglich – ein entsprechendes Gesuch ist aber frühzeitig einzureichen. Eine Einzelraumregulierung über einzelne Elektroelemente (PTC-Elemente), die im Zuluftauslass eingebaut sind, ist gemäss MuKEn und SIA 384/1 nicht mehr zulässig. Um Wärmeverluste zu vermeiden, müssen Zu-

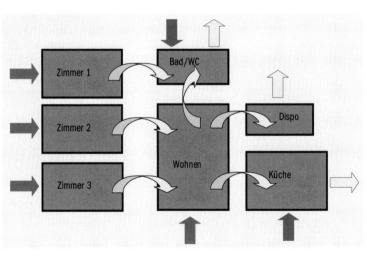

Abbildung 4.10: Luftströmung beim Einsatz einer Luftheizung: In allen beheizten Zimmern wird die aufgeheizte Luft eingeblasen. Die belastete Raumluft strömt über Küche, Bad und Reduit (Dispo) zur Lüftungsanlage.

luftleitungen auch innerhalb des Dämmperimeters gut gedämmt sein. Die Dämmstärken richten sich in den meisten Kantonen nach der MuKEn (Art. 1.18) und der Anwendungshilfe zur MuKEn.

Luftheizungen sind für Bauten mit hoher Belegung besser geeignet. In diesen Häusern ist die zu den Bewohnern proportionale Zuluftrate hoch. Tendenziell sind das weniger die grosszügigen Einfamilienhäuser als kleinere Familienwohnungen in Mehrfamilienhäusern. Die guten Erfahrungen von Bewohnern mit Luftheizungen in deutschen Passivhäusern sind wohl zu einem grossen Teil durch die in der Regel deutlich geringere spezifische Wohnfläche bestimmt. Denn in Einfamilienhäusern führen Luftheizungen oft zu Komfortproblemen.

In Zeiten mit sehr tiefer absoluter Feuchte und Temperatur der Aussenluft muss die Zuluft auf ein relativ hohes Niveau erwärmt werden (45 °C). Dadurch sinkt die relative Feuchte der Zuluft bis auf unter 10 %. Falls nun aufgrund tiefer Aussentemperatur grosse Zuluftraten nötig sind, ergeben sich naturgemäss sehr tiefe relative Raumluftfeuchten (unter 25 %).

In Büros erfolgt die Auslegung der Luftmengen nach der Norm SIA 382/1. Dadurch sind die Zuluftraten relativ hoch. Während der Arbeitszeit braucht es aus hygienischer Sicht einen Luftaustausch, aber wegen der internen Lasten kaum Heizung. Nachts und am Wochenende muss geheizt werden, da die interne Wärme weitgehend fehlt. Hingegen ist eine strikte Lufterneuerung nicht nötig. Daher müssen Luftmenge und Zulufttemperatur unbedingt in Abhängigkeit der Raumnutzung geregelt werden können. Dies kann bei Bürobauten mit Einzelbüro zu auf-

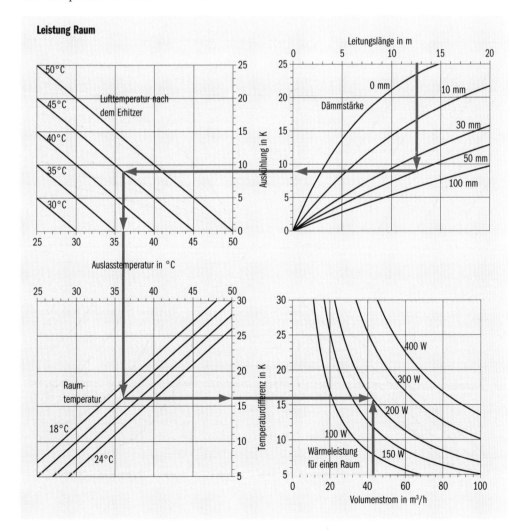

Abbildung 4.11: Nomogramm für die Ermittlung der Wärmeleistung von Luftheizungen anhand des Volumenstroms. Die Systemgrenze für die Betrachtung dieses Nomogramms ist ein Raum. Die Verluste der Zuluftverteilung kommen anderen Räumen zu Gute. (Quelle: HTA Luzern)

Ablesebeispiel: 12,5 m Zuluftrohr mit einer Dämmung vom 50 mm haben 9 K Temperaturreduktion zur Folge. Mit einer Lufttemperatur nach dem Erhitzer von 45 °C resultiert somit beim Auslass in den Raum eine Zulufttemperatur von 36 °C. Bei einer Raumlufttemperatur von 20 °C stehen somit noch 16 K für die Wärmezufuhr in den Raum zur Verfügung. Bei einem Zuluftvolumenstrom von 43 m³/h resultiert dann beispielsweise ein Heizleistungsbedarf von 200 W für den Raum.

wändigen und teuren Installationen führen. Luftheizungen haben generell höhere Heiztemperaturen (Vorlauf) als Flächenheizungen. Dadurch ergeben sich höhere Verluste in der Verteilung und schlechtere Jahresarbeitszahlen beim Einsatz von Wärmepumpen. Oft werden Luftheizungen mit einer zusätzlichen, zentralen Wärmequelle wie Pelltes-Raumofen oder Elektro-Heizkörper ergänzt. Damit können auch bei sehr tiefen Aussentemperaturen behagliche Raumlufttemperaturen erreicht werden. Weitere Informationen zur Luftheizung sind im Faktor Haustechnik, Nummer 3/2006, enthalten. Die Studie der HTA Luzern zur Luftheizung ist auf www.minergie.ch verfügbar.

Kompaktgeräte

Einzelwohnungsgeräte mit WRG und nachgeschalteter Wärmepumpe zur Wasserer-

wärmung respektive zur Zulufterwärmung: Diese Geräte sind unter dem Begriff Kompaktgeräte im Handel erhältlich. Die in der Fortluft (nach der Wärmerückgewinnung) enthaltene Restwärme wird über eine Wärmepumpe der Zuluft zugeführt. Die so erwärmte Luft (bis zu 45 °C) strömt über gedämmte Verteilrohre in die Räume und beheizt diese. Mit der gleichen Wärmepumpe wird der im Gerät eingebaute Boiler (ca. 200 l) erwärmt. Die Wärmeleistung der Wärmepumpe hängt im Wesentlichen von der Luftmenge (Mindestluftmenge beachten) und der Temperatur der Fortluft ab. Bei tiefen Aussentemperaturen wird aus diesem Grund das Brauchwarmwasser in der Regel zu einem grossen Teil über den eingebauten Elektroheizstab erwärmt. Der grosse Temperaturhub der Wärmepumpe (Fortluft nach WRG bis auf Lufterhitzer Zuluft) führt zu

Abbildung 4.12: Nomogramm für die Ermittlung der Wärmeleistung von Luftheizungen anhand des Volumenstroms. Die Systemgrenze für die Betrachtung dieses Nomogramms ist eine Wohneinheit. Die Verluste der Zuluftverteilung wurden zu 50 % als Nutzenergie der Wohneinheit angerechnet. (Quelle: HTA Luzern)

Ablesebeispiel: Eine durchschnittliche Rohrlänge von 12,5 m mit einer Dämmung vom 50 mm hat wegen den Wärmeverlusten eine Temperaturreduktion von 4,3 K zur Folge. Mit einer Lufttemperatur nach dem Erhitzer von 45 °C resultiert somit beim Auslass in die Räume eine Zulufttemperatur von 41 °C. Bei einer Raumlufttemperatur von 20 °C bleiben somit noch 21 K für die Wärmezufuhr in die Räume zur Verfügung. Bei dem hygienisch notwendigen Luftvolumenstrom von 150 m³/h kann für die Wohneinheit eine Heizleistung von rund 900 W gedeckt werden.

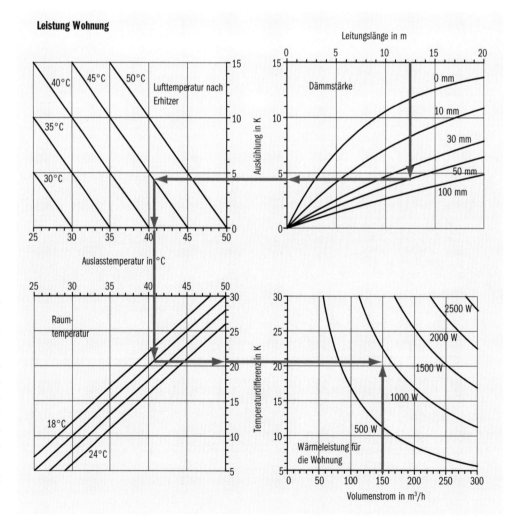

tiefen Jahresarbeitszahlen von 2,0 bis 2,5. Zudem ist der erforderliche Strombedarf für den Elektroheizstab im Minergie-P-Nachweis auszuweisen. Diese Geräte sind mit einem Erdluftregister zu ergänzen, um eine Vereisung der WP zu vermeiden und die Luftfilter trocken zu halten.

Bei den meisten Kompaktgeräten zur Lufterneuerung und zur Heizung ist die Heizleistung auf 1200 W bis 1500 W beschränkt. Bei einem spezifischen Heizbedarf von 10 W/m² ergibt sich eine beheizbare Fläche von 120 m² bis 150 m² – für ein EFH kann dies knapp sein. Die Aufstellung der Kompaktgeräte erfolgt mit Vorteil innerhalb des beheizten Perimeters. Damit leisten die Wärmeverluste einen Beitrag zur Raumheizung. Neben Einzelgeräten für jede Wohnung besteht in Mehrfamilienhäusern auch die Möglichkeit der zentralen Wärmeerzeugung und Luftauf-

Absolute Aussenfeuchten in g/kg, die während maximal 5 Tagen unterschritten wird:

	m.ü.M	g/kg
Basel	316	1,52
Bern	565	1,51
Chur	555	1,21
Davos	1590	0,75
Genf	420	1,66
Lugano	273	1,58
Luzern	456	1,64
Sion	482	1,58
St. Gallen	779	1,36
St. Moritz-Samedan	1709	0,34
Zürich	436	1,47

Tabelle 4.4: Absolute Aussenfeuchten an verschiedenen Standorten.
Tabelle 4.5 (rechts oben): Feuchteabgaben bei einem 3-Personenhaushalt.

Feuchteabgaben bei einem 3-Pers.-Haushalt:

Personen	2,5 l/d
Pflanzen	0,7 l/d
Küche	0,8 l/d
Bad	0,8 l/d
Sonstiges	0,7 l/d

Abbildung 4.13: Nomogramm zur Ermittlung des maximal zulässigen Volumenstroms von Luftheizungen anhand des minimal zulässigen Feuchtegehalts der Raumluft. Die Systemgrenze für die Betrachtung dieses Nomogramms ist eine Wohneinheit. (Quelle HTA Luzern)

Ablesebeispiel: Bei einer Raumtemperatur von 21 °C und einer bevorzugten relativen Luftfeuchtigkeit von 30 % müsste im Raum eine absolute Feuchte von 4,9 g/kg sein. Zieht man jetzt davon die minimale Aussenfeuchte von Luzern (1,6 g/kg) ab, muss durch interne Feuchtelasten noch 3,3 g/kg abgedeckt werden. In einem Haushalt mit drei Personen fallen etwa etwa 6,5 l Feuchte pro Tag an. Wird jetzt keine Wärmerückgewinnung mit einer Feuchteübertragung eingesetzt (Feuchterückgewinnung 0 %), darf maximal ein Luftvolumenstom von 75 m³/h eingestellt sein. Mit dieser Systematik lassen sich verschiedene Varianten durchspielen: Höhere interne Feuchtelasten durch eine aktive Befeuchtung, Lüftungsgerät mit Feuchterückgewinnung, Akzeptanz tiefer relativer Feuchten in der Wohnung, etc.

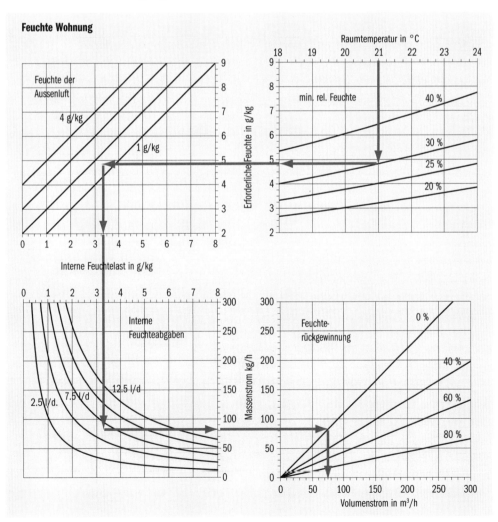

bereitung mit dezentraler Nachwärmung der Luft in den Wohnungen. Die Zulufttemperatur, und mit etwas grösserem Aufwand auch die Luftmengen, können so wohnungsweise reguliert werden. Bei diesem System wird die Wärme entweder über ein normales Zwei-rohrsystem ab der Heizzentrale oder über in den Wohnungen aufgestellte, dezentrale Wärmepumpen zu den Nachwärmern gebracht. Erfolgt die Wärmelieferung ab der Heizzentrale, ist die Einbindung zusätzlicher Heizkörper (z. B. Bad) einfach möglich.

4.5 Klimakälte

Die Behaglichkeitsansprüche an das Innenraumklima haben sich in den letzten Jahren stark verändert. Klimatisierte Räume im Einkaufszentren, Restaurants, Eisenbahnwagen, Trams, usw. sind allgegenwärtig und führen vor allem in Bezug auf den sommerlichen Wärmeschutz zu höheren Ansprüchen und somit auch zu einem höheren Energiebedarf. Es ist die Aufgabe des Gebäudetechnikplaners, zusammen mit dem Architekten und dem Bauphysiker, überhöhte Behaglichkeitsansprüche zu hinterfragen und alle Massnahmen am Gebäude (Geometrie, thermisch aktivierbare Gebäudemasse, Sonnenschutz, usw.), die zu einem reduzierten Bedarf an Klimatisierung führen, umzusetzen. Werden Kühlsysteme eingebaut, eignen sich statische Kühlsysteme wie Kühldecken, Kühlsegel, Tabs und Kühlung über die Bodenheizung. Dabei sind Leistungsgrenzen vor allem bei Tabs und beim Kühlen über die Bodenheizung (max. 20 W/m²) zu beachten.

Hohe punktuelle Wärmelasten, wie z. B. bei Server-Stationen, sind über wassergekühlte Racks abzuführen. So kann verhindert werden, dass die Wärme im Raum wirksam wird. Mit der Gebäudesimulation können die zu erwartenden Raumklimaparameter über den Jahresverlauf aufgezeigt und die Wirkung von Massnahmen schnell dargestellt werden. Simulationen helfen Gebäude und Technik zu optimieren. Der für die Kühlung (ausgenommen Prozesskühlung, beispielsweise für Serverräume), Belüftung und allenfalls Befeuchtung notwendige Strombedarf ist im Minergie-P-Nachweis im Register Eingaben einzutragen. Dieser Strombedarf wird im Grenzwert Minergie-P angerechnet. Grundlage für die Berechnungen bildet das Tool SIA 380/4. Alle Systeme, die mit einem tiefen Energieverbrauch auskommen (Kühlung über Grundwasser, solares Kühlen, Freecooling-Systeme usw.) sind anderen Systemen vorzuziehen. Die in der Norm SIA 382/1 definierten Zielwerte an den Leistungsbedarf sind in Minergie-P-Gebäuden unbedingt einzuhalten.

Wird der Grenzwert Minergie-P wegen hohem Strombedarf für die Klimatisierung nicht eingehalten, kann mit dem Einbau einer PV-Anlage der hohe Stromverbrauch mindestens teilweise kompensiert werden.

Weitergehende Informationen zu diesem Thema finden sich im Buch «Bauen, wenn das Klima wärmer wird» von Conrad U. Brunner, Jürg Nipkow und Urs Steinemann. Faktor Verlag, Zürich, 2008. www.faktor.ch.

4.6 Sanitäre Installationen

Erzeugung

Die Wassererwärmung im Gebäude soll grundsätzlich mit denselben Energieträgern erfolgen, wie sie bei der Heizung zum Einsatz kommen. Speziell zu beachten ist dabei der Leistungsbedarf wie auch die Gleichzeitigkeit der Warmwasserbezüger. So kann die Wassererwärmung zur leistungsbestimmenden Komponente der Wärmeerzeugung werden. Bei sehr kleinen Warmwasserbezügern oder auch bei sehr grossen Distanzen muss unbedingt die Möglichkeit dezentraler Wassererwärmer ins Auge gefasst werden. Damit können die Ausstosszeiten optimiert und die Leitungsverluste weitgehend eliminiert werden.

Verteilleitungen

Die Anforderungen an die Verteilleitungen und deren Dämmung sind in den kantonalen Gesetzen geregelt. In Minergie-P-Gebäuden ist die Einhaltung dieser Vorschriften umso wichtiger, da die Ausstossverluste und auch die Verluste von langen Verteilleitungen zu minimieren sind. Verteilleitungen sind, wenn immer möglich, innerhalb des Dämmperimeters zu führen.
Besonders zu beachten:
▍ Kurze Apparateanschlüsse ab dem Verteiler
▍ Der Sanitärverteiler selbst soll möglichst nahe beim Wassererwärmer bzw. der Steigzone positioniert sein.
▍ Muss die Warmwassertemperatur hoch gehalten werden, so soll bei Wärmepumpen eher ein Warmhalteband eingesetzt werden und bei einer Holzheizung eher eine Zirkulation Verwendung finden.
▍ In Bürogebäuden muss der wirkliche Bedarf von Warmwasser mit der Bauherrschaft abgeklärt werden. Hier reicht vielleicht auch ein 30-l-Elektrowassererwärmer auf jeder zweiten Etage.
Es besteht auch die Möglichkeit, dass die Geschirrspülmaschine direkt mit Warmwasser versorgt wird. So muss die Wasser-

erwärmung nicht direkt elektrisch erfolgen, sondern ebenfalls über die zentrale, energieeffiziente Erzeugung. Die Funktionsgewährleistung ist mit dem Hersteller jeweils abzuklären.

Belüftungsventile

Üblicherweise wird die Kanalisation über den Fallstrang über das Dach des Gebäudes entlüftet. So wird zum einen ein allfälliger Unterdruck aufgrund des Wasserablaufes (je Liter abfliessendes Wasser werden 8 Liter Luft mitgerissen) über diese Entlüftung ausgeglichen (kein Leersaugen des Geruchverschlusses). Zum anderen kann bei einem Havarieunfall bzw. einer Explosion in der Kanalisation der Druck auch über diese Entlüftung entweichen und sie gibt der Kanalisation die Möglichkeit zu «atmen».
Durch diese Verbindung von der Kanalisation bis zur Entlüftung über Dach ergibt sich eine luftdurchströmte Wärmebrücke. Es besteht die Möglichkeit, diese mit dem Einbau von Rohrbelüftungsventilen in ihrer Wirkung zu mindern. Das Rohrbelüftungsventil, welches sich im Dämmperimeter befindet, öffnet bei einem Unterdruck selbsttätig. Für die Planung müssen die folgenden beiden Punkte berücksichtigt werden:
▍ Je Gebäude muss mindestens eine Entlüftung über Dach geführt werden – der Einsatz von automatischen Rohrbelüftungsventilen hat in Rücksprache mit der zuständigen Stelle (z. B. in Zürich die ERZ Entsorgung + Recycling Zürich) zu erfolgen.
▍ Generell sind die Wasserleitsätze des SVGW/SSIV «Liegenschaftsentwässerung» zu beachten (SN592000/2002).

Die Erfahrung hat gezeigt, dass folgende Probleme beim Einsatz von Rohrbelüftungsventilen in Minergie-P-Gebäuden auftreten können:
▍ Geräuschprobleme (Klopfen), wenn Luft durch das Belüftungsventil angesaugt wird, bzw. wenn das Ventil wieder schliesst.

Adrian Tschui

▪ Wenn im Bad/WC die Abluft einen grösseren Unterdruck als der Abfluss im Fallstrang erzeugt, öffnet das Belüftungsventil nicht. Dies hat ein Leersaugen des Geruchverschlusses zur Folge. Ist das Belüftungsventil in einem Raum mit Überdruck eingebaut, wird es nicht mehr schliessen.

▪ Kondenswasser kann mit den Jahren zu unschönen Verfärbungen durch Rinnsale und zu Geruchsbelästigungen führen, da Wasser beim Öffnen des Ventils in Kleinstmengen austreten kann und dem Ablaufrohr entlang runterläuft.

▪ Belüftungsventile sollten gewartet werden können und müssen deshalb zugänglich sein. Es besteht zumindest Gefahr, dass die Ventile nicht durchwegs richtig schliessen. Sorgfältige Planung ist also wichtig und der Einsatz von Belüftungsventilen muss gut überlegt sein.

Wasserverbrauch und Regenwassernutzung

Wassersparende Armaturen, WC mit Wahltaste für zwei verschiedene Wassermengen respektive Spül-Stop-Taste oder wasserlose Urinoirs helfen, den Verbrauch von Trinkwasser zu mindern. Bei grossen Aussen- und Gartenanlagen soll ausserdem die Nutzung von Regenwasser in Betracht gezogen werden. Dabei wird das Regenwasser in Tanks gesammelt und bei Bedarf über eine kleine Pumpe oder Druckerhöhungsanlage den Aussenhahnen zugeführt. Der Einsatz von Regenwasser im Haus kann auch noch für die Waschmaschine (letzter Spülgang mit Trinkwasser, also zwei Anschlüsse) oder die WC-Spülung erfolgen (Achtung: kann zu Algenwachstum im Spülkasten und dann zu Verfärbungen in der WC-Schüssel führen). Auch eine Grauwassernutzung soll je nach Nutzung und Wasseranfall in Betracht gezogen werden.

4.7 Luftdichtigkeit bei Haustechnik-Installationen

Um die hohen Anforderungen an die Gebäudedichtheit zu erreichen, muss die Gebäudetechnik in das Konzept einer luftdichten Bauhülle mit einbezogen werden. Installationen, die den Dichtheitsperimeter des Gebäudes oder einzelner Wohnungen und Geschosse in Mehrfamilienhäusern durchdringen, sind auf ein Minimum zu reduzieren und gut abzudichten. Details der Durchdringungen sind mit dem Architekten oder dem Bauphysiker zu planen und müssen entsprechend sorgfältig ausgeführt und kontrolliert werden. Bei Mehrfamilienhäusern oder bei Verwaltungs-, Gewerbe- und Industriebauten ist der geschossweisen Trennung in den Steigzonen besondere Aufmerksamkeit zu schenken. Patentlösungen sind kaum verfügbar.

4.8 Sanierung

Werden Gebäude im Minergie-P-Standard saniert, wird mit grosser Wahrscheinlichkeit eine neue Wärmeerzeugung eingebaut. Durch den reduzierten Heizwärme- und Heizleistungsbedarfs eignen sich die gleichen Systeme wie bei neuen Gebäuden. Bestehende Installationen der Wärmeverteilung können allenfalls mit geringem Aufwand ergänzt und übernommen werden. Bestehende Heizkörper können durch den stark reduzierten Raum-Wärmeleistungsbedarf mit deutlich tieferen Vorlauftemperaturen betrieben werden. Auf jeden Fall empfiehlt es sich, die Heizleistung nach Norm SIA 384.201 raumweise neu zu rechnen.

Bei der Komfortlüftung kann im Idealfall mit den Luftleitungen in einer abgehängten Decke im Korridor gefahren werden. Die Durchlässe lassen sich so direkt über den Türen montieren. Systeme, welche bei der Sanierung an der Aussenhülle entlang unter einer zweiten Lage der Aussendämmung geführt werden, müssen unbedingt die Möglichkeit zur späteren Reinigungen aufweisen (Achtung bei engen Bogen, langen Kanälen und Verzweigungen). Ist es nicht möglich, alle Luftleitungen zu «verstecken», bleibt nur die sichtbare Montage. Luftleitungen aus verzinktem Stahlblech können in allen RAL/NCS-Farbentönen beschichtet werden. Auch Luftleitungen aus Chromstahl sind erhältlich.

Quellen

[1] SVGW Merkblatt, «Legionellen in Trinkwasserinstallationen – Was muss beachtet werden?»; SVGW: Zürich, 2005
[2] Norm SIA 384/6; Erdwärmesonden, SIA Verlag: Zürich, 2010
[3] Schweizer Qualitätssiegel für Holz-Feuerstätten im Wohnbereich. Reglement für die Zertifizierung. Holzenergie Schweiz: Zürich, 2004
[4] Merkblatt SIA 2023; Lüftung in Wohnbauten, SIA Verlag: Zürich, 2008
[5] Norm SIA 382/1; Lüftungs- und Klimaanlagen – Allgemeine Grundlagen und Anforderungen, SIA Verlag: Zürich, 2007

Kapitel 5
Sommerlicher Wärmeschutz

Vor allem im Wohnbau, aber auch für die meisten anderen Gebäudekategorien wird die Gebäudehülle meist auf den Heizfall optimiert. Dem sommerlichen Wärmeschutz wurde lange Zeit eine untergeordnete Bedeutung beigemessen. Mit den immer besser gedämmten Gebäudehüllen, mit zunehmenden internen Lasten, mit der Klimaerwärmung, dem Trend zu Fassaden mit hohem Glasanteil und gestiegenen Komfortansprüchen bekommt der sommerliche Wärmeschutz zunehmendes Gewicht. Im Bürobau ist die Überhitzungsproblematik schon länger ein viel beachtetes Thema. Die Gebäudehülle ist nicht mehr nur für den Heizfall zu optimieren, sondern auch in Bezug zum sommerlichen Wärmeschutz. Gerade bei Minergie-P ist dieser Punkt aufgrund der auf den Wärmegewinn optimierten Glasflächen (grosser Solareintrag) – oft kombiniert mit Leichtbauweise (fehlende Speicherkapazität) – ein wichtiges Thema.

Der sommerliche Wärmeschutz im Gebäude wird primär von folgenden Faktoren beeinflusst:
▌ Aussenklima (Temperatur, Strahlung)
▌ Gebäudehülle (Baukonstruktionen, Glasanteil, Verschattungsmöglichkeiten
▌ Gebäudemasse (thermisch aktivierbare Speichermasse)
▌ Interne Lasten (Beleuchtung, Geräte, Personen)
▌ Gebäudetechnik, Möglichkeiten zur Kühlung

Der von Minergie-P geforderte Nachweis zum sommerlichen Wärmeschutz ist im Kapitel 2.2.2 beschrieben.

Adrian Tschui

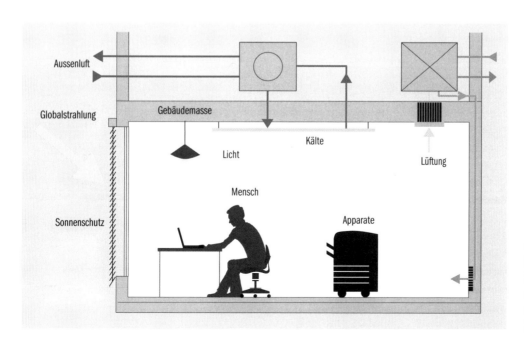

Abbildung 5.1: Der Mensch in seiner haustechnischen Umgebung. Quelle: Bauen, wenn das Klima wärmer wird. Faktor Verlag, Zürich 2008.

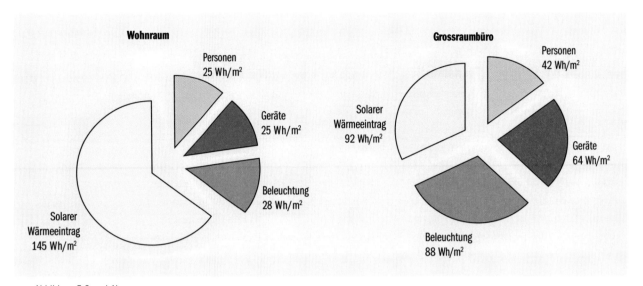

Abbildung 5.2 und Abbildung 5.3: Der Wärmeeintrag in einem Raum während eines Sommertages, geordnet nach Wärmequellen, in Wh/m²d, für Wohnraum und Grossraumbüro. Nicht berücksichtigt sind die Transmissionsverluste von innen nach aussen sowie eine allfällige Kühlung, die die Lasten mindern. Basis bilden die Grundlagendaten des SIA 2024 [7].

5.1 Einfluss Aussenklima

Die Überhitzung eines Gebäudes oder einzelner Räume in einem Gebäude wird oft durch das Aussenklima mitverursacht, wobei die Solarstrahlung meist den grösseren Einfluss ausübt als die Aussenlufttemperatur. Das heisst, die solaren Gewinne durch die Glasflächen sind deutlich grösser als die Transmissionsgewinne durch die Bauteile.

Temperaturen und Strahlung

«Es muss heute davon ausgegangen werden, dass bis Mitte des 21. Jahrhunderts die Sommertemperaturen in der Schweiz um 2 K bis 3 K ansteigen werden. In Zürich werden wir dann ein Sommerklima haben, wie wir es heute etwa in Turin kennen. Diese höheren Aussentemperaturen werden sich in Form länger anhaltender Hitzeperioden bemerkbar machen, die ein Aufschaukeln der Raumtemperaturen in Gebäuden bewirken. Die besonders nachts erwarteten höheren Temperaturen werden sich auf die thermische «Erholung» ungeschützter Bauten negativ auswirken. Bei Aussentemperaturen am Tag über 28 °C und nachts über 20 °C sind auch bei gutem Sonnenschutz und hoher thermischer Masse nicht mehr ohne weite-

res behagliche Raumtemperaturen zu erzielen.» [1]

Der Einfluss der Aussenlufttemperatur auf die Raumlufttemperaturen ist vor allem bei gut gedämmten Gebäuden sehr klein. Grösser ist der Einfluss der Aussentemperatur aufgrund schwindender Möglichkeiten, Räume durch Nachtlüftung auszukühlen sowie Kälteanlagen mit Rückkühlung über die Aussenluft einzusetzen (tiefe Arbeitszahl durch grösseren Temperaturhub). Dies führt zu einem höheren Stromverbrauch.

5.2 Einfluss Gebäude

5.2.1 Opake Bauteile (Transmission)

Betreffend Zusammenhang Gebäudehülle – sommerlicher Wärmeschutz gibt es unzählige Untersuchungen. Die allgemeinen Erfahrungen zeigen im Zusammenhang mit der Transmission (durch die Gebäudehülle) folgendes:

▌ Die Transmission spielt im Bezug auf eine Überhitzung nur eine geringfügige Rolle. Eine sehr gut gedämmte Gebäudehülle lässt die Hitze draussen, verhindert aber auch das (nächtliche) Auskühlen bei tieferen Aussentemperaturen. Ein sehr guter Wärmeschutz kann somit bei vernünftigem Nutzerverhalten im Sommer die Behaglichkeit verbessern helfen, unter der Voraussetzung, dass z. B. über eine (natürliche) Nachtlüftung das Gebäude nachts jeweils genügend ausgekühlt wird.

▌ Die Phasenverschiebung des Wärmedurchganges bei sehr gut gedämmten Aussenbauteilen hat auf die Behaglichkeit keinen signifikanten Einfluss. Bei einem Minergie-P-Haus mit einem U-Wert von ca. 0,1 W/m² K ist die stationäre Dämpfung bereits so gross, dass die dynamische Dämpfung und damit das Temperatur-Amplituden-Verhältnis keine Rolle mehr spielt – weder für den Jahresheizwärmebedarf noch für die thermische Behaglichkeit im Sommer.

Wichtig: Eine gut gedämmte Gebäudehülle steht mindestens bei Wohnnutzungen und üblichen Nutzungen in Bürogebäuden nicht im Widerspruch zum sommerlichen Wärmeschutz. Erst bei speziellen Nutzungen mit grossen internen Wärmelasten macht die gezielte Abstimmung der Gebäudedämmung auf den Gesamtenergieverbrauch Sinn.

5.2.2 Glasflächen und Beschattungen

Der Trend zu Gebäuden mit hohem Glasanteil ist unverkennbar. Gebäude mit hohem Glasanteil sind aber gerade im Bezug auf den sommerlichen Wärmeschutz anspruchsvoll – es sind viele Beispiele bekannt, in denen der hohe Glasanteil und eine unsachgemässe Planung zu hoher Unbehaglichkeit

Minergie-Modul Sonnenschutz: www.minergie.ch → Module → Sonnenschutz

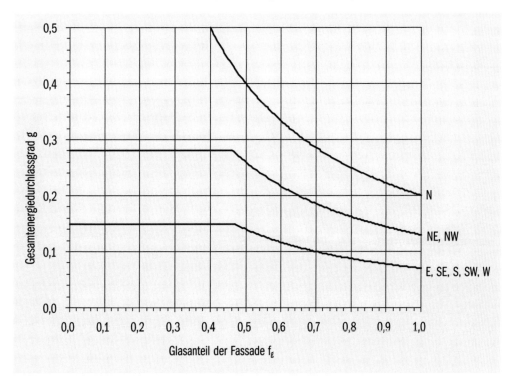

Abbildung 5.4: Geforderter Gesamtenergiedurchlassgrad der Fassade in Abhängigkeit des Glasanteils in der Fassade. (Quelle: Norm SIA 382/1)

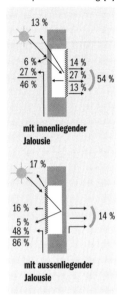

mit innenliegender Jalousie

mit aussenliegender Jalousie

führten respektive einen hohen Energieverbrauch verursachten.

Das 2001 erschienene Merkblatt SIA 2021 «Gebäude mit hohem Glasanteil – Behaglichkeit und Energieeffizienz» und die 2007 in Kraft gesetzte Norm SIA 382/1 «Lüftungs- und Klimaanlagen – Allgemeine Grundlagen und Anforderungen» nehmen diese Problematik auf und definieren Anforderungen, damit Gebäude auch mit hohem Glasanteil ein behagliches Klima bieten können. An diesen beiden Grundlagen orientieren sich auch die MuKEn 2008 sowie die verschiedenen Minergie-Standards. Die wesentliche Anforderung im Zusammenhang mit Minergie-P-Bauten ist der Glas-g-Wert der Gesamtfassade inklusive Sonnenschutz von 0,07 bis 0,4 (siehe Abbildung 5.4).

Dieser g-Wert der Gesamtkonstruktion kann auch als Produkt des Glas-g-Wertes und des Abminderungsfaktors des Sonnenschutzes F_c aus Tabelle 5.1 ermittelt werden.

Bei spezifischen Lösungen müssen die Kenngrössen der Gesamtkonstruktion, eingeschlossen die Wechselwirkungen zwischen Glas und Beschattungssystem, spezifisch berechnet werden. Dabei gelangen Programme wie z. B. WIS und Glad (Empa-Glasdatenbank) und Glassdbase (Datenbank für Bauglas der Uni Basel; www.glassdbase.unibas.ch) zum Einsatz.

Eine Untersuchung des Passivhaus-Institutes in Darmstadt [2] untersucht den Einfluss von fixen Beschattungselementen bei Passivhäusern (entsprechend Minergie-P-Gebäuden) auf den sommerlichen Wärmeschutz:

▌ Die Solarapertur (den Öffnungsgrad eines Gebäudes zur Nutzung des Sonnenlichts und der Wärmestrahlung) erweist sich neben der Lüftung als wichtigste Einflussgrösse auf die sommerliche Behaglichkeit. Bei kleinen Fenstern entstehen in der Regel ohnehin keine Übertemperaturen. Vertikale Südorientierungen sind im Sommer weit günstiger als z. B. Ost- oder Westausrichtung.

▌ Für das Minergie-P-Gebäude (Wohnen) sind bei südorientierten, raumhohen Fenstern horizontale Schirme (z. B. Balkonüberstände) mit einer Tiefe von rund 1 m sehr wirksam betreffend Beschattungswirkung im Sommer, ohne dass der Jahresheizwärmebedarf markant erhöht wird.

▌ Sehr effizient sind auch aussen liegende flexible Verschattungseinrichtungen (falls richtig gesteuert respektive bedient), aber auch solche, die im äusseren Scheibenzwischenraum der Dreifachverglasung angeordnet sind. Wie in Abbildung 5.5 ersichtlich, bietet ein innenliegender Sonnenschutz nur einen ungenügenden Schutz gegen solare Strahlung (g-Wert in diesem Beispiel 0,54 statt 0,14). Quelle: Handbuch der passiven Kühlung [6].

Sonnenschutzvorrichtung[1]	F_c
Ohne Sonnenschutzvorrichtung	1,0
Innenliegend oder zwischen den Scheiben[2]	
Weiss oder reflektierende Oberfläche mit geringer Transparenz	0,75
Helle Farben oder geringere Transparenz[3]	0,8
Dunkle Farbe oder höhere Transparenz	0,9
Aussenliegend	
Drehbare Lamellen, hinterlüftet	0,25
Jalousien und Stoffe mit geringer Transparenz[3], hinterlüftet	0,25
Jalousien, allgemein	0,4
Rollläden, Fensterläden	0,3
Vordächer, Loggien, freistehende Lamellen[4]	0,5
Markisen[4], oben und seitlich ventiliert	0,4
Markisen[4], allgemein	0,5

[1] Die Sonnenschutzvorrichtung muss fest installiert sein. Übliche dekorative Vorhänge gelten nicht als Sonnenschutzvorrichtung.

[2] Für innen und zwischen den Scheiben liegende Sonnenschutzvorrichtungen ist eine genaue Ermittlung zu empfehlen, da sich erheblich günstigere Werte ergeben können.

[3] Eine Transparenz der Sonnenschutzvorrichtung unter 15 % gilt als gering.

[4] Dabei muss näherungsweise sichergestellt sein, dass keine direkte Besonnung des Fensters erfolgt. Dies ist der Fall, wenn:
▌ bei Südorientierung der Abdeckwinkel ß ≥ 50° ist;
▌ bei Ost- oder Westorientierung der Abdeckwinkel ß ≥ 85° oder γ ≥ 115° ist.
Zu den jeweiligen Orientierungen gehören Winkelbereiche von ± 22,5°.
Bei Zwischenorientierungen ist der Abdeckwinkel ß ≥ 80° erforderlich.

Tabelle 5.1: Abminderungsfaktoren F_c von Sonnenschutzeinrichtungen. (Quelle: DIN 4108-2)

5.2.3 Thermisch aktivierbare Speichermasse

Die Gebäudemasse und deren thermische Speicherfähigkeit haben einen grossen Einfluss auf die Möglichkeit bei der Raumlufttemperatur Spitzen im Tagesgang zu dämpfen und somit die Maximal- und Minimalwerte zu reduzieren, d. h. die Temperaturen schwanken bei grosser thermischer Speichermasse weniger stark. Die in der Gebäudemasse tagsüber gespeicherte Energie muss nachts mittels Lüftung (wenn möglich natürlich) oder über wasserbasierte Systeme (z. B. thermoaktive Bauteilsysteme) wieder abgeführt werden. Die flächenspezifische Wärmespeicherfähigkeit des Raumes soll mindestens 30 Wh/m² K betragen.

Während Massivbauten (Betonwände, Betondecken, Bodenbelag aus Steinplatten) Werte von 100 Wh/m² K und mehr erreichen (solange die Deckenmasse nicht durch Akustikelemente vom Raum abgekoppelt wird), stellt diese Anforderung z. B. im Holzbau eine Hürde dar. Mit doppelt beplankten Innenwänden (Gipskartonplatten), einer Brettstapeldecke und einem 6 cm starken Unterlagsboden aus Zement oder Anhydrit wird der Wert im Allgemeinen gerade noch erreicht. Möglichkeiten, um geringe Speichermassen zu erhöhen, bieten z. B. Latentspeichermaterialien (PCM: Phase Change Material). Noch ist der Einsatz dieser Materialien kaum erprobt.

Um den Einfluss der Speichermasse auf die Raumlufttemperaturen quantifizieren zu können, sind thermische Raumsimulationen oder – in einfacheren Fällen – Kontrollrechnungen mit dem SIA-Tool Klimatisierung durchzuführen.

5.2.4 Gebäudeform und Raumanordnung

Im Allgemeinen haben Gebäudeform und Raumanordnung nur wenig Einfluss auf den sommerlichen Wärmeschutz. Eine Ausnahme bilden über Eck verglaste, kleine Räume oder Räume mit sehr geringer Raumtiefe, welche pro Quadratmeter Bodenfläche hohe Energieeinträge durch solare Strahlung aufweisen und darum zur Überhitzung neigen. Das spezielle thermische Verhalten solcher Räume ist in der Steuerung/Regelung der Gebäudetechnik zu berücksichtigen. Exponierte Räume sind mittels den relevanten Normen (z. B. Norm SIA 382/1) oder thermischen Simulationen zu beurteilen.

5.3 Innenraum

5.3.1 Interne Lasten

Während die durch Personen verursachten internen Lasten durch die Personenbelegung gegeben sind und nicht beeinflusst werden können, lassen sich die internen Lasten durch Geräte und Beleuchtung mittels konsequentem Einsatz energieeffizienter Geräte und Leuchten reduzieren. Weitere Informationen dazu finden sich unter www.topten.ch.

Wichtigste Massnahmen

∎ Geräte: wenn möglich, Geräte mit der besten Energieeffizienz einsetzen; bedarfsgerechter Betrieb, automatischer Standby und Aus.

∎ Licht: integrales Beleuchtungskonzept (Farbwahl der raumumschliessenden Flächen, Anordnung der Leuchten, Auswahl der Leuchten und Leuchtmittel, tiefe spezifische installierte Leistung, Helligkeits- und Präsenzsteuerung).

Die internen Lasten sollen zusammen mit den externen Lasten pro Tag unter 150 Wh/m² d liegen, damit ein Überhitzungsproblem ausgeschlossen werden kann (Abbildungen 5.2 und 5.3).

5.3.2 Gebäudetechnik

Haustechnik kann planerische Fehler beim sommerlichen Wärmeschutz meist nicht kompensieren. Im Normalfall stehen gebäudetechnische Massnahmen an letzter Stelle. Die Gebäudetechnik soll die baulichen Wärmeschutzmassnahmen geschickt und energieeffizient ergänzen. Behaglichkeit ergibt sich primär über die Senkung von Lasten (intern und extern) und die Erhöhung der Speicherfähigkeit.

Die Lüftung kann – unter Beibehaltung des hygienisch notwendigen Luftwechsels – im beschränkten Ausmass auch zur Kühlung eingesetzt werden, wobei zu beachten ist, dass Luft pro Volumeneinheit 3500-mal weniger Energie speichern kann als Wasser und darum zum Heizen und Kühlen wasserführende Systeme zu bevorzugen sind. So kann mit 120 m³/h Zuluft mit einer Temperatur von 21 °C in einem Raum mit 26 °C nur eine Last von 200 W abgeführt werden. Dies entspricht derselben Leistung, welche durch den solaren Eintrag durch eine Glasfläche von 4 m² bei einem g-Wert von 0,1 in den Raum geführt wird.

5.3.3 Behaglichkeitsansprüche der Nutzer

«Offensichtlich haben sich die Behaglichkeitsansprüche an das Innenraumklima der Bewohnerschaft in Wohngebäuden und der Arbeitenden im Dienstleistungssektor in den letzten Jahrzehnten in der Schweiz (und analog in Mitteleuropa) verändert. Die individuelle Toleranz für Temperaturschwankungen, Temperaturschichtungen und Temperaturabweichungen, Luftzug,

Strahlungsasymmetrie ist geringer geworden, d. h. die in den Behaglichkeitsstandards (SIA 180) erwarteten individuellen Anstrengungen zur Korrektur der Bekleidung (clo), körperliche Aktivität (met) und räumliche Verschiebung haben abgenommen. Die stundenlange sitzende Tätigkeit im Büro am Bildschirm hat die kritische Situation artikuliert. Rechtliche Bestimmungen über die Soll- und Grenzwerte in Arbeitsräumen werden von den Benutzern durchgesetzt.» [1]

Der Nutzer stellt im Sommer vor allem Ansprüche an die thermische Behaglichkeit. Diese sind bei Aussentemperaturen von 32 °C auf maximal 26,5 °C limitiert. Dabei wird davon ausgegangen, dass der Nutzer eine leichte Sommerbekleidung trägt. Diese Werte lassen sich zum Beispiel mit dem SIA-Tool «Klimatisierung» einfach berechnen und grafisch darstellen.

Im Sommer ist es wichtig, dass der Nutzer die Raumkonditionen individuell regeln kann. Sei dies durch Fenster, die zu öffnen sind (hohe Fensterflügel sind wirksamer als breite), durch die Steuerung von Verschattungseinrichtungen oder durch den direkten Einfluss auf die Kühlung. So fühlen Benützer sich wohler und sind für Temperaturextreme bei sommerlichen Aussentemperaturen weniger empfindlich.

Es hat sich gezeigt, dass bei hohen Aussentemperaturen und einer erheblichen Aussenfeuchte schon in leicht gekühlten Räumen die relative Raumfeuchte auf Werte über 70 % ansteigen kann. Diese Problematik soll mit der Bauherrschaft und den Nutzern abgesprochen werden. Meist kann bei energetisch optimierten Luftkühlungen (z. B. Grundwasser und Freecooling) die Zuluft durch die hohen Kaltwassertemperaturen (ca. um 12 °C) nicht mehr entfeuchtet werden.

Bei Kühldecken mit Kondensationswächtern müssen die Nutzer über die Folgen von offenen Fenstern aufgeklärt werden: Der hohe Feuchteeintrag über das offene Fenster führt zu einer Notabstellung der Kühldecke.

Tabelle 5.2: Verschiedene Wärmelasten und Betriebsdauern von Personen, Geräten und Beleuchtung anhand der beiden Nutzungen Wohnraum und Grossraumbüro des Merkblattes SIA 2024.

Nutzung	Typ	Wärmelast	Betriebsdauer / Aufenthaltsdauer
Wohnen	Personenabwärme	1,5 W/m²	18,2 h/d
Wohnen	Geräteabwärme	2,0 W/m²	12,7 h/d
Wohnen	Beleuchtungswärme	9,4 W/m²	16,0 h/d
Grossraumbüro	Personenabwärme	7,0 W/m²	6,0 h/d
Grossraumbüro	Geräteabwärme	10,0 W/m²	6,4 h/d
Grossraumbüro	Beleuchtungswärme	12,5 W/m²	11,0 h/d

5.4 Einflussgrössen der Raumtemperatur im Sommer

In einer Studie der Empa wurde der Einfluss verschiedener Faktoren auf die Raumtemperatur in Dachräumen mittels Simulationen untersucht [3]. Diese Studie zeigt den dominierenden Einfluss von Sonnenschutz und Nachtauskühlung (Tabelle 5.3).

Ein behagliches Wohnklima im Sommer ermöglichen minimale Lasten (Solargewinne und interne Lasten) sowie das effiziente Puffern (Masse) und Abführen von Lasten (Freecooling über wasser- und luftgeführte Systeme). Die Planenden sollten den sommerlichen Wärmeschutz sorgfältig bearbeiten, schlussendlich entscheidet aber der Nutzer über den Einsatz von Verschattungen, etc.

Zum Vergleich: die Wohnung würde im Winter bei ständig geöffnetem Fenster auch kalt und unbehaglich!

Einflussfaktor	Beeinflussung der maximalen Raumlufttemperatur	Bemerkungen
Nachtlüftung	1 K bis 4,5 K	Hohes Potenzial bei richtiger Betriebsweise (vor allem bei natürlicher Lüftung anspruchsvoll).
Sonnenschutz	1 K bis 3,5 K	Ein variabler Sonnenschutz ermöglicht die Nutzung solarer Energie bei Bedarf und die Reduktion externer Lasten bei drohender Überhitzung. Automatische Steuerung von grosser Bedeutung
Interne Lasten	1 K bis 3 K	Reduktion der internen Lasten durch energieeffiziente Geräte und Beleuchtung
Thermisch aktivierbare Speichermasse	1 K bis 3 K	Massive Boden- respektive Deckenkonstruktionen mit grösstem Effekt. Abgehängte Decken oder Doppelböden reduzieren die Speichermasse.
Klimaerwärmung und länger dauernde Hitzeperioden	1 K bis 2 K	Eine typische Hitzeperiode im Normal-Sommer wird in Zukunft nicht mehr wie heute nur 3 Tage mit Maximaltemperaturen über 30 °C dauern, sondern 10 Tage.
Art des Wärmedämmstoffes	0 K bis 1 K	Die sehr gute Gebäudehülle reduziert den Einfluss des Wärmedämmstoffes zur Überhitzung (u. a. auch das dynamische Verhalten).

Tabelle 5.3: Simulationsergebnisse zum Einfluss verschiedener Faktoren auf die maximale Raumlufttemperatur in einem Dachraum [3]

5.5 Zusammenfassung der Regeln

Hauptrisikofaktoren bei Minergie-P

∎ Grosse Glasanteile auf Wärmegewinn optimiert → hoher Solareintrag

∎ Gebäude im Leichtbau erstellt → tiefe Speicherkapazitäten durch kleine Gebäudemasse

Bauliche Massnahmen

∎ Ein hoher Glasanteil erhöht das Risiko von Überhitzung, die Gewährleistung des sommerlichen Wärmeschutzes wird anspruchsvoller.

∎ Art, Lage und Betriebsweise eines Sonnenschutzes sind von zentraler Bedeutung. Im Allgemeinen müssen Sonnenstoren automatisiert und über einen fassadenorientierten Strahlungssensor gesteuert werden.

∎ Wahl der Verglasung ist wichtig. Selektive Gläser (hoher Lichtdurchlassgrad bei geringer Energiedurchlässigkeit) sind meistens zu bevorzugen.

∎ Mindestens Boden oder Decke sollen massiv und nicht durch Teppiche, Doppelböden oder abgehängte Decken (Akustikelemente) vom Raum abgekoppelt sein.

∎ Fensterlüftung ermöglichen

∎ Über Eck verglaste Räume und Räume mit geringer Raumtiefe verlangen eine erhöhte Aufmerksamkeit.

Gebäudetechnische Massnahmen

∎ Präzise Dimensionierung der entsprechenden Systeme, allenfalls unter Berücksichtigung von thermischen Raumsimulationen zur Gebäudedynamik.

∎ Die Lüftung soll für den Sommerfall mit einem Bypass in der Wärmerückgewinnung ausgerüstet sein.

∎ Ein Erdregister oder ein Kühlregister für die sommerliche Kühlung über Grundwasser oder Erdsonden sorgen im Sommer ebenfalls für eine leicht vorgekühlte Zuluft (Leistung begrenzt!).

∎ In Nichtwohnbauten soll im Sommer die Primärluft gekühlt werden (auch hier energieeffizient) und allenfalls auch zusätzlich der Raum mit Flächenkühlung ausgerüstet sein. Eine Zusatzkühlung ist meist energieeffizienter als die Nachtlüftung!

Betriebliche Massnahmen

∎ Minimierung der internen Wärmelasten: energieeffiziente Geräte, Vermeiden von Standby-Verlusten (Netztrennung, etc.); energieeffiziente Beleuchtung, Tageslichtsensoren oder Präsenzmelder, lichtoptimierte Raumgestaltung (Farbkonzept, Materialwahl etc.)

∎ Betrieb der Lüftungsanlage zur Nachtauskühlung

∎ Anpassung der Kleider(vorschriften) an Jahreszeit und aktuelle Temperaturen

Quellen

Weitergehende Informationen zum sommerlichen Wärmeschutz sind zu finden unter:

[1] Brunner, Steinemann, Nipkow; Bauen, wenn das Klima wärmer wird; Faktor Verlag, Zürich 2008

[2] Feist, Wolfgang et al.; Protokollband Nr. 15; Passivhaus – Sommerfall; Passivhaus Institut; Darmstadt 2001

[3] Frank, Thomas; Bericht Nr. 444388 – Sommerlicher Wärmeschutz von Dachräumen; Empa, Dübendorf 2008

[4] Merkblatt SIA 2021; Gebäude mit hohem Glasanteil; SIA Verlag, Zürich 2002

[5] Norm SIA 382/1; Lüftungs- und Klimaanlagen – Allgemeine Grundlagen und Anforderungen; SIA Verlag, Zürich 2007

[6] Mark Zimmermann; Handbuch der passiven Kühlung; Fraunhofer IRB Verlag; 2003

[7] Merkblatt 2024: Standardbedingungen für die Energie- und Gebäudetechnik, SIA, Zürich 2006

Kapitel 6
Beispiele

Die Angaben zum Energieverbrauch, zum Heizwärmebedarf sowie zum thermisch relevanten Aussenluftvolumenstrom basieren auf dem Berechnungsgang sowie auf den Anforderungen gemäss Minergie-P der Jahre 2004 bis 2009. Der für die Planung relevante Zeitpunkt ist jeweils vermerkt.

6.1 Sanieren und erweitern

Objekt
Mehrfamilienhaus,
Birmensdorferstrasse 114,
8003 Zürich

Bauherrschaft
Pierre und Thomas
Ledermann, Zürich

Projektverfasser
Kämpfen für Architektur,
Beat Kämpfen, Zürich

Mitarbeit
Nadja Grischott

Energiekonzept
Planforum, Martin Fuchs,
Winterthur

**2010 in Ausführung
Noch nicht zertifiziert**

Das Mehrfamilienhaus an der Birmensdorferstrasse 114 im Zürcher Stadtkreis 3 wurde 1938 als Teil einer Randbebauung realisiert. Die citynahe Lage ist attraktiv. Denn die Erschliessung wie auch die Versorgung des Quartiers mit Gütern des täglichen und des speziellen Bedarfes ist selbst für zürcherische Verhältnisse überdurchschnittlich. Negativ wirkt sich die Lärmbelastung des Standortes aus: Das Haus liegt an einer relativ stark frequentierten Ausfallstrasse nach Birmensdorf. Durch die Inbetriebnahme der Autobahnumfahrung wird es allerdings zu einer Umlagerung von Verkehrsströmen kommen und die Birmensdorferstrasse dadurch entlastet.

Das Gebäude vor der Sanierung

▌ Das Mauerwerk der Aussenwand ist ebenso wie das Dach ungedämmt.
▌ Die Balkonplatten sind teilweise defekt.
▌ Die Spenglerarbeiten sind ersatzbedürftig.
▌ Die Wohnungstüren genügen den heutigen Brandschutzvorschriften nicht mehr.
▌ Der alte Parkettboden ist gut erhalten, der Aufbau der Deckenkonstruktion genügt aber aus Gründen der Schalldämmung nicht.
▌ Die an sich gut organisierten Grundrisse beinhalten zu kleine Räume.
▌ Die Wohnungen mit 3 Zimmern messen 72,3 m², jene mit 2 Zimmern 58,2 m².
▌ Küchen und Bad sind nicht mehr zeitgemäss.
▌ Dezentrale Elektroboiler erwärmen das Warmwasser. Zum Zustand vor der Sanierungen: Abbildungen 6.1, 6.2 und 6.3.
▌ 1992 wurden neue Kunststofffenster eingesetzt, ein Jahr später ein neuer Heizkessel installiert.

Baurechtliche Möglichkeiten

▌ Das Objekt liegt in der Quartiererhaltungszone I, Q5b
▌ Wohnanteil von (mindestens) 60 %
▌ Maximale Gebäudehöhe: 18 m, das Haus misst vor der Sanierung 15 m.

▌ Zulässig ist eine Gebäudetiefe, ab Baulinie gemessen, von 12 m.
▌ Vor Sanierung waren davon 1 m nicht beansprucht.
▌ Hofseitig ist eine Erweiterung durch Balkone möglich (bis zu einer Tiefe von 2,7 m).
▌ Strassenseitig lassen sich die Balkone zu Erker umbauen; dies bedingt eine Konzession (Nutzung öffentlichen Grundes).
▌ Strassenseitig braucht eine Wärmedämmung von 15 cm ebenfalls eine Konzession.
▌ Anzahl Geschosse: 6

Auftrag an das Architekturbüro

▌ Das Gebäude ist energietechnisch auf den neusten Stand zu bringen.
▌ Die Wohnungen sind an den heutigen Standard anzupassen.
▌ Im Erdgeschoss wird eine andere Nutzung möglich.
▌ Im Dachgeschoss wird eine komfortable Wohnung eingebaut.
▌ Neuer und grösserer Lift.

Konzeptionelle Überlegungen

Grundsätzlich öffnen sich bei einem derartigen Objekt drei Entwicklungspfade:
▌ **Sanierungspfad:** Welcher Grad der Sanierung soll angestrebt werden? (Eingriffstiefe, Standards Minergie oder Minergie-P als Ziele)
▌ **Erweiterungspfad:** Sollen Erweiterungsmöglichkeiten ausgeschöpft werden? (Hofseitige Erweiterung, Dachausbau oder beides?)
▌ **Kombination:** Sollen die beiden Entwicklungspfade kombiniert werden?
Sowohl der Sanierungspfad als auch der

Die wichtigsten Fakten
▌ Citynaher Standort, lärmbelastet
▌ Neue hofseitige Fassade, um einen Meter nach aussen versetzt
▌ Einbau einer Dachmaisonette in Neubauqualität
▌ Sanierung des Gebäudes nach Minergie-P
▌ Hofseitig angebauter Lift (innerhalb Dämmperimeter)

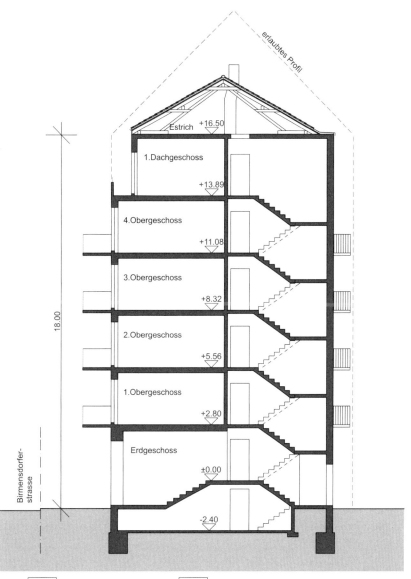

erlaubtes Profil

Estrich +16.50

1.Dachgeschoss

+13.89

4.Obergeschoss

+11.08

3.Obergeschoss

+8.32

2.Obergeschoss

+5.56

1.Obergeschoss

+2.80

Erdgeschoss

±0.00

-2.40

18.00

Birmensdorfer-
strasse

Abbildung 6.1: Schnitt
durch das Gebäude. Neben
dem Kellergeschoss um-
fasst das Haus vor der Sanierung fünf Vollgeschosse
und ein Dachgeschoss.

N

Küche
8 m²

Bad
5 m²

Küche
7 m²

Bad
5 m²

Zimmer
14 m²

Zimmer
18 m²

Wohnen
20 m²

Zimmer
18 m²

Wohnen
20 m²

Balkon

Balkon

2.5 Zimmer-Wohnung 62 m²

3.5 Zimmer-Wohnung 85 m²

Abbildung 6.2. Grundriss
eines Regelgeschosses (vor
der Sanierung).

Erweiterungspfad sind abhängig vom Mietzinspotenzial und von der Perspektive der Hauseigentümerschaft, der Sanierungspfad zusätzlich vom Zustand des Gebäudes.

Basierend auf dieser Analyse wurden vier Varianten erarbeitet, wobei drei dieser Lösungsvorschläge auf dem Sanierungspfad liegen und lediglich in der Aufteilung der Grundrisse in Wohnungen unterschiedlicher Grösse differieren. Die 4. Variante zeigt eine konsequente Erweiterung, in Kombination mit einer Sanierung nach Minergie-P.

Allen Varianten gemeinsam ist ein hofseitig, ausserhalb des ursprünglichen Gebäudes, aber innerhalb des Dämmperimeters installierter Lift, sowie, an den Liftschacht an-grenzend, neue Balkone (mit Ausnahme der 2,5-Zimmer-Wohnungen in der Variante 4).

Architektonisches Konzept

Gegen die Strasse hin bleibt die ursprüngliche Architektur weitgehend erhalten. Dies ist insofern von Bedeutung, als dass das Objekt den Abschluss einer Häuserzeile bildet und eine Abgrenzung gegenüber den benachbarten Bauten aus den 80er Jahren markiert. Sowohl das Fassaden-Layout als auch die Materialisierung stammt aus dem Altbau. Neue Akzente bilden der über vier Regelgeschosse reichende Erker sowie das Sockelgeschoss mit den grossflächigen Verglasungen. Aufgrund der Dämmung kommt es beidseitig des Gebäudes zu Absätzen in der Strassenfassade. Die vollflächige Dämmung hat Priorität ge-

Birmensdorferstrasse: vier Varianten als Studien				
	Variante 1	**Variante 2**	**Variante 3**	**Variante 4**
Wohnungen im Regelgeschoss	6,5-Zimmer-Wohnung	1- und 3,5-Zimmer-Wohnung	4,5-Zimmer-Wohnung	2,5- und 3,5-Zimmer-Wohnung
Erweiterung	Keine Erweiterung			Hofseitig: 67,5 m² neue Galerie: 35 m² strassenseitig: Balkon wird Erker (4,6 m²)
Erdgeschoss	Laden	Büro	Büro	Büro
Dachgeschoss	Bisherige Nutzung (Estrich)			Maisonette-Wohnung
Vermietbare Fläche	780 m²			878 m²
Baukosten	2,48 Mio. Fr.	2,56 Mio. Fr.	2,48 Mio. Fr.	2,9 Mio. Fr.
Mieteinnahmen	240 000 Fr.	220 000 Fr.	210 000 Fr.	250 000 Fr.
Rendite	5,4 %	5,4 %	5,4 %	5,7 %

Variante 1: Grosswohnungen. Die 6,5-Zimmer-Wohnung nimmt das gesamte Regelgeschoss in Anspruch. Dem Wohn- und Esszimmer ist hofseitig ein gut 7 m2 grosser neuer Balkon vorgelagert.
Von der Raumorganisation her ist diese Wohnung für Wohngemeinschaften besonders geeignet.

Variante 2: Mittlere und kleine Wohnungen. Das Regelgeschoss unterteilt sich in eine 1- und eine 3,5-Zimmer-Wohnung. Beide Wohnungen sind mit neuen hofseitigen Balkonen ergänzt.

Variante 3: Wohnungen für urban orientierte Dinks. Das Regelgeschoss umfasst jeweils eine 4,5-Zimmer-Wohnung.

Wie bei den anderen Varianten ist hofseitig ein neuer Balkon situiert. Der Grundriss empfiehlt sich für ein Paar (Double Income, no Kids).

Variante 4: Mittelgrosse Wohnungen und Erweiterung. Im Regelgeschoss sind jeweils eine 2,5- und eine 3,5-Zimmer-Wohnung eingefügt. Die grössre Wohnung ist hofseitig mit einem Balkon, strassenseitig mit einem zu einem Erker eingehausten Balkon ergänzt. Durch die neue hofseitige Aussenwand, 1 m ausserhalb der ursprünglichen Fassade, ergeben sich grössere angrenzende Zimmer: Aus einer Küche wird eine Essküche.

Tabelle 6.1: Die vier Varianten.

genüber einer Lösung, die einen «sanften Übergang» ermöglicht. Die Hoffassade grenzt sich deutlich gegenüber der ursprünglichen Fassung ab. Das hat mehrere Gründe, die wichtigsten: Die Aussenwand markiert einen Vorsprung von 1 m über die Fassadenlinie der Nachbarbauten. Zudem setzt die Fensterteilung einen anderen Rhythmus in die hofseitige Ansicht. Am deutlichsten macht sich indessen der aus Liftschacht und angrenzenden Balkonen bestehende Vorbau bemerkbar.

Während die Hoffassade, ebenso wie ihr Gegenstück an der Strasse, verputzt ist, bringt der mit Lärchenholz verkleidete Vorbau eine wohnliche Atmosphäre in den Hof.

Optimierung

Schon eine erste Abschätzung ergab, dass 60 % der Wärmeverluste am Haus auf Fenster und Türen entfallen. 12 % machen die Aussenwände aus, ebensoviel wie durch den Boden, die Decken und das Dach verloren

Abbildung 6.3: Das Haus von der Birmensdorferstrasse aus gesehen (vor der Sanierung).

gehen. 16 % beträgt der Anteil der Wärmebrücken. Der Vergleich zeigt, dass das Fenster im Kontext von Minergie-P der wichtigste Bauteil ist.

Brandschutz

Bezüglich der Brandschutzvorschriften gilt das Objekt als 6-geschossiger Wohnungsbau. Infolgedessen ist ein Brandschutzkonzept eines Fachingenieurs erforderlich. Die Gebäudeversicherung verlangt, dass das gesamte Tragwerk und die brandabschnittsbildenden Wände, Decken und Stützen als REI60-Konstruktionen realisiert werden. Das Treppenhaus muss mindestens REI60 nbb (nicht brennbar) erfüllen, was bedingt, dass die Wohnungstüren mindestens in EI30-Qualität gefertigt sind. Zuoberst im Treppenhaus muss, wie üblich, eine Entrauchungsöffnung eingebaut sein. Um zu verhindern, dass sich ein Brand entlang der Liftverkleidung über mehrere Stockwerke ausbreiten kann, sind auf jedem Geschoss horizontale Brandabweisbleche eingebaut. Generell sind für die äussere Wärmedämmung Styroporplatten nicht zulässig, da die Entzündungstemperatur zu tief ist. Die interne Treppe ins 2. Dachgeschoss muss mindestens 90 cm breit sein, und die Dacheindeckung aus nicht brennbaren Baustoffen gefertigt sein.

Ein bauphysikalisches Detail

In diesen Quartieren rund um die Birmensdorferstrasse sind Schutzanstriche, um Graffitis einfach zu entfernen, nichts ungewöhnliches. Wichtig ist in diesem Zusammenhang, dass der Schutzanstrich eine dampfoffene Konstruktion garantiert.

Statik

Neben den beiden Fassaden übernimmt die Mittelwand die Lasten innerhalb des Gebäudes. Die Last der neuen Fassade wird über ein neues Fundament abgefangen. Die Decken und die Podeste im Treppenzwischengeschoss müssen bis an die neue Fassade ergänzt werden. Der neue Lift und die hofseitigen Balkone stehen als autonome

Tabelle 6.2: Anteile von Bauteilen an den gesamten Wärmeverlusten durch die Gebäudehülle. Anmerkung: Fast die Hälfte des Wärmebrückenverluste, nämlich 8 % der Gesamtverluste, entfallen auf die durch den Einbau der Fenster bedingte Wärmebrücke.

Tabelle 6.3: Fensterkennwerte

	Erste Abschätzung	Nach Optimierung
Fenster / Türen	60 %	49 %
Aussenwände	12 %	16 %
Böden / Decken / Dach	12 %	17 %
Wärmebrücken	16 %	18 %
Summe	100 %	100 %
Fenster: Verglasung		
U-Wert		0,60 W/m² K
Fläche		2,65 m²
Länge Glasrandverbund		11,66 m
Linearer Wärmebrückenverlustkoeffizient am Glasrand (Ψ)		0,040 W/m K
Glasanteil		0,78
Fenster: Rahmen		
U-Wert		1,22 W/m² K
Fläche		0,74 m²
Gesamtes Fenster		
U-Wert		0,87 W/m² K
Fläche		3,39 m²

Elemente vor der Fassade. Der neue Erker hängt an den bestehenden Balkonplatten. Das Dachgeschoss besteht aus Holzelementen, die das bestehende Tragsystem kaum zusätzlich belasten. Lediglich im 1. Dachgeschoss wird die Mittelwand aufgebrochen. Die sich dadurch ergebende Last übernimmt ein neuer Träger.

Lüftungsanlage

Eine systematische Lufterneuerung ist in jedem Fall Teil des Minergie-P-Konzeptes. An der lärmigen Birmensdorferstrasse ist der Einbau einer Komfortlüftung aber ohnehin naheliegend. Dabei stellt sich die Frage, ob die Wohnungen durch ein zentrales Gerät oder durch dezentrale Geräte versorgt werden sollen. Beide Systeme weisen Vor- und Nachteile auf. Ausschlaggebend dürften aber vielfach die Kosten sein. Die dezentrale Versorgung ist teurer, zudem ist die sorgfältige Wartung – Stichwort: Filterwechsel – nicht gegeben. Zusammenfassend kann gesagt werden, dass aus

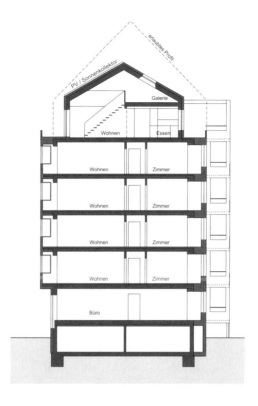

Abbildung 6.4: Schnitt durch das Gebäude (Erker).

	Variante 1 Gaskessel 30 m² Sonnenkollektoren 35 m² Photovoltaik	Variante 2 Gaskessel 65 m² Sonnenkollektoren keine Photovoltaik	Variante 3 Wärmepumpe keine Sonnenkollektoren 65 m² Photovoltaik
Energiebedarf Heizung	7050 kWh/a	7050 kWh/a	7050 kWh/a
Energiebedarf Warmwasser	22 650 kWh/a	22 650 kWh/a	22 650 kWh/a
Energiebedarf Heizung und Warmwasser	29 700 kWh/a	29 700 kWh/a	29 700 kWh/a
Ertrag Sonnenkollektoren	12 500 kWh/a	22 000 kWh/a	–
Ertrag Photovoltaik	4500 kWh/a	–	8400 kWh/a
Bedarf Allgemeinstrom	4200 kWh/a	4200 kWh/a	4200 kWh/a
Bedarf Strom Wärmepumpe Luft-Wasser, JAZ: 2,3	–	–	13 000 kWh/a
Strombedarf total	4200 kWh/a	4200 kWh/a	17 200 kWh/a
Bilanz			
Deckung durch Gaskessel (Gewichtung)	17 200 kWh/a (1,0)	7700 kWh/a (1,0)	–
Strombedarf (Gewichtung)	Überschuss 300 kWh/a (2,0)	4200 kWh/a (2,0)	8800 kWh/a (2,0)
Gewichteter Bedarf Total Wärme und Allgemeinstrom	16 600 kWh/a	16 100 kWh/a	17 600 kWh/a

Tabelle 6.4: Haustechnik in drei Varianten

Abbildung 6.5: Grundriss Erdgeschoss.

Büro 49 m²   Büro 82 m²

Abbildung 6.6: Grundriss Regelgeschoss.

2.5 Zi.Wohnung 62 m²   3.5 Zi.Wohnung 85 m²

Abbildung 6.7: Grundriss erstes Dachgeschoss.

5.5 Zi.Wohnung 175m²

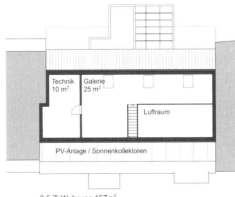

Abbildung 6.8: Grundriss zweites Dachgeschoss.

3.5 Zi.Wohnung 157 m²

Aussenwand strassen-seitig	m	W/mK	m² K/W
Wärmedämmwiderstand innen			0,125
Innenputz	0,020	0,700	0,030
Backstein	0,340	0,470	0,720
Aussenputz	0,015	0,870	0,020
Flumroc Compact	0,140	0,035	4,000
Aussenputz	0,015	0,870	0,020
h-Wert aussen			0,040
U-Wert W/m² K			0,200
U-Wert W/m² K			0,236

Aussenwand hofseitig (inhomogen)	m	W/mK	m² K/W
Gipskartonplatte	0,015	0,400	0,040
Wärmedämmung/Ständer	0,140	0,140	1,000
Dreischichtplatte	0,027	0,110	0,250
Wärmedämmung/Ständer	0,200	0,033	6,060
Holzfaserplatte Diffutherm	0,060	0,048	1,250
Aussenputz	0,010	0,870	0,010
U-Wert W/m² K			0,105

Aussenwand Erker (inhomogen)	m	W/mK	m² K/W
Gipskartonplatte	0,015	0,400	0,040
Wärmedämmung/Ständer	0,140	0,140	1,000
Dreischichtplatte	0,027	0,110	0,250
Wärmedämmung/Ständer	0,200	0,033	6,060
Holzfaserplatte Diffutherm	0,060	0,048	1,250
Aussenputz	0,010	0,870	0,010
U-Wert W/m² K			0,105

Dach (inhomogen)	m	W/mK	m² K/W
Dreischichtplatte	0,027	0,130	0,210
Wärmedämmung/Ständer	0,280	0,033	8,480
Dreischichtplatte	0,027	0,130	0,210
Wärmedämmung/Ständer	0,350	0,033	8,480
Holzfaserplatte	0,024	0,210	0,114
U-Wert W/m² K			0,095

Boden EG	m	W/mK	m² K/W
Wärmedämmwiderstand innen			0,125
Bodenbelag	0,015	0,140	0,011
Anhydritestrich	0,050	1,400	0,040
Trittschall	0,030	0,040	0,750
Wärmedämmung	0,060	0.022	2.730
Beton/Hurdis	0,200	1,800	0,110
Wärmedämmung	0,080	0,040	2,000
h-Wert aussen			0,125
U-Wert W/m² K			0,140

Tabelle 6.5: Kennwerte von Bauteilen der Hülle.

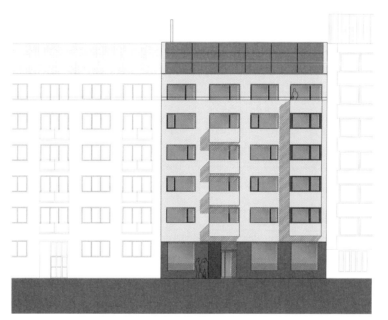

Abbildung 6.9: Das Gebäude von der Strasse aus (nach der Sanierung). Der Erker über die fünf Geschosse greift in den Strassenraum.

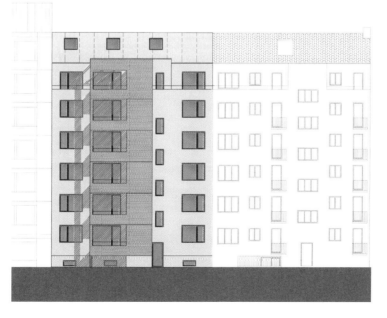

Abbildung 6.10: Die hofseitige Fassade mit den auskragenden Volumen der Balkone und des Lifts.

Sicht der Nutzer die dezentrale Lösung besser abschneidet. Aus Sicht des Investors ist die zentrale Versorgung vorzuziehen.

Luftverteilung

Durch die Versetzung der hofseitigen Fassade ergibt sich die Möglichkeit, Schächte für die vertikale Führung der Zuluft und der Abluft in den Neubauteil einzuziehen. Dadurch ist die Variante, die Zuluft über die Fassade, beispielsweise in der Dämmung, obsolet. Die Verteilung zwischen diesen Schächten und den einzelnen Zimmern erfolgt in einer herabgehängten Decke in der Küche und des Bad-Raumes. Die Raumhöhe erlaubt diese Lösung. Die Liegenschaft ist während der Sanierung unbelegt. Das hat ohne Zweifel einen Einfluss beim Entscheid, wie die Luftverteilung realisiert wird. Eine Verteilung innerhalb der Räume kommt eher für unbelegte Wohnungen in Fragen. Dagegen empfiehlt sich eine Verteilung über die Fassade eher für Räume, die auch während den Sanierungsarbeiten bewohnt sind.

Heizwärmeverteilung

Durch den Rückbau der alten Nordfassade gehen die angrenzenden Radiatoren verlustig. In Anbetracht, dass die Fussböden ausnahmslos erneuert werden, drängt es sich auf, die Wärme über neue Fussbodenheizregister zu verteilen (Vorlauftemperatur: 30°C). Der Einbau von Fussbodenheizregister lässt sich sehr gut mit Massnahmen zur Trittschalldämmung kombinieren. Selbstverständlich muss die Bodenheizung im Erdgeschoss als zusätzlicher Verlust «gegen unbeheizt» im rechnerischen Nachweis berücksichtigt werden.

Wärmeerzeugung

Am Standort des Gebäudes sind Erdwärmesonden nicht erlaubt. Eine Grundwassernutzung ist dagegen zulässig. Denkbar ist auch eine Wärmeerzeugung mittels Luft-Wasser-Wärmepumpe oder automatischer Pelletsheizung. Installiert wird schliesslich ein Gaskessel, der von einer thermischen Sonnenkollektoranlage unterstützt wird. Auf das

neue Dachgeschoss werden 30 m² Kollektoren installiert. Sie arbeiten auf einen Wärmespeicher mit einem Inhalt von 3000 Liter Wasser. Als Berechnungsgrundlage zur Dimensionierung der Kollektoranlage dient der Richtwert von 1 m² pro Person, was eine Absorberfläche von 25 m² ergibt.

Energiebedarf

In den Jahren 1999 bis 2003 betrug der jährliche Heizölverbrauch für Raumheizung und Wassererwärmung durchschnittlich 15 100 Liter Heizöl, also 151 000 kWh oder 543 600 MJ pro Jahr.

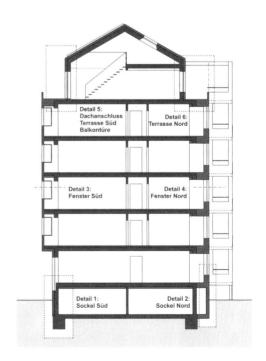

Abbildung 6.11: Übersicht der Detaildarstellungen

Abbildung 6.12: Sockel Süd

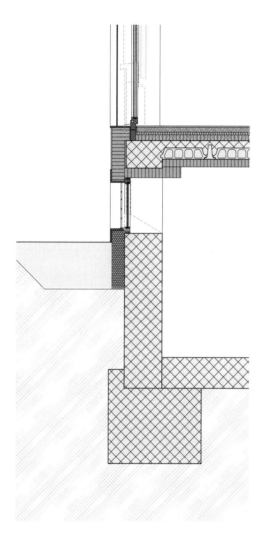

Abbildung 6.13: Sockel Nord

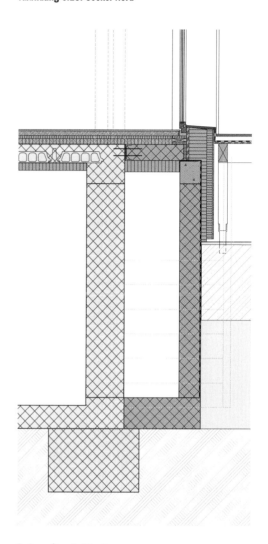

Aufbau Wand Süd

10 mm	Innenputz
320 mm	Mauerwerk
20 mm	Aussenputz
140 mm	Dämmung
15 mm	Aussenputz

Bodenaufbau Erdgeschoss

15 mm	Bodenbelag
50 mm	Anhydritboden (Bodenheizung)
30 mm	Trittschalldämmung
60 mm	Wärmedämmung
80 mm	Überbeton (Bestand)
120 mm	Tonelement (Bestand)
80 mm	Wärmedämmung

Abbildung 6.14: Fenster Nord

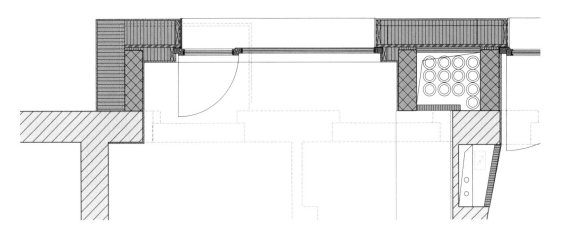

Aussenwandelement EG bis 4. OG:

15 mm	Gipsfaserplatte
140 mm	Wärmedämmung + Ständer
27 mm	Dreischichtplatte
200 mm	Wärmedämmung + Ständer
60 mm	Holzfaserplatte
15 mm	Aussenputz

Abbildung 6.15: Fenster Süd

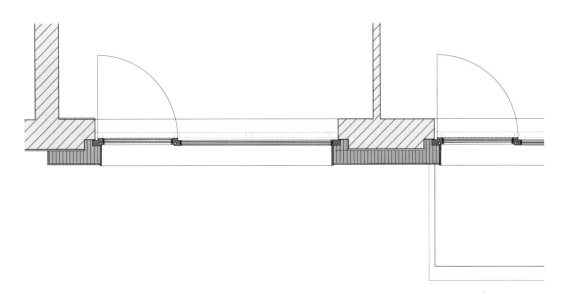

Aussenwandelement EG bis 4. DG (innen-aussen):

350 mm	Mauerwerk + Putz Bestand
140 mm	Wärmedämmung
15 mm	Putz

Abbildung 6.16: Dachanschluss Terasse Süd Balkontüre

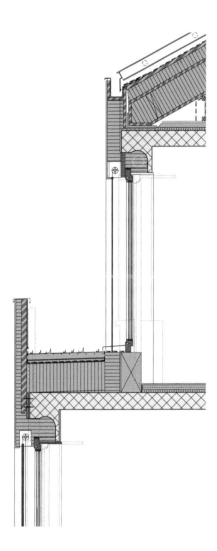

Abbildung 6.17: Terasse Nord

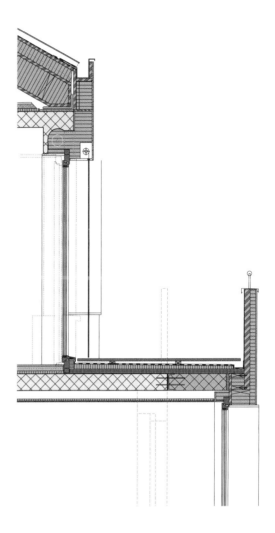

Bodenaufbau Terasse SÜD DG I

60 mm	extensive Begrünung
	Vlies
20 mm	Gummigranulatmatten
	Polymerbitumenabdichtung 2-lagig
300 mm	Wärmedämmung
0–100 mm	Dämmung im Gefälle
180 mm	Betondecke

**Aussenwandelement EG bis 4.0G
(innen-aussen):**

15 mm	Gipsfaserplatte
140 mm	Wärmedämmung + Ständer
27 mm	Dreischichtplatte
200 mm	Wärmedämmung + Ständer
60 mm	Holzfaserplatte
15 mm	Aussenputz

Bodenaufbau Terasse DG I

25 mm	Lärchenrost
30 mm	Lattung
	Schiftung
	Polymerbitumenabdichtung 2-lagig
30–50 mm	Dämmung mit Gefälle
50 mm	VIP Dämmung
170 mm	Betondecke Bestand

6.2 Massiv gebaut

Objekt
Siedlung Konstanz,
Rothenburg

**Bauherrschaft,
Architektur**
Anliker AG, Emmenbrücke

**Energieplanung,
Energieberatung**
Partnerplan AG, Littau
HTA Luzern, Zentrum für
interdisziplinäre Gebäude-
technik, Horw

Bauphysik
Ragonesi, Strobel &
Partner AG, Luzern

Fenster
Kronenberger AG, Ebikon

In Rothenburg, nur wenige Minuten von Luzern entfernt, steht die Siedlung Konstanz. Die Überbauung besteht aus verschiedenen Häusertypen mit 116 Wohnungen unterschiedlicher Grösse. 7 der insgesamt 13 Mehrfamilienhäuser sind nach Minergie-P gebaut. In vier dieser Bauten (Typ A) befinden sich je eine 3½- und eine 4½-Zimmer-Wohnung auf jeder der vier Etagen. Die drei anderen Minergie-P-Häuser (Typ C) sind viergeschossige Loftbauten mit insgesamt 12 Lofts. Wer eine der Loft-Wohnungen mit einer Nettowohnfläche von 170 m² erwirbt, besitzt gleich ein ganzes Stockwerk. Die Siedlung wurde in zwei Etappen erstellt: Die Lofthäuser sind seit Mai 2003 bezogen, das letzte der restlichen Minergie-P-Häuser (Typ A) wurde im Mai 2004 fertig.

Makellose Gebäudehülle

Auf der Nordwest- und der Nordost-Seite bestehen die Wände der Lofthäuser aus einer (verputzten) Kompaktfassade mit 15 cm Backstein und einer 30 cm dicken Wärmedämmung aus Neopor. Dieser EPS-Hartschaum hat mit einer Wärmeleitfähigkeit (λ-Wert) von 0,033 W/m K die besseren Dämmeigenschaften als übliches Polystyrol. An den 8-Familien-Häusern ist die Dämmschicht aufgrund des besseren Volumen-Oberflächen-Verhältnisses nur 24 cm stark. An den Südwest- und Südost-Fassaden mit den Terrassen ist die 15 cm dicke Backsteinwand mit einer 28 cm dicken Steinwoll-Schicht gedämmt. Über einer 30 mm breiten Hinterlüftung bildet eine gestrichene 10 mm starke Schichtholzplatte die Verkleidung. Die unterschiedlichen Wandaufbauten haben rein ästhetische Gründe: «Auf den Terrassen, wo die Bewohner in Kontakt mit der Fassade treten, haben wir edles Holz anstatt dem weissen, rauhen Verputz eingesetzt», erklärt Arthur Sigg, der verantwortliche Architekt der Generalunternehmung Anliker AG. Auf die Ausnutzung der Parzelle wirken sich die dickeren massiven

Wände in Rothenburg nicht negativ aus: Im Kanton Luzern werden für die anrechenbare Geschossfläche die Aussenwände nicht mitgerechnet.

Aufgrund der Erfahrungen bei der ersten Bauetappe konnten bei den Häusern der zweiten aufwändige Sockeldetails durch den Einsatz von Wärmedämmbeton (Mischung aus Zement und Schaumglasschotter) im Kellerbereich ersetzt werden. Die Fenster mit hochdämmenden 3-fach-Wärmeschutz-verglasungen mit einem Gesamt-U-Wert von 0,78 W/m² K an der Nordwest- und Nordost-Fassade und sogar 0,72 W/m² K auf der Südwest- und Südost-Seite weisen g-Werte von 0,43 auf.

Luftheizung optimiert

Ein zentrales Lüftungsgerät im Keller jedes Hauses versorgt die Wohnungen mit Zuluft. Die Planer entschieden sich nach einer Vergleichsrechnung für diese Lösung, weil einzelne Lüftungsgeräte in den Wohnungen zu viel Platz in Anspruch genommen hätten. In der ersten Bauetappe wurde die Zuluft in der Betondecke quer durch die Zimmer bis zu den Quellluftauslässen oberhalb der Fenster geführt. Damit wollte man eine möglichst gute Durchströmung und eine grosse Flexibilität bei der Grundrisseinteilung sicher stellen. Dies erforderte aber lange Verteilleitungen mit entsprechenden Kostenfolgen. In der zweiten Bauetappe konnten die Planer die Kosten für die Verteilung optimieren: Mittlerweile liegt eine Studie der Hochschule für Technik + Architektur (HTA) Luzern vor, die zeigt, dass Ort und Art der Lufteinlässe kaum Einfluss auf den Wohnkomfort haben. Folgerichtig ersetzten die Planer die Quellauslässe durch einfache Lüftungsgitter oberhalb der Türen. Das Resultat waren deutlich kürzere Zuluftstränge. Die Lüftung versorgt die Räume auch mit Wärme. Nur in den Badezimmern ist aus Komfortgründen ein Radiator installiert, um höhere Raumtemperaturen zu ermöglichen.

Ein Erdregister wärmt die Aussenluft im Winter vor und kühlt sie im Sommer leicht. In den Wintermonaten wird die Zuluft von einem kondensierenden Gaskessel auf 40 bis 50 °C erwärmt. Er erzeugt auch 60 % des Warmwassers, den Rest übernehmen 16 m² Sonnenkollektoren auf dem Dach jedes Hauses.

Wie Messungen ergaben, kühlt die Zuluft in den Häusern der ersten Etappe bei der Passage der langen Verteilleitungen um 10 bis 20 K ab. Obschon sich die Räume auch mit diesen Verlusten noch auf die geforderten Temperaturen heizen liessen, zeigte sich doch, dass die 20 mm Dämmung auf den Rohren knapp bemessen sind. Deshalb wurde die Dämmstärke in der zweiten Bauetappe auf 40 mm erhöht.

Bezüglich der Schallemissionen zeigte eine Bewohnerumfrage Erfreuliches. Kaum jemand gab an, störende Geräusche zu hören. Ein wesentlicher Grund hierfür dürfte sein, dass die Planer grossen Wert auf Schallschutz legten und vor jedem Durchlass einen Schalldämpfer platzierten. Der leistungsfähige Primärschalldämpfer beim Lüftungsgerät tut ein Übriges. (Christine Sidler)

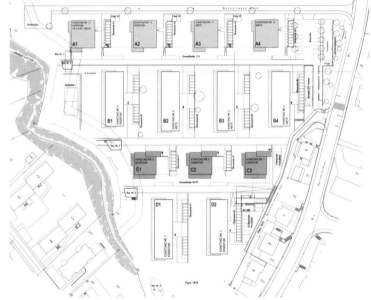

Abbildung 6.18: Minergie-P-Mehrfamilienhäuser mit Luftheizung in der Überbauung Konstanz, Rothenburg (Anliker AG)

Abbildung 6.19: Situation, dunkelrot die drei Lofthäuser vom Typ C.

Gebäudedaten (Lofthaus Typ C), Zertifizierungsjahr 2004	
Zertifikat	LU-002-P
Baujahr	2003
Anzahl Wohnungen	4
Rauminhalt nach SIA 416 (Haus C1)	4578,5 m³
Energiebezugsfläche A_{EO}	816 m²
Energiebezugsfläche A_E (korrigiert)	868,4 m²
Gebäudehüllfläche	1148 m²
Gebäudehüllziffer	1,28
Anteil Fenster und Türen an der Gebäudehüllfläche	16 %

Heizwärmebedarf	
Grenzwert SIA 380/1 ($Q_{h,li}$)	54,2 kWh/m²
Minergie-P-Anforderung an die Gebäudehülle (0,2 $Q_{h,li}$ oder 10 kWh/m²)	10,8 kWh/m²
Objektwert mit Minergie-P-Standardluftwechsel (Q_{h-MP})	10,8 kWh/m²
effektiven Werten ($Q_{h,eff}$)	9,7 kWh/m²
Thermisch relevanter Aussenluft-volumenstrom ($\dot{v}_{th}$)	0,22 m³/m² h

Energiebilanz	
Transmissionswärmeverlust (Q_T)	27,3 kWh/m²
Lüftungswärmeverlust (Q_V)	6,0 kWh/m²
Interne Wärmegewinne (Q_i) (Elektrizität und Personen)	11 kWh/m²
Solare Wärmegewinne (Q_s)	21,3 kWh/m²
Ausnutzungsgrad für Wärmegewinne (η_g)	0,60

Konstruktion (U-Werte)	
Fenster (Werte am Beispiel eines Fenstermasses von 208 cm auf 141 cm)	
gesamt (U_w)	0,75 W/m² K
gesamt eingebaut (U_w eingebaut)	0,90 W/m² K
Verglasung (U_g)	0,50 W/m² K
Rahmen (U_f)	1,0 W/m² K
g-Wert	43 %
Aussenwand (Kompaktfassade)	0,104 W/m² K
Aussenwand mit hinterlüfteter Fassade	0,129 W/m² K
Flachdach	0,076 W/m² K
Boden über Untergeschoss	0,089 W/m² K

Tabelle 6.6: Daten

Bedarfsdeckung	
Gaskessel	
Nutzungsgrad (JAZ)	95 %
Zugeführte Energie (ungewichtet)	22,2 kWh/m²
Bedarfsdeckung Warmwasser	56,5 %
Bedarfsdeckung Heizung	100 %
Thermische Solarenergie	
Absorberfläche	15,6 m²
Zugeführte Energie (ungewichtet)	8,5 kWh/m²
Bedarfsdeckung Warmwasser	43,5 %
Summe	30,7 kWh/m²

Gewichtete Energiekennzahl nach Minergie-P	
Strombedarf Lüftung und Hilfsbetriebe (Gewichtung 2)	6,4 kWh/m²
Gaskessel (Gewichtung 1)	22,2 kWh/m²
Gewichtete Energiekennzahl	28,6 kWh/m²
Grenzwert	30 kWh/m²

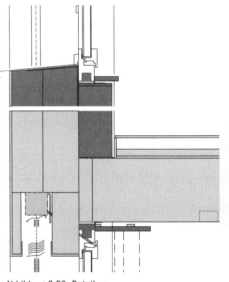

Abbildung 6.20: Detail an der Deckenstirne und am Fenstersturz

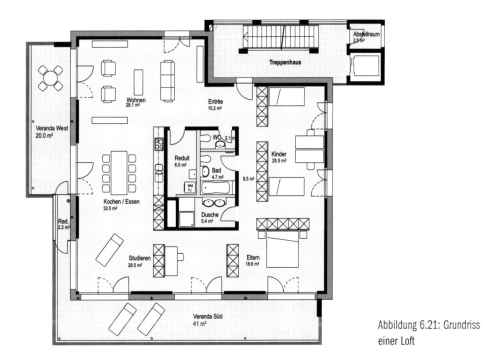

Abbildung 6.21: Grundriss einer Loft

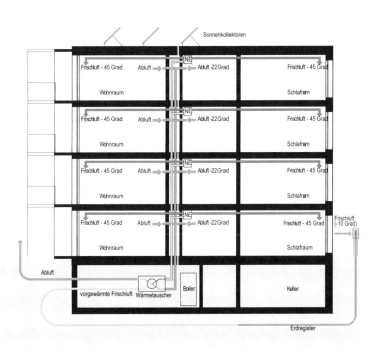

Abbildung 6.22: Schnitt durch das Gebäude (Anliker AG)

6.3 Minergie-P trotz Nordlage

Objekt
Mehrfamilienhaus
Cosy Place, Basel

Bauherrschaft
Gribi Theurillat AG, Basel

Architektur
Toffolarchitekten AG, Basel

Bauphysik
Gartenmann Engineering AG,
Basel

Fenster
Erne AG Holzbau,
Laufenburg

Das erste Minergie-P-Objekt im Kanton Basel-Stadt steht im Bruderholzquartier an einem steilen Nordhang. Das fünfstöckige Mehrfamilienhaus «Cosy Place» bietet einen weiten Blick über die Stadt bis in den Schwarzwald. Damit das imposante Volumen nicht zu wuchtig wirkt, ist das zweite Untergeschoss mit der Einstellgarage fast gänzlich ins Erdreich versenkt. Auch das Sockelgeschoss darüber ist zur Hälfte in den Hang gebaut. Durch seinen erdigen Braunton tritt es – verglichen mit den hell verputzen Obergeschossen – optisch stark zurück. Büsche und Sträucher verstärken diesen Effekt zusätzlich, mit der Zeit soll das Sockelgeschoss ganz eingewachsen sein. Die fünf Eigentumswohnungen bieten viel Raum: Die beiden 5-Zimmer-Maisonette-Wohnungen verfügen über je 175 m², die zwei 4-Zimmer-Wohnungen über je 114 m² Wohnfläche. Die gegen Süden orientierten Gartensitzplätze und Balkone ermöglichen den Bewohnern den Aufenthalt im Freien. Eine 5-Zimmer-Attika-Wohnung mit einer grosszügigen Dachterrasse schliesst das kompakte Volumen gegen oben ab.

Aussicht dank guter Hülle

Die Nordausrichtung mit längeren Schattenzeiten im Winterhalbjahr ist für ein Minergie-P-Haus alles andere als ideal. Da der Minergie-P-Standard für die Bauherrschaft eine Grundvoraussetzung war, ging es darum, das Objekt entsprechend zu gestalten. Erste bauphysikalische Modelle zeigten, dass das Gebäude dank der geplanten hochgedämmten Hülle gegenüber den standortspezifischen Faktoren erstaunlich resistent war und die Abhängigkeit von der Sonneneinstrahlung dank dem tiefen g-Wert der Verglasung kleiner war als angenommen. Den Architekten ist es in der Folge sogar gelungen, die aussichtsreiche Nordseite mit mittelgrossen Fenstern zu öffnen. Durch die aussenbündig eingebauten Fenster entsteht ein ruhiges Fassadenbild ohne tief einge-

schnittene Fensterleibungen. Im Erdgeschoss und im Obergeschoss läuft die Dreifachverglasung der Öffnungen über Eck. In den Küchen der betreffenden Wohnungen entsteht so eine überraschende Panoramasicht. Gegen Süden wurden die Fenster zur Fassade zurückversetzt in der Schicht der tragenden Elemente eingebaut. Im Schnitt beträgt der U-Wert für die dreifachverglasten Fenster 0.8 W/m²K (Glas: 0,5 W/m²K, Rahmen 1,0 W/m²K). Die Dämmung der Aussenhülle besteht aus 32 cm Steinwolle, die in zwei zueinander versetzten Lagen auf ein 15 cm starkes Kalksandstein-Mauerwerk aufgebracht ist. Die Wahl fiel auf dieses Dämmmaterial, weil es sich im Zusammenhang mit Wärmebrücken gut verarbeiten lässt und einen guten Schallschutz bietet.

Konstruktive Knackpunkte

Die Öffnung der Nordfassade mit Aussicht Richtung Stadt und die formalen Vorgaben für den gewünschten architektonischen Ausdruck waren konstruktiv und wärmedämmtechnisch eine Herausforderung. In dieser Hinsicht ist das Haus am Unteren Batterieweg alles andere als ein typisches Minergie-P-Objekt. Insbesondere für die aussenbündig eingebauten Fenster musste eine Lösung gefunden werden, die auch in bauphysikalischer Hinsicht akzeptabel war. Denn je dicker die dämmende Schicht, desto weiter aussen kommen die relativ schweren Fenster mit Dreifachverglasung zu liegen. Gelöst wurde dies mit einem thermisch abisolierten Montagebügel, der den Kasten des Fensters auf der tragenden Schicht verankert. Zusätzlich wurden verbindungsarme Flacheisen oder Winkelstahl mit EPS-Druckunterlagen verwendet. Wärmebrücken konnten so zwar nicht vermieden aber minimiert werden. Ebenso im Bereich der Einstellhalle: Aus energetischer Sicht wäre eigentlich eine Hülle ideal, die rundum geschlossen ist. Da die Fassade aber im Vergleich zur Einstellhalle etwas zurückversetzt ist, ging es auch

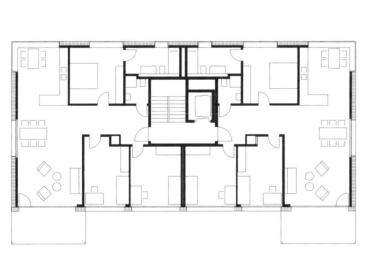

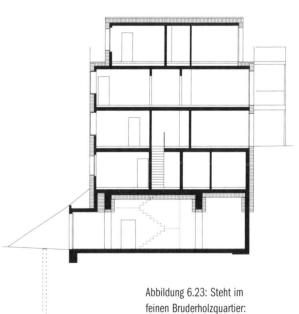

Abbildung 6.23: Steht im feinen Bruderholzquartier: Das erste Mehrfamilienhaus mit Minergie-P-Standard in Basel Stadt.
Abbildung 6.24: Grundriss Obergeschoss
Abbildung 6.25: Schnitt durch das Gebäude

hier darum, durch eine geschickte Trennung von beheizten und unbeheizten Räumen die Zahl der Wärmebrücken zu reduzieren.

Heizen und Kühlen in einem

Aufgrund der hoch wärmedämmenden Gebäudehülle und einer Wärmeschutzverglasung liegt der errechnete Heizwärmebedarf entsprechend tief bei 36 MJ/m²a (nach SIA 380/1: 2001). Die Wärme für Warmwasser und Raumheizung wird mittels einer Wärmepumpe mit einer Nennleistung von 15,5 kW erzeugt. Diese nutzt zwei jeweils 130 m tiefe Erdwärmesonden als Wärmequellen. Eine Fussbodenheizung sorgt für die Wärmeübergabe. Im Sommer kühlt das Erdreich über dieselben Sonden das Gebäude. Zu diesem Zweck sind die Erdwärmesonden über einen Wärmetauscher direkt an den Fussbodenheizkreis gekoppelt. Eine Komfort-Wohnungslüftung mit einem vorgeschalteten Erdregister versorgt die Wohnungen mit Aussenluft. Mit Hilfe von energieeffizienten Leuchten und Geräten wird der Strombedarf zusätzlich niedrig gehalten. «Cosy Place» wurde 2006 mit dem Faktor-4-Preis ausgezeichnet, einer Würdigung, die im Raum Basel gezielt nachhaltige Ideen fördert und einer breiten Öffentlichkeit vorstellt.

Tabelle 6.7: Daten

Bedarfsdeckung			
	Nutzungsgrad (für Heizung)		3,1
Erdsonden-Wärmepumpe	Zugeführte Energie (ungewichtet)		2,95 kWh/m²
	Bedarfsdeckung Heizung		100 %
	Nutzungsgrad (für Warmwasser)		2,7
Erdsonden-Wärmepumpe	Zugeführte Energie (ungewichtet)		7,45 kWh/m²
	Bedarfsdeckung Warmwasser		100 %
Gewichtete Energiekennzahl nach Minergie-P			
Strombedarf Lüftung (Gewichtung 2)			5,0 kWh/m²
Strombedarf Hilfsbetriebe (Gewichtung 2)			0,4 kWh/m²
Strombedarf Wärmepumpe (Gewichtung 2)			20,8 kWh/m²
Objektwert			26,2 kWh/m²
Grenzwert			30,0 kWh/m²

Gebäudedaten (Zertifizierungsjahr 2007)	
Zertifikat	BS-001-P
Baujahr	2007
Anzahl Wohnungen	5
Energiebezugsfläche A_{EO}	1028 m²
Energiebezugsfläche A_E (korrigiert)	1064 m²
Gebäudehüllfläche (unkorrigiert)	1638,2 m²
Gebäudehüllziffer	1,42
Anteil Fenster und Türen an der Gebäudehüllfläche	24,8 %
Heizwärmebedarf	
Grenzwert SIA 380/1 ($Q_{h,li}$)	44,6 kWh/m²
Minergie-P-Anforderung an die Gebäudehülle (0,2 $Q_{h,li}$ oder 10 kWh/m²)	11,1 kWh/m²
Objektwert mit Minergie-P-Standardluftwechsel (Q_{h-MP})	10,0 kWh/m²
mit effektiven Werten ($Q_{h,eff}$)	9,2 kWh/m²
Thermisch relevanter Aussenluftvolumenstrom ($\dot{v}_{th}$)	0,23 m³/m² h
Energiebilanz	
Transmissionswärmeverlust (Q_T)	34,1 kWh/m²
Lüftungswärmeverlust (Q_V)	6,7 kWh/m²
Interne Wärmegewinne (Q_i) (Elektrizität und Personen)	18,7 kWh/m²
Solare Wärmegewinne (Q_s)	37,9 kWh/m²
Ausnutzungsgrad für Wärmegewinne (η_g)	0,56
Konstruktion (U-Werte)	
Fenster gesamt (U_w)	0,61–0,83 W/m²K
Verglasung (U_g)	0,5 W/m²K
Rahmen (U_f)	1,0 W/m²K
g-Wert	51 %
Türen	1,0 W/m²K
Aussenwände	0,11 W/m²K
Dach	0,1 W/m²K
Boden (gegen Erdreich)	0,1 W/m²K

Objekt im Praxistest

Im Rahmen eines BFE-Projekts, welches energieeffizientes Heizen und Kühlen mit erdgekoppelten Wärmepumpen untersucht, wurde «Cosy Place» als Objekt für eine messtechnische Untersuchung ausgewählt. Ein vorausgehendes Simulationsprojekt hat gezeigt, dass die thermische Behaglichkeit im Sommer durch einen zusätzlichen passiven Kühlbetrieb mit geringem Zusatzaufwand wesentlich gesteigert werden kann. Dabei sind die Fussbodenheizung und die Erdwärmesonde für den Heizbetrieb ausgelegt. Die erhobenen Daten zeigen eine gute Effizenz der erdgekoppelten Wärmepumpe: Im passiven Kühlbetrieb lag der Nutzungsgrad zwischen 8 und 12, im Heizbetrieb bei 3,7 bis 4,3 und im Warmwasserbetrieb bei 2,5 im Winter und 3,0 im Sommer. Die gute thermische Behaglichkeit von «Cosy Place» belegen die gemessenen Raumtemperaturen: Diese lagen zwischen 20 °C bis 26 °C. Der Anteil Heizwärme liegt gemäss Messung bei 103 MJ/m²a und ist gegenüber dem Nachweiswert von 36 MJ/m²a unerwartet hoch, aber immer noch deutlich unter den gesetzlichen Mindestanforderungen. Die Ursache dafür lässt sich laut Autoren nur zum Teil aus den vorliegenden Messdaten nachvollziehen. Denn mit einer angenommenen mittleren Raumtemperatur von 23 °C (anstelle der Standard-Raumtemperatur von 20 °C) resultiert ein Heizwärmebedarf von 53 MJ/m²a. Anzumerken ist, dass zwei der fünf Wohnungen in der Messperiode noch nicht bezogen waren und die Arbeiten am Innenausbau bei geöffneten Fenstern weiterliefen. (Jutta Glanzmann)

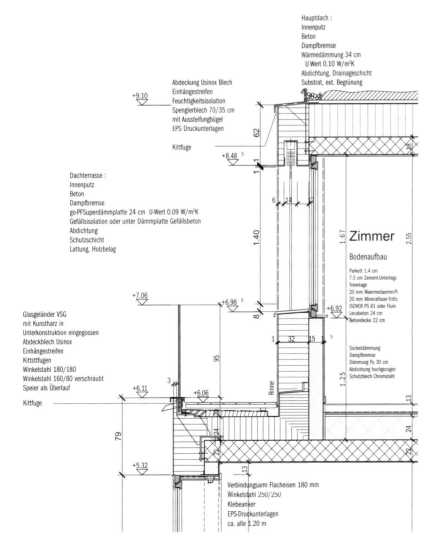

Abbildung 6.26: Vertikalschnitt durch die Nordfassade im Attikabereich: Der gewünschte architektonische Ausdruck war konstruktiv und wärmedämmtechnisch eine Herausforderung.

6.4   Das neue Wohnen

Objekt
Siedlung Eichgut, Winterthur

Architektur
Baumschlager & Eberle
Lochau (A) und Vaduz (FL)

Architektur, Realisation
Senn BPM AG, St. Gallen

HLK-Planung
Nachweise
PGMM Schweiz AG,
Winterthur

**Elektro-Planung und
Koordination Planung
Gebäudetechnik**
Bühler und Scherler AG,
St. Gallen

**Berechnungstool
Lufterdregister**
Huber Energietechnik AG,
Zürich

Fenster
Bresga AG, Egnach

Abbildung 6.27: Heizwärmebedarf des Eichguts, Rechenwerte gemäss SIA 380/1, in kWh/m². Im Vergleich zum Grenzwert SIA 380/1 benötigt das Eichgut weniger als 20 %.

«Hinter den sieben Geleisen» liegt das Eichgut nur aus Sicht des historischen Stadtkerns. Denn das Quartier Neuwiesen entwickelt sich zu einer «Trend Location». Die lebhafte Mischung aus Fachhochschule, Gewerbe mit Beizen und Einkaufsläden sowie Wohnungen ist interessant für ein breites Publikum. Zudem grenzt die Liegenschaft buchstäblich an das Gleisfeld des Intercity-Haltes Winterthur. Die Lage stimmt also. Dies gilt auch für die Architektur. Die Handschrift der prominenten Vorarlberger Architekten Baumschlager und Eberle ist deutlich zu erkennen. Ein drittes Kriterium: Das Gebäude fällt durch eine ausgezeichnete Bauqualität auf, insbesondere hinsichtlich Wärme- und Schallschutz. Die wichtigsten Punkte:

▌ Kompakte Bauweise (Gebäudehüllziffer 0,61)
▌ Sehr gute Wärmedämmung (U-Werte um 0,1 W/m² K)
▌ Hochwertige Fenster (U-Werte um 0,8 W/m² K)
▌ Lufterneuerung mit Wärmerückgewinnung (WRG-Rate 84 %)
▌ Luftdichte Bauweise (Luftwechsel bei Prüfbedingungen: 0,48/h)
Neben den 90 Wohnungen unterschiedlicher Grösse hat es im Eichgut Büros und Dienstleistungsbetriebe.

Gebäudehülle: Dämmstandard und Luftdichtigkeit

Im Eichgut sind die Aussenbauteile auch hinsichtlich des Dämmstandards sehr differenziert gestaltet. Die Unterschiede in der Dimensionierung basieren auf einer Sensitivitätsanalyse, in der Kosten, Dämmwirkung und bauphysikalische Risiken berücksichtigt sind. Das Resultat sieht dann so aus: Im Flachdach sind drei Lagen Polyurethan zu je 14 cm, insgesamt 42 cm, verbaut; der U-Wert liegt bei 0,07 W/m² K. In den Fensterbrüstungen sind «nur» 24 cm Mineralwolle auf der 20 cm starken Betonplatte verlegt (0,14 W/m² K). Mit einem U-Wert von 0,10 W/m² K liegt die übrige Aussenwand zwischen diesen Bauteilen. 34 cm Mineralwolle vor der 20-cm-Betonwand ermöglichen diese Wirkung. Selbstverständlich sind die Wärmebrücken Bestandteil der Analyse. Testweise wurde der durchaus repräsentative Abschnitt A – 12 % des gesamten Gebäudes – mit einer Druckdifferenz von 50 Pa auf Dichtigkeit geprüft. Ergebnis: 0,48/h.

Fenster mit Dreifachverglasung

Über die Faustregel des U-Wertes für die Fenster von 0,8 W/m² K kommt man auf eine Dreifachverglasung. Denn 0,8 W/m² K im gesamten Fenster bedeutet einen Rahmen mit schlechteren U-Wert, was sich nur über eine bessere Verglasung kompensieren lässt. Eingebaut in die Fensterrahmen (1,35 W/m² K) sind Verglasungen mit 0,5 W/m² K; der Gesamt-U-Wert beträgt 0,81 W/m² K. Das äussere und das innere 4-mm-Glas ist beschichtet, das mittlere Glas misst 8 mm, die gesamte Verglasung 36 mm. Die beiden Scheibenzwischenräume (je 10 mm) sind mit Krypton gefüllt und der Abstandhalter im Glasrandverbund ist aus Chrom-Nickel-Stahl. Mit 0,05 W/m K ist der CNS-Wärmebrückenverlustkoeffizient um 22 % niedriger als jener von Aluminium (0,07 W/m K). Der Gesamtenergiedurchlass (g-Wert) beträgt 0,51. Trotz der ausgezeich-

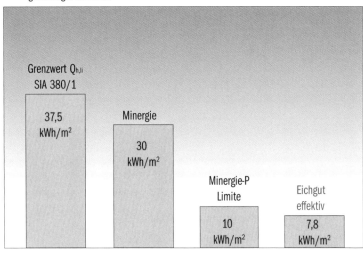

neten Fenstertechnologie entfallen rund
zwei Drittel der Transmissionsverluste auf
transparente Bauteile wie Balkontüren und
Fenster und weitere 8 % auf Wärmebrücken,
die Fensteranschlüsse betreffen. In Summa
gehen 73 % der Transmissionsverluste durch
transparente Bauteile, die an der gesamten
Hüllfläche aber nur 34,3 % ausmachen.
Der Sonnenschutz ist mehrschichtig aufgebaut. Unmittelbar vor dem Fenster – also in
der äusseren Fensternische – ist ein Rafflamellenstoren installiert. Über alle Fassaden-
teile, opake und transparente, zieht sich eine
«Milchverglasung» aus Sicherheitsglas. Die
emaillierten Gläser sind im Siebdruckver-
fahren mit einem Lochblechdekor bedruckt.
Vor Fenstern und Türen sind die Gläser ver-
schiebbar und messen 8 mm, die fest montierten in den Brüstungen nur 6 mm.

Lufterneuerung: dezentrale Geräte

Aussenluft strömt über insgesamt neun
Schächte zu den dezentralen Lüftungsge-
räten, sogenannte Kompaktgeräte, in denen der 180-Liter-Boiler, die Wärmepumpe
(WP) und der Gegenstromwärmetauscher
übereinander in einem 230 cm hohen Kasten eingebaut sind. Die Wärmepumpe dient
alternierend der Nachwärmung der Zuluft
und der Wassererwärmung einer Wohnung.
(Damit ist auch die verbrauchsabhängige
Heizkostenabrechnung bereits erledigt!)
Mittig zwischen jeweils zwei Wohnungen
liegen die Zu- und Abluftschächte, angren-
zend ans Treppenhaus. Beidseits des Schach-
tes sind die Lüftungsgeräte installiert; sie
sind vom Treppenhaus aus zugänglich. Das
hat mindestens zwei Vorteile. Damit sind
die Geräte nicht innerhalb der Nutzungseinheit «Wohnung» schallwirksam, sondern
im Treppenhaus. Zwischen den beiden Nutzungseinheiten gelten die Anforderungen
gemäss SIA 181 «Schallschutz im Hochbau».
Zudem lässt sich der Filter im Lüftungsgerät ohne Störung der Wohnungsnutzer
wechseln.
Hinsichtlich der Effizienz der Geräte woll-
ten Bauherrschaft und Planer keine Risiken
eingehen. In ihrem Auftrag nahm die HTA

Abbildung 6.28: Spalier
stehen vor dem Eichgut:
Urbanes Leben in angeneh-
mer Umgebung. (Andreas
Wolfensberger)

Luzern eine Plausibilitätsüberprüfung der
Firmenangaben vor. Die WRG-Rate wird
von den HTA-Experten mit 84 % bestätigt,
wobei darin die Ventilatorabwärme nicht
berücksichtigt ist. Diese Abwärme von rund
8 % kommt zur «Netto-WRG» hinzu, sodass
die gemessene WRG-Rate 92 % beträgt.
Zweifelsohne stellen die 84 % ein pessimis-
tischer Wert dar, denn die Venti-Abwärme
ist ja nicht verloren. Die Berechnungsweise
entspricht indessen dem Minergie-P-Nachweis. Bestätigt sind auch die Jahresarbeitszahlen (JAZ) der Wärmepumpe (WP). Da-
nach beträgt die JAZ im Heizbetrieb 2,9
und im Warmwasser-Betrieb 3,1 – jeweils
bei einem Volumenstrom von 120 m³/h. Bei
beiden Betriebsweisen kommt die Abwärme
des WP-Kompressors der Zuluft zugute.

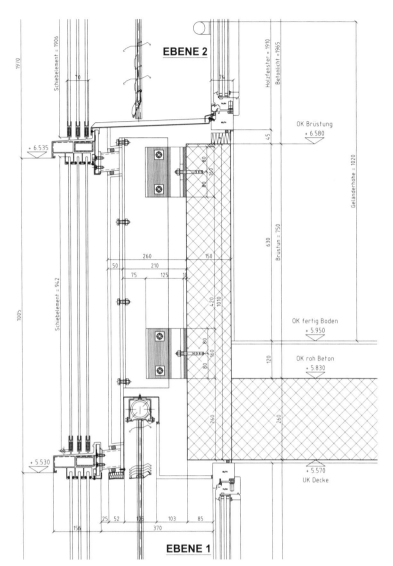

EBENE 2

OK Brüstung
+ 6.580

OK fertig Boden
+ 5.950

OK roh Beton
+ 5.830

+ 5.570
UK Decke

EBENE 1

Abbildung 6.29: Vertikaler Schnitt durch die Fassade mit den typischen, äusseren Schiebeelementen. An der mit 24 cm Mineralwolle gedämmten Brüstung sind die Konsolen mit Thermostoppern montiert. Zwischen Schiebeelement und Fenster liegt der Rafflamellenstoren.

Gebäude (Zertifizierungsjahr 2005)	
Zertifikat	ZH-007-P
Baujahr	2005
Anzahl Wohnungen	90
Gebäudevolumen	63 000 m³
Energiebezugsfläche A_E	11 635 m²
Gebäudehüllziffer	0,61

Energie	
Heizwärmebedarf nach SIA 380/1 bei einem thermisch wirksamen Aussenluftvolumenstrom von	
0,27 m³/h m² (Minergie-P-Standardwert)	10 kWh/m²
0,16 m³/h m² (effektiver Wert)	7,8 kWh/m²
Wärmeleistungsbedarf nach Minergie-P	8,3 W/m²
Wärmebedarf Warmwasser	20,7 kWh/m²
Mittlere Jahresarbeitszahl der Wärmepumpe (Heizung/Warmwasser)	2,9
Elektrizitätsbedarf Lufterneuerung	3,1 kWh/m²
Elektrizitätsbedarf Hilfsbetriebe	1,5 kWh/m²
Elektrodirektheizung	0,4 kWh/m²
Gewichtete Energiekennzahl nach Minergie-P	28,4 kWh/m²

Lufterneuerung	
Nennluftvolumenstrom (Wohnungen)	10 740 m³
Wirkungsgrad der Wärmerückgewinnung	84 %
Spezifische Aussenluftrate	0,92 m³/h m²
Luftwechsel	0,35/h

Lufterdregister	
Rohrlänge	1386,5 m
Rohrdurchmesser	25 cm
Luftvolumenstrom	13 970 m³/h
Heizenergiebeitrag pro Jahr	54 000 kWh
Kühlbeitrag pro Jahr	33 300 kWh
Elektrizitätsbedarf pro Jahr	1183 kWh

Tabelle 6.8: Daten

Allein daran ist zu erkennen, dass die Herstellerfirma das Gerät im Hinblick auf den deutschen Passivhaus-Markt optimiert hat. Die EC-Gleichstrommotoren der beiden Ventilatoren benötigen zusammen nur 40 W (bei 120 m³/h und 180 Pa). Zwischen 220 W und 340 W schluckt die Wärmepumpe. Innerhalb von 4 Stunden erwärmt die WP das Wasser auf 50 °C. Das oberste Drittel (70 l) wird durch die Enthitzerwärme der Wärmepumpe bis gegen 60 °C erwärmt. Ein zweiter Heizstab im unteren Teil des Boilers schaltet nur einmal wöchentlich ein – zum Schutz vor Legionellen.

Innerhalb der Wohnung erfolgt die Luftverteilung in der Decke. Öffnungen für die Zuluft sind, wie üblich, in den Schlaf- und Wohnräumen, jene für die Abluft in Küche, Bad und WC.

Systemgrenzen beachten

Interessant ist auch die Diskussion über die Wechselwirkung der hintereinander geschalteten drei Komponenten Lufterdregister (Temperaturunterschied), Wärmetauscher im Lüftungsgerät (Wärmerückgewinnungsrate) und Wärmepumpe (Jahresarbeitszahl). Ausschlaggebend für eine Bewertung ist der Ertrag aller Komponenten, also die gesamte Umwelt- und Abwärme. Systemgrenze ist dann die Grundstücksgrenze, wohingegen ein Hersteller durchaus sein eigenes Lüftungsgerät optimieren und dabei vor- oder nachgeschaltete Komponenten als Konkurrenz wahrnehmen kann.

Notheizung montiert

Es ist weniger die Unsicherheit bezüglich der Planungswerte als vielmehr das Wissen um die subjektive Wahrnehmung von Raumtemperaturen durch die Wohnungsnutzer, die die Bauherrschaft zum Einbau einer «Notheizung» in exponierten Wohnungen bewog. Je ein elektrischer Heizkörper mit 500 Watt ist im Wohnraum und in einigen Tageszimmern installiert. Im Bad hilft ein Handtuchradiator auf die gewünschten 22 °C.

Lufterdregister

Zahlreich sind die Vorteile eines Lufterdregisters (LER); nachteilig sind die Kosten. Ein LER bannt die Frostgefahr, alimentiert das Lüftungssystem mit Wärme und verbessert so die Gesamtbilanz des Lufterneuerungssystems und hat schliesslich eine sommerliche Kühlwirkung, wenn auch nur eine geringe. Die fast 1400 m Rohre verteilen sich auf zwei Sektionen, wobei die eine Sektion zweilagig verlegt ist (vertikaler Abstand: rund 1 m). Die 25-cm-Rohre verlaufen mit einem Gefälle von 2 % in einem Sandbett, umgeben von Kieskoffer. Das Gefälle garantiert die Ableitung des Kondenswassers – immerhin prognostizierte 649 Liter pro Jahr. (Das Bundesamt für Gesundheit bezeichnet Kondenswassersammelstellen von Erdregistern in einer Untersuchung als Gefahrenherd bezüglich Hygiene.) Mit dem Volumenstrom von fast 14 000 m³/h werden ausser den Wohnungen (10 740 m³/h) Büro- und Verkaufräume versorgt. Die LER-Dimensionierung basiert auf einer programmgestützten Rechnung, die minimale Aussenlufttemperaturen nach dem Register von 0 °C prognostiziert. Während Hitzeperioden sind Abkühlungen bis zu 10 K zu erwarten. (Othmar Humm)

6.5   Der Schritt zu Minergie-P

Objekt
Siedlung Werdwies 2007
Bändlistrasse, Grünauring,
Zürich

Bauherrschaft
Stadt Zürich,
Liegenschaftenverwaltung
vertreten durch das Amt für
Hochbauten

Architektur
Adrian Streich, Zürich

Untersuchung Minergie-P
Ragonesi, Strobel &
Partner AG, Luzern
Adrian Streich, Zürich

Fenster
G. Baumgartner AG,
Hagendorn-Cham

Nur gut ein Drittel, entsprechend 700 Watt, entfallen in einer 2000-Watt-Gesellschaft auf das Wohnen. In diesem Anteil ist der Aufwand für Erstellung, Betrieb, Erneuerung und Rückbau des Wohngebäudes enthalten. Für Heizung und Lüftung, Kühlung und Wassererwärmung sind also nur knappe Chargen reserviert. Die gängige Antwort auf diese bauliche Herausforderung heisst Minergie-P.

Dabei ist eine Frage besonders naheliegend: Wie gross ist der Schritt von Minergie zu Minergie-P? Ist ein derartiger Schritt zumutbar? Für Bauherrschaften, für Baufachleute, für Bewohner? Und schliesslich für die Gesetzgeber, die dereinst verschärfte Bauvorschriften erlassen müssen. Antworten dazu liefert eine Untersuchung, die an einem dem Minergie-Standard entsprechenden Beispiel die konstruktiven, bauphysikalischen und finanziellen Folgen dieses P-Schrittes darstellt.

Kompakte Gebäudeform

Im Frühjahr 2007 sind sie zum Bezug bereit, die 152 Wohnungen der Siedlung Werdwies in Zürich-West. Die sieben achtgeschossigen und unterschiedlich tiefen Kuben reihen sich entlang der Bändlistrasse und dem Grünauring; sie bilden dadurch wechselseitig zum Quartier orientierte Aussenräume. Als Referenzgebäude dient das Haus

Die Bauhülle im Fokus

Die Untersuchung «Massnahmen für den Minergie-P-Standard in der Siedlung Werdwies in Zürich» ist auf die Bauhülle fokussiert. Das heisst: Es geht um die Minimierung der Transmissionswärmeverluste und die Maximierung der solaren Energiegewinne durch Optimierung der Fenster. Alle anderen Faktoren des Energiebedarfes haben die Fachleute neutralisiert. Also keine Modifikationen an der Geometrie des Gebäudes, an der Verschattung (Vordächer, Balkone, seitliche Blenden und Horizont), keine Änderungen in der Haustechnik (Lüftung und Heizung). Deshalb basieren beide Varianten im Vergleich auf dem gleichen thermisch relevanten Aussenluftvolumenstrom von 0,27 m³/m² h.

B1, ein «Würfel» mit einer Kantenlänge von rund 25 m. Diese Form ermöglicht eine ausgezeichnete Gebäudehüllziffer von 0,72. Mit 18,7 kWh/m² beträgt der Heizwärmebedarf weniger als die Hälfte des Grenzwertes nach SIA 380/1. Damit liegt die Überbauung auch weit unter der Primäranforderung von Minergie.

Die Massnahmen

Alle Änderungen des Bauprojektes zur Erreichung von Minergie-P beschränken sich auf drei Massnahmen an der Bauhülle:
▍ Verbesserung des U-Wertes von opaken Aussenbauteilen
▍ Fenster mit 3-fach- statt 2-fach-Verglasungen, bei gleichzeitig möglichst hohem g-Wert (Gesamtenergiedurchlass).
▍ Optimierung von Bauteilanschlüssen zur Reduktion von Wärmebrücken

Kompensieren ist sinnvoll

Eine moderate Dämmung in Aussenwänden lässt sich mit verbesserten U-Werten in horizontalen Bauteilen kompensieren. In Flachdächern und Böden sollte nach Einschätzung der beteiligten Bauphysiker kompromisslos ein U-Wert von höchstens 0,1 W/m² K angestrebt werden. Dies braucht nicht das Ziel für ein opakes Aussenwandteil zu sein, denn dadurch sind einfachere konstruktive Lösungen – insbesondere Anschlussdetails am Fenster und am Dach – möglich. Abgesehen davon – schlanke Wände erleichtern die architektonische Gestaltung und verbessert die Tageslichtnutzung. All zu tiefe Fensterleibungen sind denkbar ungünstig. Kompromisse sind dagegen zu prüfen bei Flächen mit geringeren Temperaturdifferenzen, also bei Bauteilen gegen unbeheizt oder gegen Erdreich.

Wärmebrücken

Auf dem baulich-konstruktiven respektive wärmetechnisch-energetischen Niveau von Minergie-P-Bauten kann der Einfluss von Wärmebrücken enorm sein. Diese Verluste mit noch dickeren Dämmschichten in der Fläche zu kompensieren, ist in der Praxis kaum machbar. Die Stossrichtung heisst: Durch geeignete Massnahmen diese Wärmebrückenwirkung so reduzieren, dass die Aussenwände mit moderaten Dämmstärken auskommen. Ein nicht minder wichtiger Punkt sind die Fenster. Auf den – supponierten oder tatsächlichen – Einsatz eines passivhauszertifizierten Fensters kann füglich verzichtet werden. Mit einem guten und vor allem schmalen Rahmen in Kombination mit der bestmöglichen Verglasung ist ein Fenster P-kompatibel. Besonderes Augenmerk gilt dem Randverbund der Verglasung (Stahl statt Alu, Kunststoff statt Stahl). Ergänzend dazu ist auf einen möglichst wärmebrückenfreien Fenstereinbau zu achten. Um den Wärmebrückeneffekt der kraftschlüssig mit der Aussenwand verbundenen Balkonplatten zu reduzieren, schlagen die Verfasser der Studie eine völlig andere Aufhängung vor. Die Balkone kommen in der Minergie-P-Variante auf separate Stützen zu liegen.

Tabelle 6.9: Daten

Abbildung 6.30: Energiebilanz nach dem Schema SIA 380/1 für die realisierte und für die optimierte Version nach Minergie-P. Durch die Massnahmen an der Hülle reduziert sich der Transmissionswärmeverlust um 32,6 %, was eine Halbierung des Heizwärmebedarfs Q_h bringt. Unverändert sind der Lüftungswärmeverlust und die internen Wärmegewinne. Von den Wärmegewinnen im Minergie-P-Haus sind allerdings deutlich weniger verwertbar, das heisst, der Ausnutzungsgrad für Wärmegewinne ist kleiner (0,55 statt 0,66).

Gebäuddaten	
Energiebezugsfläche A_{E0}	4632,2 m²
Energiebezugsfläche A_E (korrigiert)	4664,1 m²
Gebäudehüllziffer	0,72
Gebäudehüllfläche (unkorrigiert)	3335,5 m²
Anteil Fenster und Türen an der Gebäudehüllfläche	31 %
Thermisch wirksamer Aussenluft-Volumenstrom ($\dot{v}_{th}$)	
mit Minergie-P-Werten (Standard)	0,27 m³/h m²
mit effektiven Werten	0,27 m³/h m²

Heizwärmebedarf	
Grenzwert SIA 380/1 ($Q_{h,li}$)	39,7 kWh/m²
Minergie-P-Anforderung (0,2 $Q_{h,li}$)	7,9 kWh/m²
Minergie-P mit Standardwerten	8,9 kWh/m²
Ausgeführte Version (Minergie)	
mit Fensterlüftung	25,0 kWh/m²
mit $\dot{v}_{th}$ 0,27 m³/h m²	18,7 kWh/m²

Transmissionsverluste	(29,2 kWh/m²)
gegen aussen	19,0 %
gegen Erdreich	2,1 %
gegen unbeheizt	10,4 %
Fenster und Türen	54,6 %
Wärmebrücken	13,9 %

Die Kosten der Massnahmen		
Fenster: 3-fach- statt 2-fach-Verglasung	128 000 Fr.	43,8 %
Aussenwärmedämmung in der Kompaktfassade 26 cm statt 18 cm	74 000 Fr.	25,3 %
Zusätzliche Betonstützen	42 000 Fr.	14,4 %
Dachdämmung, 300 mm EPS statt 220 Steinwolle	11 000 Fr.	3,8 %
Diverse Anpassungen	37 000 Fr.	12,7 %
Total	292 000 Fr.	100 %

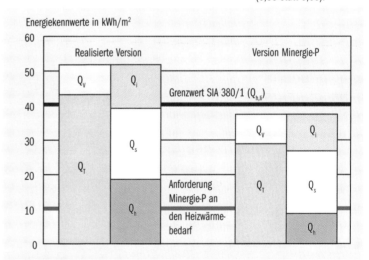

Energiekennwerte in kWh/m²

Energiebilanz im Vergleich	Minergie-P	Realisierte Variante
Transmissionswärmeverlust (Q_T)	29,2 kWh/m²	43,3 kWh/m²
Lüftungswärmeverlust (Q_V)	8,6 kWh/m²	8,6 kWh/m²
Interne Wärmegewinne (Q_i) (Elektrizität und Personen)	19,2 kWh/m²	19,2 kWh/m²
Solare Wärmegewinne (Q_s)	33,1 kWh/m²	31,1 kWh/m²
Ausnutzungsgrad für Wärmegewinne (η_g)	0,55	0,66
Heizwärmebedarf		
Rechenwert ($Q_{h\text{-}MP}$)	8,9 kWh/m²	18,7 kWh/m²
Grenzwert ($Q_{h,li}$)	39,7 kWh/m²	39,7 kWh/m²
Wärmeleistungsbedarf ($q_{h\text{-}MP}$)	7,4 W/m²	11,3 W/m²

Fazit: Die eigentliche Optimierungsarbeit ist durch einen sinnvollen Abgleich zwischen den vertikalen und horizontalen Aussenbauteilen einerseits und den Fenstern und Wärmebrücken bei den Anschlussdetails andererseits zu leisten.

Energiebilanz

Die verwertbaren Gewinne aus Solarstrahlung, Elektrizitätsnutzung und Personenabwärme sind mit rund 30 kWh/m² etwa gleich hoch wie die Transmissionsverluste. Der Lüftungswärmeverlust entspricht rein zahlenmässig dem Heizwärmebedarf. Vom gesamten Verlust von 37,8 kWh/m² entfallen 22,6 % auf die Lufterneuerung. In diesem Verhältnis kommt der Formfaktor (oder Gebäudehüllziffer) zum Ausdruck, denn die Transmissionsverluste sind von der Gebäudeoberfläche abhängig, die Lüftungswärmeverluste vom belüfteten Volumen und damit von der Energiebezugsfläche.

Kosten für das Upgrade

Mit 2,8 % der Gesamtkosten (10,5 Mio. Fr.) respektive 3,6 % der Kosten für das Gebäude (8,1 Mio. Fr., BKP2) schneiden die Grenzkosten zur Erreichung von Minergie-P im Neubau überraschend günstig ab. Der wichtigste Grund für dieses Resultat sind zweifelsohne die sehr guten Voraussetzungen:
▮ Sehr kompakte Bauform (niedrige Gebäudehüllziffer)
▮ Bereits sehr gute Wärmedämmung (Ausgangslage)
▮ Bereits installierte respektive geplante Wohnungslüftungsanlagen
▮ Nicht allzu grosse Wärmebrücken

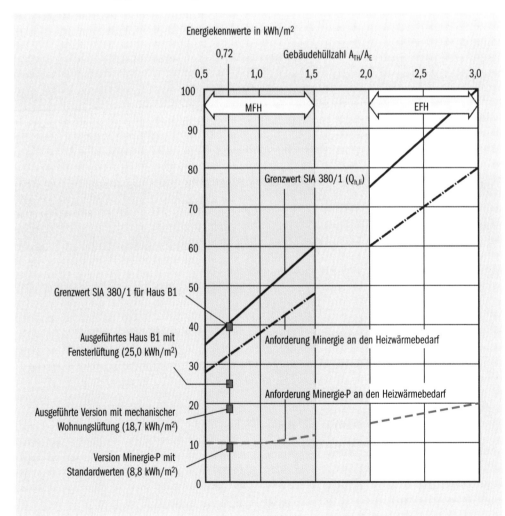

Abbildung 6.31: Heizwärmebedarf des Gebäudes B1 in Abhängigkeit der Gebäudehüllziffer auf der Basis der SIA-Norm 380/1. Die ausgeführte Variante sowie die berechnete P-Version basieren auf einem thermisch relevanten Aussenluftvolumenstrom von 0, 27 m³/m² h. (Für Minergie-P entspricht dies dem Standardwert.)

Abbildung 6.32: Minergie-Würfel mit Potenzial: Das zum Referenzobjekt baugleiche Haus B2 in der Siedlung Werdwies. (Georg Aerni)

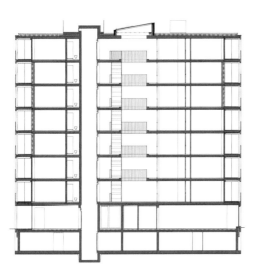

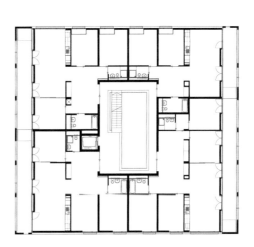

Abbildung 6.33: Sieben Wohngeschosse, Erd- und Kellergeschoss im Haus B1, Längsschnitt. Seitlich des Gebäudes sind die Balkone sichtbar; sie erzwingen für das Upgrade auf Minergie-P eine konstruktive Änderung der Aufhängung der Balkonplatte.

Abbildung 6.34: Normalgeschoss im Haus B1, Grundriss.

P-Potenzial

Werdwies ist zweifelsohne für Minergie-P geeignet. Die notwendigen Änderungen sind minimal. Trotzdem zeichnet sich nach Einschätzung des Architekten eine Gefahr ab: Bei Bauaufgaben mit engem Budgetrahmen führen die verschärften energetischen Anforderungen tendenziell zu einer Normierung in Details von Konstruktionen. Das wirkt sich fallweise einschränkend auf die Vielfalt im architektonischen Ausdruck aus. Für künftige Projekte könnte es durchaus sinnvoll sein, die spezifische Eignung von Objekten für Minergie-P in der Vorstudienphase abzuklären. (Othmar Humm)

Tabelle 6.10: Massnahmen

Die Massnahmen – Wärmedurchgangskoeffizient in W/m² K (U-Wert)		
Bauteil/Aufbau	**Wärmedurchgangskoeffizient**	
	Realisiert (Minergie)	Minergie-P
Fenster		
	Holz- oder Holz-Metall-Fenster mit 2-fach-Isolierverglasung $U_f = 1,30$ $U_g = 1,10$ $\Psi_g = 0,05$ $U_w = 1,29$ $g = 63\%$	Holzfenster mit 3-fach-Isolierverglasung und kleinem Rahmenanteil $U_f = 1,25$ $U_g = 0,50$ $\Psi_g = 0,05$ $U_w = 0,79$ $g = 55\%$
Aussenwände		
Sichtbetonelement	18 cm XPS-Platte, U = 0,177	
Komplettfassade	18 cm Steinwollplatte U = 0,186	26 cm Steinwollplatte U = 0,132
Hinterlüftete Fassadenbekleidung	–	24 cm Steinwollplatte U = 0,162
Innenwände gegen nicht beheizte Räume		
	10 cm XPS-Platte U = 0,308	12 cm XPS-Platte U = 0,277
Flachdächer		
Über 7. Obergeschoss	22 cm Steinwollplatte, U = 0,164	30 cm EPS-Lambda-Platte, U = 0,100
Über Erdgeschoss	10 cm PUR-Alu-Platte, U = 0,223	
Böden		
Über Aussenluft mit Bodenheizung	12 cm Kompaktfassade, 3 cm Trittschalldämmung, U = 0,224	25 cm Kompaktfassade, 4 cm EPS-Bodenplatte, 2 cm Trittschalldämmung, U = 0,100
Über nicht beheizten Räumen mit Bodenheizung	8 cm EPS-Bodenplatte, 2 cm Trittschalldämmung, U = 0,330	15 cm EPS-Bodenplatte, 2 cm Trittschalldämmung, U = 0,197
Boden über Erdreich (kleine Flächen)	12 cm XPS-Platte, U = 0,191	Ohne Wärmedämmung gemäss EN ISO 13370, U = 0,506
Wärmebrücken: längenbezogener Wärmedurchgangskoeffizient Ψ (Psi) in W/m K, punktbezogener Wärmedurchgangskoeffizient X (Chi) in W/K		
Fensteranschlag	$\Psi = 0,10$	$\Psi = 0,07$ bis 0,09
Balkon	mit Kragplattenanschluss, $\Psi = 0,27$	von Betondecke thermisch optimal getrennt, $\Psi = 0,03$
Vordach	$\Psi = 0,21$	$\Psi = 0,04$
Dachrand	$\Psi = 0,10$	$\Psi = 0,04$
Sockel	$\Psi = 0,09$	$\Psi = 0,00$
Innenwände über UG	$\Psi = 0,72$	$\Psi = 0,36$
Sturznische	–	$\Psi = 0,10$
Geländerbefestigung	–	X = 0,01

6.6 Mit Mondholz und ungebranntem Lehm

Einem Holzwürfel ähnlich steht seit Sommer 2007 das erste Bürogebäude in der Schweiz, das mit dem Label Minergie-P-ECO ausgezeichnet wurde. Der effektive Heizwärmebedarf liegt bei unter 6 kWh/m². Doch auch der Ressourcenverbrauch für den Bau wurde konsequent gering gehalten. Die graue Energie, die im dreistöckigen Gebäude verborgen ist, beträgt eine Million Kilowattstunden. Zum Vergleich: Wäre das Gebäude nach den Minimalanforderungen gemäss SIA 380/1 erstellt worden, hätte sich das energetische Anfangssoll verdoppelt. Mit der Differenz wäre die Heizwärme für «Green Offices» über 100 Jahre lang abgedeckt.

Baubiologisch und sozial

Architekt und Bauherr Conrad Lutz hat die Ökobilanz eingehend und für jedes Bauteil berechnet. Sein Befund: Der konsequente Einsatz von natürlichen und unbehandelten Baustoffen ist das entscheidende Kriterium für das energieeffiziente Bauen. Mit konventionellen Baumaterialien wie Stahl und Beton – aber ohne Beizug von Holz und Lehm – wäre der Energieinput für den Bau des Minergie-P-Bürogebäudes ebenfalls deutlich höher ausgefallen. Daher war die Kombination des Minergie-P-Standards mit den baubiologischen Anforderungen für Architekt Lutz die «logische Schlussfolgerung».

Für den Labelzusatz «Eco» ist vorab der Nachweis zu erbringen, dass innen und aussen ausschliesslich ökologische Baumaterialien verwendet wurden, die weder die Natur noch den Menschen an seinem Arbeitsplatz nachhaltig schädigen. Dazu gehören ebenfalls das Vermeiden der so genannten Wohngifte sowie der Verzicht auf Farben mit Lösungsmitteln.

Ein Arbeitsplatz in den «Green Offices» garantiert aber nicht nur eine hohe baubiologische Qualität. Beabsichtigt ist auch eine «soziale Durchmischung», so Lutz, der rund ein Drittel der Nutzfläche mit seinem eigenen Büro belegt. Die Raumaufteilung ist nur mit

Stellwänden möglich. Einzig das Treppenhaus, der Lift und das Sitzungszimmer sind fest abgetrennt. Die Nachfrage nach flexibler offener Raumstruktur, die den Austausch untereinander fördert, scheint vorhanden. Die gesamte Arbeitsfläche von 1300 m² ist belegt. Neben dem Architekturbüro Lutz haben sich sieben weitere Kleinbetriebe eingemietet. Die Miete liegt im bezahlbaren Rahmen, da die Baukosten 560 Franken pro m³ betragen. Gesamthaft (BKP 2) hat das Bürogebäude drei Millionen Franken gekostet.

Althergebrachtes Wissen

Die ökologische Bauweise ist von der Tradition geprägt. Das Holz, das für die Böden und die vorfabrizierten Wandelemente verwendet wurde, stammt von Fichten, die unter Beachtung des Mondkalenders gefällt worden sind. So genanntes «Mondholz» verringert den Trocknungsbedarf. Eine wichtige Bedingung dafür ist: Innerhalb der Planung muss frühzeitig daran gedacht werden. Auch der Fassadenschutz entspricht einem natürlichen Behandlungsverfahren. Die vertikalen Lamellen wurden aus Weisstannenholz gesägt, welches dank Pilz, Sonne und Wasser auf natürliche Weise vorvergraut wird. Sämtliches Holz stammt aus den Wäldern von Freiburg und dem Jura.

Althergebracht ist ebenso das Wissen über den Lehmbau, der für den Innenausbau der «Green Offices» zum Einsatz kam. Die Wandelemente sind mit Lehm verputzt und die wenigen Zwischenwände wurden mit ungebrannten Lehmziegeln hochgezogen. Dass die Trittflächen ebenfalls mineralisch ausgestaltet sind, hat aber nicht nur mit baubiologischen Gründen zu tun: Wäre anstelle der rotbraun eingefärbten Zementunterlagsböden – wie im Vorprojekt vorgesehen – ein Gussasphalt verwendet worden, hätte dies die Bilanz der grauen Energie stark verschlechtert. Conrad Lutz hat auch hier detailliert gerechnet: Die graue Energie von

Objekt
Bürogebäude Green
Offices, Givisiez

Bauherrschaft, Architektur, Energieplanung
Architecture Conrad Lutz SA
Green Offices
1762 Givisiez

Ingenieur
ING Holz Bois
Rte de la Fonderie 7
1700 Fribourg

Holzbau
Vonlanthen AG
Ried 9
3185 Schmitten

Asphaltböden beträgt eine Million Kilowattstunden, womit der Energieinput für das gesamte Bürogebäude sogleich verdoppelt worden wäre.

Konzessionen an die Materialökologie sind einzig für den Brandschutz gemacht worden. Das seitlich gelegene Treppenhaus ist brandsicher ausgestaltet und besteht aus Betonstufen sowie einem Geländer aus zementgebundenen Spanplatten.

Kompakte Form und schmale Fenster

Die kompakte Gestaltung der Gebäudehülle ist zwar von den Baurechtsmassen des Grundstücks vorbestimmt worden. Und auch die Mächtigkeit der Decke zwischen Keller und Erdgeschoss von 50 cm ist vorab aus statischen Gründen realisiert worden. Dennoch wirkt sich beides – zusammen mit den mit Zellulose gedämmten Fassadenelemente (40 cm) energetisch günstig aus. Zur Verbesserung der passiven Sonnenenergienutzung war ursprünglich eine vollflächig verglaste Südfassade geplant. Auf grosse Fensterflächen musste aber verzichtet werden, da die Büroräume im Sommer sonst überhitzt gewesen wären. Ein architektonischer Einfall bringt die erforderliche Optimierung. Alle vier Fassaden mit schmalen Holzfenstern durchsetzt, die sich vom Boden bis zur Decke ziehen. Ihre unregelmässige Anordnung sorgt für genügend Licht. Demgegenüber reicht die bauliche Beschattung aus dank der rund 30 cm dicken Fensterleibung aus, um die Innentemperatur nur im Ausnahmefall über 26 °C ansteigen zu lassen. Für die Kühlung braucht es daher keine zusätzlichen Massnahmen, ausser der Zufuhr von Aussenluft über das Erdregister, was in der Wirkung ungefähr einer Nachtauskühlung entspricht.

Die Holzfenster erstrecken sich vom Boden bis zur Decke, sind dreifach verglast und besitzen einen U-Wert zwischen 0,9 und 1,0. Auch für die Beleuchtung ist wenig Zusatzaufwand erforderlich. Das Mobiliar ist in die offen gehaltenen Innenräume hineingestellt. Aufhellend wirkt vorab die Farbwahl. Die Wände sind senfgelb, Decken und Stützen

Gebäude (Zertifizierungsjahr 2008)	
Zertifikat	FR-001-P-ECO
Baujahr	2007
Kategorie	Verwaltung
Rauminhalt nach SIA 416	5291 m³
Energiebezugsfläche A_E (korrigiert)	1410,5 m²
Gebäudehüllfläche	1760,3 m²
Gebäudehüllziffer	1,23
Anteil Fenster und Türen an der Gebäudehüllfläche	0,17
Heizwärmebedarf	
Grenzwert SIA 380/1 ($Q_{h,li}$)	52 kWh/m²
Minergie-P-Anforderung (0,2 $Q_{h,li}$)	10,5 kWh/m²
Objektwert mit	
Minergie-P-Standardluftwechsel (Q_{h-HP})	10 kWh/m²
effektiven Werten ($Q_{h, eff}$)	5,8 kWh/m²
Thermisch relevanter Aussenluftvolumenstrom ($\dot{v}_{th}$)	0,1 m³/h m²
Energiebilanz	
Transmissionsverluste (Q_T)	31,7 kWh/m²
Lüftungswärmeverluste (Q_V)	10,0 kWh/m²
Interne Wärmegewinne (Q_i)	20,8 kWh/m²
Solare Wärmegewinne (Q_s)	35,8 kWh/m²
Ausnutzungsgrad für Wärmegewinne (η_g)	0,56
Konstruktion (U-Werte)	
Fenster gesamt (U_w)	0,95 − 1,0 W/m²K
Verglasung (U_g)	0,6 (Nord: 0,5) W/m²K
Rahmen (U_f)	1,4 W/m²K
g-Wert	0,5
Opake Aussenwand	0,11 W/m²K
Dach	0,11 W/m²K
Boden über UG	0,10 W/m²K
Bedarfsdeckung (Anteile %)	
Pelletsofen	
Bedarfsdeckung Warmwasser	60 %
Bedarfsdeckung Heizung	100 %
Sonnenkollektoren	
Bedarfsdeckung Warmwasser	40 %
Gewichtete Energiekennzahl nach Minergie-P	9,1 kWh/m²

Tabelle 6.11: Daten

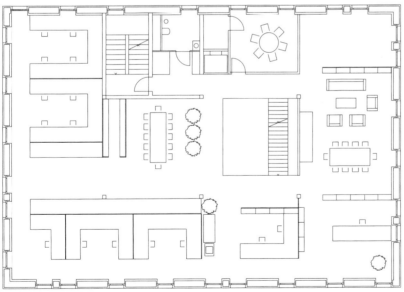

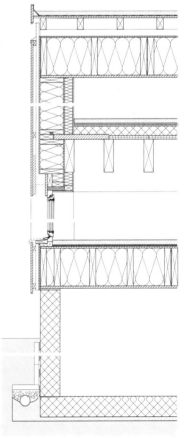

Abbildung 6.35: Bürogebäude
Green Offices in Givisier.

Abbildung 6.36: Grundriss
1. OG

Abbildung 6.37: Schnitt

Abbildung 6.38: Treppen-
haus

Abbildung 6.39: Arbeits-
platz

sind weiss gestrichen. Einzig die Arbeits-
platzleuchten bringen künstliches Licht in
die Grossraumbüros. Die Mieter sind ver-
pflichtet, ausschliesslich Energiesparlampen
zu benutzen.

Benutzer und Geräte als Wärmequellen

In einem optimierten System ist die passive
Nutzung vielfältiger Energiequellen gefragt:
Obwohl die Lampen wenig Strom verbrau-
chen und kaum Abwärme produzieren, hel-
fen sie – zusammen mit den Benutzern und
Bürogeräten – den Wärmebedarf zu decken.
Rund ein Fünftel der erforderlichen Wärme
stammt aus passiver Abwärmenutzung. Der
Hauptanteil der Raumwärme wird jedoch
mit einer Holzpellet-Feuerung abgedeckt.
Demgegenüber wird das Warmwasser über
eine sechs Quadratmeter grosse Sonnenkol-
lektorfläche aufgeheizt. Beim Strom hat sich
Architekt Lutz gegen eine Produktion vor
Ort entschieden. Der Bedarf wird mit dem
Bezug von Windstrom des regionalen Ener-
gieversorgers abgedeckt, da die Produktion
in Windturbinen ökologischer ausfällt als
«mit eigenen Solarzellen auf dem Dach», erklärt Lutz.

Die Idee von «Green Offices», möglichst
viel für einen sparsamen Energieverbrauch
sowie für ein ökologisches Versorgungskon-
zept beizutragen, funktioniert aber auch im
«stillen Örtchen»: Auf jeder Etage steht ein
Trocken-WC, das kein Wasser für die Spü-
lung benötigt. Die Fäkalien werden statt-
dessen in einer geruchsfreien Göranlage im
Keller gesammelt und können als Dünger
für den Garten unmittelbar weiter verwendet werden.

Denn auch das Wasser wird im grünen Bürogebäude von Givisiez knapp gehalten. Die
Hände werden mit Regenwasser gewaschen,
das eigens dafür auf dem Dach gesammelt
wird. (Paul Knüsel)

6.7 Schlicht und konsequent

Der neue Hauptsitz von Marché International liegt direkt neben der Autobahnraststätte Kemptthal, damit die rund 45 Mitarbeiter der Verwaltung stets Bezug zum Alltag eines ihrer Restaurants haben. Der Neubau sollte nachhaltig und ökologisch gebaut sein – so lag eine Zertifizierung nach Minergie-P-Eco nahe. Die Verwendung des Baustoffes Holz war eine weitere Vorgabe. Sie wurde konsequent umgesetzt: Der schlichte, längliche Baukörper mit drei Geschossen ist ein reiner Holzelementbau. Die 45 cm starken Aussenwände bestehen aus einer tragenden Schicht von nur 3,5 cm starken Blockholzplatten und 34 cm Wärmedämmung. Die hinterlüftete Fassade ist mit Douglasienholz verkleidet. Ein kubischer Annexbau mit Eingangsbereich, Treppenhaus, Cafeteria und Ruheräumen hebt sich durch schwarze Holzwerkstoffplatten vom Haupttrakt ab. Lediglich zwei völlig vom Holzbau abgetrennte Treppenhäuser sind aus Schallschutz- und Kostengründen aus Recyclingbeton hergestellt. Im Innern des Gebäudes dienen zwei Reihen von je acht Säulen der Statik. Sie sind über die gesamte Raumlänge im Abstand von 4 m angeordnet. Die eine Reihe vor der Fensterfront, die andere in der Mitte des Raumes. Das unterstützt die Vorgabe einer einfachen Grundstruktur, die sich einer veränderten Nutzung anpassen kann. Auf jedem Geschoss befindet sich ein offenes, flexibel möblierbares Grossraumbüro – lediglich die Sitzungszimmer sind mit leichten Holzwänden abgetrennt.

Eine kluge Kombination von High- und Low-tech-Komponenten sowie der grosse Vorfertigungsgrad hielt die Kosten niedrig. Ebenfalls bemerkenswert ist die kurze Planungs- und Bauzeit: Sie betrug lediglich ein Jahr.

Durchdachtes passiv-solares Konzept

Das Gebäude ist nach Süden ausgerichtet, seine gänzlich verglaste Südfassade nutzt die Sonneneinstrahlung optimal. Rund 50 % der Verglasung besteht aus thermisch speicherfähigem Spezialglas. Prismen im äussersten Zwischenraum der opaken, 4-fach verglasten Elemente lassen die tiefstehende Wintersonne mit Einfallswinkeln unter 40° in den Raum, reflektiert aber die hoch stehende Sommersonne und schützt so das Gebäude vor Überhitzung. Die Wärmespeicherung übernimmt eine mit Salzhydrat gefüllte Schicht. Die Sonne macht das Material flüssig, wenn es wieder abkühlt und fest wird, gibt es die gespeicherte Energie als Strahlungswärme ab. Im Winter tragen so Temperaturen zwischen 26 °C und 28 °C auf der Innenseite der Verglasungen zu einem behaglichen Raumklima bei. Ausserdem erzeugt das Spezialglas blendfreies Licht – sehr von Vorteil an Bildschirmarbeitsplätzen. Als Speichermasse für die eingefangene Solarwärme dient der Boden: Eine 2 cm dicke, schwarz eingefärbte Holz-Beton-Platte auf 8 cm Unterlagsboden. Ein Vordach, 1,2 m tiefe, durchlaufende Balkone sowie Stoffstoren beschatten die Südfassade.

Die Haut des um 12° geneigten Pultdaches besteht vollständig aus Photovoltaik-Dünnschichtzellen. Die 485 m² grosse, netzgekoppelte Anlage mit einer installierten Spitzenleistung von 44,6 kW erzeugt pro Jahr gegen 40 000 kWh Strom. Knapp die Hälfte davon wird für die haustechnischen Installationen gebraucht, der Rest reicht gemäss den Berechnungen der Planer für die Deckung des gesamten übrigen Strombedarfes: Somit ist das Gebäude ein Null-Energie-Haus.

Objekt
Bürohaus Marché Restaurants Schweiz AG, Kemptthal

Bauherrschaft
Marché Restaurants Schweiz AG, Kemptthal

Architekt
Beat Kämpfen, Büro für Architektur, Zürich

Energieingenieur
Naef Energietechnik, Zürich

Fenster
1a hunkeler AG, Ebikon

Spezialglas
GlassX AG, Zürich

Haustechnik

Das durchdachte passiv-solare Konzept macht den äusserst tiefen Heizwärmebedarf nach Minergie-P von 5,3 kWh/m² – genau die Hälfte der Minergie-P-Anforderung – möglich. Gedeckt wird der Bedarf durch eine von zwei 180 m langen Erdwärmesonden gespeiste Wärmepumpe. Eine Bodenheizung verteilt die Wärme. Die kontrollierte Lüftung mit Wärmerückgewinnung ermöglicht trotz der hohen Lärmbelastung durch Autobahn und Flughafen ruhiges Arbeiten. Ein 25 m langes Erdregister unter dem Gebäude wärmt oder kühlt die Zuluft vor. Eine bedarfsabhängige Steuerung für die gesamte Haustechnik misst laufend Temperatur, Feuchte und CO_2-Gehalt der Raumluft sowie den Lichteinfall in die Büros. Die Haustechnikzentrale liegt über dem Treppenhaus im Dachgeschoss, weil auf eine Unterkellerung verzichtet wurde. Die horizontalen Kanäle für Lüftung, für Elektro- und EDV-Kabel befinden sich alle im Dachgeschoss. Da das Gebäude flexibel nutzbar sein soll und der Boden als thermischer Speicher und Masse für Schallschutz dient, erfolgt die gesamte vertikale Verteilung entlang der Stützen. Auf der einen Seite der Stützen befinden sich die Lüftungskanäle, auf der anderen die Elektroschächte. Ummantelt wird das ganze von einer Holzverschalung. In der fensterseitigen Stützenreihe und in der nordseitigen Wand befinden sich die Zuluftauslässe, die Abluft wird bei den Stützen in der Raummitte gesammelt.

Tabelle 6.12: Daten

Gebäude (Zertifizierungsjahr 2007)	
Zertifikat	ZH-003-P-ECO
Baujahr	2007
Kategorie	Verwaltung
Anzahl Arbeitsplätze	45
Kubatur (SIA 416)	5757 m³
Energiebezugsfläche A_E (korrigiert)	1516 m²
Gebäudehüllfläche	1954,3 m²
Gebäudehüllziffer	1,29
Anteil Fenster und Türen an der Gebäudehüllfläche	21 %
Baukosten BKP2	565 Fr./m³
Heizwärmebedarf	
Grenzwert SIA 380/1 ($Q_{h,li}$)	53,1 kWh/m²
Minergie-P-Anforderung (0,2 $Q_{h,li}$)	10,6 kWh/m²
Objektwert mit Minergie-P-Standardluftwechsel ($Q_{h\text{-}MP}$)	7,8 kWh/m²
effektiven Werten	5,3 kWh/m²
Thermisch relevanter Aussenluftvolumenstrom ($\breve{v}_{th}$)	0,16 m³/m² h
Energiebilanz	
Transmissionsverluste (Q_T)	37,8 kWh/m²
Lüftungswärmeverluste (Q_V)	9,4 kWh/m²
Interne Wärmegewinne (Q_i)	21,4 kWh/m²
Solare Wärmegewinne (Q_s)	53,0 kWh/m²
Ausnutzungsgrad für Wärmegewinne (η_g)	0,53
Konstruktion (U-Werte)	
Fenster/GlassX gesamt (U_w)	0,73 W/m² K
Verglasung (U_g)	0,5 W/m² K
g-Wert	0,37
Fenster (nord) gesamt (U_w)	0,75 W/m² K
Verglasung (U_g)	0,51 W/m² K
g-Wert	0,54
Opake Aussenwand	0,10 W/m² K
Dach	0,08 W/m² K
Boden auf Fundament	0,10 W/m² K
Bedarfsdeckung (Anteile %)	
WP mit Strom aus PV	100 %
Gewichtete Energiekennzahl nach Minergie-P	16,7 kWh/m²

Abbildung 6.40: Reduktion der Umweltbelastung nach Ecoindicator 99 (Berechnungen von Alex Primas, Basler & Hofmann, Ingenieure, Zürich)

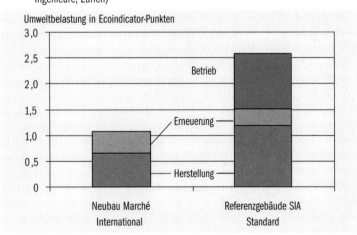

Umweltbelastung in Ecoindicator-Punkten

Abbildung 6.41: Das dreistöckige Bürogebäude in Kemptthal ist – abgesehen von zwei Treppenhäusern aus Recyclingbeton ein reiner Holzbau. (Willi Kracher)

Abbildung 6.42: Effizientes Gebäude, effiziente Beleuchtung – in sorgfältiger Gestaltung. (Willi Kracher)

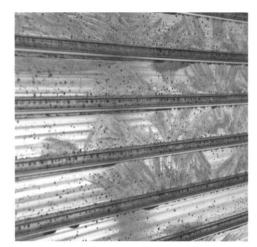

Abbildung 6.43: (oben links): Ein Spezialglas speichert die einfallende Sonnenenergie und gibt sie zeitverzögert ab. Zudem schützt die Prismenschicht vor Überhitzung. (Willi Kracher)

Abbildung 6.44: (oben rechts): Eine 12 m² grosse, begrünte Wand auf jedem Geschoss sorgt für die Befeuchtung der Räume.

Abbildung 6.45: (unten links): Die gesamte vertikale Verteilung erfolgt entlang der Stützen. Auf der einen Seite der Stützen befinden sich die Lüftungskanäle, auf der anderen die Elektroschächte. Ummantelt wird das ganze von einer Holzverschalung.

Abbildung 6.46: (unten rechts): Rot gestrichener Recyclingbeton setzt einen Farbakzent im Treppenhaus. (Willi Kracher)

Raumakustik

Die Wände aus unbehandelten Blockholzplatten passen gut zu den schlichten, extra
für diesen Bau entworfenen Büromöbeln aus
industriell gefertigten Buchenholzplatten.
Da in diesem Gebäude die Raumakustik von
zentraler Bedeutung ist, sind in die Rück-
seiten der Möbel Absorbermatten integriert
und an den Wänden und Decken befinden
sich Absorberpaneele, die auch tiefe Töne
absorbieren. Die 24 cm hohen Holzkasten-
elemente der Geschossdecken sind mit einer
5 cm dicken Splittschicht beschwert, um
den Schallschutz zu verbessern. Eine 12 m²
grosse, begrünte Wand auf jedem Geschoss
sorgt für die Befeuchtung der Räume.

Gute Ökobilanz

Das Gebäude erfüllt die strengen Qualitäts-
kriterien von Minergie-P-Eco. Verwendet
wurden ausschliesslich einheimische Nadel-
hölzer ohne chemischen Holzschutz, Fun-
damente und Treppenhäuser sind aus Recyclingbeton erstellt und die Wärmedämmung
ist zu 80 % aus Altglas hergestellt. Sämtliche
verwendete Rohstoffe kommen reichlich vor
und sind bei einem Rückbau wieder trenn-
und rezyklierbar. Gemäss einer Life-Cycle-
Analysis nach der Eco-Indicator-Methode
benötigt dieses Gebäude insgesamt nur etwa
ein Drittel der Energie eines konventionellen Gebäudes. Dabei ist der ganze Stofffluss
von der Produktion der Baumaterialien, der
Erstellung des Gebäudes, dem Energieverbrauch über eine angenommene Lebensdauer von 50 Jahren und dem Rückbau berücksichtigt. Die Erstellung und der Betrieb
dieses Gebäudes reduzieren die für die Um-
welt negativen Auswirkungen im Vergleich
zu üblichen Bauweisen um rund 60 %.
(Christine Sidler)

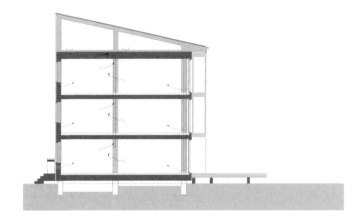

Abbildung 6.47: Schnitt des
Gebäudes

Abbildung 6.48: Grundriss
des Gebäudes

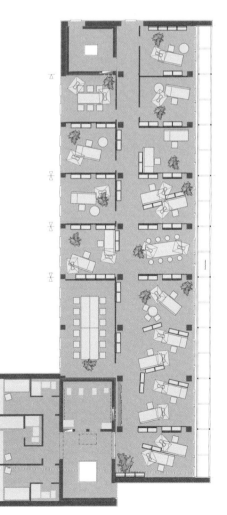

6.8   P wie preiswert

Objekt
Einfamilienhaus Sandacher,
Düdingen

Bauherrschaft
Alice und Ivo
Baeriswyl-Fahrni

Architektur
Bader Architectur, Hans-
ruedi Bader, Düdingen

Fachplanung
Bader Architectur, Hans-
ruedi Bader, Düdingen

Fenster
Jendly Bruno, Düdingen,
Internorm Edition

Energieberatung
Energiebüro Grossenbacher,
Murten

Können sich nur Betuchte ein Minergie-P-Haus leisten und wie teuer ist energieeffiziente Architektur wirklich? Im freiburgischen Düdingen fällt die Antwort auf diese Fragen überraschend aus. Für ein bescheidenes Budget von 430 000 Franken (BKP 2) wurde innerhalb von 90 Tagen ein Minergie-P-Haus errichtet. Bedingung der tiefen Kosten war die architektonische und technische Reduktion auf das Wesentliche. Entstanden ist ein Pionierbau der anderen Art, der die Bedürfnisse einer fünfköpfigen Familie abdeckt. Die knapp 200 m² Geschossfläche des Einfamilienhauses sind so angeordnet, dass sich ein kompaktes Volumen ergibt. Der für ein Einfamilienhaus tiefe Formfaktor von 1,94 zieht gleich mehrere Vorteile nach sich. Mit der geringen Aussenfläche pro Wohnvolumen sinken die Transmissionswärmeverluste durch die Bauteile der Gebäudehülle. Die kubische Aussenform ohne zurückgesetzte Nischen und Winkel erzwingt wenige Bauteilübergänge; mit den Bauteilübergängen entfallen auch mögliche Wärmebrücken. Doch nicht nur der Energiebedarf wird reduziert, auch der Materialbedarf fällt geringer aus. Bei Passivhäusern ist die Aussenhülle, Fassade wie Fenster, kostenintensiv. In Düdingen wurde zum Beispiel mit Kosten zwischen 350 Franken und 450 Franken pro m² Aussenwand gerechnet. Je weniger Aussenflächen, desto geringer die Kosten. Nicht nur die Fläche, auch deren Aufbau schlägt sich auf die Kosten für die Gebäudehülle nieder. Je mehr Schichten sie hat, desto teurer wird sie. In Düdingen sind in der Fassade deshalb weder Sanitärleitungen noch elektrische Anschlüsse enthalten. Durch den Verzicht auf die Installationsschicht sind die Bauteile günstiger vorfabrizierbar. Als Bonus sinkt die Gefahr unbeabsichtigter Wärmebrücken. Alle nötigen Elektro- und Sanitäranschlüsse sind im Boden oder den Innenwänden untergebracht.

Der Wohnkubus ist gegen Süden ausgerichtet. Während sich zur Sonne hin grosse Fensterflächen öffnen, sind in der Nordfassade bloss drei kleine Fenster platziert. Durch die Ausrichtung und Fenstergestaltung wird der solare Wärmegewinn optimiert. Individuell verstellbare Lamellenstoren schützen in den Sommermonaten im Gegenzug vor zu viel Licht und Wärme. Bei Bedarf dienen sie auch als Sichtschutz.

Verleimt und ausgeblasen

Die vorfabrizierten Wandelemente bestehen aus Holzträgern, die auf der Innenseite mit einer dreischichtigen Holzplatte und auf der Aussenseite mit einer MDF-Platte verleimt sind. Um die geforderte Dämmleistung mit einem Gesamt-U-Wert von 0,12 W/m² K zu erreichen, wurden die Hohlräume der Rahmenelemente vollständig mit Zellulose ausgeblasen. Die äussere Verkleidung aus naturbelassenen Lärchenholzlatten dient als Schutzhaut für die Fassade und ist auf einer Unterkonstruktion befestigt. Das Dach ist analog den Wänden konstruiert. Zusätzlich wurde eine Dachplane verschweisst sowie Kies aufgeschüttet. Die Dämmschicht beträgt bei den Wänden 40 cm, beim Dach sind es durchschnittlich 7 cm mehr. Unter der Bodenplatte des Erdgeschosses liegt eine 1,15 Meter starke Schüttung aus Glasschaumschotter. Der Gebäudeboden selbst ist aus selbstverdichtendem Beton gegossen. Für das gute Raumklima und die nötige Wärme- und Kältepufferung sorgt eine Betondecke über dem Erdgeschoss. Mit einer Deckenstärke von 22 cm und dem darüber liegenden Linoleum ist auch die nötige Schalldämmung gegeben. Die Betondecke ist statisch unabhängig von den Fassadenwänden, sie ruht auf einzelnen Metallstützen und den Innenmauern.

Im Obergeschoss befindet sich neben den vier Schlafräumen und der Nasszelle eine Spielfläche. Neben dem Wohn-, Koch- und Essraum gibt es im Erdgeschoss einen gross-

Gebäudedaten (Zertifizierungsjahr 2006)	
Zertifikat	FR-003-P
Baujahr	2006
Anzahl Zimmer	5,5
Rauminhalt (SIA 416)	621 m³
Energiebezugsfläche A_{EO}	195,7 m²
Energiebezugsfläche A_E (korrigiert)	229,5 m²
Gebäudehüllfläche (unkorrigiert)	475 m²
Gebäudehüllziffer	1,94
Anteil Fenster und Türen an der Gebäudehüllfläche	6,1 %

Heizwärmebedarf	
Grenzwert SIA 380/1 ($Q_{h,li}$)	74,6 kWh/m²
Minergie-P-Anforderung an die Gebäudehülle (0,2 $Q_{h,li}$ oder 10 kWh/m²)	14,9 kWh/m²
Objektwert	
mit Minergie-P-Standardluftwechsel (Q_{h-MP})	14,6 kWh/m²
mit effektiven Werten ($Q_{h,eff}$)	13,7 kWh/m²
Thermisch relevanter Aussenluftvolumenstrom ($\dot{v}_{th}$)	0,23 m³/m² h

Energiebilanz	
Transmissionswärmeverlust (Q_T)	31,4 kWh/m²
Lüftungswärmeverlust (Q_V)	7,5 kWh/m²
Interne Wärmegewinne (Elektrizität und Personen)	14,3 kWh/m²
Solare Wärmegewinne	30,4 kWh/m²
Ausnutzungsgrad für Wärmegewinne (η_g)	0,55

Konstruktion (U-Werte)	
Fenster gesamt (U_w)	0,85 W/m²K
Verglasung (U_g)	0,52 W/m²K
Rahmen (U_f)	0,87 W/m²K
g-Wert	51 %
Türen	0,3 W/m²K
Aussenwände (hinterlüftet)	0,12 W/m²K
Dach (Flachdach)	0,1 W/m²K
Boden (EG gegen Glasschaumschotter)	0,1 W/m²K
Wärmebrücken (ψ) Fensteranschlag	0,05 W/m K

Tabelle 6.13: Daten

Bedarfsdeckung		
Pelletfeuerung	Nutzungsgrad (JAZ)	85 %
	Zugeführte Energie (ungewichtet)	16,1 kWh/m²
	Bedarfsdeckung Heizung	100 %
Thermische Solarenergie	Absorberfläche	5 m²
	Zugeführte Energie (ungewichtet)	7,1 kWh/m²
	Bedarfsdeckung Warmwasser	60 %
Elektro-Wassererwärmer	Zugeführte Energie (ungewichtet)	5,25 kWh/m²
	Bedarfsdeckung Warmwasser	40 %

Gewichtete Energiekennzahl nach Minergie-P		
Strombedarf Lüftung	1,65 kWh/m² (Gewichtung 2)	3,3 kWh/m²
Elektro-Wassererwärmer	5,25 kWh/m² (Gewichtung 2)	10,5 kWh/m²
Pelletfeuerung	16,1 kWh/m² (Gewichtung 0,5)	8,1 kWh/m²
Hilfsbetriebe	0,8 kWh/m² (Gewichtung 2)	1,6 kWh/m²
Summe		23,5 kWh/m²
Grenzwert		30 kWh/m²

Kosten	
Baukosten (BKP 2)	430 000 Fr.
Baunebenkosten	45 000 Fr.
Durchschnittliche Energiekosten pro Kalenderjahr 10.06–10.07	
Pellets	237.00 Fr.
Nachtstrom Boiler	56.70 Fr.
allgemeine Elektrizität	628.30 Fr.
Total pro Jahr	871.00 Fr.

zügigen Eingangsbereich. Das Gebäude ist nicht unterkellert, auch der Technik- und Stauraum mit integrierter Gästetoilette liegt im Erdgeschoss. Im zweigeschossigen Haus befinden sich somit alle Räume innerhalb des Dämmperimeters.

Passive Wärmeverteilung

Den bescheidenen Heizwärmebedarf deckt ein kleiner Pelletsofen im Wohnzimmer. Neben der direkten Wärmestrahlung verteilt sich die Wärme passiv durch die natürliche Luftumwälzung. Die vorgeschriebene Komfortlüftung unterstützt diesen Vorgang. Durch den Verzicht auf ein hydraulisches Wärmeverteilsystem, wie es eine Boden- oder Radiatorenheizung darstellt, werden die Kosten erheblich reduziert. Der Pelletsofen mit dem notwendigen Kamin hat weniger als 10 000 Franken gekostet, in vergleichbaren Minergie-P-Häusern liegen die Kosten für eine Erdsonden-Wärmepumpe mit Bodenheizung zwischen 28 000 und 35 000 Franken. Mit der gewählten Wärmeverteilung nehmen die Hauseigentümer in Kauf, dass die Temperatur in den Schlafräumen des Obergeschosses etwas tiefer ausfällt –

was dem gewünschten Wohnkomfort der Familie entspricht. Sonnenkollektoren auf dem Flachdach, es sind 5 m², decken rund 60 % der Wassererwärmung ab. Die restlichen 40 % kommen aus der «Steckdose». Total 871 Franken zahlte die fünfköpfige Familie im ersten Betriebsjahr für Pellets, Nachtstrom (Boiler) und den Haushaltsstrom. Die bescheidenen Energiekosten von täglich 2.40 Franken zeigen, dass sich energieeffiziente Architektur auch im Betrieb auszahlt. Wer beim Hausbau nachhaltig Kosten sparen will, muss nicht unbedingt über ein grosses Budget verfügen, der bewusste Umgang mit den eigenen Ansprüchen an Komfort und Gestaltung genügt. Die Bauherrschaft und der Architekt betonen zudem, dass keine «billigen» Materialien verbaut wurden. Vielmehr griffen die Beteiligten, wo notwendig, auf hochwertige Fabrikate wie die Passivhausfenster zurück. (Marion Schild)

Abbildung 6.49: Das Gebäude ist konsequent gegen Süden ausgerichtet. (Pläne und Bilder: Bader Architectur)

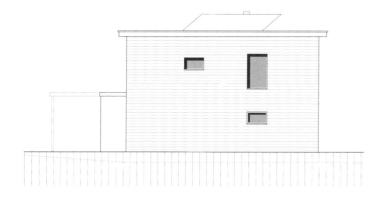

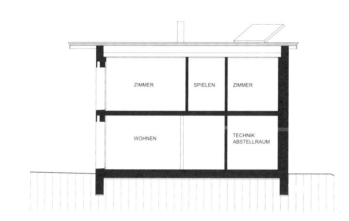

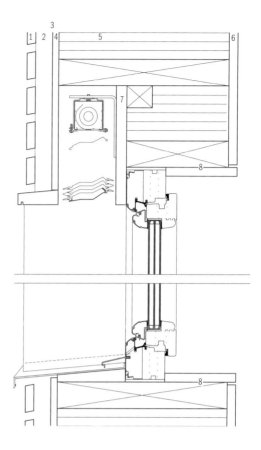

Abbildung 6.50: Vertikalschnitt Fenster 1:5

Wandaufbau:

1. Lärchenschalung mit offenen Fugen
2. Lattenrost 40/60 mm
3. Windpapier schwarz (sD-Wert < 0,1 m)
4. MDF-Wandplatte 15 mm
5. Zellulosefaser-Dämmung 400 mm (ca. 65 kg/m³)
6. 3-Schichtplatte (Fichte BC) 20 mm, mit 3SBC aufgeleimt
7. 3-Schichtplatte (Fichte BC) 25 mm, aufgeleimt
8. Fensterrahmen abgeklebt, Deckleisten nachträglich montiert

Abbildung 6.51: Linke Seite, von oben nach unten

Nordansicht: Die Nord-, Ost- und Westfassaden sind nur mit kleinflächigen Fenstern bestückt.

Schnitt: Mit dem Verzicht auf ein Untergeschoss und dank dem kompakten Grundriss konnte nach dem Minergie-P-Standard gebaut werden – mit äusserst bescheidenem Budget.

Grundriss Untergeschoss: Der Technik- und Stauraum ist an der Nordseite des Gebäudes, im Erdgeschoss, situiert.

Grundriss Obergeschoss (rechte Seite): Die vier Zimmer im Obergeschoss bieten reichlich Platz für die fünfköpfige Familie. Bewusst nimmt die Bauherrschaft eine tiefere Temperatur in den Schlafräumen in Kauf.

6.9 Planen auf dem P-Grat

Objekt
Bürogebäude Üetlihof
Zürich

Auftraggeber
Credit Suisse
Corporate Real Estate and
Services Switzerland
Construction Office Building
Zurich, RCSZ1
Üetlibergstrasse 231,
P.O. Box
8070 Zürich

Architektur
Stücheli Architekten
8045 Zürich

**Gesundheit, Bauökologie,
Energie**
Lenum AG
9459 Vaduz

Gebäudetechnik HLKS
Aicher, De Martin,
Zweng AG
6006 Luzern

Von 1974 bis 1979 baut Credit Suisse in der alten Lehmgrube der Zürcher Ziegeleien den Üetlihof, schon damals ein Projekt der Superlative, was Ausmass und Ansprüche anbelangt. Jetzt soll die Überbauung erweitert werden. Dazu wird ein in den 90-er Jahren erstellter Erweiterungsbau abgebrochen und auf einem bestehenden 6-geschossigen Sockel ein Neubau in Minergie-P-Eco-Qualität errichtet. Es ist, mit Stand März 2009, das grösste in diesem Standard zertifizierte Gebäude. In der Quintessenz ergibt sich, mit dem Erweiterungsbau, ein Hochhaus mit 17 Stockwerken. Auf den 11 Geschossen des Neubaus finden 2000 Arbeitsplätze mit einer Energiebezugsfläche von 41 000 m² Platz. Für die Architekten ist die Schichtung herausragendes Thema der Gestaltung. So wie die Arbeiter vor Jahrzehnten den Lehm in den Gruben Schicht um Schicht abgebaut haben, schichten die Baumeister die Stockwerke aufeinander. Diese konsequente horizontale Differenzierung wird durch die Fenster- und Brüstungsbänder markiert. In die riesige Kubatur sind drei haushohe Atrien eingelassen. Die Grossraumbüros liegen in einem 11 m tiefen Band, das sich entlang der inneren Fassade rund ums Haus zieht. Insgesamt 9 Erschliessungs- und Versorgungskerne sind auf die Geschossfläche verteilt; sie dienen der Verteilung von Luft, Wärme, Kälte, Wasser, Licht (Beleuchtung) und Strom.

Tiefer Formfaktor

Das Gebäude hat einen sensationell tiefen Formfaktor und eine gute Hülle, um die Transmissionswärmeverluste klein zu halten. Also gute Voraussetzungen, um auf der Minergie-P-Schiene zu planen. Das ist allerdings nur die halbe Miete. Denn im Haus drin fällt Abwärme an, und das nicht zu knapp, von aussen drückt die Sonne. Da besteht die Gefahr, dass sich der Grossbau in Hitzeperioden langsam aufschaukelt. Unbehagliche Raumlufttemperaturen hätten dann

vor allem eine Botschaft: Minergie-P heisst nicht nur Wärme dämmen.

Wärme versus Kälte

Für die Planer bedeutet das eine Gratwanderung zwischen Beschränkung der Wärmegewinne und passiver Nutzung solarer Wärme, zwischen kühlen und heizen, letztlich zwischen dem g-Wert der Fenster (beschattet oder unbeschattet) und den Transmissionsverlusten durch die Hülle. Die Masse – also Decken, Brüstungen und Kernbauteile – kann die Effekte akzentuieren oder mildern. Im Minergie-P-Nachweis (2008) ist für die Kühlung ein Bedarf von 2,7 kWh/m² (ungewichtet) dokumentiert. Zusammen mit dem Bedarf an Elektrizität für Hilfsbetriebe ergeben sich 3,8 kWh/m² respektive 7,8 kWh/m² (gewichtet). Setzt man diesen Aufwand ins Verhältnis zum Heizwärmebedarf (Stufe Nutzenergie) von 8,6 kWh/m², zeigt sich rasch, wie sensibel ein P-Konzept auf Wärmelasten reagiert.

Bauhülle

Das Wechselspiel aus Fensterbänder und Brüstungen erzeugt, wie erwähnt, eine markante Schichtung des Gebäudes. Geschichtet ist das Haus indessen nicht nur in der Vertikalen, auch die Hülle ist mehrschichtig aufgebaut. Die Doppelfassade ist nach aussen mit einem Sicherheitsglas abgeschlossen. Der 30 cm tiefe Kasten zwischen äusserem Glas und innerem Fensterband ist belüftet und erlaubt die Beschattung (Storen) sowie Reinigung und Wartung der Fassade von aussen. Die inneren Fenster liegen auf dem Level von Topfenster (www.topfenster.ch), was über das ganze Bauteil einen U-Wert um 0,8 W/m²K bedeutet. In der Dreifachverglasung steckt Argon, was auf einen U_g-Wert von 0,6 W/m²K hinweist (Krypton verträgt sich schlecht mit Minergie-Eco). Die Verglasung umfasst vier Gläser, nämlich ein innerstes Glas von 10 mm mit einer äusseren Beschichtung, ein mit Argon gefüll-

Abbildung 6.52: Fenster- und Brüstungsbänder in einer Visualisierung (oben)

Abbildung 6.53: Ausschnitt (links). (Stücheli Architekten)

ter Scheibenzwischenraum von 15 mm, ein (unbeschichtetes) Glas von 8 mm, ein gleich grosser Scheibenzwischenraum sowie ein gegen den Zwischenraum beschichtetes Glaspaket aus zwei 8-mm-Gläsern mit einliegender Sicherheitsfolie von 0,38 mm. Das Paket hat also eine Bautiefe von 64 mm.

Zwischen den Fensterbändern verlaufen die Brüstungen; ihnen kommt nicht nur eine statische, sondern auch eine gebäudetechnische Funktion zu. Denn in der 50 cm bis 170 cm starken Betonschicht sind wasserführende Register eingelegt. Sie funktionieren wie Tabs (thermoaktive Bauteilsysteme), sollen aber, nach dem heutigen Planungsstand, nur zum Heizen eingesetzt werden. Der dadurch mögliche Wärmeeintrag ersetzt den Verlust über die Hülle. Andere Heizsysteme sind nicht vorgesehen.

Gekühlt wird über Kühldecken, die nach unten wie nach oben, an die nackte Betondecke, strahlen und auch konvektiv wirken.

Eco

Einzelne Fragen des Eco-Kataloges sind negativ beantwortet, beispielsweise zur Materialisierung. Vorgesehen ist Recycling-Beton, wenn auch – aus statischen Gründen – nicht in den Decken. Trotz der Einschränkungen erfüllt das Projekt die Eco-Anforderungen.

Gesundheit und Bauökologie: Nachweis Minergie-Eco (Stufe Vorstudie/Projekt)	Anforderung	Objektwert
Ausschlusskriterien	erfüllt	
Gesundheit		
Licht	50,0 %	55,0 %
Lärm	50,0 %	100,0 %
Raumluft	50,0 %	83,3 %
Zusatzfragen	0	33,3 %
Total Gesundheit	**66,7 Punkte**	**83,7 Punkte**
Bauökologie		
Rohstoffe	50,0 %	
Herstellung	50,0 %	
Rückbau, Entsorgung	–	–
Zusatzfragen	0	33,3 %
Total Bauökologie	**66,7 Punkte**	**69,0 Punkte**
Gesamtergebnis	erfüllt	

Tabelle 6.14: Kennwerte zum Nachweis Eco von Minergie.

Da die Zuluft über die Decke verteilt wird, lässt sich mit dieser deckennahen Installation die einströmende Luft in engen Grenzen «konditionieren». Die Abluft wird zentral an den Versorgungskernen gefasst. Die Kühldecken sind über ein Kaltwassersystem versorgt, mit Temperaturen von 16 °C/19 °C. Unter dem Fussboden liegt ein niedriger Hohlboden für die Verkabelung und für die Heizwärmeverteilung.

Das Haus wird mit Abwärme aus dem Rechenzentrum geheizt. Aus dieser Energiequelle wird auch die Wassererwärmung alimentiert. Zusätzlich ist eine Gaskesselanlage zur Spitzendeckung in der bereits bestehenden Energiezentrale 1 installiert.

Beleuchtung in tiefen Räumen

Mit einer Gebäudehüllziffer von 0,36 und so grossen Flächen ergeben sich tiefe Räume. Was dort stattfindet in Sachen Licht ist ein Thema für die Nachweise nach 380/4 «Beleuchtung» und Minergie-Eco «Tageslichtnutzung». Mit dem tiefen Tageslichtquotienten (60 %) sind zwar die Anforderungen an den Elektrizitätsbedarf für die Beleuchtung weniger streng. Trotzdem ist eine Minergie-Beleuchtung nur erreichbar mit sehr effizienten Leuchten, die auch noch intelligent gesteuert werden müssen. Basis der Planung bilden die Beleuchtungsstärken nach der europäischen Norm EN 12464 in Büros von 500 Lux, in der Umgebung von 300 Lux und in Korridoren von 100 Lux. Vorgesehen sind für die Büros Stehleuchten, die schon als Einzelobjekte Minergie-Level erfüllen. Die Leuchten sind nach Tageslicht und nach Präsenz gesteuert. Gleiches gilt für die Fluoreszenzleuchten in den Verkehrsflächen. Allerdings ist die Präsenzsteuerung während den Kernarbeitszeiten überbrückt, um ein häufiges Ein- und Ausschalten zu verhindern. In ein effizientes Haus gehört eine effiziente Beleuchtung, heisst es. Dieses Ziel ist erreicht, bei gleichzeitig gutem Sehkomfort und geringer Blendung. Auch wenn in den Büros keine einzige Halogenlampe zu finden ist. (Othmar Humm)

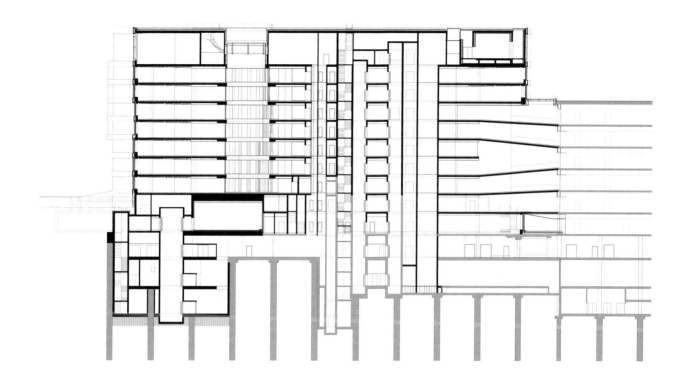

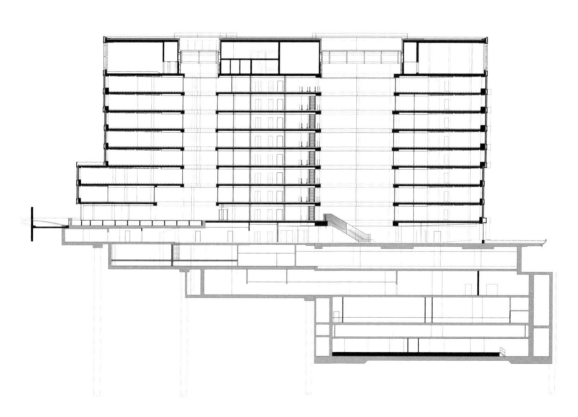

Abbildung 6.54: Schichten über Lehmschichten; Schnitte durch den Neubau Üetlihof.
(Stücheli Architekten)

Abbildung 6.55: Neubau (links), angedockt am Altbau aus
den 70-er Jahren. (Stücheli Architekten)

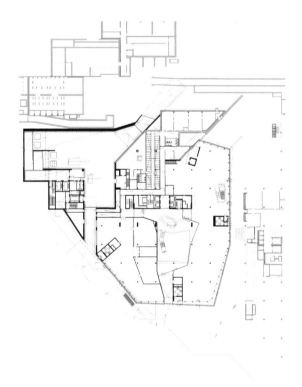

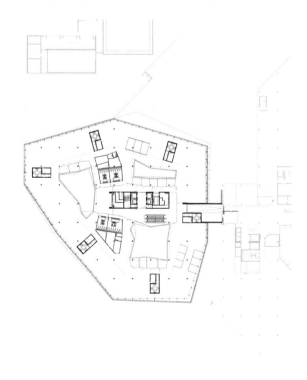

Abbildung 6.56: Grundriss 7. Etage
(Stücheli Architekten)

Abbildung 6.57: Grundriss 11. Etage
(Stücheli Architekten)

Gebäudedaten (Planungsdaten 2008)	
Zertifikat	ZH-004-P-ECO
Gebäudekategorie	Büro
Gebäudehüllzahl	0,38
Energiebezugsfläche A_{EO}	40 911 m²
Energiebezugsfläche A_E (korrigiert)	55 351 m²
Anteil Fenster und Türen an EBF (Büroteil)	11,4 %

Heizwärmebedarf (ganzes Objekt)	
Grenzwert	109 MJ/m²
Primäranforderung Minergie-P	36 MJ/m²
mit Minergie-P-Standardwerten	31 MJ/m²
effektiver Objektwert	37,7 MJ/m²
nur Büroteil	39,6 MJ/m²
Wärmebedarf für die Wassererwärmung	18,4 MJ/m²

Energiebilanz (Büroteil)	
Transmissionsverluste Q_T	76,3 MJ/m²
Lüftungswärmeverluste Q_v	28,0 MJ/m²
Interne Gewinne Q_i	63,0 MJ/m²
Solare Gewinne Q_s	43,9 MJ/m²

Ausnutzungsgrad	
Wärmegewinne ηg	0,67
Heizwärmebedarf Q_h (nur Büroteil mit Standardwerten)	32,8 MJ/m²

Thermisch wirksamer Aussenluftvolumenstrom	
mit Minergie-P-Standardwerten	0,33 m³/m² h
mit Effektivwerten	0,44 m³/m² h

Maximaler Wärmeleistungsbedarf	
nach Minergie-P	6,69 W/m²

U-Werte (Auswahl)	
Flachdach	0,14 W/m² K
Wand gegen aussen	0,25 W/m² K
Fassadenbänder	0,20 W/m² K
Fenster	
- gesamt	0,76 W/m² K
- Verglasung, EN 673	0,6 W/m² K
- g-Wert, EN 410	44 %
- Lichttransmission	66 %

Endenergiebedarf (gewichtet)	
Anforderung nach Minergie-P	30,0 kWh/m²
Elektrizität Wärmepumpe	22,6 kWh/m²
Erdgas	1,1 kWh/m²
Elektrizität Hilfsbetriebe	3,8 kWh/m²
Elektrizität Lüftungsanlage	3,4 kWh/m²
Gewichtete Energiekennzahl	23,7 kWh/m²

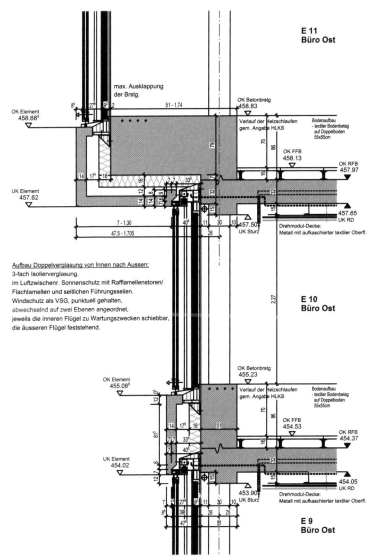

Tabelle 6.15: Daten zum Gebäude und zur Energie.

Abbildung 6.58: Schnitt durch Bank- und Sturz- bereich an der Fassade. Deutlich sind die unter- schiedlich voluminösen Fensterbrüstungen zu er- kennen. (Stücheli Archi- tekten)

6.10 Grosszügig und effizient

Objekt
Mehrfamilienhaus
Habsburgstrasse, Zürich

Bauherrschaft
Beat Odinga Promotions AG,
Zollikon

Architekten
EM2N Architekten AG,
Zürich

Bauphysiker
Kopitsis Bauphysik AG,
Wohlen

Nachhaltig wohnen auf gehobenem Level mitten in der Stadt Zürich – das wird möglich an der Habsburgstrasse in Zürich-Wipkingen. Das Quartier ist zentral gelegen, mit dem öffentlichen Verkehr gut erschlossen und trotzdem sehr ruhig. Die nahe Limmat bietet sich als Erholungsraum an. Hier wird ein Bürogebäude aus den 70-er Jahren in ein Mehrfamilienhaus mit 27 Wohnungen umgebaut. Das Bürohaus war von der Nutzung und Architektur her eher ein Fremdkörper im ruhigen Wohnquartier – mit dem Umbau ändert sich das.

Das Gebäude wird bis auf den Rohbau zurückgebaut und die Fassade aus Waschbetonelementen gänzlich abgerissen. Lediglich die tragenden Elemente wie Stützen und Decken bleiben bestehen. Die alte Struktur wird jedoch auch im Neubau immer noch ablesbar sein. Ebenfalls belassen wird das Treppenhaus, das zusammen mit einer neuen zweiten Treppenanlage den neuen Erschliessungskern bildet.

Das Wohnhaus bleibt wie sein Vorgängerbau 6-geschossig. Gebaut wird für ein urbanes Publikum: Es entstehen loftähnliche Eigentumswohnungen mit 3,5 bis 6,5 Zimmern, 12 davon sind zweigeschossig. Die Verkaufspreise liegen zwischen knapp 1 Mio. und 2,5 Mio. Franken. Alle Wohnungen haben unterschiedliche, individuell gestaltete Grundrisse – je nach Lage im Haus, Besonnung und Aussicht. Sie gruppieren sich wie ein 3-dimensionales Puzzle um den Erschliessungskern. Die Räume sind mit bis zu 3 m überdurchschnittlich hoch und mit Wohnflächen von 115 m² bis hin zu 234 m² äusserst grosszügig. Raumhohe Fensterfronten bringen viel Tageslicht ins Innere. Die 3-fach verglasten Fenster mit einem U-Wert von 0,8 W/m² K werden mit einem aussenliegenden Sonnenschutz ausgerüstet. Ab dem 2. Obergeschoss hat man dank der leichten Hanglage einen weiten Blick über die Stadt. Jede Wohnung verfügt über eine Terrasse, einen Balkon oder einen Gartensitzplatz. Ausserdem wird der bestehende Parkplatz hinter dem Haus zu einem begrünten Aussenraum umgestaltet.

Minergie-P als Verkaufsargument

Die Bauherrinn, die Beat Odinga Promotions AG, legt bei ihren Projekten grossen Wert auf energieeffizientes Bauen. Das Gebäude an der Habsburgstrasse ist jedoch das erste mit dem Label Minergie-P. Der strenge Baustandard ist gerade im urbanen Umfeld auch ein Verkaufsargument: «Wir sind überzeugt, dass unser Zielpublikum in der Stadt Zürich ökologisch und energiebewusst wohnen will und gerne bereit ist, die Mehrkosten zu tragen», erklärt Thomas Feusi, Projektleiter bei der Beat Odinga AG.

Die Gebäudehüllziffer des kompakten Gebäudes ist mit 0,87 günstig für Minergie-P. Die neue Gebäudehülle ist eine Holzkonstruktion und zweischichtig aufgebaut: Eine ausgedämmte Holzständerkonstruktion mit 20 cm Mineralwolle bildet die tragende Struktur der Fassade. Auf diese Holzelemente wird zusätzlich eine verputzte Aussenwämedämmung aus 16 bis 18 cm Steinwolle aufgebracht. Diese dicken Aussenwände haben einen U-Wert von 0,11 W/m² K. Die neuen Balkone werden rundherum gedämmt, um Wärmebrücken zu reduzieren. Jede Wohnung ist mit einer kontrollierten Lüftung ausgestattet. Da die Decken schon bestehen, werden die Lüftungskanäle im Bereich der Unterlagsböden verlegt, was die Raumhöhe weniger verringert als heruntergehängte Decken. Die Luftauslässe befinden sich unter den Fenstern.

Beheizt wird das Haus mit einer Wärmepumpe, die Erdwärme nutzt. Im Sommer werden die Erdsonden zur freien Kühlung der Wohnräume genutzt (Freecooling). Auf dem Dach sind Anschlussleitungen vorgesehen, um später eine Solaranlage installieren zu können. Das Gebäude ist somit auch für die Zukunft energietechnisch gerüstet.
(Christine Sidler)

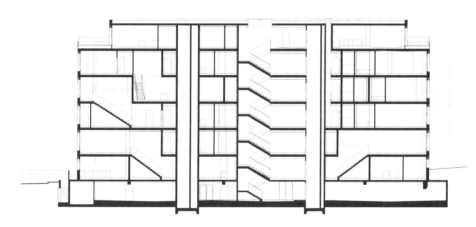

Abbildung 6.59: Nachhaltig wohnen mittten in der Stadt Zürich: Das Mehrfamilienhaus an der Habsburgstrasse in Zürich-Wipkingen.
(EM2N Architekten)

Abbildung 6.60: Grundriss Erdgeschoss.
(EM2N Architekten)

Abbildung 6.61: Schnitt durch das Gebäude.
(EM2N Architekten)

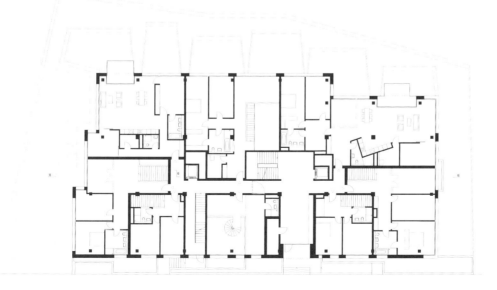

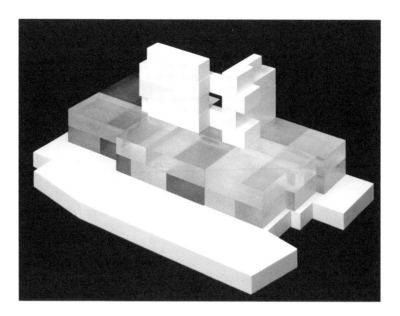

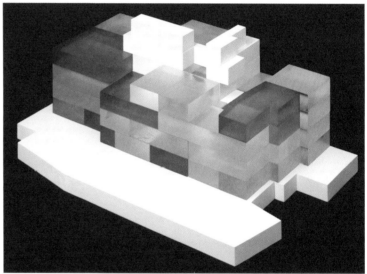

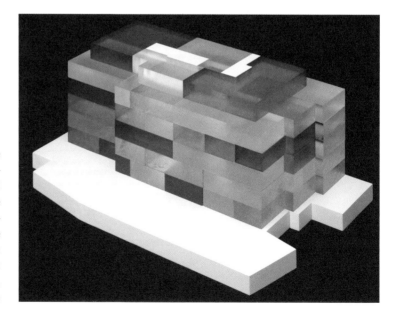

Abbildung 6.62: Alle Wohnungen haben unterschiedliche, individuell gestaltete Grundrisse – je nach Lage im Haus, Besonnung und Aussicht. Sie gruppieren sich wie ein 3-dimensionales Puzzle um den Erschliessungskern. (EM2N Architekten)

Abbildung 6.63: Viele der Wohnungen sind 2-geschossig. Blick in eine der Gartenwohnungen. (EM2N Architekten)

Gebäudedaten (Nachweis im Jahre 2008)

Zertifikat	ZH-035-P
Baujahr	In Planung
Anzahl Wohnungen	27
Energiebezugsfläche A_{EO}	6173 m^2
Energiebezugsfläche A_E (korrigiert)	6173 m^2
Gebäudehüllfläche (unkorrigiert)	5538 m^2
Gebäudehüllziffer	0,87
Anteil Fenster und Türen an der Gebäudehüllfläche	27,8 %

Heizwärmebedarf

Grenzwert SIA 380/1 ($Q_{h,li}$)	44,7 kWh/m^2
Minergie-P-Anforderung an die Gebäudehülle	≤ 10 kWh/m^2
Objektwert	
mit Minergie-P-Standardluftwechsel ($Q_{h\text{-}MP}$)	9,4 kWh/m^2
mit effektiven Werten ($Q_{h,eff}$)	9,0 kWh/m^2
Thermisch relevanter Aussenluftvolumenstrom (V_{th})	0,25 m^3/m^2 h

Energiebilanz

Transmissionswärmeverlust (Q_T)	30,8 kWh/m^2
Lüftungswärmeverlust (Q_V)	8,6 kWh/m^2
Interne Wärmegewinne (Q_i) (Elektrizität und Personen)	19,3 kWh/m^2
Solare Wärmegewinne (Q_S)	33,4 kWh/m^2
Ausnutzungsgrad für Wärmegewinne (η_g)	0,56

Konstruktion (U-Werte)

Fenster gesamt (U_w)	0,8 W/m^{2}K
Verglasung (U_g)	0,50 W/m^{2}K
Rahmen (U_f)	1,35 W/m^{2}K
g-Wert	45 %
Türen	1,50 W/m^{2}K
Aussenwände	0,11 W/m^{2}K
Dach	0,08 W/m^{2}K
Boden (gegen Erdreich)	0,17 W/m^{2}K

Bedarfsdeckung

Erdsonden-Wärmepumpe	JAZ Wärmepumpe (für Heizung)	3,1
	Zugeführte Energie (ungewichtet)	2,9 kWh/m^2
	Bedarfsdeckung Heizung	100 %
Erdsonden-Wärmepumpe	JAZ Wärmepumpe (für Warmwasser)	2,7
	Zugeführte Energie (ungewichtet)	7,7 kWh/m^2
	Bedarfsdeckung Warmwasser	100 %

Gewichtete Energiekennzahl nach Minergie-P

Strombedarf Lüftung*	3,0 kWh/m^2
Strombedarf Hilfsbetriebe*	2 kWh/m^2
Strombedarf Wärmepumpe*	21,2 kWh/m^2
Objektwert	26,2 kWh/m^2
Grenzwert	30,0 kWh/m^2

*Gewichtung 2

Tabelle 6.16: Daten

6.11 Minergie-P in schönem Kleid

Objekt
Doppeleinfamilienhaus
Buchrain

Bauherrschaft
Beate und Peter Geisseler
Daniel Sidler und Andrea
Hofstetter
Buchrain

Architektur
Gut Deubelbeiss
Felix Gut
6003 Luzern

Bauphysiker
Ragonesi Strobel + Partner
Peter Gisel
6003 Luzern

Haustechnikplanung
Zurfluh Lottenbach
Benno Zurfluh
6004 Luzern

Holzbau
Holzbautechnik Burch AG
Peter Ming
6060 Sarnen

Fenster
Wenger Fenster AG
3638 Blumenstein

Abbildung 6.64: Die
Doppeleinfamilienhäuser
in Buchrain mit der
Photovoltaikanlage (links)
und den thermischen
Kollektoren (rechts).
(Walter Mair)

In Buchrain, zwischen Zug und Luzern, stehen zwei elegante Doppeleinfamilienhäuser. Ihr geringer Heizbedarf wird durch erneuerbare Energien gedeckt.

Die beiden Paare wohnen, nur durch eine Brandwand getrennt, in einem Doppeleinfamilienhaus in Minergie-P-Bauweise. Relativ rasch zeigt die Recherche: Die beiden Hausteile unterscheiden sich im Heizsystem, und, was noch mehr erstaunt, in dem dafür notwendigen Energieträger. Der östliche Hausteil wird mit Stückholz beheizt, der westliche mit einer Erdsondenwärmepumpe. Haben die Hausbesitzer schon einmal etwas über die Vorteile eines Nahwärmeverbundes gehört? Über Contracting? Wohl schon. Aber Minergie-P-Häuser, und das ist ein mögliches Fazit, haben ein anderes Verbrauchsprofil und haben – in der Regel – ökologisch interessierte Eigentümer. Und diese wollen den Energieverbrauch nicht nur in der Planungsphase, sondern auch im Betrieb beeinflussen, vielleicht sogar die Steuerung und Regelung optimieren. Vor diesem Hintergrund ist die Nachricht von der quasi bivalenten Heizung nicht so überraschend.

Holzelemente in der Aussenwand

Das Gebäude ist aus vorfabrizierten Holzelemente zusammengesetzt. Diese sind in der Regel aus Transportgründen geschosshoch und werden mit den Fenstern, aber ohne Verglasung, montiert. In der Aussenwand sind die Räume zwischen den 60 mm breiten und 240 mm tiefen Rahmen mit Mineralwolle von Flumroc gefüllt. Dieser Aufbau bildet quasi die Standardausführung für Minergie- oder MuKEn-Häuser (Mustervorschriften der Kantone 2008). Für die P-Ausführung in Buchrain wurde dieser Aufbau mit 2-mal 60 mm Holzfaserplatten Pavatherm aufgedoppelt. Auf dieser Platte sitzt die Lattung zur Hinterlüftung, welche die Nut-Kamm-Schalung trägt. Raumseitig ist der Holzrahmen vollflächig mit einer Dampfbremse Ampatex DB 90 überklebt.

Die Folie soll auch die Luftdichtigkeit garantieren. Die Prüfung hat die Konstruktion jedenfalls bestanden.

Drei Fragen

Bei Holzbauten stellen sich Architekten und Hausbesitzer drei Fragen: Woher kommt das Holz? Wie sieht es mit dem Schallschutz aus? Und drittens: Reicht die Wärmespeicherfähigkeit, um den Nachweis für den sommerlichen Wärmeschutz zu führen? Dreimal «ja» heisst: Das Holz kommt aus der Schweiz. Und der Schallschutz in der Brandwand wird durch eine durchgehende, schallbrückenfreie Dämmung erreicht. Einzig die Dacheindeckung und die Bodenplatte unter dem Kellergeschoss sind verbindende Bauteile. Schliesslich die Speicherfähigkeit: Der im Nachweis dokumentierte Wert von 0,1 MJ/m²K entspricht dem Standardwert 380/1 für Ständerbauten in Holz. Eine Berechnung ist für dieses Objekt nicht verfügbar. Aufgrund der Bauweise müsste allerdings eher eine mittlere Speicherfähigkeit gemäss 380/1 angenommen werden. Also 0,3 MJ/m²K.

Haustechnik

Zur Alimentierung der Wärmepumpe erntet eine Photovoltaikanlage auf dem Sidler-Dach Elektrizität. Die Anlage misst 4 m auf 2,6 m, also 10,4 m², die Spitzenleistung beträgt 2,7 kW. Die 19 Module sind mit einer Neigung von 38° flächenbündig auf dem Dach installiert. Im Haus Sidler erfolgt die Verbindung zwischen Erzeuger und Verbraucher also elektrisch, im Haus Geisseler dagegen thermisch. Kern bildet ein mit Holz beschickter Kochherd in der Küche. Ein Teil der Wärme geht über Strahlung und Konvektion direkt an den Raum, ein anderer Teil in den Wärmespeicher mit einliegendem Warmwasserbehälter im Untergeschoss. Auf den gleichen Speicher arbeitet die 9 m² grosse Sonnenkollektoranlage auf dem Dach, allerdings in Priorität gegenüber

dem Holzherd. Die Lufterneuerung erfolgt durch zwei konventionelle Wohnungslüftungsanlagen, die in den Untergeschossen installiert sind.

Zur Methodik des Nachweises

Ist das Haus Geisseler/Sidler ein Ein- oder ein Zweifamilienhaus? Ist es ein Gebäude oder sind es zwei? Die Frage ist alles andere als trivial. Für die Berechnung des Heizwärmebedarfes nach Norm SIA 380/1 ist es einfach: Es ist ein Haus. Dagegen wurden für das Gebäude zwei Minergie-P-Nachweise erstellt. Also sind es zwei Häuser. Der «Export» aus der 380/1-Berechnung, der Heizwärmebedarf, wird im Verhältnis der hausspezifischen Energiebezugsflächen aufgeteilt. Relevant, auch für den P-Nachweis des einzelnen Hausteiles, bleibt der Heizwärmebedarf und die Gebäudehüllzahl beider Hausteile. Die Hausteile durchlaufen also quasi das Zertifizierungsverfahren nach Minergie-P mit einer formell «falschen» Gebäudehüllzahl, die aber materiell richtig ist. (Othmar Humm)

Tabelle 6.17: Gebäudedaten

Abbildung 6.65: Südfassade, Westfassade

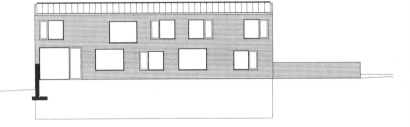

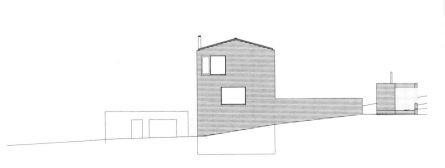

Gebäudedaten (Planungsdaten 2009)		
Lage	Lauterbachstrasse 9, 6033 Buchrain	
	Hausteil Sidler	Hausteil Geisseler
Zertifikat	LU-18-P	LU-19-P
Baujahr	2008/2009	
Energiebezugsfläche	255,3 m²	178,2 m²
Gebäudehüllfläche	480,0 m²	335,0 m²
Gebäudehüllzahl	1,88	1,88
Anteil Fenster an der Gebäudehüllfläche	11 %	
Wärmespeicherfähigkeit	0,1 MJ/m² K	
Heizwärmebedarf		
Grenzwert SIA 380/1 (2009)	47,2 kWh/m²	
Minergie-P-Anforderung Gebäudehülle	28,2 kWh/m²	
Objektwert mit Standardluftwechsel	26,4 kWh/m²	
effektivem Luftwechsel	18,1 kWh/m²	
thermisch relevanter Aussenluftvolumenstrom	0,31 m³/m² h	0,37 m³/m² h
Wärmeleistungsbedarf Gebäude gemäss SIA 384.201	3,75 kW	2,5 kW
maximaler Wärmeleistungsbedarf (SIA 380/1)	11 W/m²	
Energiebilanz		
Transmissionswärmeverluste	39,4 kWh/m²	
Lüftungswärmeverluste	20,3 kWh/m²	
interne Wärmegewinne	20,6 kWh/m²	
solare Wärmegewinne	36,7 kWh/m²	
Ausnutzungsgrad Wärmegewinne	0,58	
Konstruktion (U-Werte)		
Fenster gesamt	0,77 W/m² K	
g-Wert Fenster	0,50	
Aussenwand (Beispiel)	0,10 W/m² K	
Dach	0,10 W/m² K	
Boden	0,13 W/m² K	
Luftdichtheit ($n_{50,st}$)		
Anforderung Minergie-P	0,6/h	
Objektwert	0,4/h	0,53/h

Abbildung 6.66: Grundrisse, von oben nach unten, Untergeschoss, Erdgeschoss, Obergeschoss. Im Süden des Grundstückes liegt das Saunahaus mit dem Schwimmbassin.

Wärmeerzeugung (Jahresarbeitszahl)		
	Hausteil Sidler	Hausteil Geisseler
Erzeugung Raumwärme	3,22	–
Wassererwärmung	2,65	–
Elektroheizeinsatz	–	–
Nachwärmung WW	0,9	–
Photovoltaikanlage 2,7 kW (800 kWh/kWp)	8,5 kWh/m²	–
Sonnenkollektoren 9,12 m² (222,5 kWh/m² Absorber)	–	11,2 kWh/m²
Holzheizung: Nutzungsgrad	–	75 %
Gewichtete Energiekennzahl nach Minergie-P (ungewichtet/gewichtet). Alle Werte in kWh/m²		
Raumwärme	5,6/11,2	SoKo: 1,5/0 Holz: 22,3/11,1
Elektroheizeinsatz	–	
Wassererwärmung	4,1/8,2	SoKo: 9,7/0 Holz: 5,6/2,8
Nacherwärmung	3,4/6,8	–
Lufterneuerung	1,9/3,8	2,5/5,0
Hilfsbetriebe	1,6/3,2	2,5/4,9
Photovoltaikanlage	–8,5/–16,9	–
Energiekennzahl	16,4	23,6
Anforderung Minergie-P	30	30
Lufterneuerung		
Nennluftvolumenstrom	175 m³/h	160 m³/h
WRG-Rate	70 %	70 %
Elektrische Leistung aller Ventilatoren: Standardwert	68 W	61 W

Tabelle 6.18: Daten zur Wärmeerzeugung

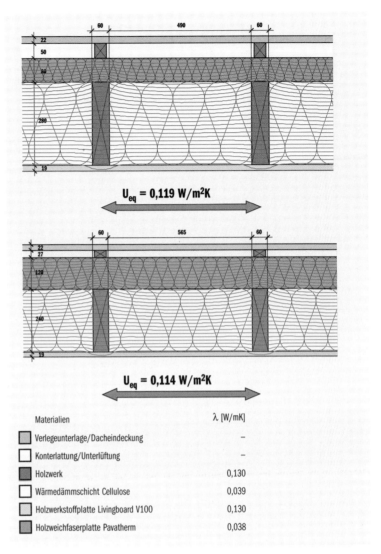

$U_{eq} = 0,119 \ W/m^2K$

$U_{eq} = 0,114 \ W/m^2K$

Materialien	λ [W/mK]
Verlegeunterlage/Dacheindeckung	–
Konterlattung/Unterlüftung	–
Holzwerk	0,130
Wärmedämmschicht Cellulose	0,039
Holzwerkstoffplatte Livingboard V100	0,130
Holzweichfaserplatte Pavatherm	0,038

Abbildung 6.67: Steildach (oben) und Aussenwand (unten)

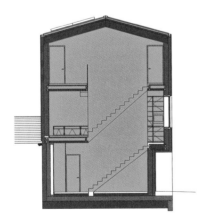

Abbildung 6.68: Schnitt

Abbildung 6.69: Grundriss (Die Loggia liegt innerhalb des Wärmedämmperimeters.)

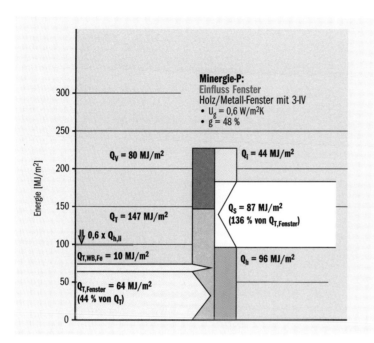

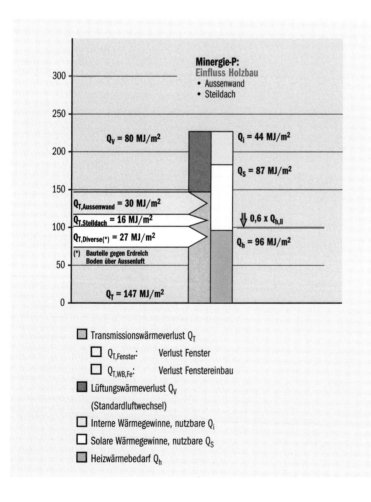

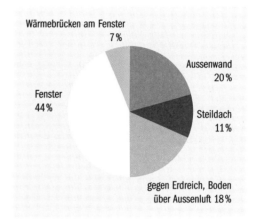

Abbildung 6.70: (rechts) Anteile von Bauteilen am gesamten Transmissionswärmeverlust. Lediglich die Hälfte der Transmissionsverluste entfallen auf die opaken Bauteile.

Abbildung 6.71: (links oben) Die Energiebilanz nach SIA 380/1 zeigt die Bedeutung des Fensters innerhalb des Minergie-P-Konzeptes: Der solare Gewinn übersteigt die Transmissionsverluste am Fenster um mehr als ein Drittel. Quelle: RSP Bauphysik, Marco Ragonesi

Abbildung 6.72: Von den gesamten Verlusten von 227 MJ/m^2 entfallen lediglich 7% auf das Steildach, weitere 13% auf die (opake) Aussenwand und 12% auf diverse opake Bauteile. Quelle: RSP Bauphysik, Marco Ragonesi

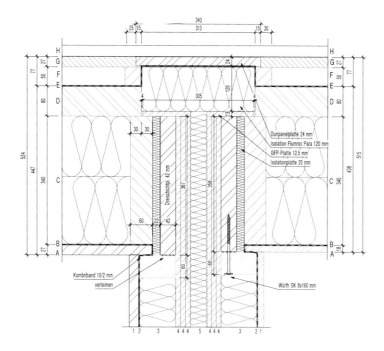

Abbildung 6.73: Detail an der Brandwand zwischen den beiden Einfamilienhäuser. Das Schalldämmmass beträgt 57 dB (A). (Vertikalschnitt)

Dachaufbau:

A Dreischichtplatten Fi/Ta 27 mm B/C oder OSB-4-Platten 18 mm

B Dampfbremse, Ampatex DB 90

C Sparren 60/340 mm, Flumroc Solo 180 + 160 mm

D Holzfaserlatten Pavatherm 80 mm

E Unterdach Stamisol Eco

F Konterlatten 45/50 mm

G Rauspundschalung 27 mm

H Doppelfalzdach CNS 0,5 mm mit Trennlage und Schalldämmmatte

Brandwandaufbau:

1 Dreischichtpaltten Fi/Ta 27 mm B/C oder OSB-Platten 18 mm

2 Dampfbremse, Ampatex DB 90

3 Holzrahmen 60/100 mm, Flumroc Solo 100 mm

4 GFP-Platten 12,5 mm SK-Kante

5 Hohlraumdämmung, Flumroc Typ 3, 40 mm

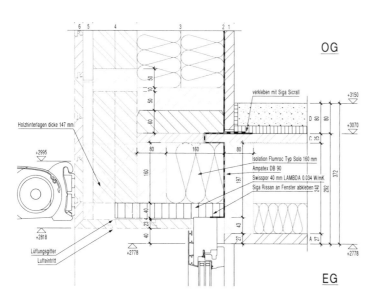

Abbildung 6.74: Detail am Fenstersturz mit Boden-Decke zwischen Erd- und Obergeschoss. (Vertikalschnitt)

Bodenaufbau:

A Dreischichtplatten Fi/Ta 27 mm B/C

B Balken 80/240 mm, Flumroc Duo 80 mm

C OSB-4-Platten, 25 mm

D Unterlagsboden 80 mm

Aussenwandaufbau:

1 Dreischichtpaltten Fi/Ta 27 mm B/C

2 Dampfbremse, Ampatex DB 90

3 Holzrahmen 60/240 mm, Flumroc Solo 2 x 120 mm

4 Holzfaserlatten Pavatherm 2 x 60 mm

5 Hinterlüftungslatte 27/60 mm

6 Nut + Kammschalung Fi/Ta sägeroh ø 23 x 110 mm

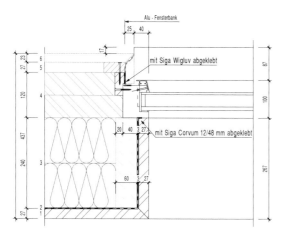

Abbildung 6.75: Detail an der Fensterleibung mit einer Festverglasung. (Verglasung mit zwei Gläsern, im Unterschied zu den öffenbaren Fenstern mit einer 3-fach-Verglasung.) Von innen ist der Fensterrahmen nicht zu erkennen. Nach aussen ist der Rahmen aber mehr oder weniger ungeschützt. Für den Bewohner ergeben sich durch diese Architektur sozusagen rahmenlose Bilder, der Passant mit Blick auf die Fassade dagegen erkennt die Rahmung der Gläser. (Horizontalschnitt)

Aussenwandaufbau:

1 Dreischichtpaltten Fi/Ta 27 mm B/C

2 Dampfbremse, Ampatex DB 90

3 Holzrahmen 60/240 mm, Flumroc Solo 2 x 120 mm

4 Holzfaserlatten Pavatherm 2 x 60 mm

5 Hinterlüftungslatte 27/60 mm

6 Nut + Kammschalung Fi/Ta sägeroh ø 23 x 110 mm

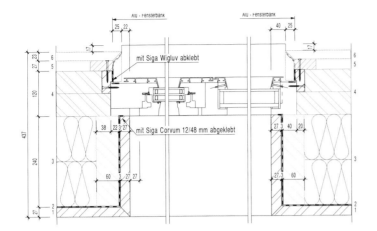

Abbildung 6.76: Detail mit Schwelle an einer Hebe-Schiebe-Türe im Obergeschoss. (Vertikalschnitt)

Aussenwandaufbau:

1 Dreischichtpaltten Fi/Ta 27 mm B/C

2 Dampfbremse, Ampatex DB 90

3 Holzrahmen 60/240 mm, Flumroc Solo 2 x 120 mm

4 Holzfaserlatten Pavatherm 2 x 60 mm

5 Hinterlüftungslatte 27/60 mm

6 Nut + Kammschalung Fi/Ta sägeroh ø 23 x 110 mm

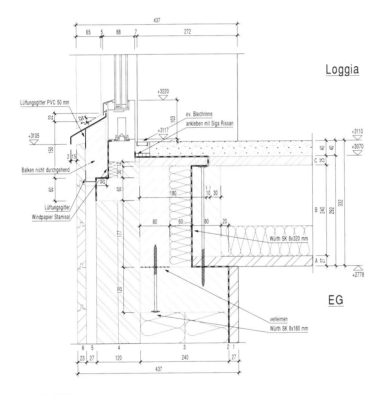

Loggia

EG

Abbildung 6.77: Detail: Fenster-Kombi mit Flügelrahmen und Festverglasung. (Horizontalschnitt)

Aussenwandaufbau:

1 Dreischichtpaltten Fi/Ta 27 mm B/C

2 Dampfbremse, Ampatex DB 90

3 Holzrahmen 60/240 mm, Flumroc Solo 2 x 120 mm

4 Holzfaserlatten Pavatherm 2 x 60 mm

5 Hinterlüftungslatte 27/60 mm

6 Nut + Kammschalung Fi/Ta sägeroh ø 23 x 110 mm

Massstab 1:10

Alle Abbildungen auf dieser Seite: Holzbautechnik Burch, Peter Ming

6.12 Minergie-P – was sonst?

Objekt
Hauptsitz Alternative Bank
Schweiz, Olten

Bauträgerschaft
Alternative Bank Schweiz
4601 Olten
contact@abs.ch

**Architektur, Bauleitung,
Nachhaltigkeit**
Metron Architektur
Ralf Kunz
5201 Brugg
ralf.kunz@metron.ch

Bauphysiker
Amstein + Walthert
Martin Glükler
8050 Zürich
martin.gluekler@amstein-
walthert.ch

Planung HLKS
Zurfluh Lottenbach
Erich Lottenbach
6004 Luzern
erich.lottenbach@
zurfluhlottenbach.ch

Abbildung 6.78: Ein Leucht-
turm der 2000-Watt-
Gesellschaft mitten in Olten
– der Hauptsitz der
Alternativen Bank Schweiz.
(Hannes Henz)

Abbildung 6.79: Grundriss

Abbildung 6.80: Schnitt

Die Alternative Bank Schweiz baut in Olten ihren Hauptsitz. Eine Energieschleuder wird wohl niemand erwarten. Doch die Kombination von Umbau und Neubau geht weit über den Anspruch eines energieeffizienten Gebäudes hinaus und dürfte eines der ganz wenigen, «echt» nachhaltigen Gebäude der Schweiz sein. Welche Eigenschaften sind für diese Einschätzung ausschlaggebend?

«Walter Verlag Olten»

Die Bank flieht nicht auf die grüne Wiese; sie kauft sich 2007 eine Ikone der Schweizer Verlagsgeschichte, den östlichen Arealteil des Walter Verlages, mitten in Olten, 300 m vom Bahnhof entfernt, und baut diesen um. Was noch nötig ist, kommt als Neubau hinzu. Die Lage ist Teil des Konzeptes. Denn das Projekt wird nach allen vier Kriterien des SIA-Effizienzpfades Energie optimiert:

▮ Betriebsenergie für Raumheizung und Wassererwärmung
▮ Strombedarf für Geräte und Beleuchtung
▮ Graue Energie für die Herstellung respektive Renovation
▮ Die durch das Gebäude induzierte Mobilität

Parkplätze gibt es auf dem Areal für Behinderte und für Velofahrer. Das Angebot gilt für Mitarbeitende wie für Besucher gleichermassen. Unter den vom Effizienzpfad formulierten Zielwerten A liegen auch der Aufwand an Grauer Energie sowie jener für Raumheizung und Wassererwärmung. Den Stromverbrauch für Geräte und Beleuchtung veranschlagen die Planer aber höher als den Zielwert A des Effizienzpfades (51,4 und 36,1 kWh/m²). Der Grund dürfte in den hochtechnisierten Arbeitsplätzen zu suchen sein.

Architektur

Der 4-geschossige Hauptbau mit Walmdach aus den 20-er Jahren wird 2009 umgebaut. Dabei nutzen die Architekten die

Qualitäten der Fassade und der Tragstruktur im Umbauprojekt. Im Innern wird eine «durchlässige und offene Bürostruktur umgesetzt»; das tönt nach Grossraumbüro. Um das Fassadenbild zu erhalten, werden die Aussenwände innen gedämmt. Entlang der Rückseite des Gebäudes wird die ehemalige Fabrik vom Altbau getrennt. In die dadurch entstehende Lücke kommt ein grösstenteils verglaster Neubauteil zu stehen. Zwei neue Kerne, einer im Altbau, einer im Neubau, dienen der vertikalen Erschliessung der Gebäudeteile. Leitlinie für die Planer sind der SIA Effizienzpfad Energie, das Nachweisinstrument Minergie-Eco sowie der Standard Minergie-P. Das Gebäude erfüllt zudem die P-Anforderungen 2008 von Minergie. Im Altbau umhüllt ein 35 cm bis 55 cm dickes Mauerwerk die innere Tragstruktur mit Unterzügen und Stützen aus Stahlbeton. Die Hourdisdecken messen 12 cm bis 15 cm. Oben sitzt ein konventioneller Holzdachstuhl.

Achtung: Innendämmung

Lässt sich Minergie-P erreichen, ohne das ganze Haus einzupacken? Ja, aber es ist ein Job für Bauphysiker. Denn die alten Backsteinmauern wurden innen gedämmt. Zur Abschätzung des Kondenswasserrisikos wurde der Feuchtehaushalt der gewählten Konstruktion kritisch angeschaut. Das Resultat: für Büroräume nur geringe Risiken! Für Wohnbauten – mit wesentlich grösserer Feuchteproduktion – wäre die gleiche Konstruktion aber nicht zu empfehlen. Der Aufbau: Vor der alten, rund 50 cm dicken Backsteinwand stehen 14 cm tiefe Kästen; sie sind mit Zelluloseflocken gefüllt. Die Kästen sind raumseitig mit einer Gipsfaserplatte (1,5 cm) beplankt, die als Träger der feuchteadaptiven Dampfbremse dient. Also nicht etwa eine Dampfsperre, die den konvektionsbedingten Feuchteeintrag in die Konstruktion ohnehin nicht völlig verhindert, nicht verhindern kann, selbst wenn sie alle

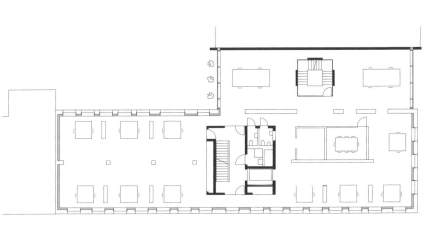

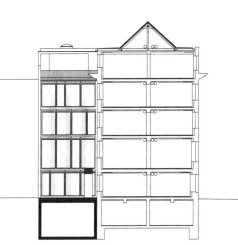

Normvorgaben erfüllt. Die Bremse dagegen wirkt lediglich diffusionshemmend. Das begrenzt die winterliche Tauwasserbildung ausreichend, erlaubt aber zudem eine Rücktrocknung zur Raumseite während des Sommers. Mit einer Sperre wäre diese Trocknung kaum möglich. Auf der Dampfbremse ist eine Lehmbauplatte mit einer Stärke von 3,5 cm montiert. Raumseitig schliesst ein Lehmputz von 1,5 cm die Konstruktion ab. Die lehmhaltigen Bauteile wirken ausgleichend – bezüglich Feuchte und Temperatur. Das Dach weist einen sehr ähnlichen Aufbau auf. Statt 14 cm sind aber 24 cm Zelluloseflocken eingefüllt.

In Abbildung 6.81 sind Isothermen in eine Aussenwand mit Deckenstirne eingezeichnet. Darin sind allenfalls kritische Stellen sichtbar: Relativ nahe der alten Wandoberfläche verläuft die 0°C-Isotherme. Falls warme Luft aus dem Raum in diese Schich-

ten vordringt, lässt sich Kondenswasser nicht völlig ausschliessen. Aufgabe der adaptiven Dampfbremse ist es, die Austrocknung anfallender Feuchte zu fördern. Gut sichtbar in der Darstellung ist die Dämmung der Deckenuntersicht entlang der Aussenwand auf eine Breite von rund 100 cm.

Haustechnik

Die Wärme für Raumheizung und Wassererwärmung kommt von einer Grundwasserwärmepumpe. Die gleiche Wasserfassung dient auch der (direkten) Kühlung von Büro- und Sitzungsräumen. Kälte- und Wärmeverteilung erfolgt über die Register der Bodenheizung. Zusätzlich lässt sich die Zuluft über das Lüftungsgerät nacherwärmen respektive nachkühlen. Im Aufenthaltsraum im 4. Obergeschoss wird die Kälte über eine geschlossene Gipskühldecke eingebracht. Die unspektakuläre Haustechnik orientiert sich nicht nur an energetischen, sondern auch an exergetischen Qualitäten der Energie. Das bedingt tiefe Vorlauftemperaturen zum Heizen und relativ hohe Kühltemperatuen.

Graue Energie

Richtwerte für die Graue Energie liegen für Neubauten bei 28 kWh/m², für Umbauten bei 16 kWh/m², also rund 60 % des Neubau-Richtwertes. Um diese Werte zu erreichen, sagt eine Expertin zu diesem Thema, die Architektin Annick Lalive d'Epinay, «braucht es einige Anstrengungen». Das Gebäude der ABS liegt in etwa bei diesem Wert. Auffallend ist der grosse Anteil, der auf die Haustechnik entfällt (Tabelle 6.19). Zwei Folgerungen sind naheliegend: Haustechnik ist in der Herstellung und in der Montage viel aufwändiger als allgemein vermutet. Und zweitens: Die Haustechnikleute sind zwar verantwortlich, aber nicht als einzige. Denn die Länge und Wege von Leitungen und Kanälen werden vom Architekten mitbestimmt. Das Schachtkonzept, die Dispo für die Zentralen, die Zugänglichkeit, etc. haben einen immensen Einfluss. (Othmar Humm)

Abbildung 6.81: Isothermen in der Deckenstirne. (Quelle: Amstein + Walthert)

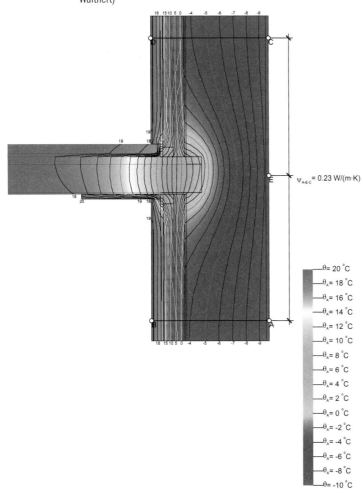

$\Psi_{A\text{-}E\text{-}C} = 0.23$ W/(m·K)

θ = 20 °C
θ_A = 18 °C
θ_A = 16 °C
θ_A = 14 °C
θ_A = 12 °C
θ_A = 10 °C
θ_A = 8 °C
θ_A = 6 °C
θ_A = 4 °C
θ_A = 2 °C
θ_A = 0 °C
θ_A = -2 °C
θ_A = -4 °C
θ_A = -6 °C
θ_A = -8 °C
θ = -10 °C

Gebäudedaten

Lage	Amtshausquai 21, 4600 Olten
Zertifikat	SO-026-P
Baujahr	1924 bis 1931
Sanierungsjahr	2009
Gebäudevolumen (SIA 416)	10 616 m³
Geschossfläche (SIA 416)	3140 m²
Hauptnutzfläche	2000 m²
Energiebezugsfläche A_E	2936 m²
Gebäudehüllfläche	2644 m²
Gebäudehüllziffer	0,90
Anteil Fenster und Türen	
an der Gebäudehüllfläche	19,6 %
an der Energiebezugsfläche	17,6 %
Anteil Umbau/Neubau	75 %/25 %

Heizwärmebedarf (2007)

Grenzwert SIA 380/1: 2007 ($Q_{h,li}$)	61,1 kWh/m²
Minergie-P-Anforderung (2008, 0,4 $Q_{h,li}$)	24,4 kWh/m²
Objektwert mit	
Standardluftwechsel Minergie-P	23,9 kWh/m²
effektivem Luftwechsel	13,9 kWh/m²
Thermisch relevanter Aussenluftvolumenstrom	0,27 m³/m²h
Maximaler Wärmeleistungsbedarf	11,7 W/m²

Energiebilanz (Norm SIA 380/1: 2007)

Transmissionswärmeverluste	36,9 kWh/m²
Lüftungswärmeverluste	22,2 kWh/m²
Interne Gewinne (Elektrizität und Personen)	28,9 kWh/m²
Solare Wärmegewinne	30,6 kWh/m²
Ausnutzungsgrad für Wärmegewinne	0,60

Konstruktion (U-Werte)

Fenster gesamt	0,64 bis 0,79 W/m²K
Fenster Verglasung	0,5 W/m²K
g-Wert Fenster	0,52
Aussenwände (Altbau)	0,22 W/m²K
Dach (Altbau)	0,15 W/m²K
Dach (Neubau)	0,13 W/m²K
Boden	0,22 W/m²K

Luftdichtheit ($n_{50,st}$)

Anforderung Minergie (Neubau/Umbau)	0,6/1,5/h
Objektspezifische Anforderung	1,18/h
Objektwert (Blower-door-Messung)	0,8/h

Gewichtete Energiekennzahl nach Minergie-P

Jahresarbeitszahl Heizung	4,16
Jahresarbeitszahl Warmwasser	3,91
Elektrizitätsbedarf Lufterneuerung	7,5 kWh/m²
Hilfsbetriebe	5,8 kWh/m²
Wärmeerzeugung (Wärmepumpe)	10,2 kWh/m²
Stromerzeugung Photovoltaik	− 0,5 kWh/m²
Gewichtete Energiekennzahl	23,0 kWh/m²
Anforderung Minergie-P	25,0 kWh/m²

Graue Energie

Grundlage: KBOB-Empfehlung «Ökobilanzierung im Baubereich» 2009/1	
Zielwert Graue Energie Umbau	16,7 kWh/m²
Zielwert Graue Energie Neubau	27,8 kWh/m²
Objektspezifischer Zielwert nach umgesetzter Baumasse	23,6 kWh/m²
Objektwert (80 Jahre Amortisation)	23,1 kWh/m²
Objektwert (60 Jahre Amortisation)	26,7 kWh/m²

Ökobilanz nach Bauteilgruppen Graue Energie

Tragstruktur	15 %
Gebäudehülle	21 %
Gebäudetechnik	38 %
Trennwände	12 %
Innenausbau	15 %

Kosten

BKP 0 (Grundstück)	3,5 Mio. Fr.
BKP 1 (Vorbereitung)	1,3 Mio. Fr.
BKP 2 (Gebäude)	9,8 Mio. Fr.
BKP 4, 5, 6	0,9 Mio. Fr.
Total Erstellungskosten (BKP 1, 2, 4, 5)	11,9 Mio. Fr.

Tabelle 6.19: Daten (Wo nichts anderes vermerkt ist, gelten die Daten für den gesamten Gebäudekomplex, also Alt- und Neubau.)

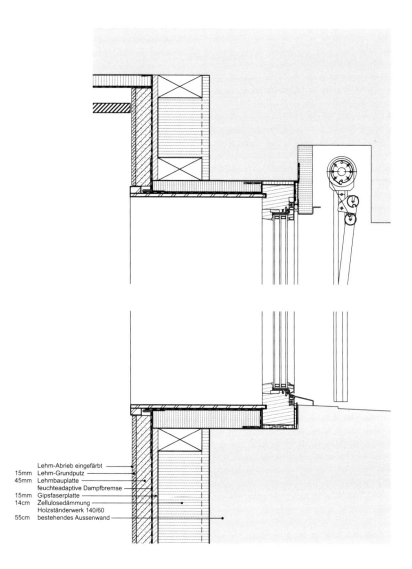

Lehm-Abrieb eingefärbt
15mm Lehm-Grundputz
45mm Lehmbauplatte
feuchteadaptive Dampfbremse
15mm Gipsfaserplatte
14cm Zellulosedämmung
Holzständerwerk 140/60
55cm bestehendes Aussenwand

Abbildung 6.82: Vertikal-
schnitt Fassade Altbau

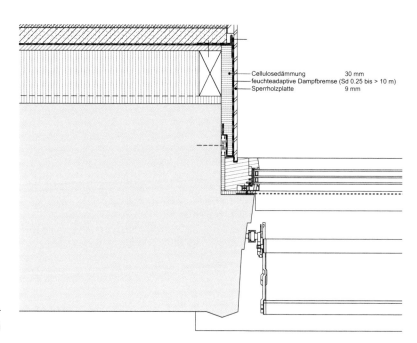

Cellulosedämmung 30 mm
feuchteadaptive Dampfbremse (Sd 0.25 bis > 10 m)
Sperrholzplatte 9 mm

Abbildung 6.83: Horizontalschnitt Fassade Altbau

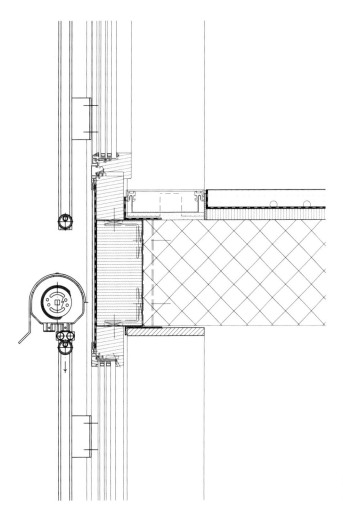

Abbildung 6.84: Vertikal-
schnitt Fassade Neubau

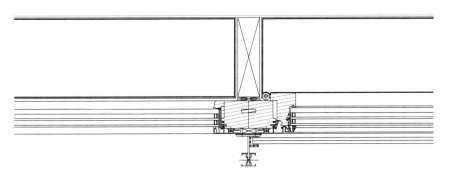

Abbildung 6.85: Horizontalschnitt Fassade Neubau

6.13 Siedlungsbau in P-Qualität

Objekt
Siedlung Tonisbach,
Konolfingen

Bauherrschaft
BHG Tonisbach Konolfingen
c/o Geissbühler
Architekten AG
3627 Heimberg

Architektur
Geissbühler Architekten AG
3627 Heimberg

Bauphysik
Grolimund + Partner AG
3006 Bern

Holzbau
Gfeller Holzbau GmbH
3076 Worb

So wie es aussieht, heisst die Hauptstadt von Minegie-P in Zukunft Konolfingen. Denn in dem beschaulichen Dorf, zwischen Bern und Langnau gelegen, werden zwischen 2010 und 2013 nicht weniger als 55 Wohneinheiten in P-Bauweise realisiert. Genauer: 9 Ein- und 10 Doppeleinfamilienhäuser sowie 36 Wohnungen in sechs gleichen Wohnblocks. Das Projekt ist insofern interessant, als dass innerhalb einer Siedlung die ganze Klaviatur der Minergie-P-Bautechnik zur Anwendung kommt. Die exemplarische Überbauung eignet sich insbesondere für drei Lektionen:

▪ Der Einfluss der Kompaktheit auf die Umsetzung von Minergie-P

▪ Die Anwendung von leichten und schweren Bauweisen, hinsichtlich Minergie-P und zur Erfüllung der erhöhten Schallschutzanforderungen (Norm SIA 181, Schallschutz im Hochbau)

▪ Optimierung von Bauteilen nach den Kriterien Kosten und Ressourceneffizienz

Reissverschluss am Südhang

Die rund 200 Personen, die dereinst im «Tonisbach» wohnen werden, können sich über eine sehr gut besonnte Lage freuen. «Für Minergie-P ideal», meint auch Tobias Geissbühler, der nicht nur für die Architektur verantwortlich zeichnet, er bildet auch, zusammen mit einer Partnerfirma, die Bauträgerschaft.

Die 20 Baukörper sind in zwei Zeilen aufgereiht. Die südliche Zeile umfasst 6 gleiche Mehrfamilienhäuser mit je 6 Wohnungen. In der darüber liegenden, nördlichen Zeile wechseln sich Ein- und Doppeleinfamilienhäuser derart ab, dass die Einwohnungsbauten oberhalb des jeweiligen Zwischenraumes der unteren Häuser zu liegen kommen. Der Vergleich mit einem Reissverschluss ist naheliegend. Die Mehrfamilienhäuser beinhalten im untersten Geschoss, vor einer Schicht mit Nebenräumen, eine 5,5-Zimmer-Wohnung, die sich über die ganze Süd-

fassade erstreckt. Die Wohnung lässt sich in zwei Kleinwohnungen mit 2,5 respektive 3,5 Zimmern aufteilen. In den beiden Geschossen 2 und 3 sind je eine 3,5- und 4,5-Zimmer-Wohnung vorgesehen. Die Attikawohnung mit 3,5 Zimmern im 4. Geschoss zieht sich auf drei Seiten zurück und lässt Platz für eine 70 m² grosse Terrasse. Die an der Brandmauer gespiegelten Ost- und Westtypen der 10 Doppeleinfamilienhäuser verfügen je über 5,5 Zimmer. 6,5 Zimmer sind es in den 6 östlichen Einfamilienhäusern, 7,5 Zimmer bei den drei «Luxusbauten» am westlichen Ende des Grundstückes. In diesen Häusern lässt sich eine Einliegerwohnung abtrennen.

Schallschutz und Brandschutz

Norm SIA 181: Schallschutz im Hochbau fordert für Eigentumswohnungen oder Reiheneinfamilienhäuser einen erhöhten Schallschutz. An dieser Lage ist vor allem der Schallschutz zwischen Nutzungseinheiten ein Thema. Bei den Doppeleinfamilienhäuser sehen die Planer zwei vollständig getrennte Baukörper vor. Lediglich die Dachabdeckung läuft über die Brandwand hinaus und die Bodenplatte ist den beiden Gebäudeteilen auch gemeinsam. Die Brandwand ist mit Massivholzplatten durchgehend zweischalig konstruiert. Mit drei Lagen Gipsfaserplatten je Seite und nicht brennbarer Dämmung dazwischen hat die Wandkonstruktion, gemäss Vorschriften, einen Feuerwiderstand REI90. Und erfüllt zudem die «181». Für den Schallschutz in der Horizontalen, zwischen den Räumen von Doppeleinfamilienhäuser, sind kosteneffiziente Lösungen verfügbar. In der Vertikalen, also zwischen Nutzungseinheiten von Mehrwohnungsbauten, ist die Situation nicht so einfach. Berechnungen von Geissbühler Architekten und Gfeller Holzbau belegen, dass massive Konstruktionen günstiger sind als eine Holzbaulösung. Also Beton in den Decken und Backsteine in den Aussenwänden.

Abbildung 6.86: Die Siedlung «Tonisbach» in Konolfingen. (Darstellung des Architekten)

Abbildung 6.87: Die Siedlung besteht aus 9 Einfamilienhäusern (rot und blau), 10 Doppeleinfamilienhäusern (grün) und 6 Mehrwohnungsbauten (orange).

Generell gilt, dass die grösseren MFH aufgrund der tieferen Gebäudehüllzahl weniger Wärmedämmung brauchen, um Minergie-P zu erreichen.

Marketing und Minergie-P

Minergie ist angesichts der verschärften Mustervorschriften der Kantone kein schlagendes Argument für den Kauf einer Eigentumswohnungen oder eines Einfamilienhauses. Mit P lässt sich da schon eher punkten. Insbesondere dann, wenn den einzelnen Objekten möglichst viel Autonomie zugeordnet wird. Energiesparen wirkt sich dann im eigenen Portmonnaie aus. Das bedingt eine separate Energie- und Medienversorgung der einzelnen Bauten. Jedes Haus hat eine eigene Wärmepumpe respektive ein eigenes Haustechnik-Kompaktgerät. Diese strukturelle Autonomie, in Kombination mit einer hochwertigen Bauhülle, ist ein starkes Argument, da sind die Initianten überzeugt. Oder: Eine Käuferschaft wird Miteigentümer von einem Sechsfamilienhaus, nicht von einer (relativ anonymen) Siedlung. Verhandlungen innerhalb der Stockwerkeigentümergemeinschaft werden dadurch einfacher.

Haustechnik

Die Einfamilienhäuser sollen über Haustechnik-Kompaktgeräte versorgt werden, also Geräte mit eingebauter Wärmepumpe und Lufterneuerungsanlage. Die Wärmepumpe des Kompaktgerätes hängt primärseitig an einer Erdsonde. Für alle EFH soll diese Sonde zwischen 90 m und 110 m tief sein. Für die MFH sind Wärmepumpen für die Raumheizung und für die Wassererwärmung geplant. Für jede Wohnung ist ein separates Lüftungsgerät vorgesehen. Auch diese haustechnische Lösung könnte für viele Interessenten ein Kaufargument sein.

Gebäudedaten	EFH (rot) 3 Bauten	EFH (blau) 6 Bauten	DEFH (grün) 10 Bauten	MFH (beige) 36 Wohnungen
Baujahr		2010 bis 2013		
Energiebezugsfläche	257 m^2	233 m^2	182,8 m^2	902,4 m^2
Gebäudehüllfläche	523,4 m^2	519,4 m^2	318,7 m^2	1280 m^2
Gebäudehüllzahl	2,04	2,23	1,74	1,42
Anteil Fenster an der Gebäudehüllfläche	29,5 %	11,4 %	19,2 %	19,2 %
Wärmespeicherfähigkeit	0,3 MJ/m^{2}K	0,3 MJ/m^{2}K	0,3 MJ/m^{2}K	0,5 MJ/m^{2}K
Heizwärmebedarf				
Relevante Norm	380/1:2009	380/1:2007	380/1:2007	380/1:2007
Grenzwert SIA 380/1	52 kWh/m^2	80,2 kWh/m^2	68,9 kWh/m^2	57,5 kWh/m^2
Minergie-P-Anforderung	31,4 kWh/m^2	32 kWh/m^2	27,3 kWh/m^2	23,4 kWh/m^2
Objektwert mit				
Standardluftwechsel	22,8 kWh/m^2	21,7 kWh/m^2	21,4 kWh/m^2	14,6 kWh/m^2
effektivem Luftwechsel	14,4 kWh/m^2	12,8 kWh/m^2	12,9 kWh/m^2	7,2 kWh/m^2
thermisch relevanter Aussenluftvolumenstrom	0,24 m^3/m^{2}h	0,27 m^3/m^{2}h	0,29 m^3/m^{2}h	0,30 m^3/m^{2}h
Wärmeleistungsbedarf Gebäude gemäss SIA 384.201	3,8 kW	3,8 kW	3,133 kW	16,1 kW
maximaler Wärmeleistungsbedarf	15,17 W/m^2	16,7 W/m^2	16,9 W/m^2	18,2 W/m^2
Energiebilanz				
Transmissionswärmeverluste	69,8 kWh/m^2	51,8 kWh/m^2	51,6 kWh/m^2	43,0 kWh/m^2
Lüftungswärmeverluste	8,1 kWh/m^2	8,5 kWh/m^2	9,1 kWh/m^2	9,4 kWh/m^2
interne Wärmegewinne	20,7 kWh/m^2	20,7 kWh/m^2	20,7 kWh/m^2	27,1 kWh/m^2
solare Wärmegewinne	99,4 kWh/m^2	67,5 kWh/m^2	64,9 kWh/m^2	61,1 kWh/m^2
Ausnutzungsgrad Wärmegewinne	0,57	0,54	0,56	0,51

Tabelle 6.20: Daten
Die Farbangaben beziehen sich auf den Übersichtsplan auf Seite 287 (Abbildung 6.87).

Die BKW liegt einem noch näher als der Nahe Osten.

Sommerlicher Wärmeschutz

Mit Ausnahme der Attika-Wohnungen in den MFH liegen alle Objekte innerhalb der Standardfälle für den vereinfachten Nachweis des sommerlichen Wärmeschutzes nach Minergie-P. Aufgrund des Verglasungsanteils ist die Attika-Wohnung ein Fall für den Nachweis gemäss Norm SIA 382/1. Aufgrund des breiten Vordaches (zwischen 1 m und 2,5 m) sind die Fensterflächen während sommerlichen Hitzeperioden zeitweise beschattet; zudem schützt ein ausgezeichneter Sonnenschutz (Rafflamellenstoren) die Räume vor Strahlung. Die relativ grosse Speichermasse im Boden und im Kern wirkt sich ebenfalls positiv aus. Mit erheblichen Überhitzungen ist mit diesen Massnahmen nicht zu rechnen.

Tonisbach: nicht nur Energie

Die intelligente Kombination von zumeist bewährten Materialien, Systemen und Komponenten schafft im «Tonisbach» eine Modularität, die den künftigen Eigentümern viel Sicherheit bringt und in der Konsequenz auch Aspekte der Nachhaltigkeit in der Bausubstanz berücksichtigt. Die Siedlung Tonisbach hat aber noch andere Qualitäten. Dazu gehört die (angestrebte) Balance zwischen einer mehr oder weniger zusammenhängenden Siedlung mit immerhin 200 Bewohnern einerseits und dem Bedürfnis der Familien, Paare und Einzelpersonen nach Individualität andererseits. Ob die erwartete soziale Durchmischung der Siedlung dieser Balance förderlich ist, wird die Zukunft zeigen. Eines steht jetzt schon fest: 25 cm Wärmedämmung allein genügt nicht! (Othmar Humm)

Konstruktion (U-Werte)	EFH (rot) 3 Bauten	EFH (blau) 6 Bauten	DEFH (grün) 10 Bauten	MFH (beige) 36 Wohnungen
Fenster gesamt	0,9 W/m^{2}K	0,9 W/m^{2}K	0,78/0,83 W/m^{2}K	0,87 W/m^{2}K
g-Wert Fenster	0,50	0,50	0,52	0,55
Aussenwand (Beispiel)	0,10/0,14 W/m^{2}K	0,10 W/m^{2}K	0,10 W/m^{2}K	0,11 W/m^{2}K
Dach	0,1/0,16 W/m^{2}K	0,10 W/m^{2}K	0,10 W/m^{2}K	0,08 W/m^{2}K
Boden	0,13 W/m^{2}K	0,15 W/m^{2}K	0,15 W/m^{2}K	0,14 W/m^{2}K
Luftdichtheit (n$_{50,st}$)				
Anforderung Minergie-P	0,6/h	0,6/h	0,6/h	0,6/h
Objektwert		Messwerte noch nicht verfügbar		
Wärmeerzeugung (Jahresarbeitszahl)				
Erzeugung Raumwärme	4,3	3,77	3,77	5,02
Wassererwärmung	2,39	2,33	2,33	2,95
Elektroheizeinsatz	1,0	1,0	–	–
Nachwärmung WW	0,9	0,9	0,9	0,9
Gewichtete Energiekennzahl nach Minergie-P (ungewichtet/gewichtet)				
Raumwärme	3,4/6,8 kWh/m^2	3,4/6,7 kWh/m^2	3,1/6,2 kWh/m^2	1,4/2,9 kWh/m^2
Elektroheizeinsatz	0,3/0,6 kWh/m^2	0,3/0,5 kWh/m^2	–	–
Wassererwärmung	5,2/10,5 kWh/m^2	5,5/10,9 kWh/m^2	5,5/10,9 kWh/m^2	6,6/13,2 kWh/m^2
Nacherwärmung	1,5/3,1 kWh/m^2	1,3/2,6 kWh/m^2	1,3/2,6 kWh/m^2	1,5/2,9 kWh/m^2
Lufterneuerung	2,8/5,5 kWh/m^2	2,7/5,3 kWh/m^2	2,9/5,8 kWh/m^2	3,1/6,2 kWh/m^2
Hilfsbetriebe	1,4/2,7 kWh/m^2	0,3/0,7 kWh/m^2	0,6/1,2 kWh/m^2	1,8/3,7 kWh/m^2
Energiekennzahl	29,1 kWh/m^2	26,7 kWh/m^2	26,7 kWh/m^2	29,1 kWh/m^2
Anforderung Minergie-P	30 kWh/m^2	30 kWh/m^2	30 kWh/m^2	30,0 kWh/m^2
Lufterneuerung				
Nennluftvolumenstrom	240 m^3/h	210 m^3/h	180 m^3/h	960 m^3/h
WRG-Rate	78%	78%	78%	78%
Elektrische Leistung aller Ventilatoren	98 W	86 W	74 W	202 W

Geschoss 3
1:250

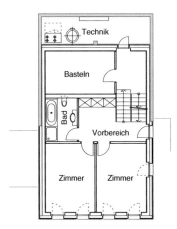

Geschoss 2
1:250

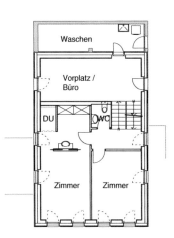

Geschoss 1
1:250

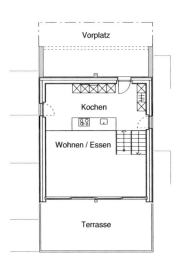

Abbildung 6.88: Einfamilienhaus (blaue Häuser im Übersichtsplan auf Seite 287, Abbildung 6.87).

Schnitt
Ost / West
1:40

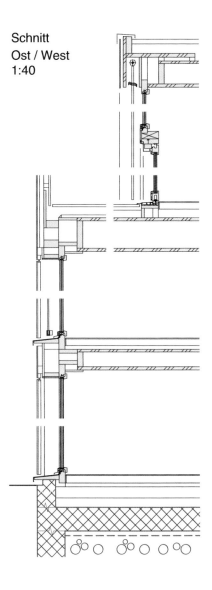

Flachdach Terrasse

- Lärchenrost & Gefällslattung	110 mm
- Trennlage, Gummischrotmatte	8 mm
- EPDM Dichtungsbahn	
- Gefällsdämmung mineralisch	80 mm
- Notdach / Bauzeitabdichtung	

Kastendecke ausgedämmt:

- obere Dreischichtplatte	35 mm
- Holzrippen stehend, 60 x 290 mm	
dazwischen mineral. Wärmedämmung	290 mm
- untere Dreischicht Blockholzplatte	35 mm

Geschossdecke

- Bodenbelag	10 mm
- Unterlagsboden	70 mm
- Bodenheizung	
- PE Folie als Trennlage	
- Wärme- und Trittschalldämmung EPS / EPS-T	90 mm

Kastendecke siehe Aufbau Terrasse

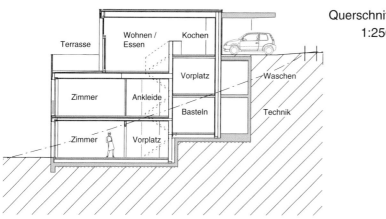

Querschnitt
1:250

Terrasse — Wohnen / Essen — Kochen — Vorplatz — Waschen — Zimmer — Ankleide — Basteln — Technik — Zimmer — Vorplatz

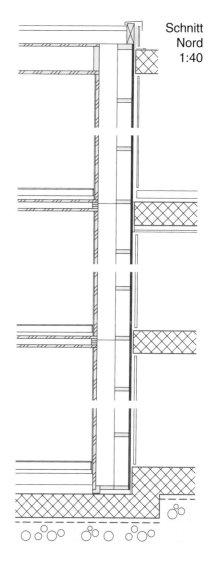

Schnitt
Nord
1:40

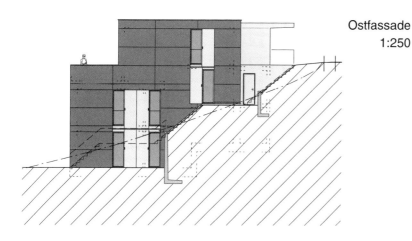

Ostfassade
1:250

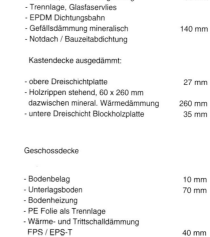

Dachaufbau

- Substrat, extensive Begrünung	60 mm
- Trennlage, Glasfaservlies	
- EPDM Dichtungsbahn	
- Gefällsdämmung mineralisch	140 mm
- Notdach / Bauzeitabdichtung	

Kastendecke ausgedämmt:

- obere Dreischichtplatte	27 mm
- Holzrippen stehend, 60 x 260 mm	
dazwischen mineral. Wärmedämmung	260 mm
- untere Dreischicht Blockholzplatte	35 mm

Geschossdecke

- Bodenbelag	10 mm
- Unterlagsboden	70 mm
- Bodenheizung	
- PE Folie als Trennlage	
- Wärme- und Trittschalldämmung	
FPS / EPS-T	40 mm
- Decke, 5 - Schicht Blockholzplatte	120 mm

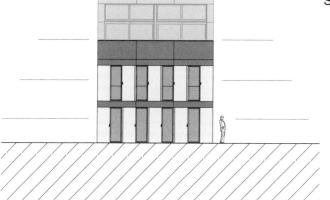

Südfassade
1:20

Geschoss 3
1:250

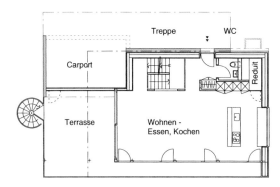

Schnitt
Nord
1:40

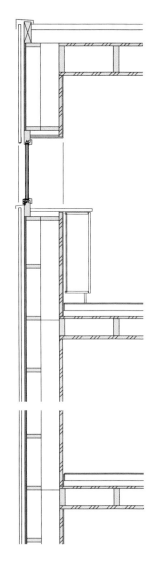

Geschoss 2
1:250

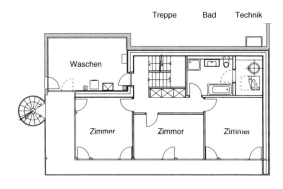

Aussenwand über Terrain

- Lamellenschalung Lärche	25 mm
- Lattung stehend als Hinterlüftung	35 mm
- Winddichtung, Weichfaserplatte	18 mm
- Holzrippen liegend, 40 x 160 mm	
dazwischen mineral. Wärmedämmung	160 mm
- Holzrippen stehend, 40 x 200 mm	
dazwischen mineral. Wärmedämmung	200 mm
- Dreischicht Blockholzplatte	35 mm
- Gipskartonplatte	12.5 mm
- Glasfasergewebe gestrichen	

Geschossdecke

- Bodenbelag	10 mm
- Unterlagsboden	70 mm
- Bodenheizung	
- PE Folie als Trennlage	
- Wärme- und Trittschalldämmung	
EPS / EPS-T	60 mm
- obere Dreischichtplatte	27 mm
- Holzrippen stehend, 60 x 180 mm	180 mm
- untere Dreischicht Blockholzplatte	35 mm

Geschoss 1
1:250

Abbildung 6.89: Einfamilienhaus gross (rote Häuser
im Übersichtsplan auf Seite
287, Abbildung 6.87).

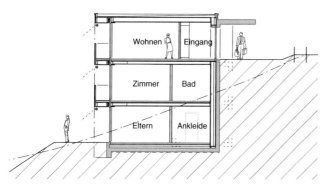

Querschnitt
1:250

Schnitt
Nord
1:40

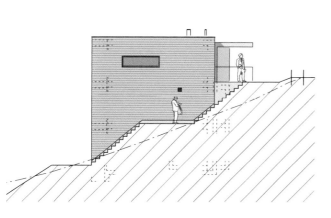

Ostfassade
1:250

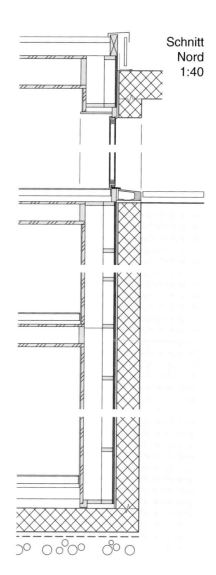

Dachaufbau

- Substrat, extensive Begrünung	60 mm
- Trennlage, Glasfaservlies	
- EPDM Dichtungsbahn	
- Gefällsdämmung, Steinwolle	140 mm
- Notdach / Bauzeitabdichtung	

Kastendecke ausgedämmt:

- obere Dreischichtplatte	27 mm
- Holzrippen stehend, 60 x 280 mm	
dazwischen mineral. Wärmedämmung	280 mm
- untere Dreischicht Blockholzplatte	35 mm

Aussenwand unter Terrain, Nord

- Aussenwand Stahlbeton, beschichtet	250 mm
- Zwischenraum ausgedämmt	20 mm
- Weichfaserplatte	18 mm
- Holzrippen liegend, 40 x 100 mm	
dazwischen mineral. Wärmedämmung	100 mm
- Holzrippen stehend, 40 x 200 mm	
dazwischen mineral. Wärmedämmung	200 mm
- Dreischicht Blockholzplatte	35 mm
- Gipskartonplatte	12.5 mm

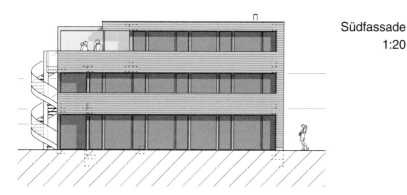

Südfassade
1:20

Geschoss 3
1:250

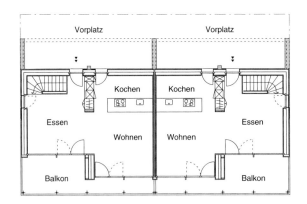

Schnitt
Ost / West
1:40

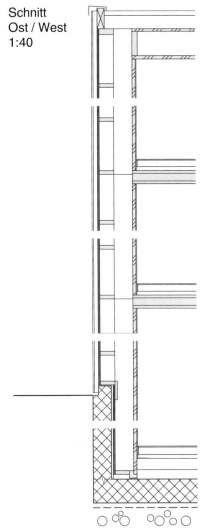

Geschoss 2
1:250

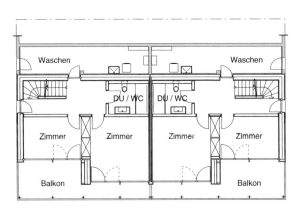

Aussenwand über Terrain

- Faserzement Platten	8 mm
- Lattung stehend als Hinterlüftung	50 mm
- Winddichtung, Weichfaserplatte	18 mm
- Holzrippen liegend, 40 x 160 mm	
dazwischen mineral. Wärmedämmung	160 mm
- Holzrippen stehend, 40 x 200 mm	
dazwischen mineral. Wärmedämmung	200 mm
- Dreischicht Blockholzplatte	35 mm
- Gipskartonplatte	12.5 mm
- Glasfasergewebe gestrichen	

Bodenaufbau

- Bodenbelag	10 mm
- Unterlagsboden	70 mm
- Bodenheizung	
- PE Folie als Trennlage	
- Wärme- und Trittschalldämmung	
EPS / EPS-T	40 mm
- Wärmedämmung XPS	220 mm
- Feuchtigkeits- und Dampfsperre	
- Bodenplatte, Stahlbeton WD	250 mm
- Magerbeton als Sauberkeitsschicht	50 mm

Geschoss 1
1:250

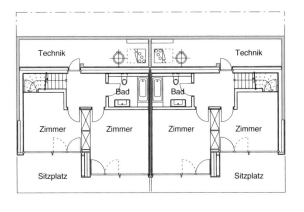

Abbildung 6.90: Doppel-
einfamilienhaus (grüne
Häuser im Übersichtsplan
auf Seite 287, Abbildung
6.87).

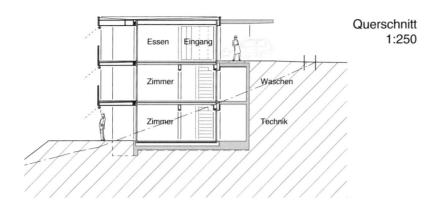

Querschnitt
1:250

Essen · Eingang

Zimmer · Waschen

Zimmer · Technik

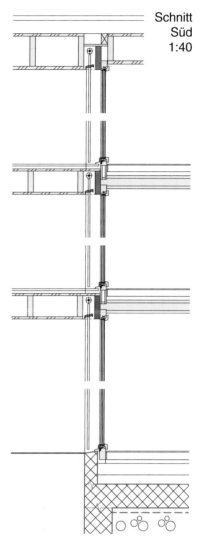

Schnitt
Süd
1:40

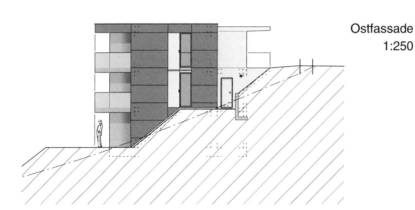

Ostfassade
1:250

Dachaufbau

- Substrat, extensive Begrünung	60 mm
- Trennlage, Glasfaservlies	
- EPDM Dichtungsbahn	
- Gefällsdämmung, Steinwolle	140 mm
- Notdach / Bauzeitabdichtung	

Kastendecke ausgedämmt:

- obere Dreischichtplatte	27 mm
- Holzrippen stehend, 60 x 260 mm	
dazwischen mineral. Wärmedämmung	260 mm
- untere Dreischicht Blockholzplatte	35 mm

Geschossdecke

- Bodenbelag	10 mm
- Unterlagsboden	70 mm
- Bodenheizung	
- PE Folie als Trennlage	
- Wärme- und Trittschalldämmung	
EPS / EP3-T, 22/20mm	40 mm
- Decke, Dreischicht Blockholzplatte	140 mm

Südfassade
1:20

Attikageschoss
1:250

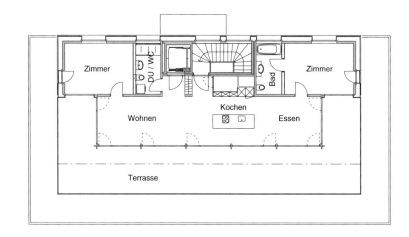

Geschosse 2+3
1:250

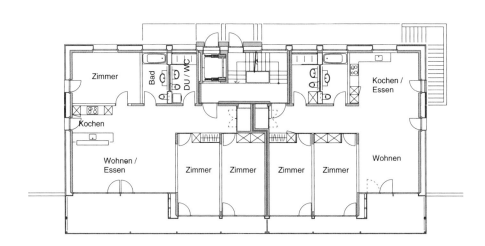

Geschoss 1
1:250

Abbildung 6.91: Mehr-
familienhaus (beige Häuser
im Übersichtsplan auf Seite
287, Abbildung 6.87).

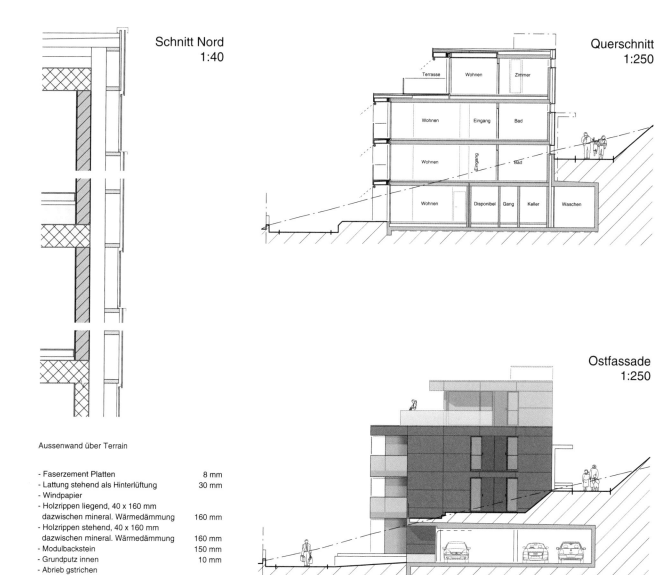

Schnitt Nord
1:40

Querschnitt
1:250

Terrasse | Wohnen | Zimmer

Wohnen | Eingang | Bad

Wohnen | Eingang | Bad

Wohnen | Disponibel | Gang | Keller | Waschen

Ostfassade
1:250

Aussenwand über Terrain

- Faserzement Platten — 8 mm
- Lattung stehend als Hinterlüftung — 30 mm
- Windpapier
- Holzrippen liegend, 40 x 160 mm
  dazwischen mineral. Wärmedämmung — 160 mm
- Holzrippen stehend, 40 x 160 mm
  dazwischen mineral. Wärmedämmung — 160 mm
- Modulbackstein — 150 mm
- Grundputz innen — 10 mm
- Abrieb gstrichen

Nordfassade
1:250

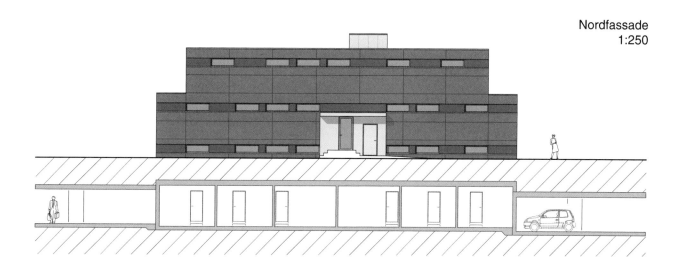

A
Anhang

A.1 Weiterführende Informationen

Minergie Agentur Bau
St. Jakobs-Strasse 84
4132 Muttenz
Tel. 061 467 45 10
Fax 061 467 45 43
agentur@minergie.ch

Zertifizierungsstelle Minergie-P
Technikumstrasse 21
6048 Horw
Tel. 041 349 32 76
Fax 041 349 39 34
minergie-p@minergie.ch

Geschäftsstelle Minergie
Steinerstrasse 37
3006 Bern
Telefon 031 350 40 60
Fax 031 350 40 51
info@minergie.ch

A.2 Autoren

▌ Marco Ragonesi, dipl. Architekt HTA, Bauphysiker mit eigenem Büro in Luzern, nebenamtlicher Dozent an der Hochschule Luzern – Technik und Architektur und an den Minergie-P-Kursen, Luzern

▌ Urs-Peter Menti, dipl. Ingenieur ETH, Wissenschaftlicher Mitarbeiter der Hochschule Luzern – Technik und Architektur, Leiter der Zertifizierungsstelle Minergie-P

▌ Adrian Tschui, dipl. Ingenieur FH, Energieplaner, Stansstad

▌ Benno Zurfluh, dipl. Ingenieur HLK/FH, Ingenieurbüro Zurfluh Lottenbach, Luzern

A.3 Stichwortverzeichnis

Anbieter

Weiterbildung am Institut Energie am Bau
CAS MINERGIE® und CAS MINERGIE-ECO®

Die berufsbegleitenden Zertifikatskurse CAS MINERGIE® und CAS MINERGIE-ECO®
der FHNW Muttenz vermittelt Planungsfachleuten aus der Baubranche aktuelles
Praxiswissen zu den Minergie-Standards und die Möglichkeit sich zum geplanten
MINERGIE®-Experten zu qualifizieren.

MAS EN Bau

Dank einer Kooperation mit vier anderen Fachhochschulen können diese Certificate of
Advanced Studies CAS (10 ECTS-Punkte) mit weiteren Modulen oder einer bereits
absolvierten Weiterbildung zum eidgenössisch anerkannten Abschluss Master of Advanced
Studies in nachhaltigem Bauen führen.

MAS-Brückenangebot

Absolvent/innen eines Nachdiplomstudiums Energie können mit dem CAS MINERGIE®
oder CAS MINERGIE-ECO® einen Mastertitel MAS FHNW in nachaltigem Bauen erwerben.

DAS FHNW Energieexpert/in Bau

Der erfolgreiche Abschluss unserer drei CAS: CAS MINERGIE®, CAS Management Skills
und CAS MINERGIE-ECO® berechtigt zum Titel Diploma of Advanced Studies FHNW
Energieexpert/in Bau.

Kontakt

Stine Lehmann, Institut Energie am Bau, St. Jakobs-Strasse 84, CH-4132 Muttenz
T +41 61 467 45 45, F +41 61 467 45 43, iebau.habg@fhnw.ch

Information, Termine und Anmeldung

www.fhnw.ch/wbbau

behaglich + natürlich wohnen
GFELLERHOLZBAU

Seit 1978 verarbeiten wir in unserem Betrieb den Werkstoff Holz in hoher Qualität zu den verschiedensten Bauteilen. Über 25 motivierte Mitarbeiter und Lehrlinge finden bei uns in einer Atmosphäre der Offenheit und Loyalität einen sicheren Arbeitsplatz.

Zufriedenheit und Behaglichkeit schaffen und vermitteln, das ist unser Ziel, und zwar für die Kunden wie für die Mitarbeiter. Nur so entstehen optimale Lösungen.

Die Gfeller Holzbau-Passivhäuser sind Gebäude, in denen ein komfortables Innenklima ohne ein aktives Heizungssystem erreicht wird. Diese Häuser heizen und kühlen sich eben rein passiv. Dank einer ausgezeichneten Wärmedämmung, hochwertigen Fenstern, sowie einer gezielten Haustechnik kann dieses gesteckte Ziel erreicht werden.

Bei der Realisierung von Passivhäusern wird ein perfektes Zusammenspiel der Hauptkomponenten, eine detaillierte Vorausplanung und eine absolute saubere Ausführung verlangt. Dies sind alles Punkte und Anforderungen, die wir dank gezielter Aus- und Weiterbildung erreichen, und in denen wir reichliche Erfahrungen gesammelt haben.

Der Baustoff Holz ist in seiner Materialeigenschaft, sowie in deren Verarbeitung das absolut geeignete Produkt, um diesen hohen Anforderungen gerecht zu werden. Wo der Baustoff Holz seinen Platz gefunden hat, ist auch das Team von Gfeller Holzbau nicht weit davon entfernt.

www.gfeller-holzbau.ch

Bollstrasse 63 · 3076 Worb · Tel. 031 839 55 61
Fax 031 839 68 76 · info@gfeller-holzbau.ch

MINERGIE-P®

Wir realisieren Ihre Visionen

Holzbautechnik Burch AG
CH-6060 Sarnen
Tel. 041 666 76 86
Fax 041 666 76 80

CH-6005 Luzern
Tel. 041 310 48 03
www.holzbautechnik.ch
burch@holzbautechnik.ch

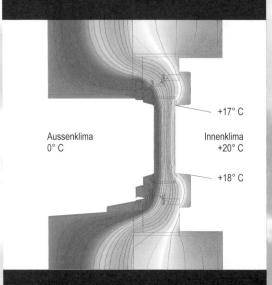

Bauen mit Verantwortung.
Leben in Behaglichkeit.

Seit 1999 bietet Isover dem innovativen Planer zertifizierte MINERGIE®-Module als Projektierungshilfe an.

MULTICONFORT
Leben in Behaglichkeit

Praxiserprobte Dämmlösungen mit Isover-Glaswolle.
Clever dämmen – www.isover.ch

ISOVER

A Saint-Gobain Company

Zukunft kann aktiv gestaltet werden –
mit wärmedämmenden Minergie®-Fenstern

MFH Bühl in 8583 Sulgen TG mit Swissstar-Minergiefenstern

Minergie®-Fenster mit Inoutic Profilen garantieren Ihnen nachhaltige Zufriedenheit durch bautechnische Vorteile:

+ Integrierte Spezialdämmung
+ Messbare Energieeinsparungen
+ Hoher thermischer Komfort durch optimierte Glasabstandhalter
+ Keine Kondenswasserbildung
+ Offizielles Minergie®-Zertifikat erzielt beste Reputation bei Fachverbänden
+ Variantenvielfalt durch Inoutic Profilsysteme
+ Vielfältige Einsatzmöglichkeiten wie Altbausanierung und Neubaugestaltung durch 60 mm Bautiefe

+ Individuelle Gestaltung und Qualitätssteigerung durch Aluminium-Vorsatzschale
+ Spezielle Einsatzmöglichkeiten: Glasscheiben, wie Funktionsgläser, bis zu 55 mm
+ Realisierung aller Öffnungsarten, wie Fenster in Dreh-, Kipp- oder Dreh/ Kipp- Ausführung, Festverglasungen, Element- Kombinationen
+ Sonderkonstruktionen in verschiedensten Arten und Größen

 INOUTIC / MEMBER OF
THE DECEUNINCK GROUP

ZERTIFIZIERTE FENSTERHERSTELLER

Industriestrasse 2   Tel. 055 418 45 45
8836 Biberbrugg   www.biberbau.ch

 swissstarfenster ag

Feldstr. 6, Postfach   Tel. 071 644 98 60   www.swissstarfenster.ch
9215 Schönenberg   Fax 071 644 98 61   info@swissstarfenster.ch

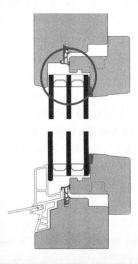

VISION 3000
Innovation Fenster.

Fenster sind Gesichter.

VISION-3000® prägt den einzigartigen Charakter Ihres Gebäudes.

Das Fenstersystem der neusten Generation verbindet Design mit Funktionalität, maximalen Glasanteil mit hervorragenden Dämmwerten. Vision-3000® ist MINERGIE-zertifiziert und bietet Sparpotential dank hoher Energieeffizienz – bei Neubauten und Sanierungen. Die Produktlinie umfasst das Holz-Metall Fenster und die neuartige, glasleistenlose Hebe-Schiebe-Tür – auch für Übergrössen.

Die Innovationsgruppe VISION-3000®:

Acht führende Schweizer Fenster- und Fassadenhersteller setzen seit Jahren einen unvergleichlichen Qualitätsstandard.

www.vision-3000.ch

TABS Control

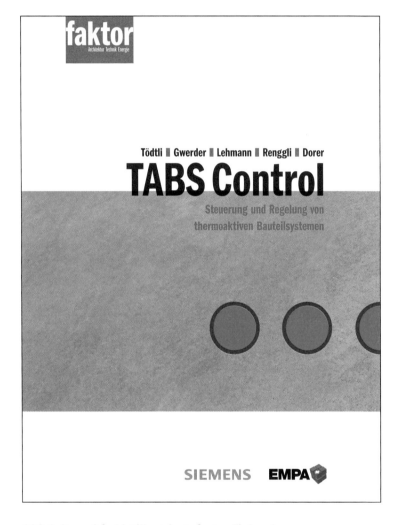

Thermoaktive Bauteilsysteme (TABS) ermöglichen die energieeffiziente Kühlung und Heizung von Gebäuden und sorgen gleichzeitig für ein angenehmes Raumklima. Aufgrund der ausgeprägten Systemdynamik ist die Regelung von TABS allerdings anspruchsvoll. Fachleute aus Planung, Bau und Betrieb finden in diesem Handbuch eine umfassende Darstellung von Methoden und Lösungen zur Auslegung, Steuerung, Regelung und zum Betrieb von TABS.

▌ Jürg Tödtli, Leiter Forschung Europa in «HVAC Products», Siemens Schweiz AG

▌ Markus Gwerder, Applikationsingenieur, Siemens Schweiz AG

▌ Beat Lehmann, Wissenschaftlicher Mitarbeiter, Empa

▌ Franz Renggli, Applikationsingenieur, Siemens Schweiz AG

▌ Viktor Dorer, Wissenschaftlicher Gruppenleiter, Empa

192 Seiten, 4-farbig illustriert, fester Einband, 1. Auflage 2009, ISBN: 978-3-905711-05-9, 90 Franken

Der Faktor Verlag liefert Informationen zu nachhaltigen Bauweisen.
Verlagsprogramm: www.faktor.ch

▌ Faktor Verlag AG ▌ Hardstrasse 322a ▌ 8005 Zürich ▌ Tel. 044 316 10 60 ▌ Fax 044 316 10 61 ▌ info@faktor.ch ▌ www.faktor.ch

Bauen im Klimawandel

Planungshandbuch

Leise, sanft und energieeffizient — das sind Merkmale einer gut geplanten Anlage zur Lufterneuerung in Wohnbauten. Das Planungshandbuch liefert die Informationen.

Aus dem Inhalt:

▮ Lüftungssysteme in Wohnbauten
▮ Grundlagen und Anforderungen an die Komfortlüftung
▮ Projektablauf und Grundkonzept
▮ Luftführung, Luftvolumenströme, Druckverhältnisse
▮ Luftverteilung
▮ Luftbehandlung
▮ Schall und Schalldämmung
▮ Erdreich-Wärmeübertrager
▮ Ausführung und Betrieb
▮ Kochstellenabluft
▮ Hinweise zu speziellen Anlagen
▮ Markt, Erfahrungen und Fragen
▮ Autor: Heinrich Huber

112 Seiten, 4-farbig illustriert, Preis 50 Fr.
3. Auflage 2008, ISBN: 978-3-905711-04-2

Der Faktor Verlag liefert Informationen zu nachhaltigen Bauweisen.
Verlagsprogramm: www.faktor.ch

▮ Faktor Verlag AG ▮ Hardstrasse 322a ▮ 8005 Zürich ▮ Tel. 044 316 10 60 ▮ Fax 044 316 10 61 ▮ info@faktor.ch ▮ www.faktor.ch

Minergie-P kompakt

48 Seiten, 4-farbig illustriert, Preis 30 Fr.

Aus dem Inhalt:

▮ Minergie-P: Wo liegen die Potenziale?

▮ Minergie-P mit Backsteinen: eine Anleitung

▮ Fenster: Top-Fenster, Minergie-Fenster, MuKEn-Fenster

▮ Hebe-Schiebe-Türen für Minergie-P-Bauten

▮ Feuchteadaptive Dampfbremse in Sanierungsprojekten

▮ Wärmedämmung: Materialien und Dämmstärken

▮ Minimierung von Wärmebrücken

▮ Sommerlicher Wärmeschutz an Minergie-P-Bauten

▮ Haustechnik: Sind Kompaktgeräte komfortabel?

▮ Wärmepumpe und Minergie-P (Erdsonde, Kompaktgerät)

▮ Lüftung: Einzel- oder Zentralgeräte?

▮ Öl- und Gasheizung im Minergie-P-Haus

▮ Luftdichtigkeit bei Minergie-P-Bauten

Der Faktor Verlag liefert Informationen zu nachhaltigen Bauweisen.
Verlagsprogramm: www.faktor.ch

▮ Faktor Verlag AG ▮ Hardstrasse 322a ▮ 8005 Zürich ▮ Tel. 044 316 10 60 ▮ Fax 044 316 10 61 ▮ info@faktor.ch ▮ www.faktor.ch

Aus dem Programm

Themenheft Sanierungen

Themenheft Fenster

Themenheft Graue Energie

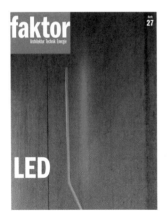

Themenheft LED

Themenheft Wärmepumpen

Handbuch Wärmepumpen

▌ Faktor Verlag AG ▌ Hardstrasse 322a ▌ 8005 Zürich ▌ Tel. 044 316 10 60 ▌ Fax 044 316 10 61 ▌ info@faktor.ch ▌ www.faktor.ch